사이버전과
전쟁법

Heather Harrison Dinniss **지음**

이민효 · 이원동 · 김동환 **옮김**

옮긴이의 말

『사이버전과 전쟁법』은 Heather Harrison Dinniss(2012)의 *Cyber Warfare and the Laws of War*(Cambridge University Press)를 한국어로 옮긴 것이다. 헤더 해리슨 디니스(Heather Harrison Dinniss)는 현재 스웨덴 국방대학교의 안보·전략·리더십학과의 국제법센터에서 국제법을 가르치고 있다. 2009년 영국의 정경대학교(LSE)에서 "The Status and Use of Computer Network Attacks in International Humanitarian Law"으로 박사학위를 받았으며, 이후 정경대학교, 런던대학교 및 웰링턴 빅토리아 대학교 등에서 강의를 했다. 디니스 박사의 주요 관심사는 국제인도법의 발전과 변화에 미치는 현대전의 영향, 특히 사이버전, 자동화 무기 시스템과 고도로 발달된 컴퓨터 네트워크 기술이 무력분쟁 및 관련 규범의 형성에 미치는 국제인권법적 이슈들이다. 최근의 연구 성과로는 "The Nature of Objects: Targeting networks and the challenge of defining cyber military objectives"(2015), "The regulation of cyber warfare under the jus in bello"(2015), "Participants in Conflict: Cyber warriors, patriotic hackers and the laws of war"(2013) 등이 있다.

정보 혁명은 현대 사회와 그 속에서 전쟁이 수행되는 방식을 공히 바꾸어 놓았다. 본 서 "사이버전과 전쟁법"은 국제법 내에서 컴퓨터 네트워크 공격이 지니고 있는 법적 성격과 지위를 분석하며, 특히 무력분쟁과 관련된 국제법 및 국제인도법 하에서 사이버전이 어떻게 다루어지고 있는가를 다양한 국제법원의 판례와 학설들을 통해 다룬다. 책의 곳곳에서 이러한 논의들을 촉발시켰던 21세기 전후의 컴퓨터 네트워크 공격과 관련된 주요 사건들을 소개하고 있으며, 이들의 전개과정을 기존 무력분쟁법의 프레임워크를 통해 분석하고 적용하고자 한다. 뿐만 아니라 관련된 국제적 규범이 형성되는 과정에서 국제연합(UN)을 위시한 정부간 기구들과 국제적십자위원회(ICRC)와 같은 초국가적 활동단체들이 어떠한 영향력을 행사해 왔는가를 협약과 조약의 구체적인 조항들을 통해 실증적으로 제시하고 있다.

본서의 서두에서는 정보혁명과 기술발달이 가져다 준 컴퓨터 네트워크 공격의 새로운 양상을 소개하고 인터넷 시대의 법과 전쟁이 어떻게 변해 오고 있는지를 개략적으로 보여준다. 또한 적대행위의 성격이 기존의 재래식 무기 중심의 패러다임에서 컴퓨터 네트워크 중심전으로 진화해 오면서 각 국의 군사적 경향과 목적이 어떻게 변화해 왔는지를 핵심적인 사례들을 통해 다각적으로 보여주고 있다.

책의 제1부 전쟁의 정당성(Jus ad Bellum)에서는 국제법상 무력사용으로서 컴퓨터 네트워크 공격에 대해서 논의하고 있으며, 이와 관련하여 국가에 의한 무력과 군사력 활용의 이슈에 대해 최근까지의 학설과 판례를 통해 다양한 관점에서 접근하고 있다. 특히 컴퓨터 네트워크를 활용한 공격이 언제 시작된 것으로 볼 수 있는가와 같은 발단 시점(threshold)의 문제, 그리고 국제법상으로 이것의 책임을 누구에게 어떠한 절차를 통해 물어야 하는가와 같은 귀속(attribution)의 문제, 이러한 네트워크 공격에 대한 국가적 대응은 국제법적 근거(rationale)와 법리에 따라 어디까지 허용될 수 있는가와 같은 쟁점들을 다루고 있다.

제2부 전쟁의 합법성(Jus in bello)에서는 본격적으로 컴퓨터 네트워크 공격에

대한 무력분쟁법의 적용 가능성을 살펴보고 있으며, 컴퓨터 네트워크 공격이 재래식 무력분쟁에서 활용되는 양상에 따라 이러한 공격들에 적용될 수 있는 무력분쟁법 및 국제인도법을 세부적으로 검토하고 있다. 그리고 이러한 법률적 프레임워크를 형성해 왔던 국제법원의 판결들과 유엔을 위시한 정부간 기구들의 협약 및 규정들이 사이버전쟁의 맥락에서 어떻게 해석될 수 있을지 탐색하고 있다. 나아가 전투원 지위, 민간인의 직접적 가담, 표적선정과 공격시 예방조치, 특별보호조치, 전투수단과 방법 등 실제 사이버전과 컴퓨터 네트워크 공격 수행 중 고려되어야 하는 무력분쟁법 및 국제인도법의 일반적 원칙들에 대해 상세히 다루고 있다.

이를 통해 재래식 무력공격과 유형의 적대행위에 기초하고 있던 기존의 국제법적 규범들을 사이버전에 적용하는 것이 결코 간단한 문제가 아니며, 무력분쟁법의 기본적 원칙들이 컴퓨터 네트워크 공격이라는 특수한 상황에 적용될 때에는 전쟁의 정당성과 합법성 양 측면에서 극복되어야 할 법리적, 해석적 과제들이 여전히 남아있음을 시사한다. 그리고 이를 통해 앞으로도 사이버전이 야기하는 복잡하고 논쟁적인 이슈들에 천착하는 후속 연구가 계속 진행되어야 함을 보여준다.

끝으로 부족한 글을 흔쾌히 출판해주신 연경문화사 이정수 사장님과 편집, 교정 및 인쇄에 수고해주신 모든 분들게 감사드린다.

2017년 1월

이민효·이원동·김동환

차례

약어

ADIL	Annual Digest and Reports of Public International Law Cases
Additional Protocol I(also API)	Protocol Additional to the Geneva Conventions of 12 August 1949. and relating to the Protection of Victims of International Armed Conflicts (Protocol I). 8 June 1977
Additional Protocol II(also APII)	Protocol Additional to the Geneva Conventions of 12 August 1949. and relating to the Protection of Victims of Non-International Armed Conflicts (Protocol II), 8 June 1977
AFJ Log.	Air Force Journal of Logistics
AFL Rev.	Air Force Law Review
AJIL	American Journal of International Law
Am. U. L. Rev.	American University Law Review
ASIL Proc.	American Society of International Law Proceedings
BFSP	British and Foreign State Papers.
BMJ	British Medical Journal
BU Int1 L. J.	Boston University International Law Journal
BU J. Sci. & Tech. L.	Boston University Journal of Science and Technology
BYBIL	British Yearbook of International Law
Case W. Res. J. Int1 L.	Case Western Reserve Journal of International Law
Chi. J.Int' l L.	Chinese Journal of International Law
CNA	Computer Network Attack

CoL J. Trans. L.	Columbia Journal of Transnational Law
Conventional Weapons Treaty	Convention on Prohibitions or Restrictions on the Use of Certain Conventional Weapons Which May Be Deemed to Be Excessively Injurious or to Have Indiscriminate Effects. 10 October 1980
CPU	central processing unit
DCS	distributed control system
DDos	distributed denial of service
EJIL	EuropeanJournal of International Law
EMP	electromagnetic pulse
ENMOD	Convention on the Prohibition of Military or Any Other Hostile Use of Environmental Modification Techniques. 10 December 1976
FRY	Federal Republic of Yugoslavia
Geneva Convention I	Geneva Convention for the Amelioration of the Condition of the Sick and Wounded in Armed Forces in the Field of August 12. 1949
Geneva Convention II	Geneva Convention for the Amelioration of the Condition of Wounded. Sick and Shipwrecked Members of Armed Forces at Sea of August 12. 1949
Geneva Convention III	Geneva Convention relative to the Treatment of Prisoners of War of August 12. 1949
Geneva Convention IV	Geneva Convention relative to the Protection of Civilian Persons in Time of War of August 12. 1949
GJIA	Georgetown Journal of International Affairs
GovExec	Government Executive
Hague Convention 1899	Hague Convention Concerning the Laws and Customs of War on Land
Hague Regulation	Regulations Annexed to the 1907 Hague Convention IV Respecting the Laws and Customs of War on Land
Harv. Int1 L. J.	Harvard International Law Journal
Hous. J. Int1 L.	Houston Journal of International Law
HPCR	Harvard Program on Humanitarian Policy and Conflict Research
IAEA	International Atomic Energy Agency
ICBL	International Campaign to Ban Landmines

ICJ	International Court of Justice
ICRC	International Committee of the Red Cross
ICTR	International Criminal Tribunal for Rwanda
ICTY	International Criminal Tribunal for the Former Yugoslavia
IFF	Identification Friend or Foe
IMF	International Monetary Fund
IO	Information Operations
IP Address	Internet Protocol Address
IRRC	International Review of the Red Cross
Israel Y.B. Hum. Rts	Israeli Yearbook of Human Rights
IW	Information Warfare
J. Legal Stud.	Journal of Legal Studies
JC&SL	Journal of Conflict and Security Law
JSTARS	Joint Surveillance Target Attack Radar System
Keesings	Keesings Record of World Events
LOAC	Laws of Armed Conflict
Mil. L Rev.	Military Law Review
NIL Rev.	Netherlands International Law Review
NYU J. Int'l L & Pol.	New York University Journal ofIntemational Law and Politics
NZLR	New Zealand Law Reports
OAS	Organization of American States
OAU	Organisation of African Unity
Ottawa Convention	Convention on the Prohibition of the Use, Stockpiling. Production and Transfer of Anti–Personnel Mines and on Their Destruction.
PMC	Private Military Company
RIAA	Reports of International Arbitral Awards
SCADA	Supervisory Control and Data Acquisition
SCSL	Special Court for Sierra Leone

Stan. J. Int'l L.	Stanford Journal of International Law
T. Jefferson L Rev.	Thomas Jefferson Law Review
Tex. L Rev.	Texas Law Review
Tulsa J. Compo & Int'l L.	Tulsa Journal of Comparative & International Law
UAV	Unmanned Aerial Vehicle
UNCIO	Documents of the United Nations Conference on International Organisation
UNTS	United Nations Treaty Series
UN Y. B. Int'l L. Comm'n	United Nations Yearbook of the International Law Commission
URL	Universal Resource Locator (a web address)
USAF Acad. J. Legal Stud.	US Air Force Academy Journal of Legal Studies
Vand. J Transnat'l L.	VanderInIt Journal of Transnational Law
Yale Hum. Rts & Dev. L. J.	Yale Human Rights and Development Law Journal
Yale J. Int'l L.	Yale Journal of International Law
ZaöRV	Zeitschrift für ausländisches öffentliches Recht und Völkerrecht

제1장

우리가 싸우면서도 살고 있는 세상

1943년 3월 16일, 제2차 세계대전에서 가장 유명한 임무들 중 하나인 '댐버스터'(Dambusters) 공습이 있었다. 최신 기술을 적용하여 무기를 탑재할 수 있도록 개조된 19대의 랜캐스터 폭격기(Lancaster bombers)는 루르 협곡 내의 독일 산업시설들에 전력을 공급하는 수력 발전 댐 3곳을 공격하기 위해 남부 독일 상공을 비행했다. 표적이 된 3개의 댐 중 2개가 파괴되었고, 이것은 심각한 피해를 초래하였다. 또한 임무수행 과정에서 8명의 조종사를 잃었다.[1] 몇몇 보고서에 따르면, 이 사건이 있은 지 55년 후, 12살 소년이 애리조나에 위치한 루즈벨트 댐의 통제시스템을 해킹하여, 수문뿐만 아니라 그 속에 있던 4890억 갤런에

---

[1] Mohne와 Ruhr 협곡에서 11개의 공장이 완전히 파괴되었고, 114개가 심각한 피해를 입었으며, 25개의 도로와 철도가 파괴되었다. 지역의 수자원 및 가스자원 공급소도 심각한 피해를 입었다. 도로와 운하를 통한 교통수단들 또한 심각하게 피해를 입었고 전쟁과 관련 없던 독일인들은 댐을 방어하기 위해서 10,000명의 추가적인 군대를 파견하여야 했다. National Archives, *Dambusters: The Legacy*, www.nationalarchives.gov.uk/dambusters/legacy.htm (최종접속일자 2011년 7월 15일).

해당하는 물도 마음껏 조종할 수 있게 되었다.[2] 이 소년은 이러한 사실을 알고 있지는 못했지만, 연방 정부에 따르면 그는 댐 하류에 있던 4890억 갤런의 물을 방류하여 막대한 피해를 초래할 수도 있던 상황이었다. 이와 같은 사건은 무력분쟁의 상황에서 이용할 수 있는 컴퓨터 네트워크 공격의 위력과 잠재성을 잘 보여준다. 또한 이는 컴퓨터 네트워크 공격과 같은 새로운 공격 수단으로부터 결코 안전하지 못한 핵심 기반시설들에 의존하고 있는 국가들이 얼마나 취약한 상태인가를 잘 보여준다.

가장 최근의 예로는 스턱스넷(Stuxnet) 바이러스가 있는데, 이는 2010년 6월 이란의 Natanz 핵 농축 시설 내의 약 1,000개의 원심분리기에 심각한 피해를 입힌 것으로 알려져 있다.[3] 공공 영역에서 발생한 이와 같은 사건들의 정확성이나 중요성에 의구심을 가지고 있었던 논자들에게, 이 사건은 사이버전 시대의 도래를 선언하는 것과 다를 바 없었다. 언론에서 사이버전의 첫 번째 사례로 크게 주목을 받았던 2007년 에스토니아와 2008년 그루지야에서 일어났던 디도스 공격(distributed denial of service attack)은 물리적인 피해를 초래하지는 않았지만 형법상의 공격으로 간주되기도 했다. 이러한 사건들은 이 분야에서 활동하는

---

2) Barton Gellman, 'Cyber Attacks by Al Qaeda Feared', *Washington Post* (Washington DC), 27 June 2002, A01. 공격이 발생한 연도와 심각성 및 해커의 나이(부록 1에서 상세히 제시됨)와 같이 이 상황의 몇몇 사실들의 진실여부에 논쟁이 있기는 하지만, 이 사례는 전쟁 수단의 변화를 보여주며 전쟁에서 예전과 같은 결과를 얻는 것이 상대적으로 쉬워졌음을 보여준다.

3) 이와 관련된 예는 다음 참조, Kim Zetter, 'Surveillance Footage and Code Clues Indicate Sutxnet Hit Iran'. *Wired* 16 February 2011, Threat Level. www.wired.com/threatlevel/2011/02/isis-report-stuxnet/# (최종접속일자 2011년 4월 10일); David Albright, Paul Brannan and Christina Walrond, *Did Stuxnet Take out 1,000 Centrifuges at the Natanz Enrichment Plant?* Institute for Science and International Security (2010) (이하에서는 ISIS Stuxnet Report).

전문가들과 논평가들에게 구체적인 사례로 인용되고 있으며, 국가의 정책 입안자들 역시 관심을 갖게 된 계기가 되었다. 최근 몇 년 동안, 개별 국가들과 국제기구들은 사이버 보안과 관련된 위협과 도전, 그리고 이러한 이슈들을 시급하게 다루어야 할 필요성을 인지하기 시작했다. 또한 미국이나 영국과 같은 국가들의 국가보안전략은 사이버 보안과 관련된 사안이 국가정책에서 중심적인 역할을 차지한다는 것을 반영한다.[4] 마찬가지로, 이들 국가들은 최근 들어 사이버 위협에 대처하기 위해 군 당국이나 정보기관 내에 사이버 사령부를 설치하였다.

본 저서는 무력사용 및 적대행위의 수행과 관련된 법들을 검토할 것인데, 이것은 컴퓨터 네트워크 공격이라는 가장 최신의 전쟁 형태와 관련된다. 컴퓨터 네트워크 공격은 '컴퓨터 네트워크의 사용을 통해 컴퓨터나 컴퓨터 네트워크, 혹은 컴퓨터나 네트워크 내부에 있는 정보를 교란·차단·손상·파괴하는(disrupt, deny, degrade, destroy) 행위'이다.[5] 이 책은 두 개의 부로 나뉘어져 있다. 제1부는 전쟁의 정당성(*jus ad bellum*)에 대해 다룬다. 이는 컴퓨터 네트워크 공격을 금지된 행위로 간주하며, 이러한 행위들에 대해 국제법 내에서 허용된 대응을 검토할 것이다. 1부의 제2장에서는 먼저 UN 헌장 제2조(4)에 반하는 무력사용으로서의 컴퓨터 네트워크 공격의 요건을 다루고, 그런 다음 컴퓨터 네트워크 공격의 구체적인 몇 가지 특징들을 다루기 위해 국제법상 무력사용금지 조항의 이론적 토대를 검토할 것이다. 제3장은 이어서 공격이 무력공격의 수준에 이르는 조

---

4) UK Cabinet Office, *A Strong Britain in an Age of Uncertainty: The National Security Strategy (cmd7935 ed., The Stationery Office, London, 2010)*; White House. National Security Strategy (2010), www.whitehouse.gov/sites/default/files/rss_viewer/national_security_strategy.pdf (최종접속일자 2011년 7월 15일).

5) US Department of Defense, *Dictionary of Military and Associated Terms, 8 November 2010* (2011년 1월 31일 개정) (Washington DC, 2010).

건과 자위권에 대해 다룰 것이다. 또한 사이버 공격이 가지는 귀속에 대한 책임과 연관된 특별한 문제들, 일반적으로 익명성에 의존하는 전투수단의 특정 문제, 그리고 비국가행위자들에 대항하는 국가들의 자위권을 다룰 것이다. 여기에서는 또한 자위를 허용하지 않는 컴퓨터 네트워크 공격에 대한 다른 실행 가능한 대응조치들(countermeasures)을 다루고, 컴퓨터 네트워크를 통한 공격이 평화에 대한 위협을 구성함과 동시에 따라서 UN의 집단적인 안전보장제도를 통해서도 대응 가능할 수 있음을 살피게 것이다. 제2부는 전쟁의 합법성(*jus in bello*)에 대해 검토하고, 컴퓨터 네트워크 공격이 문제를 야기할 수 있는 무력분쟁법 분야들을 체계적으로 분석할 것이다. 2부의 제4장은 무력분쟁의 개념을 다루는 것으로 시작하여, 어떠한 상황 하에서 무력분쟁법이 컴퓨터 네트워크 공격에 적용될 수 있는지에 대해 논의할 것이다. 그 외의 장들은 분쟁가담자, 표적선정과 합법적 군사목표물, 공격과 방어에 있어서의 예방 및 특별 보호조치, 그리고 (무기에 관한 법을 포함하여) 전투수단 및 방법과 관련된 주제들을 다룰 것이다.

그러나 본 저서는 무력분쟁에 관한 현재의 법에 대해 일일이 분석하는 것에만 한정되어 있지 않다. 주지하는 바와 같이 전투수단과 방법으로 등장한 컴퓨터 네트워크 공격은 다른 사회적·군사적 흐름들에 의해서 탄생하였고, 결과적으로 이러한 맥락들과 상호영향을 주고받았다. 따라서 무력분쟁법이 어떠한 방식으로 이러한 새로운 형태의 전쟁에 영향을 주는지 분석하려는 모든 시도는 이러한 경향들을 고려해야 한다. 이러한 작업이 연계되지 않는다면 이러한 분석은 곧 시대에 뒤떨어지는 것이 될 것이다. 실제로 컴퓨터 네트워크 공격을 위한 현재의 능력 대부분이 기밀로 되어있는 상황에서, 그리고 기하급수적인 컴퓨터 사용 및 송전 전력의 발전을 감안할 때, 그러한 작업들을 현재의 수준으로만 제한하고 이러한 경향들을 무시하려는 시도는 무모하다고도 할 수 있을 것이다.[6] 이 책은 또한 재래식 무력분쟁에 적용될 수 있는 법과 관련하여 전문가들 사이에서 현재 진행 중인 논쟁들을 살펴보고자 한다. 이러한 논쟁들, 가령 전투행위에의 직접적인 가담, 민간 계약업자들의 고용, 대테러작전에 대한 무력분쟁법의 적용 가능성, 다중 목적 시설의 표적 선정 등은 컴퓨터 네트워크 공격에 적용될 수 있는 여지가 있기 때문에 앞으로 논의할 내용의 기본 바탕을 이룬다.

1. 컴퓨터 네트워크 공격

컴퓨터 네트워크 공격은 '컴퓨터 네트워크의 사용을 통해 컴퓨터나 컴퓨터 네트워크, 혹은 컴퓨터나 네트워크 그 자체 안에 있는 정보를 교란·차단·손상·파괴하는 행위'이다.[7] 이러한 형식의 공격을 규정하는 특징은 공격의 무기와 표적 모두 네트워크 자체 및 이러한 네트워크에 포함된 정보라는 사실이라고 할 수 있다. 이러한 특징은 컴퓨터 네트워크 공격을 전자전(electronic warfare)과 구별되게 하는데, 전자전도 네트워크를 붕괴시키거나 파괴하는 것을 목표로 하지만, 전자기 펄스(EMP) 발전기나 방해전파와 같이 배선에 의한 전자기력을 사용하여 목표를 달성하는 것이 다르다.[8] 컴퓨터 네트워크 공격은 컴퓨터 코드를 사

---

6) Moore의 법은 사이버 전력이 약 2년마다 두 배로 증가할 것이라고 주장한다. Nielson의 법은 같은 기간에 사이버의 대역너비 또한 두 배로 증가할 것이라고 말한다.

7) US Department of Defense, *Dictionary of Military and Associated Terms, 8 November 2010* (2011년 1월 31일 개정) (Washington DC, 2010).

8) 다른 방식으로는 레이더, 무선 전신, 광학물질(레이저 및 적외선 장치), 고전력 마이크로파와 경고 및 반격 시스템을 이용하는 전자기 방식이 있다. 세부적인 기술로는 암호 탈취, 도

용하여 피해를 입힐 뿐만 아니라, 표적 시스템의 기능에 따라 무수한 피해를 초래할 수도 있다. 몇몇 논자들은 네트워크 공격과 관련된 과거의 정의에 대해 문제를 제기하였지만,[9] 전체적으로 이러한 논의들은 정의와 관련된 문맥에서 '정보'의 개념을 좁게 해석한 데서 비롯된 것이다.[10] 컴퓨터를 활용한 계산에 있어서 정보란 시스템 상의 불확실성을 줄일 수 있는 모든 데이터를 말한다. 이는 인간이 의견을 바꾸거나 형성하기 위해 필요로 하는 사실이나 정보의 전통적인 정의보다도 더 많은 것을 포함한다.[11] 실제로 정보에 대한 미군의 정의는 '모든 매체나 형태에서 나타나는 사실, 데이터 혹은 지시'이다.[12] 따라서 컴퓨터의 운용 부호, 그것의 자동화된 처리 및 적용과 마찬가지로 그것이 포함하는 파일과 데이터는 모두 정보라고 할 수 있다. 이러한 확장된 정의를 고려하면, 컴퓨터 네트워크 공격의 가능한 효과들의 범위는 굉장한 폭으로 확대될 수 있다.

그러므로 컴퓨터 네트워크 공격이라는 용어는 컴퓨터 코드를 포함하는 적대

청, 전자 감시, 레이더 및 무선 전신 트래픽 기만, 전파 방해와 같은 것들이 있다. Roland Heickero, 'Electronic Warriors Use Mail Order Equipment', *Framsyn Magazine* April 2005, www.foi.se/FOI/templates/Page____4554.aspx# (최종접속일자 2011년 4월 12일).

9) 예를 들어, Yoram Dinstein, 'Computer Network Attacks and Self-Defense' in M. N. Schmitt and B. T. O'Donnell (eds.), *Computer Network Attack and International Law* (Naval War College, Newport, RI, 1999), 99-199, 102 참조.

10) 용어 '정보'에 관한 다수의 개념들은 정보혁명과 관련된 문헌에서 등장한다. 일반적으로는 다음 문헌들 참조: John Arquilla and David Ronfeldt, 'Information, Power and Grand Strategy: In Athena's Camp - Section 1' in J. Arquilla and D. Ronfeldt (eds.), *In Athena's Camp: Preparing for Conflict in the Information Age* (RAND, Santa Monica, 1997), 141-71, 144.

11) 전체 정의와 관련해서는 'Information', *A Dictionary of Computing* (Oxford University Press, 2004) 참조.

12) US Department of Defense, *Dictionary of Military and Associated Terms*.

적인 기술의 범위를 망라하는 굉장히 넓은 범위의 공격이라 할 수 있다. 악의적인 소프트웨어(맬웨어)는 광범위한 혼란을 야기할 수 있는데, 에스토니아를 타격한 디도스(DDoS) 공격이나 이란에 물리적 파괴를 가한 스틱스넷 웜과 같은 경우가 대표적인 예라고 할 수 있다. 두 사건 모두 제2장에서 구체적으로 다루고 있다. 디도스 공격은 파괴적이긴 하지만 그다지 복잡하지 않은 공격수단에 속하며, 일반적으로 한 명의 조종자가 봇을 이용하여 다량의 컴퓨터들을 활용할 수 있는 봇넷(botnet)의 사용을 통해 공격이 실행된다. 이것은 공격대상 표적을 게릴라 방식의 서비스 요청으로 범람시켜서, 시스템 내부로 들어오는 메시지를 처리하지 못하게 하여 표적을 셧다운(shut down)시키거나, 또는 공격대상 표적으로 하여금 정당한 서비스 요청에 활용되는 자원들을 일시적으로 고갈시키게 함으로써 효과적으로 해당 시스템을 차단시킨다.

이러한 종류의 공격들은 웹사이트나 서버 및 중추 노드를 차단하거나, 방대한 이메일 혹은 스팸 공격을 하거나, 바이러스를 유포할 수 있는 능력을 가지고 있다.[13]

물리적인 피해를 일으키는 컴퓨터 네트워크 공격, 가령 스틱스넷 웜과 같은 공격은 기술적으로 발전한 사회에서 가장 핵심적인 기반시설 시스템을 조절하는 중앙제어시스템을 종종 표적으로 삼는다. 이러한 시스템은 발전소, 수자원시스템, 댐, 가스 파이프라인, 화학공장 및 반응로 등을 통제한다. 이러한 제어시스템은 대부분의 핵심 기반시설을 제어하고 있으며, 특별히 외부 공격에 취약한 것으로 알려져 있다.[14] 스틱스넷 웜이 발견되기 전, 관련 전문가들이 컴퓨터 네

---

13) Eneken Tikk, Kadri Kaska and Liis Vihul, *International Cyber Incidents: Legal Considerations*, Cooperative Cyber Defence Centre of Excellence (2010), 112.

14) Supervisory control and data acquisition(SCADA) systems and distributed control

트워크 공격으로 인한 물리적인 위협을 설명할 때 예로 들 수 있는 몇 가지 사건들이 있었지만, 이것들에 대해서는 그저 당사자들이 제공한 정황으로부터 추정할 수밖에 없었다.

2007년 3월, 아이다호 국립연구소의 연구원들은 모의 발전소 제어시스템을 해킹하여 발전소의 가동사이클을 변경하는 것을 통해 실험적인 사이버 공격을 감행하였다.[15] 이 공격은 발전기를 통제 불가능한 상태로 만들었을 뿐만 아니라, 궁극적으로 스스로 파괴되게끔 만들어 연방 정부와 전기산업으로 하여금 이러한 공격이 더 넓은 범위에서 일어났으면 어떤 일이 벌어졌을지에 대해 경각심을 일깨우게 하였다.[16] 이러한 종류의 컴퓨터 공격으로 가장 먼저 보고된 사건들 중 하나인 'Farewell Dossier' 사건은 냉전이 지속되던 1982년에 발생했다. 하지만 이 사건은 1996년 기밀 리스트에서 해제되었을 때에 비로소 주목받을 수 있었다. 소련 KGB에 의한 서구의 기술유출이 있은 후, 미국의 CIA와 캐나다 소프트웨어 공급사는 KGB 스파이가 호시탐탐 노리던 가스 파이프라인 제어시스템에 악성 코드를 심었다.[17]

---

systems(DCS)는 문헌에서 종종 언급되는 컨트롤 시스템의 두 가지 사례이다.

15) Jeanne Meserve, 'Staged Cyber Attack Reveals Vulnerability in Power Grid', *CNN. com* 2007년 9월 6일, http://edition.cnn.com/2007/US/09/26/power.at.risk/index.html (최종접속일자 2011년 7월 15일).

16) *Ibid*. Footage of the generator is available at www.youtube.com/watch?v-fJyWngDco3g (최종접속일자 2010년 6월 23일).

17) Thomas C. Reed, *At the Abyss: An Insider's History of the Cold War* (Presidio, New York, 2004), 269; 직접적인 설명을 위해서는 다음 참조. Gus W. Weiss, 'The Farewell Dossier: Duping the Soviets' (1996) 35(5) *Studies in Intelligence* 121, https://www.cia.gov/library/center-for-the-study-of-intelligence/csi-publications/csi-studies/studies/96unclass/farewell. htm (최종접속일자 2011년 4월 12일).

펌프, 터빈, 그리고 밸브를 가동시키기 위해 만든 파이프라인 소프트웨어는 어느 정도의 시간이 지난 후, 펌프의 속도와 밸브의 설정을 재설정하여 파이프라인의 접합부분과 용접부분이 감당할 수 있는 압력보다 더 많은 압력을 발생시키게끔 프로그래밍 되었다. 그 결과는 우주에서 관찰된 핵을 제외한 가장 기념비적인 폭발과 불길이었다.

앞에서 인용된 1998년 애리조나 루즈벨트 댐 사건에서도 제어시스템은 또다시 타격을 입었다. 또 다른 국내 사례를 보면, 2000년 비덱 보덴(Vitek Boden)이라는 직원은 불만을 품고 호주 퀸즐랜드의 수질자원 및 하수처리시설을 해킹하였다. 두 달여에 걸친 기간 동안 보덴은 이 시스템에 46차례나 접근하여, 해당 지역의 하수도 및 수질자원 시스템을 완전히 통제할 수 있게 되었고, 지역의 강과 공원에 폐수를 방류할 수 있었다.[18] 이와 같은 사건들은 국가들로 하여금 컴퓨터로 통제되는 핵심 기반시설의 수와 이 시설들의 컴퓨터 네트워크 공격에 대한 취약성에 경각심을 갖게 하였다. 이 결과로 최근의 보고서에서 사이버 공격이 미국과 영국의 핵심 기반시설에 대한 주요 위협으로서 한층 더 강조되고 있음을 알 수 있다.[19]

컴퓨터 네트워크 공격은 독립적으로 감행될 수 있지만, 재래식 공격을 조금 더 용이하게 하거나 효과를 극대화시키기 위하여, 가능할 경우 재래식 공격과

---

18) *R v. Boden*(2002) QCA 164, Court of Appeal of the Supreme Court of Queensland(Australia); German, 'Cyber-Attacks by Al Qaeda Feared'.

19) US Department of Homeland Security, *National Infrastructure Protection Plan*, US Department of Homeland Security (2009), www.dhs.gov/xlibrary/assets/NIPP_Plan.pdf (최종접속일자 2011년 7월 4일); UK Cabinet Office, *The National Security Strategy of the United Kingdom: Security in an Interdependent World*, UK Cabinet Office, Cm 7291 (2008).

병행하여 사용될 확률이 높다. 전장에서 컴퓨터 네트워크 공격은 적의 공중 방어 네트워크에 대한 사전경고 시스템을 무력화시킴으로써 공격국가의 전투 병력을 적의 영토로 눈에 띄지 않게 침투시킬 수 있다. 이는 2007년 9월 6일 이스라엘 공군 병력이 디에르 에조르(Dayr az-Zawr) 지역의 핵시설 추정 지역을 폭파하기 위해, 적에게 추적되거나 발견되지 않은 채 시리아의 방공 네트워크 시스템을 침투한 것에서 잘 드러났다.[20] 이 공격은 전파방해의 형태를 띤 전자공격 기술과 시설 자체를 파괴시키기 위한 정밀한 미사일 타격과 컴퓨터 네트워크 공격 기술이 혼용된 것이었다. 스텔스 기능을 장착하지 않은 이스라엘 전투기가 아무런 간섭 없이 시리아 영공에 침투할 수 있었던 것은 부분적으로 기내 탑재 기술 덕분이었는데, 이는 관련 전문가들이 네트워크화된 시리아의 대공시스템을 해킹할 수 있게 도와주었다.[21] 한 논자가 상술했듯이, '네트워크 침입자들은 기내에서부터 네트워크로 침투할 수 있으며 표적의 통신 루프에 도달하기 전까지 네트워크 간 자유롭게 이동할 수 있다.'[22] 이러한 기술을 개발한 것은 비단 이스라엘만이 아니다. 미국은 '수터(Suter)'라고 불리는 네트워크 침입기술을 개발했는데, 이는 EC-130 전자공격 항공기를 사용하여 복잡한 알고리즘으로 무장

20) David A. Fulghum, Robert Wall and Amy Butler, 'Cyber-Combat's First Shot: Attack on Syria Shows Israel Is Master of the High-Tech Battle'(2007) 167(21) *Aviation Week & Space Technology* 28.

21) David A. Fulghum, Robert Wall and Amy Butler, 'Israel Shows Electronic Prowess', *Aviation Week & Space Technology* 25 November 2007, www.aviationweek. com/aw/generic/story_channel.jsp?channel=defense&id=news/aw112607p2. xm1&headline=Israel%20Shows%20Electronic%20Prowess (최종접속일자 2011년 4월 12일).

22) *Ibid.*

된 전파를 적의 안테나에 송출하는 기술이다.[23] 이 시스템의 미국판 버전은 소규모의 형태로 이라크와 아프가니스탄에서 시험된 바 있으며, 특히 반정부적인 통신 네트워크에 대항하여 활용된 바 있다.[24]

2008년에 그루지야를 상대로 가해졌던 컴퓨터 네트워크 공격은 비록 러시아 당국의 소행으로 명백히 판명되지는 않았지만, 마찬가지로 재래식 공격을 지원하는 측면에서 사이버 공격의 유용성을 잘 보여준다. 이러한 공격 사례들에서 특정 위치에 있는 표적에 대한 컴퓨터 네트워크 공격과 재래식 폭격 간의 높은 수준의 협력이 관찰되었다. 이러한 접근은 그루지야 당국이 일정한 기간 동안 국제 언론과 내국인들에게 정보를 지속적으로 유출하지 못하도록 하였다.[25] 다른 가설적 사례들 중에는 재래식 공격 이후 응급 전화를 차단하거나 전환하여 긴급 대응반이 출동하지 못하도록 함으로써 추가적인 피해를 야기하는 컴퓨터 네트워크 공격도 포함된다. 여타 사례들에서 보여 지는 바와 같이 위성통제센터나 다른 임무에 핵심적인 시설들에 대한 공격 및 최전방에 물자를 공급하는 시스템에의 침입은 국가의 전쟁 수행 능력에 큰 영향을 끼칠 수 있다. 이러한 사례들은 일반적으로 인용되는 것들 중 극히 일부분이며, 더 많은 파생효과들에 대한 가능성이 존재한다.

23) *Ibid.*

24) David A. Fulghum and Douglas Barrie, "Israel Used Electronic Attack in Air Strike against Syrian Mystery Target", *Aviation Week & Space Technology*, 8 October 2007, www.avaitionweek.com/aw/generic/story_channel. jsp?channel=defense&id=news/aw100807p2.xml (최종접속일자 2011년 4월 12일).

25) 일반적으로 Tikk, Kaska and Vihul, *Cyber Incidents*, 66-89 참조.

2. 인터넷 시대의 법과 전쟁

레이몬드 구(Raymond Ku)는 인터넷을 포함하고 있는 각 논쟁에 대해, 관련된 법은 크게 두 가지 단계에서 사이버 공간에 대처한다고 하였다.[26] 첫 번째 단계는 어떠한 현실 세계의 규칙과 법적 제도들이 사이버 공간에 적용될 수 있을 지를 고려하는 단계이다. 여기에서 우리는 현재 존재하는 가치와 법적 정의들을 사이버 공간에 적용 가능한 가치와 정의들로 치환해야 한다.[27] 두 번째 단계, 즉 사이버 공간을 위한 새로운 법을 기술하는 것은 우리들에게 사이버 공간의 예비적 규칙들뿐만 아니라 이러한 법들의 기초를 형성하는 가치들에 대한 우리의 책무를 검토하도록 한다.[28] 레이몬드 구의 이러한 이중 분석은 컴퓨터 네트워크 공격과 관련된 무력분쟁을 규율하는 법의 해석과 형성에 적용될 수 있다. 첫째, 무력분쟁과 관련된 현재의 법적 한계와 이것이 컴퓨터 네트워크 공격에 어떻게 적용될 수 있을 지를 고려하는 것이 필수적이다. 하지만 이를 효과적으로 수행하기 위해서는 이러한 법들 아래 있는 기저의 정의들로 다시 돌아가, 이들이 수호하려는 가치들이 그러한 공격들의 피해자, 다시 말해 정보기술에 날로 의존적인 사회 구성원들이 수호하려는 가치들과 동일한지 판단하는 것이 필수적이다. 예컨대, 무력분쟁법은 구별원칙(principle of distinction)에 근거하여 민간물자를 보호하는 사례를 들 수 있다. 따라서 우리가 왜 민간물자를 보호하는지에 대한 근거를 검토하는 것이 필수적인데, 사회의 구성들이 가지고 있는 자산의 인식에

---

26) Raymond Ku, 'Foreword: A Brave New Cyberworld' (2000) 22 T. *Jefferson L. Rev.* 125, 128.

27) *Ibid.*

28) *Ibid.*, 129.

대한 전반적인 변화 및 정보사회가 제대로 기능하는 데 있어 디지털 자산의 중요성에 비추어 볼 때, 디지털 자산에 대해서도 이러한 원칙들이 여전히 적용되어야 하는 가를 결정하기 위해서이다.

위와 같이 관련된 원칙들을 재검토해야 할 필요성은 물론 재래식 무력분쟁과 관련되는 측면이 있기는 하지만 무력분쟁법이 과거와는 비교할 수 없을 정도로 엄밀한 검토 하에 놓이게 된 시점이 도래함에 따라 강조되었다. 증가하는 언론의 관심과 분쟁에 연관된 참가자와 관찰자로서 비정부 행위자들의 확산은 무력분쟁법에 내재된 긴장과 모호한 특성이 극명하게 줄어드는 결과를 가져왔다. 레이몬드 구는 우리가 사이버 공간에 의해 야기된 문제들에 현재의 법률들을 지속적으로 적용하기 이전에, 우선 대립하는 가치들의 긴장을 해결하고 현존하는 법적 규범들을 정당화하는 데 사용되는 잠재적인 모호함을 명확하게 해야 한다고 주장한다.[29] 하지만 이것이 국내법과 관련된 이슈들에 적용될 때에는 이상적인 해결책이 될 수 있지만, 국제적인 수준에서도 효과가 있을지는 미지수이다. 무력사용 및 무력분쟁법은 분쟁이 일어나는 가치들 간에 발생하는 국가의 영속적인 긴장 덕분에 존재 한다고 할 수 있다. 다시 말해, 무력사용의 측면에서 보자면 이것은 국가의 권리와 의무 사이의 균형에서 오는 긴장이라고 할 수 있으며, 무력분쟁법의 경우라면 이것은 명백히 인도적 필요성과 군사적 필요성 간의 균형에서 오는 긴장이라고 할 수 있을 것이다.[30] 더 나아가, 구(Ku)가 지적하

---

29) *Ibid.*, 127, Lawrence Lessig, *Code and Other Laws of Cyberspace* (Basic Books, New York, 1999), 119에서 인용.

30) 후자의 경우는 Preamble of the St Petersberg Declaration에서 찾을 수 있다, *Declaration Renouncing the Use, in Time of War, of Explosive Projectiles under 400 Grammes Weight (St Petersburg Declaration)*, 29 November/11 December 1868.

듯이 그 불명확함이 국제공법을 기능하게 하는 것이라고 할 수 있다. 어떠한 경우에서는 해석의 변화를 허용하는 경우에만 여론이 합의에 도달할 수 있는 것이다. 간단히 말해, 사이버 공간에 현재의 법률을 적용하는 것(이 경우에는 컴퓨터 네트워크 공격 기술)은 국제시스템이 기능하기 위한 필수적인 요소를 구성하는 분쟁 및 불명료함의 해결에 의존적이어서는 안 된다. 점점 더 명백해지고 있는 몇 가지의 긴장들은 전쟁의 성격 그 자체의 변화와 그것이 수행되는 맥락과 사회의 변화에 따른 결과이다. 본 저서는 이것에 대해 설득력 있는 다양한 접근법들을 제시하고, 또한 이러한 불일치 영역이 발생하는 컴퓨터 네트워크 공격에 기존의 법을 적용하는 것의 타당성에 대해 검토하고 있다.

현대 무력분쟁에 영향을 주는 경향들은 사회적 단계뿐만 아니라 군사적·전략적 단계에서도 발생하고 있다. 따라서 이러한 발전들에 대한 이해는 새로운 유형의 전쟁이 대두되면서 나타나는 법적 문제들을 이해하는 데 필수적이라고 할 수 있다. 실제로 앨빈과 하이디 토플러(Alvin & Heidi Toffler)에 따르면 '[군사적 혁명]이라고 일컬어지는 이것은 매우 중요하지만, 그럼에도 불구하고 이것은 그저 넓은 의미의 문명 변화의 고작 한 면이며, 따라서 이것은 그러한 맥락에서 이해되어야 한다.'[31] 이러한 관점은 영국의 군사 역사가인 제레미 블랙(Jeremy Black)의 관점과도 상응한다.[32]

   ··· 주된 관심의 대상이 되곤 하는 물적 전쟁문화는 이것의 사회적·문화적·정치

---

31) Alvin Toffler and Heidi Toffler, 'Foreword: The New Intangibles' in J. Arquilla, *et al.* (eds.), In *Athena's Camp: Preparing for Conflict in the Information Age* (RAND, Santa Monica, 1997) xiii-xxiv, xiv.

32) Jeremy Balck, *War in the New Century* (Continuum, London, 2001) 114, Colin S. Gray, *Another Bloody Century: Future Warfare* (Weidenfeld & Nicolson, London, 2005), 84에서 인용.

적 맥락들과 이를 가능케 하는 존재들보다 더 중요하지는 않다. 이러한 맥락들은 군사적 행동의 목적, 군과 사회의 나머지 부분 간 관계의 본질, 그리고 군의 내부적 조직과 윤리성(ethos)를 설명한다.

다시 말해, 전쟁 상황이 전쟁에서 사용되는 군사적 기술보다 더 많을 것을 의미한다는 것이다.

전쟁 상황에 대한 동일한 해석은 마찬가지로 전쟁의 기저에 있는 일반 원칙(general principles)을 적용함으로써 전쟁과 연계된 법들에 반영된다. 특히, 무력분쟁법은 두 개의 역동적인 힘들 간의 균형 혹은 타협 지점을 표상한다. 한 측면은 인도적 필요성이고, 다른 측면은 군사적 필요성이다. 역사적 경험에 비추어 봤을 때, 매 순간 무력분쟁법의 내용과 정세 그리고 특성들을 결정짓는 것은 이러한 두 요소들 간의 변증법적인 관계이다.[33] 딘스타인(Dinstein)이 말하듯, 이러한 인도주의와 관련된 논의들은 국제적 시대정신(zeitgeist)에 의해 형성되며, 국가의 정책들과 조약들의 입안자들에게 영향력을 행사함으로써 입법 과정에 간섭한다.[34] 정보혁명 그리고 이의 결과로 발생하는 사회구성원들의 컴퓨터에 대한 의존성은 무력분쟁의 목적을 달성하기 위해서 무엇이 군사적으로 요긴할지, 그리고 무력분쟁법을 적용하는 데 있어 평형추 역할을 하는 사회의 가치들에 직접적으로 영향을 끼친다. 이 영향은 첫째로, 우리에게 공격의 있음직한 결과들을 다시 재고하도록 만드는데, 민간물자에 대한 피해가 무엇을 의미할지에 대한

---

33) Georges Abi-Saab, 'The Specificities of Humanitarian Law' in C. Swinarski (ed.), *Studies and Essays on International Humanitarian Law and Red Cross Principles in Honour of Jean Pictet* (Martinus Nijhoff, Geneva, The Hague, 1984), 265-80, 265.

34) Yoram Dinstein, *The Conduct of Hostilities under the Law of International Armed Conflict* (2nd edn, Cambridge University Press, 2010), 4.

측면에서뿐만 아니라 연쇄효과의 재평가와 관련된 지점에서도 그렇다. 두 번째로, 정보혁명은 사회의 기초가 되는 가치구조와 우리에게 의미가 있고 보호할만한 가치가 있는 것들을 변화시킨다. 예컨대, 인터넷 접속이 인간의 기본적인 권리라 여기는 사회에서, 전시국제법(jus in bello)을 바탕으로 한 비례성 분석의 결과는 매우 다르게 나타날 것이다.[35]

다음 절들에서는 사회와 군대 그리고 미래의 무력분쟁이 발생하게 될 법적 환경에 영향력을 행사하는 몇 가지 경향들을 열거하고 검토할 것이다. 이 장에서는 군사적 업무 및 넓은 사회적 맥락에서의 혁신이라는 측면에서, 컴퓨터 네트워크 공격의 출현을 더 넓은 맥락에서 전투수단 및 방법으로 보는데, 이는 현대 무력분쟁의 주요 요인들 및 무력분쟁법이 보호하려 하는 가치들을 이해하기 위함이다.

3. 일반적인 사회 경향

3.1. 정보혁명과 디지털화

정보혁명은 현 시대의 가장 명확한 특징 중 하나이다. IT의 발전은 세계의 많

---

35) 이 글을 쓸 당시, 5개 국가(코스타리카, 에스토니아, 핀란드, 프랑스와 그리스)는 인터넷 접속이 기본적 인간의 권리라고 선언했다. 2010년 3월에 BBC World Service가 실시한 GlobeScan에서 26개의 국가에서 조사를 한 결과 79프로의 사람들이 인터넷 접속을 기본적 권리로 여긴다고 말했다. 'Internet Access is "a Fundamental Right"; BBC NEWS, 8 March 2010, http://news.bbc.co.uk/1/hi/technology/8548190.stm (최종접속일자 2011년 4월 12일).

은 지역들의 교역, 사회, 정부에 영향을 준다.[36] 사회구조, 정부의 리더십, 민족적 정체성, 생산 가치, 조직의 전체 구조, 그리고 심지어는 가족과 종교와 같은 국내적인 요소들마저 전무후무한 정도의 규모로 국제적 영향력 하에 놓여 있다.[37] 이러한 현상의 효과를 검토하는 데 있어서 네 가지 요소들을 고려해야 한다. 즉, 정보 기술의 편재성, 정보량의 증가 및 정보의 비용저하, 정보에 기반을 둔 사회의 가치 시스템의 변화, 국내 및 국제사회 조직에서의 정보의 영향력이 그 4가지 요소들이다.

3.1.1. 편재성

많은 양의 정보가 디지털화되어 밴드위스(bandwidth)가 확장된 결과로 사회는 네트워킹되고 전자화된 정보에 더욱 더 의존하기 시작했다.[38] 정보기술은 설비 및 수송 수단들에서부터 거래 과정과 통제 체계에 이르기까지 모든 것에 통합되고 있다.[39] 더 중요한 것은 컴퓨터 체계가 항공교통과 다른 교통 기관들, 석유와 가스 수송관, 전기 제조 체계와 하수도, 비상연락수단, 병원시스템 그리고 그 외의 현대 사회의 다른 주요 산업기반까지도 다 통제한다는 것이다. 도로시

---

36) Richard O. Hundley, *et al.*, *The Global Course of the Information Revolution: Recurring Themes and Regional Variations*(National Defence Research Institute, RAND, Santa Monica, 2003).

37) 일반적으로 Alvin Toffler and Heidi Toffler, *War and Anti-War: Survival at the Dawn of the 21st Century* (Warner Books, London, 1994) 참조.

38) 디지털화란 오디오, 비디오, 그래픽 또는 문자와 같은 모든 정보의 암호화, 변환과 통신을 2진법으로 표현하는 것을 두고 말한다.

39) Dorothy E. Denning, 'Cyber-Security as an Emergent Infrastructure' in R. Latham (ed.), *Bombs and Bandwidth: The Emerging Relationship between Information Technology and Security* (Manas Publications, New Delhi, 2004), 25, 33.

데닝(Dorothy Denning)은 이러한 컴퓨터 사용이 편재화되는 추세가 정보보안에 두 가지 방식으로 영향을 끼치는 것에 주목한다. 첫 번째로는 더 많은 표적들과 더 많은 공격자들이 발생한다는 것이며, 두 번째로는 하나의 공격이 전 세계적 파급력을 가져올 수 있게 된다는 것이다.[40] 첫 번째 문제는 어느 정도 자명하다고 할 수 있는데, 더 많은 체계들이 네트워킹 되고 컴퓨터에 의해 운영이 되면, 그 체계는 더욱더 노출되게 된다는 것이다. 그러므로 가능한 표적들의 수가 증가하게 되고, 체계를 파괴하기 위해 접근할 수 있는 공격자들도 증가하게 된다. 데닝의 두 번째 지적, 즉 그러한 행위들로 인해 전 세계 차원에서 입게 될 영향에 관한 부분은 기본적이지만 중요하다. 컴퓨터 네트워크 공격이 잠재적 위협으로서 처음으로 제기되었을 때 대다수의 사람들은 공격의 심각성에 대해 회의적이었으며, 네트워크 공격이 일상생활에 영향을 끼치지도 못하는 그저 '불쾌한' 공격으로 생각했을 뿐이었다.[41] 언론이 소규모의 사이버 상의 사건들에 대해 지속적으로 다루었지만, 사람들의 네트워크 공격에 대한 태도를 바꾼 것은 사이버 범죄의 형태로 국내 컴퓨터 네트워크 공격이 증가한 것과 관련 영역에서 연구 결과들이 출판되면서 그리고 시리아에서 핵시설로 의심되는 시설에 대한 이스라엘의 공격 및 스턱스넷 웜과 같은 공공 영역에서 일어난 사건들 때문이었다.

이들이 가장 명확한 사례이긴 하지만, 통제시스템은 컴퓨터 네트워크 공격에 의해 영향을 받는 물리적 세계와 컴퓨터 사이의 유일한 연결고리는 아니다. 예컨대, 민간 수송수단, 해상운송업 및 항공교통통제시스템은 점점 더 GPS 위성

---

40) Ibid.

41) 가령, PBS Frontline, *Interview with James Lewis for Frontline: Cyber War! (Interview Conducted on 18 February 2003)*, www.pbs.org/wgbh/pages/frontline/shows/cyberwar/interviews/lewis.html (최종접속일자 2011년 7월 15일) 참조.

을 기반으로 한 조종(navigation) 체계를 장착해 나가고 있다. 미군의 위치와 정밀 유도미사일을 통제하는 인공위성들은 통화 및 데이터 네트워크, 금융시스템, 농업, 철도와 비상연락망에도 더불어 활용된다.[42] 이러한 추세는 글로벌 정보환경이 다음 세대 인터넷의 발전과 함께 꾸준히 진보함에 따라 지속되고 있는데, 이것은 개인적 삶 및 산업과 공공영역의 모든 측면에서 다양한 장비들로부터 항상 접속된 상태를 제공하는 브로드밴드를 통해 가능하다.

3.1.2. 정보량

정보기술이 일상의 더 많은 부분들에 파고들어 오면서 이용 가능한 정보량이 경이적인 속도로 증가하고 있다. 1993년 전 세계에는 대략 50개의 웹사이트가 존재했었고, 1990년 말 무렵에는 그 수치는 500만 개를 넘어섰다.[43] 한 연구는 2002년에 생산된 새로운 정보의 전체량은 활자, 필름 마크네틱 및 광학 저장장치를 포함하여 대략 5 엑사바이트(exabyte)로 추정하였다. 그리고 새로운 정보의 92퍼센트는 마그네틱 매체에 저장되었고(대부분 하드디스크), 오직 0.01퍼센트만이 활자 형태로 저장되었다.[44] 생산된 새로운 정보량은 1999년에 생산된 2 엑

---

[42] The Royal Academy of Engineers는 영국이 지나치게 GPS신호에 의존한다고 지적한다. Royal Academy of Engineering, *Global Navigation Space Systems: Reliance and Vulnerabilities*, Royal Academy of Engineering (2011), www.raeng.org.uk/gnss (최종접속일자 2011년 3월 8일).

[43] Douglas McGray, 'The Silicon Archipelago' (1999) Spring Daedalus 147-76 cited in Joseph S. Nye, Jr, *The Paradox of American Power: Why the World's Only Superpower Can't Go It Alone* (Oxford University Press, 2002), 42.

[44] 5엑사바이트(5 x 10^(18))는 미국 국회 도서관의 인쇄물 수집품의 50만 개를 수용하는 크기이다; see Peter Lyman and Hal R. Varian, *How Much Information?*, University of California at Berkley (2003), www.sims.berkeley.edu/research/projects/how-much-info-2003/ (최종접속일자 2011년 7월 5일). 같은 연구에 따르면 인터넷에서 이용

사바이트보다 두 배 이상 증가하였다. 2002년은 또한 전 세계 디지털 저장용량
이 전체 아날로그 용량을 추월할 첫 해이기도 하다. 2007년 부로 인류의 저장매
체의 거의 94 퍼센트가 디지털 형태라는 것을 기억할 필요가 있다.[45] 더 나아가,
정보를 전송하는 상대적인 비용도 급격히 감소하였으며, 이것은 정보에 대한 접
근장벽을 제거하고 거의 모든 사람이 정보를 추가하거나 정보시스템을 활용하
는 결과를 가져왔다.

3.1.3. 사회적 변화

마셜 맥루한(Marshall McLuhan)은 다음과 같이 말했다. '우리가 보는 것이 우
리다. 우리는 도구를 만들고, 그 도구들은 우리를 만든다'.[46] 정보혁명이 우리 사
회를 근본적으로 바꾸고 있다는 것은 너무나도 자명하다. 때때로 제3의 산업혁
명이라고 일컬어지는 컴퓨터와 통신산업의 급격한 성장은 정부와 주권의 성질
을 변화시키고 있으며, 비정부세력의 역할을 증가시키고, 외교정책에서 소프트
파워의 중요성을 강화하고 있다.[47] 실제로, 통신방식의 변화는 사회 내에서의 권
력 분배, 전반적인 사회적 진화, 그리고 사회의 가치관과 신념에 상당한 영향을
끼친다고 할 수 있다.[48] 상기한대로, 이러한 모든 사회적 변화는 무력사용과 무

가능한 정보의 양은 170테라바이트 있고, 웹사이트를 만드는 데이터베이스까지 포함하면
91,850테라바이트 있다고 한다. 다만, 이 수치는 전자 우편(440,606테라바이트)과 문자
(274테라바이트)를 포함하지 않는다.

45) University of Southern California, 'How Much Information Is There in the
World?', *ScienceDaily* 11 February 2011.

46) Marshall McLuhan, *Understanding Media: The Extensions of Man* (1st edn,
McGraw-Hill, New York, 1964).

47) *Nye Paradox*, 43.

48) '매체'이론과 이것이 정보혁명에 끼친 영향은 Ronald J. Deibert, *Parchment, Printing,*

력분쟁법의 적용과 해석에 다양한 영향을 미칠 것이다. 여기에서 특별히 두 가지를 더 검토하고 넘어가도록 하자.[49]

먼저, 인터넷이 제공하는 증가된 상호연결성은 비정부 행위자들에게 권력이 배분되도록 촉진시키며, 또한 설사 지리적으로 떨어져 있다고 하더라도 유사한 이익들을 공유하는 집단들의 힘을 강화시키고 있다. 이러한 증가된 상호연결성은 일국 차원의 디아스포라(national diaspora)의 힘을 활용함으로써 한 국가의 체계를 강화하는 효과를 가져올 수도 있으나, 국가적 정체성의 전통적인 원천들로부터 민족적, 종교적 혹은 다른 연고에 바탕을 둔 여타 정체성들에 눈을 돌리는 개인들을 생성해 낼 수도 있으며, 이러한 연고들은 지리적 위치에 의존하지는 않는다. 이러한 자기 정체성의 변화는 가령, 소수자에 대한 지원을 제공하고 특정한 집단의 사회적 고립을 감소시킴으로써 긍정적인 효과를 가져 올 수도 있으나, 사회 내에 있는 기존의 분열들을 확대함으로써 단절적인 효과를 발생시킬 수도 있고, 이것은 무력분쟁으로까지 이어질 수 있다. 예컨대, 알카에다는 인터넷을 활용하여 적극적으로 대원들을 모집하고, 지하드와 관련된 사상 체계에 온라인을 통해 초국가적으로 접근할 수 있도록 촉진한다는 것은 잘 알려진 사실이다.[50] 2007년 에스토니아를 상대로 발생한 도스 공격은 또한 낮은 접근비용과 분쟁적인 이슈, 그리고 민족주의에 기반을 둔 이산성이 강하게 결합할 때 어떠

---

and Hypermedia: Communication in World Order Transformation (Columbia University Press, New York, 1995); 일반적으로 McLuhan, Understanding Media 참조.

49) 무형소유물의 중요성은 지식경제의 항목에서 연구될 것이다 (아래의 3.3항목).

50) 비록 이 책은 정치적 목적의 해킹에 대한 내용을 다루지 않으나, 정보의 자유와 같은 개념을 촉진시키기 위해 컴퓨터 네트워크 공격을 하는 해커 그룹들의 영향은 흥미로운 주제이다.

한 일이 일어나는가를 잘 보여 준다. 그 공격은 소비에트 시절의 조각상을 에스토니아 정부가 이동시킨 것에 대한 대응으로 발생하였는데, 주로 에스토니아 외부에서 개시되었으며, 178개의 다른 국가들에서 출현한 소위 '애국 해커들'에 의하여 수행되었다.[51]

두 번째 흥미로운 사회적 변화는 정보혁명이 시민들과 정부의 관계 및 이에 연유한 정부의 힘에 대한 통제력과 연관된 효과에 대한 것이다. 예컨대, 정보에 대한 향상된 접근은 사람들이 전 세계에서 발생하는 사건들을 알 수 있도록 한다. 그리고 이것은 인권침해 사태와 관련된 인도적인 관심이 증가하도록 이끌며 또한 대중의 이름으로 수행되는 행동들에 대한 경각심을 향상시킨다. 그 결과는 소위 'CNN 효과'라고 불리는 것인데, 다시 말해 외교정책에 있어 언론 보도의 효과를 일컫는 것이다. 생방송 위성중계의 출현 및 소셜미디어 및 글로벌 통신 시장에서의 시민 저널리즘의 등장으로 인해, 분쟁의 가혹한 현실이 시민들의 집으로 방송이 되며, 그들은 자신들의 이름으로 폭력이 자행되는 것은 지켜볼 수 있다. 이것은 정부에게 굉장히 유용한 도구가 되었을 뿐만 아니라 동시에 그들의 행동에 제약을 가하는 요소가 되었다.[52] 1993년 소말리아 모가디슈(Mogadishu)에서 미국 블랙호크(Black Hawk) 헬리콥터 대원들의 격추를 둘러싼

---

51) 비록 몇몇 해외 IP주소는 봇네트임을 가리켰으나 봇네트는 오직 공격의 두 번째 단계에서만 사용되었다. 보고에 따르면 코드, 표적 리스트, 설명서는 러시아 어로된 해커 사이트에 있었다고 한다.

52) 일반적으로 다음 참조. Steven Livingston, *Clarifying the CNN Effect: An Examination of Media Effects According to Type of Military Intervention*, The Joan Shorenstein Center on the Press, Politics and Public Policy, John F. Kennedy School of Government, Harvard University, R-18 (1997), www.hks.harvard.edu/presspol/publications/papers/research_papers/r18_livingston.pdf (최종접속일자 2011년 7월 15일); Margaret H. Belknap, 'The CNN Effect: Strategic Enable or Operational Risk?' (2202) Fall *Parameters* 100.

사건들과 대원들 중 한 명을 치료하고 있는 TV 장면은 새로운 통신 환경의 강력한 효과를 예증해 주었다.[53] 미국 정부는 1993년 10월의 사건들 직후에 소말리아로부터의 철수를 발표하였으며, 이것은 이러한 비통한 장면이 방영되고 난 후의 대중적인 압력에 기인한 바가 크다.[54]

기술, 특히 디지털 미디어의 효과는 현재 중동지역과 북아프리카에서 발생하고 있는 아랍의 봄 혁명들을 통해 전 세계적으로 알려지게 되었다. 이러한 기술이 사회적 소요들에 끼치는 중요성 혹은 완전한 영향에 대해 반추해 보기에는 너무 이른 것이 사실이나, 그것이 특별한 사건들을 만들어 나가는 데 있어 핵심적인 역할을 했다는 것은 결코 의심할 수 없는 사실이다.[55]

3.1.4. 조직적 변화

한 가지 차원이 더욱더 분명해졌다. 정보혁명은 네트워크 형태의 조직을 선호할 뿐만 아니라 그것을 강화하며, 위계적 형태와 비교하여 분명한 이점을 준다는 것이다.[56] 예컨대, 정보 집약적인 기업들과 연관된 사업에서는 네트워크형

---

53) 1993년 10월, US Delta Force and Army Rangers는 소말리아 군벌세력인 General Aideed에 대항하여 작전을 수행하였다. 이 과정에서 미국 블랙 호크 헬리콥터 두 기가 격추되었으며 연이은 교전과 폭도들의 시위로 인해 미군들 수명이 사명하였다. 이 사건 이후, CNN과 여타 언론 미디어들은 한 미군 병사의 사체가 그 자리에 모여 있던 군중들의 함성에 맞추어 Mogadishu 길거리를 질질 끌려 다니는 장면을 방송했다.

54) 미군을 소말리아에 파견하는 초기의 결정은 미디어를 통해 방송된 기아에 허덕이는 난민들의 모습이 큰 영향을 미쳤다.

55) 어떻게 활동가들이 소셜 미디어를 활용하고 있는가에 대한 초기의 보고에 대해서는, 예를 들어 Peter Beaumont. 'The Truth About Twitter, Facebook and the Uprisings in the Arab World', *Guardian* (London), 2011년 2월 25일, www.guardian.co.uk/ world/2011/ feb/25jtwitter-facebook-uprisings-arab-libya (최종접속일자 2011년 4월 12일)을 참조할 것.

56) John Arquilla and David Ronfeldt, 'The Advent of Netwar (Revisited)', in J. Arquilla

조직들이 전통적인 위계질서형보다 더 높은 경쟁력을 갖는다.[57] 둘째로, 개인들이 이용할 수 있는 정보의 증가는 그들로 하여금 고의적으로든 혹은 부주의에 의해서든 정보를 통제하고 제한해 왔던 위계질서를 우회할 수 있도록 한다.[58] 이 것은 권력이 비국가 행위자들로 이동하는 것을 가능하게 하는 또 다른 요소인 데, 그 이유는 그들은 더욱더 수월하게 산발적인 네트워크 형태로 조직될 수 있고, 이 조직에서는 전통적인 위계적 국가 행위자들과는 달리 모든 노드(node)들이 다른 노드들과 자유롭게 의사소통할 수 있기 때문이다.[59] 탈레반이나 알카에다와 같은 비국가 행위자들에 대항하여 싸우는 기관들은 이러한 융통성의 효과에 주목했다. 미국의 퇴역 장군 스탠리 맥크리스탈(Stanley McCrystal)이 말했듯이, '알카에다 내에 있는 그들의 동맹들처럼, 이러한 새로운 탈레반은 군 조직보다 더 네트워크 지향적이며, 기업 구조보다 더 이익을 추구하는 조직이다. 나를 비롯한 다른 많은 이들에게 네트워크화된 적을 패배시키기 위해 우리 자신 스스로가 네트워크가 되어야 했다는 사실은 명백하다.'[60] 이러한 자각과 이에 대응하여 조직 모델을 재정비 하는 것은 무력분쟁법에 분명한 효과를 가져다주는데, 특히 지휘책임의 인지 요건과 같은 이슈들 혹은 전투원은 반드시 책임 있는 지

---

and D. Ronfeldt (eds.), *Networks and Netwars* (RAND, Santa Monica. 2001). 1-24, 1.

57) Tracy Kidder, *The Soul of a New Machine* (Little, Brown. Boston, 1981). cited in Brian Nichiporuk and Carl H. Builder, 'Societal Implications' in J. Arquilla and D. Ronfeldt (eds.). *In Athena's Camp* (RAND, Santa Monica, 1997) 295, 297-8.

58) Nichiporuk and Builder, 'Societal Implications', 297.

59) Arquilla and Ronfeldt, 'The Advent of Netwar (Revisited)' 1.

60) Stanley A. McChrystal, 'It Takes a Network' (2011) 185 *Foreign Policy* 66-70.

휘하에 있어야 한다는 요건들이 그 예이다.[61]

3.2. 세계화, 상호의존성 및 변화하는 세계질서

세계화와 정보혁명은 서로 공생하는 관계이며, 각자가 서로의 효과와 영향력을 증대시킨다. 기술의 발전은 국경을 넘어서 통신, 세금, 돈의 흐름, 재화, 서비스 및 사람들이 통합될 수 있도록 하며, 이것은 규제적 장벽을 줄이거나 제거함으로써 가능하다. 반대로, 세계화는 정보혁명이 일어날 수 있도록 세계를 형성하는 역할을 한다.[62] 이러한 문화적 및 사회적 효과들은 지속적으로 네트워크화되고 상호 의존적인 세계 속에서 우리가 원하든 원치 않든 간에 계속하여 발생하고 있다. 그러므로 정보혁명은 역사상 가장 복잡하고 빠른 상호연결성 및 상호의존성의 시대를 가져왔다.[63] 그러나 만약 정보혁명이 현대의 중요한 특성들 중의 하나라고 한다면, 현재의 세계화의 시대는 두 번째 특성임에 틀림없다. 세계화는 다양한 형태를 취하고 있으며, 우리가 살아가는 정치적·사회적·경제적 구조들에 영향을 준다. 세계화가 분쟁의 원인에 미치는 효과에 대해서는 많은 논의가 있었다. 예컨대, 민족주의적 혹은 부족적 집단화의 발흥, 문화 제국주의에 대한 대항, 국제 노동시장에서 노동기준 완화정책에 따른 불충분한 삶과 근로 조건, 의식주 폭동 등이 있으며, 세계화는 이에 따른 결과로 발생하는 불안

---

61) 제5장을 보라.

62) Hundley, *et al.*, *Global Course*, 4.

63) Golin S. Gray가 지적하듯이, 이것은 역사상에서 세계화의 첫 번째 시기는 아니다. 훈족, 알렉산더 대왕, 로마 제국과 비잔틴 제국은 굉장한 수준으로 연결되어 있었다. Gray, *Another Bloody Century*, 78-9 참조.

에 대해 원인이 되는 요소로 인용되어 있다. 비록 고정된 정의는 아니지만, 세계화는 국가적 경계들에 걸쳐있는 상호의존성 네트워크의 확장을 가리키는 것으로 일반적으로 이해되어 왔으며, 상호의존성은 이러한 경계들을 넘어 아이디어, 돈, 재화, 서비스 및 사람이 급속하게 이동하는 것을 점차적으로 가능하게 하였다.[64]

경제 영역에서는, 세계화는 재화가 국경을 넘어 생산된다는 것,[65] 화폐와 같은 주권적 요소에 대한 일국의 통제권이 줄어든다는 것,[66] 지식과 다른 무형의 자산에 기반을 둔 경제가 성장한다는 것을 의미한다. 일상용품과 상품시장들도 세계화되었으며, 심지어는 개별 국가들의 정책이나 카르텔에 의해서도 더 이상 큰 영향을 받지 않는다.[67] 예컨대, 2001년 다국적 기업이 세계생산량의 25%를 차지했고, 세계 판매량은 세계 GDP 수치의 거의 절반을 기록했다.[68] 비록 경제적 세계화가 현대의 세계화 현상의 주요 동력이지만, 우리가 여기서 주목해야 할 점은 그것이 정치적 지형, 다시 말해 국가 권력의 형태와 맥락에 어떠한 영향

---

64) Hundley, *et al.*, *Global Course*, 49.

65) 초국경적인 국경 횡단의 상품 생산의 예를 위해서는 Thomas Friedman, 'Global is Good', *Guardian* (London), 21 April 2005. G2 참조.

66) 외국 외환 시장에서의 일일 매출 량은 US$3.2조를 넘는다. Bank for International Settlements, *Triennial Central Bank Survey: Foreign Exchange and Derivatives Market Activity in 2007*, Bank for International Settlements (2007), www.bis.org/pbl/rpfxf07t.pdf (최종접속일자 2011년 4월 12일): Nichiporuk and Builder, 'Societal Implications', 302.

67) Nichiporuk and Builder, 'Societal Implications', 304. 니치포룩과 빌더가 지적하듯, 다이아몬드와 같은 매우 희귀한 자원들에는 해당되지 않는다.

68) UNCTAD, 2001 cited in David Held and Anthony McGrew, 'Introduction' in D. Held and A. McGrew (eds.), *Governing Globalisation: Power, Authority and Global Governance* (Polity Press, Cambridge, 2002), 1-21.

을 미쳤는가 하는 것이다.

세계화는 새로운 행위자들이 등장할 수 있도록 하였으며, 통치(governance)의 전통적인 형태들이 국가 정보를 초월하도록 했다.[69] 국경과 무관하게 거의 자발적인 소통에 의해 연결되는 세계에서 정치적 결사는 새로운 의무, 권위, 형태를 띠게 되었다. 헬드와 맥그루(Held & McGrew)가 지적하듯이, '"물리적 환경", "사회적 환경"과 정치 간의 긴밀한 연결성, 이것들은 전 근대와 근대의 정치적 결사를 구별해 주는 것이었는데, 이것들은 세계화가 진행되면서 파괴되었다. 새로운 소통시스템은 새로운 경험, 새로운 이해방식 및 새로운 형태의 정치적 관계를 만들어 내며, 이것은 특정한 민족들, 이슈들, 그리고 사건들과의 직접적인 접촉과는 독립하여 존재한다.'[70] 그러므로, 개인들의 개별적인 집단 혹은 소규모 모임들은 이제 정보혁명으로 인해 형성된 네트워크의 힘을 활용하여 전 세계적으로 정치적인 영향력을 행사할 수 있게 되었다. 이러한 네트워크의 힘을 잘 보여주는 주요한 예는 1997년 오타와 협약(Ottawa Convention)의 시행을 이끌어 내었던 국제지뢰금지운동(International Campaign to Ban Landmines, ICBL)이다.[71] 이러한 새로운 행위자들의 등장은 또한 다양한 층위에서 일어나고 있다. 세계무역기구(WTO), 국제통화기금(IMF), 그리고 세계은행(World Bank)과 같은 국가간 기구들은 구조조정 프로그램들을 통해 상당한 권력을 행사한다. 유럽연합(EU)과 여타 지역 협의체들은 회원국들이 준수해야 할 정책들을 만든다. ICBL과 같은

---

69) 위에 기재된 금융적, 경제적 통제 말고도, 국가들은 사회에 있는 정보를 심판하는 권력과 국경간의 물품과 사람들의 흐름을 통제하는 능력을 잃었다.

70) Held and McGrew, 'Introduction', 6.

71) 국제 지뢰 금지 캠페인은 1997년에 노벨평화상을 받았고, Medecins Sans Frontieres라는 비정부 조직 또한 1999년에 노벨평화상을 받았다.

국제 NGO 단체들뿐만 아니라 알카에다와 같은 국제범죄 테러조직들 역시 세계화 안건에 지속적으로 영향력을 행사하고 있다. 이에 상응하여, 이러한 조직들의 수는 급격하게 증가하였다. 20세기 초 국가 간 조직들은 37개 그리고 국제 NGO들의 수는 176개에 불과했다.[72] 2006년에 이르러 그 수는 970개의 국가 간 기구와 11859개의 비정구기구들로 확대되었다.[73]

세계화 및 국가들 간의 지속적인 상호의존성은 국가의 권한 내에 전통적으로 머물러 있던 문제들이 국제사회 관심(주로 인권침해의 경우)의 일부로 폭넓게 받아들여지게 하는 데도 기여하였다. 이러한 변화는 폐쇄된 사회를 유지하는 것을 거의 불가능하게 만들었다. 국가들 사이의 상호의존성은 환경의 세계화에 의해서도 강조된다. 많은 국가들의 행위가 농업경제를 기반으로 한 국가뿐만 아니라 모든 국가들의 생존에 필수적인 경작지와 식수의 양을 줄어들게 하는 지구 온난화 현상을 지속시키는 데 기여하고 있다. 물의 이용 가능성은 점차적으로 분쟁의 중대한 원인 중의 하나가 될 것이다.[74]

---

72) UIA, *Yearbook of International Organizations* (Brussels: Union of International Associations, 1997) Held and McGrew, 'Introduction', 7에서 인용.

73) UIA, *Yearbook of International Organizations* 2003, Appendix 3, Table 1, Available at http://www.uia.org/statistics/organizations/types-oldstyle_2003.pdf (최종접속일자 2011년 7월 5일).

74) 강기슭 토지를 소유하는 자들이 이집트의 나일 강세서의 전략적 위치를 위협하자, 이집트는 몇 차례 군대를 이용해 위협을 했다. 1978년에 이집트는 블루 나일에서 물을 강탈하기 위해 에티오피아에 공습하여 위협했다. 수단이 1959년의 나일 물 조약의 개정하기를 바란다고 하자, 머바락 이집트 대통령은 상상이상의 답으로 답례하겠다고 말했다. Michael T. Kalre, *Resource Wars: The New Landscape of Global Conflict* (Metropolitan Books, New York, 2011), 158.

3.3. 지식 경제의 융성

주목할 만한 세 번째 사회적 추세는 지식 기반 경제가 상승했고, 그로 인해 무형 자산에 대한 태도가 변했다는 것이다. 앨빈과 하이디 토플러(Alvin & Heidi Toffler)는 정보혁명의 핵심은 유형 생산형식과 무형 생산형식의 관계 변화에 있고, 궁극적으로는 파괴 방식의 변화에 있다고 주장한다.[75] 그들은 넓은 의미에서의 지식이 항상 경제의 일부였지만, 최근 몇 십 년 사이에 지식이 그저 경제 주위를 맴도는 주변 요소에서부터 중심적인 역할을 하는 존재가 되었다고 말한다.[76] 이와 비슷한 맥락에서 세계은행(World Bank)은 다음과 같이 말한다,

> 세계 경제의 전위에 있는 국가들에게 있어서, 지식과 자원들 사이의 균형은 지금까지 전자로 기울어져왔다. 그 결과, 지식은 삶의 수준을 결정하는 가장 중요한 요소가 되었으며, 심지어 토지, 도구, 노동보다도 더 그러하다.[77]

국가의 지식 자산을 측정하거나 수치로 나타내어 궁극적으로 사회적, 경제적 성장률을 판단하는 딜레마를 학자들, 경제전문가들 및 회계사들은 항상 힘겨워했다. 왜냐하면 이 수치는 산업적 또는 농업적 유형 자산 항목에 알맞지 않는 '기타' 항목으로 취급되기 때문이다.[78] 하지만 이 기타 항목은 대부분의 선진

---

75) Toffler and Toffler, 'The New Intangibles', xiv.

76) Ibid.

77) World Bank, World Development Report: Knowledge for Development, World Bank (1998).

78) Yogesh Malhotra, 'Measuring the Knowledge Assets of a Nation: Knowledge Systems for Development' (Paper presented at the United Nations Advisory

국 경제의 70%를 차지한다.[79] 지식 또는 정보 자산의 정세변화는 법률사회에도
문제가 되었다. 무형 자산을 관리하기 위해 만들어진 지적재산권 제도들은 모든
무형 자산과 관련된 딜레마를 다루기에는 충분치 않다. 예컨대, 뉴질랜드는 사
이버 상의 현금거래를 "훔칠 수 있는 물건"으로 정의하기 위해서 사이버범죄법
(Crimes Act)을 개정할 필요를 느꼈는데 이는 펀드의 악의적 전자거래를 절도로
여기지 않았던 상소법원의 사례를 따른 것이다.[80] 국내 위법사항들을 다룰 때,
국가들은 사이버 자산의 잘못된 적용을 수정하기 위해 법규의 범위에 기밀정보
의 절도와 동산의 무단점거를 포함한 절도죄를 포함시켰다.[81]

이러한 어려움에도 불구하고 이 시대를 정의하는 뚜렷한 성격 중 하나는 무
형 자산이 상품과 그 상품의 생산과정 모두에서 실질적인 통화가치를 지닌다는
개념이다. 이러한 가치가 부여되면서 자산에 대한 우리의 인식 또한 변화하였
다. 지식 경제와 같은 무형 자산은 국가경제의 생존에 유형 자산만큼 중요하게
되었다. 이러한 무형 자산의 움직임은 사회에서 부를 창출하는 부류들에게만 제
한되어 있는 것이 아니다. 정보혁명은 '문명의 변동'을 반영하는데, 이는 군대를

Meeting of the Department of Economic and Social Affairs, Division for Public
Administration and Development Management, Ad hoc Group of Experts Meeting
- Knowledge Systems for Development, United Nations Headquarters, New York,
4-5 September 2003).

79) Ibid.

80) R v. Wllklnson (1999) 1 NZLR 403. Court of Appeal (New Zealand). 법정에서 한 계
좌에서 다른 계좌로 전자적으로 펀드를 전송하는 것은 절도로 취급되지 않는다고 선언했
다. 법정에서는 전자 펀드는 무형물, 즉 단순히 은행이 계좌주에게 진 빚이라고만 생각되고
"훔쳐질 수 있는 물건"이라고 여겨지지 않았기 때문이다. 이 문제는 2003년에 범죄 개정안
에서 수정되었다.

81) 일반적으로 Andrew Murray, Information Technology Law: The Law and Society
(Oxford University Press. Oxford; New York, 2010), 83-101 참조.

포함한 모든 부류의 사회에서 발견된다.[82] 이러한 변동은 우리가 무력분쟁에서 어떤 것이 보호되어야 하는지에 대한 개념에도 반영될 것이다.

4. 군사적 경향

조지 아비삽(Georges Abi-Saab)은 군사필요성 원칙의 조건은 군사기술과 전략적 사고의 진화에 의해 정의되며, 이러한 객관적인 기술형태와 주관적인 사고의 필요조건들의 균형사이에서 무력분쟁과 관련된 법들이 그 형태와 내용을 가지게 된다고 논평하였다.[83] 이러한 성향이 사회에 영향을 미치면서 이는 군사력에도 영향을 끼치며 기술과 전략 모두 근래에 서양 군대에 급격한 변화를 가져다 주었다. 앨빈과 하이디 토플러는 사회가 전쟁을 만드는 방법은 부를 만드는 방법에서 반영된다고 오랜 기간 동안 주장했다. 따라서 사회가 농업 경제에서부터 산업 경제를 거쳐 지식기반 경제로 발전하면서, 국가의 군사력에 이용 가능한 전쟁의 기술과 형태도 발전했다고 볼 수 있다.[84] 그러므로 전쟁의 형태는 사회의 사회적·경제적·기술적 진보의 반영인 것이다.[85] 군 조직이 본연의 기능을 수행하는 것에 대해 정의하고 생각하는 이러한 두드러진 변화는 군사적 관점에서는 가히 혁명적이라고 할 수 있는데, 이는 사회 전체적으로 발생하는 광범위한 변

---

82) Toffler and Tomer, 'The New Intangibles', xiv-xv.

83) Abi-Saab, 'Specificities', 265.

84) 이러한 발전은 농경 사회의 기본적인 무기부터 탱크와 총의 대량생산 산업 전쟁, 그리고 세계에서 조금 더 발전된 군대에서 볼 수 있는 최첨단 무기까지 볼 수 있다.

85) Gray, *Another Bloody Century*.

혁들을 반영한다고 할 수 있다.

기술이 최근에 현대 군대를 변화시킨 건 명백하지만, 무기 기술만큼 아주 큰 영향을 받은 것은 없다. 고정밀 무기들의 첨단 감지체계들과 지휘통제체계의 다양한 측면에서의 기술적 발전의 결합이 가공할 만한 현대 군대를 만들어냈다. 정밀 화기들은 탑재할 수 있는 GPS와 다른 감지체계 덕분에 그 위력이 상당해졌다. 기술은 더 이상 핵심 전쟁 장소를 표시하는 개념이 적용되지 않을 정도로 전쟁 구현 능력이 발전하였다. 전쟁터는 다면적으로 변하였고, 국가 전체가 전쟁터가 되었다.[86] 사회의 민간 영역과 같이, 방어 전력은 그들의 작전 참모를 감축시키고 꼭 필요하지 않은 인원 또는 심지어 핵심 기능들을 민간기업으로 넘긴다. 조직 구조도 점점 진보한 지휘통제 기술과 향상된 사회 기반시설로 인해 분권화되고 있다. 네트워크 중심 전쟁을 기반으로 채택하면서 군대가 전쟁터에 대한 지식을 제공하기 위한 네트워킹의 힘과 더 빠르고 효과적인 작전 수행을 하게 해 주는 효과기반 작전의 규칙들을 활용하도록 하게 하였다.[87] 향상된 상황판단 능력은 전략적 결정능력의 '하향화(pushing down)'를 가능하게 하였으며, 이는 전쟁 중의 부대 지휘관도 전략적인 결정을 내릴 수 있게 해 주었다.[88]

---

86) Michael N. Schmitt. 'Asymmetrical Warfare and International Humanitarian Law' in W. Heintschel von Heinegg and V. Epping (eds.). *International Humanitarian Law Facing New Challenges: Symposium in Honour of Knut Ipsen* (Springer. Berlin; New York. 2007). 11-48. 16; Michael N. SChmitt. 'Targeting and Humanitarian Law: Current Issues' (2004) 34 *Israel Y. B. Hum. Rts* 59, 59.

87) 전장에서의 지식 공유의 '스피딩(speeding)' 효과에 대한 예는 다음 참조: Joshua Davis, 'If We Run out of Batteries. This War Is Screwed', *Wired* 6, June 2003. www.wired.comfwired/archive/l1.06/battlefield.html (최종접속일자 2011년 4월 12일).

88) 부대 지휘관의 전략적 결정 능력에 대한 필요성은 Charles C. Krulak, 'The Strategic Corporal: Leadership in the Three Block War', *Marines Magazine* 1. January 1999, 28-34 참조.

4.1. 목적의 변화

루퍼트 스미스 장군(General Sir Rupert Smith)은 전쟁의 목적이 바뀌었다고 주장한다. 산업화 시대의 전쟁에서 정치적 목적은 상대가 공격자의 뜻에 따르도록 전략 군사적 목적을 달성하여 쟁취하는 것이었고, 이는 군사 전력에 의해 결정되었다.[89] 그러므로 오펜하임은 그의 *Treatise on International Law*에서 '전쟁은 군 전력으로 둘 이상의 국가들이 서로를 압도하고 승자가 원하는 평화조건을 부과하는 무력화된 주장'이라고 명시한다.[90] 반면에 스미스는 다음과 같은 이유로 무력분쟁에 참여한다고 주장한다.[91]

> 다른 수단이나 방식으로 달성될 수 있는 정치적인 목적을 가진 조건이나 개념적인 공간을 확립하기 위해서이다. 우리는 안정성 그리고 만약 가능하다면 민주주의라는 바람직한 정치적 결과를 만들어 내기 위해 외교, 경제적 동기, 정치적 압력 및 여타의 수단들을 위한 개념적인 공간들을 만들고자 한다.

이러한 강압이나 강제적 작전을 위한 조치는 국제관계에서 더 미묘하고 복잡한 군사력의 활용을 반영한다. 마이클 슈미트(Michael Schmitt)는 코소보에서의 연합군의 작전을 슬로보단 밀로세비치 대통령의 군대를 패배시키려는 의도는 절대 없었다는 점 때문에 강압 또는 강제적 작전의 고전적인 예시로 보고 있다.

---

89) Rupert Smith, *The Utility of Force: The Art of War In the Modem World* (Penguin, London, 2005). 270.

90) Hersch Lauterpacht (ed.), *Oppenheim's International Law* (7th edn, Longmans, Green & Co., London, 1952), 202.

91) Smith, *Utility of Force*, 270.

오히려 그것보다는 협상 테이블로 들어오는 것을 유도하고, 코소보내의 알바니 아인에 대한 체계적이고 광범위한 학대를 끝내고자 했다는 것에 주목하였다.[92] 이러한 전쟁 목적의 변화는 관련된 규칙들이 목적 완수를 목표로 하는 원리에 적용되었다.

4.2 네트워크 중심전 및 효과기반 작전

군대의 변화는 그들이 사용 가능한 무기의 종류에만 제한되지 않다. 상업적 부문에서 일어난 조직적 변화는 현 군대에서도 실행되고 있다. 현대 군대는 전력의 효과적인 결합 또는 네트워킹의 힘으로 인해 네트워크 중심전으로 나아가고 있다.[93] 전통적인 플랫폼 중심전에서는 탱크의 진형, 전함 또는 항공기와 같은 각 요소들은 가끔 협동 작전을 하긴 하지만 고유한 임무와 수행해야 할 작전이 있다. 하지만 네트워크 중심전은 증가한 상황 인식과 네트워크 요소들의 협동을 통한 전투 이점을 제공함으로써 네트워크를 전면적으로 사용하고 있다. 따라서 전력이 운영될 수 있는 속도를 증가시키고 임무 효과를 향상시킨다.[94] 네트워크 중심전을 최대한 활용하기 위해 필요한 판단 속도는 지휘체계의 판단능력

---

92) Schmitt, 'Asymmetrical Warfare', 37.

93) 네트워크 중심전과 관련된 원칙들은 다양한 이름으로 몇몇 군 당국들에 의해 채택되었다. 영국의 네트워크로 가능한 능력, 스웨덴의 네트워크 기반의 방어, 오스트레일리아의 만연한 명령과 제어가 그 예이다.

94) 일반적 내용에 대해서는 David S. Alberts. John Garstka and Frederick P. Stein. *Network Centric Warfare: Developing and Leveraging Information Superiority* (2nd edn. National Defense University Press. Washington DC. 1999) 참조.

발전으로 이어졌다.[95] 그러나, 새로운 환경에서 네트워크 중심 기반의 진정한 가치는 효과중심 작전의 활용이라고 할 수 있다.[96] 이 원리는 서양 군대의 사고에서 우위를 점하고 있고, 군사력의 목적 변화와 네트워크 중심전을 향한 발전 모두를 지향한다.

효과기반의 작전은 평시, 전시 및 전쟁 중에 아군, 적군, 그리고 중립국들의 행동에 어떻게 영향을 미칠 수 있을지에 대한 일련의 조정된 행동 양식들이다.[97] 그 기초로 환원된 전통적인 귀속 전투에서, 적을 패배시키려면 점차적으로 군사력을 약화시켜 나가야 했다.[98] 이는 1868년 세인트피터스버그 선언서의 서두에 나온 법칙에 반영되어 있는데, 여기서 전쟁 도중 국가들이 정당하게 달성해야 하는 목적은 적군 전력의 감소를 말한다.[99] 하지만 효과기반 작전들은 원하는 효과를 얻기 위해 지정 대상 공격과 여러 전투수단과 방법을 활용한다.[100] 마이클 슈미트가 말한 바와 같이, 효과에 기반을 둔 작전들은 대안 표적 탐색을 체계화함으로써 국제인도법을 발전시킬 수 있는 잠재력을 갖고 있지만, 마찬가지로 그

---

95) Andrew M. Dorman, *Transforming to Effects-Based Operations: Lessons from the United Kingdom Experience*, Strategic Studies Institute (2008), 18.

96) 효과기반 작전은 새로운 개념이 아니다. 하지만 네트워크 중심의 전투의 측면에서 이것을 적용하는 것은 흥미롭다. 효과 중심의 작전은 평시와, 위기 및 전시에 동맹국과, 적국 그리고 중립국들의 행동을 형성하는 것에 초점이 맞추어진 조정된 행동 양식들이다. Edward A. Smith, *Effects Based Operations: Applying Network Centric Warfare to Peace, Crisis, and War* (DDD-CCRP, Washington DC, 2002), 108.

97) *Ibid.*, xiv.

98) Schmitt. 'Targeting', 60.

99) *St Petersburg Declaration*, 전문.

100) 궁극적으로, 이 과정은 활동과 효과 사이의 인과율을 다루고 있다. 원하는 물리적인 효과와 행동적인 효과에 집중하며. 적을 시스템의 시스템으로 본보기 삼고, 특정 효과의 바람직함은 그들이 생성한 환경에 따라 다르기 때문에 타이밍을 고려한다.

것들은 그들의 군사적 능력을 높게 평가하지 않는 적들에게 구체적인 행동을 강요하기 위해서 본질적으로 군사적이지 않은 표적들을 공격할 충동에 빠지게 할 수도 있다.[101] 관련된 자세한 사항들은 제6장에서 다루고 있다.

4.3 아웃소싱 및 민간화

무력분쟁법의 적용에 영향을 미친 또 다른 경향은 현대적 분쟁에서 증가하고 있는 민간화(civilianisation)이다. 이러한 경향은 대부분의 전투원들이 민간인인 국내적 무력분쟁의 비약적인 확대와 적대행위의 민간인 밀집지역으로의 이동 등을 그 이유로 한다. 추가적으로, 현대 군대는 점점 더 민간 군사 또는 보안 업체와 같은 계약자들에게 지원을 조달하고, 핵심 기능들도 넘겨주고 있다. 이들 중 일부는 무장 전술 역할까지도 담당한다.

웨스트팔리아 강화조약으로부터 약 350년이 흐른 지금, 국가는 국제관계에서 주요한 행위자로 거듭났고, 군사력과 권력을 독점하게 되었다. 범국가적 무장단체들의 등장이 계속 늘어나고 있는 비국제적 무력분쟁과 영토 전체를 대상으로 한 전장의 확장 모두 민간인들이 피해자든 전투원이든 그 어느 때보다 이러한 분쟁에 노출되어 있다는 것을 뜻한다.

또한 군은 예산을 감축해야 한다는 압박에 시달리고 있다. 이런 경향의 일부로, 민간 계약자와 고용인들이 변화하고 있는 필요에 따라 군사력을 유지시키기 위해 쉽고 유동적인 방어전력의 증강을 위해 사용되고 있다. 나아가, 무기와 장비가 기술적으로 발전할수록 민간인들은 적절한 정비와 지원 기능을 제공하

---

101) *Ibid.*, 37-8.

기 위해 고용되곤 한다. 민간인들은 때때로 '공장에서부터 참호에 이르기까지 (factory to the foxhole)' 최신 기술자료에 쉽게 그리고 많은 비용을 치루지 않고 접근하기 위해 고용된다.[102] 그들은 수요가 있을 때 고용될 수 있고, 더 이상 상황이 급박하지 않을 때는 해고될 수 있다.[103] 마찬가지로 그들은 무장 전투원들을 지원하는 데 있어서 필요한 편의시설, 식사, 건강관리 그리고 다른 수많은 서비스들을 필요로 하지 않는다. 이와 관련하여 최근의 이라크전보다 민간군사업체들이 더 광범위하게 활용되고 많은 논쟁을 불러 일으켰던 곳은 없을 것이다. 2005년 3월을 기준으로 이라크에는 2만 명 이상의 외국인(비이라크인) 민간 군사 계약업자들이 있었으며, 이 중 6,000명은 무장 전술에 활용되었다.[104] 최근 미 국방부에서 발간한 자료들에 따르면, 2010년 12월 무렵에 그 수치는 60,719명으로 증가했으며(이라크 주둔 미군은 약 47,305명이었다), 이 중 13,000명은 보안과 관련된 업무를 수행하였다.[105] 동 보고서는 또한 2009년 12월 이후로, 아프간에서의 계약업자들의 수는 이라크에서보다 더 증가했다고 주목하고 있다.[106]

분쟁의 민간화는 시스템의 연결구성과 이중용도 장비들의 증가와 함께 발

---

102) Michael E. Guillory. 'Civilianising the Force: Is the United States Crossing the Rubicon?' (2001) 51 *AFL Rev*. 111. 125. Apache helicopter support technicians deployed during Desert Storm의 예를 인용.

103) 아웃소싱은 군대가 계약 절차의 경쟁적인 이점의 이점을 살리도록 허가해준다.

104) P. W. Singer. 'Outsourcing War' (2005) 84(2) *Foreign Affairs* 119.

105) Moshe Schwartz and Joyprada Swain. *Department of Defense Contractors in Afghanistan and Iraq: Background and Analysis*. Congressional Research Service (2011). 13. www.fas. org/sgp/crS/natsec/R40764.pdf (최종접속일자 2011년 4월 12일). 안전 서비스 제공에 관여하는 이런 계약자들의 상대적인 국적에 대해서는 아무런 별도의 명세도 제공하지 않는다.

106) *Ibid*.

생하고 있다. 비용절감에 대한 의견 또한 군대가 비행장, 항구, 그리고 다른 통신 시설과 같은 민간시설에 의존하게 만든다.[107] 예컨대, 군사통신은 때때로 민간 네트워크를 활용하곤 하는데, 이는 특히 인공위성을 거쳐 통신할 때 사용된다.[108] 증가된 상호연관성은 또한 공격들의 연쇄 효과가 이전의 전투들과 비교했을 때 더 많은 민간 시스템들에 영향을 줄 수 있음을 의미한다. 이런 모든 요소들이 무력분쟁법의 적용에, 특히 근본적인 구별원칙(principle of distinction)과 관련해서 어려움을 느끼게 하였다. 비례성(proportionality)과 관련된 분석, 공격에서 사전 예고, 적대행위의 직접적인 관여 모두 전투에서 민간인의 역할 덕분에 더 복잡해진 측면이 있다.

5. 용어 및 정의

본서에서는 컴퓨터와 관련된 전문용어의 사용을 피하기 위해 노력했지만, 이러한 유형의 연구에서는 컴퓨터와 관련된 기술적인 용어의 사용이 불가피하다고 할 수 있다. 저자는 본서에서 가급적이면 컴퓨터 기술과 연관된 정의와 부가적인 설명까지 함께 제공하려 노력하였다. 또한 컴퓨터 전문어휘와 이와 관련된 기술적 용어들은 독자의 편의를 위해 부록에 실어두었다.

이 방면의 저자들은 이 분야가 진화할수록 계속 변화하는 어휘 목록을 사용

---

107) Michael N. Schmitt. *The Impact of High and Low-Tech Warfare on the Principle of Distinction*, Program on Humanitarian Policy and Conflict Research at Harvard University (2003). 8. http://ihl.ihlresearch.org/_data/n_0002/resources/live/briefing3296.pdf (최종접속일자 2011년 7월 5일).

108) 아르킨에 따르면 1995년 95%의 군사통신이 민간 인공위성을 통해 전달되었다고 한다.

하고 있다. 러시아 전문가들은 아직도 공식적인 용어 정의에 대한 필요성을 주장하고 있는 반면,[109] 이 분야의 저자들 대부분은 미 국방부에서 사용하는 용어와 정의를 점진적으로 채택하고 있다. 초기에는 대부분의 법률 분석가들은 마틴 리비키(Martin Libicki)의 풍부한 저작에서 제공된 정의와 연구를 이용해 '정보전'과 관련하여 활용하여 왔다.[110] 시간이 지나면서 이 용어는 정보작전(IO)라고 불리는 더 넓은 분야의 선전활동과 잘못 전달된 정보와 같은 특정한 부분을 일컫게 되었는데, 미국의 정보작전에 대한 가장 최신의 공동 출판물(Joint Publication on Information Operations)에서 정보전이라는 단어를 어휘 목록에서 완전히 제외시켰다.[111] 컴퓨터 네트워크 작전이라는 용어가 이 책의 주제인 포괄적인 컴퓨터 네트워크 방어, 컴퓨터 네트워크 활용[112]과 이와 같은 작전의 정보 수집과 관련된 측면의 컴퓨터 네트워크 개발을 지칭한다. 위의 1절에서 논의한 '컴퓨터 네트워크 공격'과 관련된 정의는 미군에서 채택되었으며, 대부분의 저자들은 이것

---

109) 다음 참조. Anatolij Streltsov. 'Threat Analysis in the Post Cold-War Order' (Paper presented at the International Expert Conference on Computer Network Attacks and the Applicability of International Humanitarian Law, Stockholm. 17-19 November 2004) 21-7, 21.

110) Martin C. Libicki. *What Is Information Warfare?* (Center for Advanced Concepts and Technology, Institute for National Strategic Studies. Washington DC. 1995). 마틴 리비키의 정보전의 본래의 정의는 일반적으로 현재 동의한 정보 작전의 정의가 7개의 하위 범주로 이루어져있는 용어와 양립한다.

111) US Department of Defense. Infonnation Operations, Joint Chiefs of Staff. Joint Publication 3-13 (2006). iii.

112) 미국 군사용어 사전에서는 컴퓨터 네트워크 방어를 다음과 같이 정의하고 있다: '미 국방부 정보 시스템과 컴퓨터 네트워크 내의 승인되지 않은 활동들로부터 보호 및 감시, 분석, 탐지, 반응하기 위해 취해지는 모든 활동들' 컴퓨터 네트워크 활용에 대한 정의는 아래와 같다: '표적 혹은 적국의 자동화된 정보 시스템과 네트워크로부터 데이터를 수집하기 위해 컴퓨터 네트워크를 사용함으로써 군사작전 및 첩보와 관련된 역량을 기르는 모든 활동'

을 표준으로 삼고 있다.

5.1. 새로운 법의 탄생?

본 저서의 핵심 주장은 컴퓨터 네트워크 공격이 현재의 무력분쟁법과 관련해
문제되는 이슈들을 제기하지만, 대부분의 경우에는 현존하는 국제법 체계로도
사이버전과 관련된 기술적이고 전문적인 논의가 가능하다는 것이다. 실제로, 마
르텐스조항(Martens Clause)은 정확히 이런 상황의 발생을 염두에 두고 작성되었
고,[113] 국제사법재판소(International Court of Justice)는 이 구절이 '군사기술의 빠
른 진화에 대해 효과적인 방안을 제공한다'는 것에 주목하였다.[114] 몇몇 당국은
컴퓨터 네트워크 공격 및 여타 정보작전과 관련해 새로운 협약을 제시하자는 의
견을 제시하였지만,[115] 본 저자는 이것이 불필요하다고 생각한다. 새로운 협약의
채택을 외치는 자들은 대부분 사이버 공간이 기본적으로 개념적 분쟁 공간이 다
르다는 사고방식을 지니고 있기 때문이다. 그러나, '사이버세계는 그 어느 곳에
도 존재하지 않는다'고 주장했던 브라운(Brown)의 진술에서 예증되듯이, 그들의

---

113) 마틴의 조항은 1899년 헤이그협약의 전쟁과 땅에 대한 법과 관습에 대한 전문의 첫 삽입
에서부터 IHL 협약들의 표현을 찾았다. 현대적 재성명은 추가 협약I의 조항 1(2)에서 찾
을 수 있다. '이 협약 또는 다른 국제 동의안에서 다루지 않은 내용들에 대해서, 민간인과
전투원은 제정된 관습에서 파생된 국제법의 규칙의 권위 아래에서 보호를 받고, 인류의
규칙과 공공 개념의 지시로부터 보호받는다.

114) *Legality of the Threat and Use of Nuclear Weapons* (1996) ICJ 226. International
Court of Justice. para 78.

115) 다음 참조. Davis Brown. 'A Proposal for an International Convention to Regulate
the Use of Information Systems in Armed Conflict' (2006) 47 *Harv. Int'l LJ.*
179: Duncan B. Hollis. 'Why States Need an International Law for Information
Operations' (2007) 11(4) *Lewis & Clark L. Rev.* 1023.

접근법은 국제법의 다른 영역에서 행해지는 국가 관행의 양태들을 전혀 반영하고 있지 못하고 있다. '현실 세계'와는 아무 연결도 되어있지 않은 '매트릭스 같은' 사이버 공간의 세계는 존재하지 않는다. 국제법 행위자들은 여전히 물리적인 세계에서 계속 활동하고 있기 때문이다. 하드웨어와 네트워크는 (심지어 무선과 가상 네트워크마저도) 여전히 물리적인 구조 형성을 필요로 한다. 하지만 컴퓨터 네트워크 공격이 지난 세기동안 발전한 인도법의 범례에 정확하게 들어맞는다는 것을 주장하려고 하는 것은 아니다. 여기에서 문제는 사이버 공간의 도래 그 자체라고 볼 수는 없다.

무력분쟁법의 일반 원칙들은 급속하게 진화하고 있는 것과는 달리 변하지 않은 채 남아있는 분쟁의 본질적 성격을 개선을 목적으로 한다. 세인터피터스버그 선언(St Petersburg Declaration)은 전쟁의 필요성이 인도주의의 요구에 양보되어야 할 기술적 한계점을 둬야 한다는 공동 합의를 확립했다. 당사국들은 다음과 같이 합의했다.

> 문명의 발전은 가능한 한 전쟁의 참화를 경감시키는 데 기여해야 하며, 전쟁에 있어 문명국가가 추구할 수 있는 유일한 적법한 목적은 적국의 군대를 약화시키는 것이다.[116]

위에서 설명했듯이 정보혁명은 다양한 수준에서 사회를 근본적으로 변화시켰다. 문화적·사회적 기초가 변하게 되면 우리의 법이 기초하고 있는 기본개념 또한 변하게 된다. 예를 들어, 유형의 세계에 한정되었던 법의 형성과 해석과 관

---

116) *St Petersburg Declaration.*

련된 물질적 속성들은 이제는 디지털 세계의 가치들과 속성들에 의해 도전을 받고 있다. 전쟁에서와 마찬가지로 법의 형성 역시 이 규범들을 만들어 나가는 사회의 원칙들과 가치관들을 반영하기 마련이다. 또한 조지 아비삽(Georges Abi-Saab)이 말했던 것처럼, '인도주의의 조건'은 지배적인 윤리적 사상과 사회에서 주요 경쟁자들이 얻는 공동체 의식에 달려있는 주관적인 의견이다.[117] 이러한 법칙들은 정보혁명과 같은 중대한 어떤 것에 의해 전반적인 가치가 아예 바뀌는 정도까지 대체될 수 있다. 따라서 무력분쟁법의 일반적인 원칙들을 검토할 때에는 이러한 가치의 변동을 염려에 두어야 하고, 탐구한 법 조항들에 대한 사유를 고찰하여야 한다. 특별한 전투방법 및 수단과 연관된 특정 법률은 컴퓨터 네트워크 공격의 개념과 불안정하게 연결되어 있으므로, 이는 다음에서 논의하는 바와 같이 재해석될 필요가 있다.

마지막으로 지적하고 싶은 부분은 다음과 같다. 선진화된 국가들에서 첨단 전쟁으로의 전환은 증가하고 있지만 많은 국가에서 일어나고 있는 전쟁은 아직도 대부분 잔인하고 물리적이며 직접적인 폭력이 주를 이룬다는 것이다. 당국이 비트와 바이트 같은 추상적 세계와 직면하고, 대상을 공격하거나 컴퓨터를 통한 적대행위가 전장에서 지구 반 바퀴 떨어진 안전한 사무실에서 수행될 때, 우리는 이러한 무력분쟁법들의 목적에 대해 더 이상 생각하지 않을지도 모른다. 그러나 컴퓨터 네트워크 공격에 적용되는 무력분쟁법과 관련된 해석들은 본 법이 토대로 하고 있는 물리적 폭력을 수반하는 전통적인 형태의 공격에 적용되어야 한다는 것은 자명하다.

---

117) Abi-Saab. 'Spedfidties', 265.

5.2. 방법론

현재까지 진행된 내용을 보면 이 책에서 현대 실증철학에서 사용하는 도구들을 많이 활용하고 있는 것이 분명해 보인다.[118] 하지만, 전체적으로 보면 본 저자는 국제법이 컴퓨터 네트워크 공격에 적용되면서 복합적인 접근법을 사용하였다. 저자가 '현존하는 법'(lex lata)과 '현존해야 될 법'(lex ferenda)을 책에서 줄곧 자세히 묘사하려는 시도를 하였지만, 기술이라는 주제는 현재의 법과 잘 맞지 않아서 일반적인 법칙에 대한 세밀한 검토가 필요하였다. 히긴스(Higgins) 판사는 *Nuclear Weapons* 사건에서 다음과 같이 반대의견을 표명하였다.[119]

> 인도법은 매주 잘 제정되었다. 그 법칙들이 넓게 해석될 수 있고, 가끔 대응을 필요로 하는 질문들을 유발할 수 있다는 사실은 판결 연기 평결(non liquet)의 사유가 될 수 없다. 일반적인 적용 원칙을 그 의미를 세밀화하여 특정 상황에 적용시키는 것이야말로 정확한 재판의 기능이다.

이러한 접근법은 컴퓨터 네트워크 공격에 대해 인도법의 일반적인 법칙의 활용과 관련된 토론에서 사용되었다. 이것은 무력분쟁법의 목적과 의도와 일치하는 권위있는 출발점의 논리적인 전개라고 할 수 있다. 저자는 '인도주의의 명령'과 같은 가치를 기반으로 하는 법칙을 바라보는 관점은 주관적이고 그들이 있는

---

118) 현대의 실증주의에 관한 설명을 위해서는 다음 참조. *American Journal of International Law* Symposium on Method in International Law article by Bruno Simma and Andreas L. Paulus. 'The Responsibility of Individuals for Human Rights Abuses in Internal Conflicts: A Positivist View' (1999) 93 *AJIL* 302.

119) *Nuclear Weapons Case* (dissenting opinion of Judge Higgins), para 32.

사회 내의 우세한 관점과 연관되어 시간에 따라 바뀔 것이지만,[120] 이 일반적인 법칙들은 이미 협약 또는 국제관습법 하의 의무들을 통해 무력분쟁법과 연계되어 있다는 관점에 동의한다. 이미 지적했듯이, 무력분쟁법은 한 손엔 군사적 필요성과 다른 한 손엔 인도적 원칙을 들고 있는 것과 같은 조심스럽게 형성된 균형을 나타낸다. 국가들, 더 중요하게는 각 개인들이 위반할 소지가 있는 원칙들과 관련된 인도주의적 혹은 사회학적인 해석의 수준을 높이는 것은 종종 최소한의 합의에 의존하거나 협약의 기본 조건을 달성하기 위해 기저의 해석학적 및 개념적인 토의들을 고의적으로 생략하는 입안 과정과 개별 국가들의 신중한 타협을 해치는 결과를 가지고 올 수 있다. 더 나아가 카세스(Cassese) 판사가 지적했듯이, '형사법의 영역에서 정책적인 접근은 기본적인 관습규칙인 법률이 없으면 범죄도 없다(nullum crimensine lege)는 관념에 반대된다.'[121]

그럼에도 불구하고, 본 저서는 이런 법이 세부적인 사항 혹은 참고 사항들(lex ferenda)과 관련하여 부족함이 있다고 판단하였고, 이에 대해 더욱 더 정책적인 접근법을 필요로 한다고 생각하였다. 하지만 참조해야 할 대상은 무력분쟁법의 주요 규칙들이다. 즉, 이는 불필요한 고통을 금지하고, 민간인과 군사목표물 또는 비례성 요구와 같은 인도법의 기본적인 틀이 포함된 규칙들이다. 이러한 인도법의 일반 원칙들은 전쟁의 변하지 않는 특성 자체에 초점을 두고 있다. 헤이그 규정과 잇따른 전쟁 관련 협약들에서 명백하게 보여지는 바와 같이 특정한 법들이 전쟁의 독특한 성격에 초점을 맞추고 있는 반면(활용되는 기술과 연관된 전술

---

120) Abi-Saab, 'Specificities', 265.

121) *Prosecutor v. Drazen Erdemovic* (1997) IT-96-22-A, International Criminal Tribunal for the Former Yugoslavia, Appeals Chamber (separate and dissenting judgment of President Cassesse), para 11.

의 경우)에 이러한 규범들이 채택되었던 처음의 원칙들과 이유들에 대해 고려 해 볼 때, 무력분쟁과 관련된 법들의 일반 원칙들은 활용되는 기술에 상관없이 적용된다고 할 수 있을 것이다.

5.3 사례 및 가설에 관한 언급

본 저서는 아직도 초기 단계에 있는 전투방법을 다루고 있다. 더 나아가 대부분의 컴퓨터 네트워크 공격 도구들은 그들의 유용성을 보호하기 위해 기밀로 유지되고 있다. 세부사항이 적국에게 알려지게 되면, 그에 대한 방어를 하고 이 도구들을 비효과적이게 만든다. 마찬가지로, 개별 국가들(그리고 일반 사기업들은)은 역사적으로 볼 때 언제 자국 시스템이 손상을 입었는지에 대해 공개적이지 않았다. 예컨대, 미 국방부가 공격했던 당시에 발간된 뉴스와 조사에도 불구하고 엄청난 양의 정보 유출을 야기한 기밀 군사 네트워크에 대한 사실을 확인하고 공개하는 데 2년이 걸렸다.[122]

본 저서를 통하여, 요점을 설명하기 위해 국내와 평시의 컴퓨터 네트워크 공격들과 급습에 대한 예시를 들었다. 그 의도는 무력분쟁법에 대한 직접적인 활용의 전례를 위해 사용한 것이 아니라, 실제로 일어난 공격과 급습의 종류에 대한 실용적이고 현실적인 대안을 제시하기 위함이다. 더욱이, 이들은 컴퓨터 네트워크 공격과 전자 자산 개념의 법률 분석의 현재를 보여주는 지표로 이용되고

---

122) Compare Noah Shachtman, 'Under Worm Assault, Military Bans Disks, USB Drives', *Wired* 19 November 2008, www.wired.comfdangerroom/2008/11/armY-bans-usb-d/(최종접속일자 2011년 4월 12일); William F. Lynn, III, 'Defending a New Domain - the Pentagon's Cyberstrategy' (2010) 89(5) *Foreign Affairs* 97.

있다.

　본 저자는 기밀 문서를 열람할 수 있는 권한을 가지고 있지 않으며 본서에 활용된 모든 예들은 공개적으로 접근 가능한 자료들과 컴퓨터 네트워크 공격과 관련된 국내 사례들을 통해 수집되었다. 이러한 예들은 무력분쟁이 당사국에 의해 활용될 경우 어떻게 사이버 공격이 기능할 수 있는가를 또한 보여준다. 이러한 공격 형태의 비밀스러운 속성과 피해국가들이 공격의 구체적인 상황들에 대해 밝히기를 꺼려한다는 점을 감안할 때, 언론을 통해 보도되는 각 사건들의 사실관계는 종종 논쟁적이며 또한 다소 불명확한 측면이 있다. 본문에서는 각 사건들과 관련된 사실관계를 적시하였고, 독자의 편의를 위해 각 사이버 공격과 연관된 일정과 사건의 요약, 그리고 이것이 네트워크 기술의 발전의 차원에서 어떠한 함의를 지니고 있는지에 대해서는 부록 1에 제공하였다. 또한 이 부분을 통하여 언론 보도의 정확성에 대한 논쟁이 어떠한 지점에서 발생했는가도 들여다 볼 수 있을 것이다. 가설적인 예시가 사용된 부분은 일반적인 가능성에 대해 컴퓨터 엔지니어들과 네트워크 전문가들에게 점검을 받았다. 보안을 침해하지 않는 범위 내에서, 특정 가설적인 공격의 세부사항은 그 분야에 대한 직접적인 지식을 가진 관련자를 통해 점검하였다. 저자는 이러한 사항과 관련해서 도움을 받은 것에 대해 감사하게 생각하고, 모든 실수와 관련한 문제에 대해서는 전적으로 저자에게 책임이 있다. 또한 이 책은 비교적 미국 중심의 예시를 사용하고 있다. 이는 단순히 미국이 이 분야에 대해 영어라는 언어의 정보와 분석에 대해 개방되어 있기 때문이다. 가능한 모든 곳에 저자는 여타 법률 관할 지역의 예들을 포함하려고 했다.

6. 결언

이 책을 관통하는 다양한 주제들이 있는데, 이는 본 장에서 상세히 설명하였다. 여기에서 다시 반복하며 주제들을 요약하면 다음과 같다. 첫째, 새로운 기술의 발전에도 불구하고, 무력분쟁의 필수적인 성향은 유지된다는 것이다. 즉, 조직화된 폭력을 이용한 정치적 목표의 발전이라는 부분이다.[123] 둘째, 전쟁의 특성과 스타일은 당시 사회를 반영하고 있다. 따라서 컴퓨터 네트워크 공격은 정보에 큰 가치를 두고 있는 이 사회의 가장 큰 산물이자 위협이다. 마지막으로, 무력분쟁법의 기반이 되는 규칙들은 전쟁의 기본 성향에 초점을 두고 있다. 이 규칙들의 정확한 내용과 요점들은 영향을 받은 사회의 가치와 전쟁의 현실에 의해 결정되었다. 이는 공격 예고의 조건이 시간이 흐름에 따라 바뀌고 있다는 것을 나타낸다.

이 프로젝트에 대한 연구가 시작되었을 때 무력분쟁법과 컴퓨터 네트워크 공격을 연결짓는 종합적인 분석과 연구결과는 존재하지 않았다. 적용될 만한 법을 알아보고자 노력하였지만, 연구결과는 분석적이기보다는 기술적이었다.[124] 논문을 먼저 쓰고 발표한 후 책을 집필하는 과정에서, 컴퓨터 네트워크 공격은 매력적인 토론 주제가 되었고, 컴퓨터 네트워크 공격이 무력분쟁법에서 어떻게 설명되는지를 다루는 다양한 글들이 출판되었다. 하지만 마이클 슈미트가 저술한

---

123) 일반적으로 다음 참조. Carl von Clausewitz. J. J. Graham and F. N. Maude, *On War* (new and rev. edn, Kegan Paul, Trench, Trubner & Co., London, 1940): Gray. *Another Bloody Century.*

124) Walter G. Sharp, *Cyberspace and the Use of Force* (Aegis Research Corp., Falls Church. VA. 1999): Thomas C. Wingfield. *The Law of Information Conflict: National Security Law In Cyberspace* (Aegis Research Corp., Falls Church. VA. 2000).

일련의 글들을 제외하고는 완성된 기반 구조를 기초로 하는 체계적인 분석틀을 제공하는 글을 찾기는 힘들었다. 본 저서는 그 공백을 메우는 것을 요점으로 하고 있다. 종합적인 접근법을 채택하기 위한 노력에도 불구하고, 분량을 조절하기 위해 몇몇 부분은 생략하였다. 본 저서는 중립법(laws of neutrality)에 대해서는 검토하지 않았고, 해상전에서 발생하는 컴퓨터 네트워크 공격에 대한 함의와 무력사용이 수반되지 않은 국제적 범죄행위에 대해서도 구체적으로는 들여다보지 않았다.

제1부

전쟁의 정당성
(JUS AD BELLUM)

제2장

국제법상 무력사용으로서 컴퓨터 네트워크 공격

2010년 6월 컴퓨터 보안산업은 제조 유통회사의 산업 조종 체계를 겨냥한 바이러스인 스틱스넷 웜에 대해 경계하기 시작했다. 바이러스의 복잡성과 세련됨, 그리고 다면적인 공격 방향은 연구원들로 하여금 맬웨어의 고안자들이 대부분은 국가의 지원을 받고 있는 전문가들이라는 결론에 도달하였다.[1] 바시르와 나탄즈 핵시설을 포함한 이란이 웜의 가장 큰 대상이라는 사실 또한 조사에 추가되었다.[2] 이란의 대통령 마흐무드 아흐마디네자드는 당하고 있는 공격들의 배후에 이스라엘과 서구 각국들이 있다고 공개적으로 비난하였고, 이들이 보낸 알려지지 않은 악성 소프트웨어에 의해 이란의 나탄즈 농축 시설에 있는 원심분

---

1) 스틱스넷(Stuxnet)은 멜웨어에서 전에는 들어보지 못한 복잡한 수준의 네 가지 별개의 취약점을 폭로했다. Nicolas Falliere, Liam OMurchu and Eric Chien, *W32. Stuxnet Dossier*, Symantec (2011) version1.4, www.symantec.com/content/en/us/ enterprise/ media/security_response/whitepapers/w32_stuxne_dossier.pdf(최종접속일자 2011년 2월 12일).

2) 모든 감염된 PC의 약 60%정도가 이란에 위치해 있다. *Ibid*.

리기들이 영향을 받았고, '우리의 제한된 수의 원심분리기에 문제가 발생하였다'고 했다.[3] 하지만 그 당시에 어떤 국가도 공식적으로 책임을 추궁당하지 않았고, 컴퓨터 조사에 의하면 결과적으로 고안자를 밝혀내지 못했다.[4] 공개 도메인에서 물리적인 피해를 입었다는 공식적인 보고는 없지만, 이란이 천개의 IR-1 원심분리기를 아주 짧은 시간 안에 해체하여 교체하였는데, 이는 예상보다 큰 수준의 침투를 의미했다.[5] IAEA에서 설치한 감시 카메라의 자료영상은 그 작업이 '매우 빠르게' 이루어 졌고, 이것은 스턱스넷이 시설을 공격했다고 추측되는 시간과 거의 동일한 시간이었다.[6] 이란의 핵 시설에 감염 USB 장치를 이용해 컴퓨터에 침투한 웜은 최종 대상을 감별하여 모터의 회전속도에 재빠르게 변화를 주고, 조종체계의 정상 작동을 방해하여 피해를 입혔다.[7] 속도를 조절함으로써

---

3) 'Iran Says Cyber Foes Caused Centrifuge Problems', *Reuters*, 29 November 2010; 'Iran Says Nuclear Programme Was Hit by Sabotage', *BBC News*, 29 November 2010. 이란의 정부 관료들도 스턱스넷이 바시르의 핵 원전소의 몇몇 컴퓨터들을 감염시켰다는 것을 인정하였지만 그 시설의 조종 시스템에 영향을 미쳤다는 것에 대해서는 부정하였다.

4) 이스라엘에게는 매우 부끄러운 일이지만 스턱스넷 사이버 공격의 성공은 퇴역하는 이스라엘 국방 전력을 위해 작전 성공 영상을 축하하였다. Christopher Williams, 'Israeli Security Chief Celebrates Stuxnet Cyber Attack', *Telegraph* (London), 16 February 2011.다른 사람들은 증거는 없지만 미국이 시험과 개발단계에 협조했다고 주장한다. 다음 참조. Kim Zetter, 'Did a U.S. Government Lab Help Israel Develop Stuxnet?' *Wired* 17 January 2011. www.wired.com/threatlevel/2011/01/inl-and·stuxnet/ (최종접속 일자 2011년 4월 10일).

5) Albright, Brannan and Walrond, *ISIS Stuxnet Report*; Kim Zetter. 'Report Strengthens Suspicions That Stuxnet Sabotaged Iran's Nuclear Plant', *Wired* 27 December 2010. www.wired.com/threatlevel/2010/l2/isis-report-on-stuxnet/# (최종접속일자 2011년 2월 13일).

6) Zetter, 'Surveillance Footage and Code Clues Indicate Stuxnet Hit Iran'.

7) William J. Broad and David E. Sanger. 'Worm Was Perfect for Sabotaging Centrifuges', *New York Times* (New York). 18 November 2010. Al.웜은 주파수 변환기를 목표를 하였는데 이는 전력 공급 장치의 한 종류로써 모터의 속도를 조절하기 위해 주

바이러스는 궁극적으로 원심분리기(바이러스의 의도된 대상인 핵 농축 시설)가 산산조각 나게끔 한다. 변환기 또한 가스 파이프라인, 화학공장 그리고 다른 장비들의 조종을 담당한다. 또한 'Farewell Dossier' 파이프라인 폭발은 이와 같은 원리로 작동하는 맬웨어 활동의 결과라는 것과,[8] 따라서 위협의 심각성은 과소평가되지 말아야 한다는 것을 상기해야 한다.

에스토니아에 대한 사이버 공격은 가능한 힘의 사용이라는 컴퓨터 네트워크 공격에 대한 다른 관점을 제공한다. 2007년 4월 27일 에스토니아는 은행시스템, 많은 정부 서비스와 매스컴을 정지시킨 장기간의 디도스(DDoS) 공격의 피해자가 되었다.[9] 기반구조에 치명적인 피해는 없었지만 주차, 은행, 그리고 투표까지 모든 것이 인터넷을 통해 운용되는 에스토니아와 같은 기술 의존적인 나라에게 그러한 공격은 심각한 혼란을 야기하였고, 수천만 유로 가치의 피해를 입혔다.[10] 러시아연방이 공격을 주도하고 있다는 초기의 분명한 비난에도 불구하고,[11] 에스토니아 정부는 크렘린이 공격을 실행하고 있다고 직접적으로 비난하는 것으로부터 한 발짝 떨어져서,[12] NATO 동맹국들에게 동맹이라는 조항 하에 지원

파수의 출력을 바꾼다.

8) 이 사건에 대한 기술을 위해서는 제1장과 부록 1 참조.

9) 분산서비스 거부 공격(DDoS)은 많은 감염된 컴퓨터를 이용해 대상 시스템을 과부하로 붕괴될 때까지 정보요청으로 범람시킨다. 감염된 컴퓨터들은 주로 봇넷에게(주인의 의지밖에) 모집되어 마스터 컴퓨터에 의해 조종당한다.

10) Ian Traynor. 'Web Attackers Used a Million Computers, Says Estonia', *Guardian* (London), 18 May 2007, International 30.

11) Tony Halpin, 'Putin Accused of Launching Cyber War', *The Times* (London), 18 May 2007, Overseas News 46.

12) Traynor, 'Web Attackers Used a Million Computers, Says Estonia'. 러시아는 사건에 대한 어떠한 연관성에 대해 절대적으로 부정하고 차후의 보고서에서도 주장을 뒷받침하는 확실한 증거를 찾지 못했다. 기술적인 자료는 몇몇의 공격들은 러시아 정부에서부터 배정

을 요청했다. 사이버 공격에 대해 NATO의 공식적인 성명은 없었지만, 컴퓨터 네트워크 공격에 대한 동맹국들의 관점을 보여주는 가장 명확한 신호는 NATO에 이런 문제를 제기한 에스토니아 국방부장관 자크 아비크수(Jaak Aaviksoo)로부터 나왔다.

> 현재 NATO는 사이버 공격을 명백하게 군사적인 활동이라고 정의하지 않는다. 이는 북대서양조약 조항V의 규정, 즉 집단적 자위가 피해국에게 자동으로 적용되지 않음을 의미한다 … 단 한명의 NATO의 국방부장관도 현재 사이버 공격을 명백하게 군사적 활동이라고 정의하지 않고 있다. 하지만 이 문제는 가까운 미래에 해결되어야 한다.[13]

국가들이 간접적인 침략행위를 무력공격이라고 간주하는 것을 일반적으로 꺼린다는 것을 전제해 볼 때 이러한 태도는 그렇게 놀라운 일은 아니다.[14] 하지만 이 사건은 최초로 한 국가가 다른 국가를 대상으로 국제적인 컴퓨터 네트워크 공격을 시행하였다는 것을 비난하였기에 특별한 의미가 있다. 2009년에 크렘린의 후원을 받는 청년단체 나시(Nashi)는 그들이 이 공격들을 주도했다고 주장하였지만, 러시아 정부의 명령을 받아 수행했다는 것은 부정하였다.[15] 이 주

된 IP 주소로부터 왔다고 보여주지만, 이 컴퓨터들이 공격들을 실행하는 데에 포함되었다는 증거도 없고 이 컴퓨터들이 감염되었거나 악성 프로그램에 의해 속았다는 증거도 없다.

13) Ian Traynor, 'Russia Accused of Unleashing Cyberwar to Disable Estonia', *Guardian* (London), 17 May 2007, Home 1.

14) 일반적으로 제3장 참조.

15) Charles Clover, 'Kremlin-Backed Group Behind Estonia Cyber Blitz', *Financial Times* (London). 11 March 2009, 8, www.ft.com/techblog (최종접속일자 2010년 10월 27일).

장은 확인되지 않았다. 이 사건은 국제관계에서의 무력사용에 대한 법적 규제에 대한 중요한 사항을 상기시켰다. 무력사용을 금지하는 규정에 관한 논쟁들이 자위를 위한 조건 또는 인도적 간섭권과 같은 문제들에 중점을 두고 있는 반면에,[16] 컴퓨터 네트워크 공격의 도래는 훨씬 더 근본적인 질문을 다시 불러일으켰다. 21세기에 '무력'이란 무엇을 의미하는가?

무력사용의 금지는 국제법의 초석의 하나이며 유엔 헌장 제2조(4)에 명시되어 있다.

> 모든 회원국은 국제관계에 있어서 다른 국가의 영토보전이나 정치적 독립에 대하여 또는 국제연합의 목적과 양립하지 아니하는 어떠한 기타 방식으로도 무력의 위협이나 무력사용을 삼가야 한다.

하지만 동 금지가 헌장에 한정되는 것은 아니다. 국제사법재판소(ICJ)는 이를 국제관습법의 원칙일 뿐만 아니라 '국제관습법의 근본적이고 주요한 원칙'이라고 반복적으로 강조했다.[17] 국제사법재판소는 또한 국제법위원회(International law commission)가 이 규정을 강행규범(jus cogens)의 성격을 갖는 것으로 간주한다는

---

16) Olivier Corten, 'The Controversies over the Customary Prohibition on the Use of Force: A Methodological Debate' (2005) 16 *EJIL* 803.

17) *Case Concerning Military and Paramilitary Activities in and against Nicaragua (Nicaragua v. United States of America) (Merits)* (1986) ICJ 14, International Court of justice, para 190. 또한 다음 참조. *Legal Consequences of the Construction of a Wall in Occupied Palestinian Territory* (2004) ICJ 136. International Court of justice, para 87. *Case Concerning Armed Activities on the Territory of the Congo (Democratic Republic of the Congo v. Uganda)* (2005), International Court of justice, para 148.

것을 상기시켰다.[18] 하지만 제2조(4)는 오직 회원국의 '국제관계'에 있어서만 무력의 사용 또는 위협을 폐지한다는 것이 기억되어야 한다. 그러므로 일국내의 충돌 및 비국가 행위자에 의한 기타 행위는 헌장 규정의 범위 밖에 놓여 있다.[19]

1. 군사력으로 정의되는 무력

무력의 위협 또는 사용의 금지가 유엔 헌장 및 국제관습법의 초석으로 승인되고 있음에도 제2조(4) 및 '무력'(force)의 정확한 의미는 제정 이후 논쟁의 근원이 되고 있다. 헌장의 기초자들은 '무력'을 정의하지도 않았고, 국제사법재판소 또는 총회도 마찬가지였다. 그러한 논쟁의 하나는 '무력'이 군사력에 한정되는지 아니면 정치적·경제적 조치와 같은 기타 형태의 강제도 포함하는가라는 것이었다. 헌장 제2조(4)에 의해 금지되는 무력의 사용이 정치적·경제적 강제를 포함하는가라는 문제는 샌프란시스코 회의 이후 특히, 개도국 및 구 동구권 국가들에서 지속적으로 제기되어 왔다.[20] 비록 명시적인 결론에 이르지는 못했지만, 다수의 학자들이 제안한 널리 통용되고 수용된 견해는 제2조(4)에서 언급된 무력은 군사력에 한정된다는 것이다.[21] 컴퓨터 네트워크 공격에는 다양한 결과가 동반될 수 있으며, 경제기반을 향한 정부주도 공격이 늘어남에 따라, 이러한 질

---

18) *Nicaragua (Merits)*, para 190.

19) Yoram Dinstein, War, *Aggression, and Self-Defense* (3rd edn, Cambridge University Press. New York, 2001). 85.

20) Albrecht Randelzhofer. 'Article 2(4)' in B. Simma (ed.), *The Charter of the United Nations: A Commentary* (2nd edn. Oxford University Press. 2002). 118.

21) *Ibid.*, 117; Dinstein, *War, Aggression, and Self-Defense*, 86.

문들은 다시 표면화 될 가능성이 있다.[22] 따라서 제2조(4)와 이에 상응하는 국제법상의 무력행사와 관련된 관습법에 의해 공격이 금지되는 경우를 확실히 결정하기 위해서는 금지 조항의 윤곽에 살을 붙여야만 한다. 이어져 논의되는 내용에서는 유엔 헌장의 원문을 역사적 배경과 학술적 분석을 바탕으로 한 관점에서 그 쟁점을 살펴본 것이다.[23]

헌장 규정

유엔 헌장은 제2조(4) 및 제44조에서 온전히 무력을 아무런 설명 없이 전체문서에서 두 번이나 언급하고 있다. 제44조에서의 동 용어의 사용은 제7장의 상황에서 나타나 있으며, '군사력'이라는 용어를 사용하고 있는 제41조 및 제42조와 밀접하게 관련시킴으로서 '무력'의 엄격한 개념을 지지하고 있다. 제44조는 다음과 같다.

> 안전보장이사회는 무력을 사용하기로 결정한 경우 이사회에서 대표되지 아니하는 회원국에게 제43조에 따라 부과된 의무의 이행으로서 병력의 제공을 요청하기 전에 그 회원국이 희망한다면 그 회원국 병력 중 파견부대의 사용에 관한 안전보장이사회의 결정에 참여하도록 그 회원국을 초청한다.

---

22) 예컨대, 2010년에 나스닥과 런던 증권 거래소가 해킹되었을 때, 두 공격 모두 시스템 붕괴와 트레이딩 알고리즘의 변경보다는 데이터 탈취에 목적이 있는 것으로 보였다.

23) 1969년 조약법에 관한 비엔나 협약의 제31조에서 해석의 주요원칙을 제시하며, 조약은 '선의' 있게 해석돼야 하며 '조약 내의 문맥 그리고 그 의도와 목적을 반영해서 단어의 일반적 정의가 내려져야 한다.' 조약을 해석하는 이들은 문맥을 포함함에 있어서 전문, 상기 조약과 연관 되어 작성된 조약 또는 방책, 조약에 따른 당사자들의 행동과 당사자들 간의 관계에 적용될 수 있는 국제법상의 관련된 규정들이 있다. 제 32조에 따르면 조약의 준비 작업과 결론 당시의 상황을 포함하여 다른 부수적인 방법에 의존한 해석이 가능하다.

앞서 헌장 제41조와 제42조에 규정된 무력사용에 대한 결정권은 안전보장이 사회로 하여금 국제 평화와 안전의 유지 및 회복을 위해 무력행사를 포함한 필요 조치들을 승인토록 한다. '군사력 사용과 관계없는 조치'와 관련된 제41조에서는 '경제관계와 철도, 해상, 항공, 우편, 전보, 라디오 등의 통신수단들의 완전한 혹은 부분적 방해 그리고 외교단절' 등을 포함한다.[24] 제42조는 안전보장이사회로 하여금 '국제 평화와 안전의 유지 및 회복을 위해 항공, 해상, 지상군을 통해 필요한 모든 조처를 취할 것'을 허용하며, 또한 이 조항을 토대로 안전보장이사회는 '필요한 모든 수단'이라는 표현 하에 군사력의 사용을 국제법상에 의무화한다.[25] 따라서 안전보장이사회가 제41조에서 '군사력'에 해당되지 않는 수단과는 분명히 구별되는, 두 선택권 중 후자에서의 '무력'이라는 용어를 사용하기로 선택했다면 제44조와 제2조(4)에서 언급된 무력 또한 군사력임을 시사한다.

이 같은 관점은 헌장 전문의 7항에 명시된 '공동의 이익을 제외하고서는 군사력을 사용해서는 안 된다'에 의해 더욱 뒷받침되고 있다. 마이클 슈미트 (Michael Schmitt)가 지적했듯이, 헌장 조문들은 전문에서 언급되고 있는 목적을 실행시키기 위해 작성되었다.[26] 그러므로 제2조(4)에서의 무력행사가 군사력을 넘어서까지 그 의미가 확장되도록 의도되었다면, 추측컨대 전문에서 또한 내적

---

24) 이것이 지적하는 바는 위의 어떠한 수단들도 한 국가에 의해 단독적으로 수행된 경우에는 제 2(4)조의 위반으로 간주되지 않는 것인데, 이는 컴퓨터 네트워크 공격 혹은 그 외의 더 재래식 수단에 의해 집행되어도 상관없다.

25) 조처에 해당되는 목록에는 '양동 작전, 봉쇄와 그 외의 항공, 해상, 지상군에 의한 작전들'을 포함한다.

26) Michael N. Schmitt, 'Computer Network Attack and the Use of Force in International Law: Thoughts on a Normative Framework' (1999) 37 *Col. J. Trans. L.* *885*, 904.

일관성을 위해 '군사력'이라는 용어를 사용하지는 않았을 것이다. 이번 단락은 제2조(4)와 헌장의 제7장 사이의 명백한 관계, 특히 위에서 논의된 안전보장이 사회의 군사력 승인권에 관한 제42조와 부합한다.

알브레흐트 란델쯔호프(Albrecht Randelzhofer)는 또한 제2조(4)의 내용에 관한 목적론적인 해석을 제시했다. 그는 제2조(4)가 경제적·정치적 강제와 같은 다른 형태의 무력으로 확장된다면 국제법을 위반한 국가에 대해 어떠한 법적 압박도 가할 방법이 없어진다고 주장했다.[27] 국제법을 효과적으로 준수하도록 보장할 수 없는 시대에 이러한 결과는 국제사회가 용납하지 않을 것이다.

조약성립 준거자료와 역사적 배경

헌장의 준비자료에는 제2조(4)의 무력이라는 용어의 정확한 의미를 다루는 그 어떠한 구체적인 논의도 포함되어 있지 않다. 그러나 조항에 제안되었던 몇몇 수정안들에 대한 논의를 통해 당시 국가들의 의도를 좀 더 명확히 알 수 있다.

제2조(4)의 조약성립 준거자료에 따르면, 브라질 외교장관은 '경제적 조치'의 위협 및 사용까지 구체적으로 금지할 것을 제안하지만, 이는 단호히 거절당했다.[28] 란델쯔호프는 이것을 증거로 금지 조항의 유일한 취지는 군사력에만 한정된다고 주장했지만, 데이비드 헤리스(David Harris)는 본문만을 보았을 때 브라질 개정안의 거부를 증거로 삼아 이 조항이 경제적 강제를 금지할 의도가 없었는지 혹은 제2조(4)에서 사용된 무력이라는 용어가 특별한 언급 없이도 충분히

---

27) Randelzhofer, 'Article 2(4)', 118.

28) 'Summary Report of Eleventh Meeting of Committee I/1' Doc. 215, I/1/10, 6 UNCIO (6 May 1945) 334, 559 (찬성 2표, 반대 26표로 부결됨)

그 의미까지 내포될 것으로 생각됐는지 판단하기에는 불분명하다고 말했다.[29] 후자의 견해는 브라질측이 제안한 개정안과 관련하여 벨기에 대표들의 견해와 '또는 그 외의 다른 방식'이라는 표현에서 나온 듯하다.[30] 그럼에도 불구하고, 논자들은 서방 국가들이 군사력 외의 다른 수단에 대해서는 인정할 준비가 안됐다는 결론을 내렸다.[31] 개발도상국 측에서는 몇 차례에 걸쳐 경제적·정치적 강제의 사용금지를 제기했지만, 매번 서방 세력으로부터 거부되었다.

또 주목해야 할 점은, 제안되었던 제2조(4)의 수정안에서 (무력과는 다른) 침략의 사용에 집단적으로 반대하는 규정을 심의하는 과정에서[32] 제기한 주요 반론은 공격에 대한 용어 정의가 부족하다는 점이었다. 심의 이후에 영국 대표는 다음과 같은 견해를 밝혔다.[33]

---

29) D. J. Harris, *Cases and Materials on International Law* (6th edn, Sweet & Maxwell, London, 2004), 890.

30) 벨기에 대표들은 브라질의 대표들이 원문에서 수정된 부분의 영향을 과소평가했다는 견해를 밝혔으며, 특히 '다른 모든 수단'이라는 표현에 주의를 촉구했다. 또한 소위원회에서 이미 '경제 조치' 사항에 대해 심사숙고했으며 타당한 이유를 근거로 반대했음을 상기시켰다. 'Summary Reports of Eleventh Meeting of Committee I/1' Doc. 784, I/1/27, 5 June 1945, 6 UNCIO (1945), 334.

31) 그러나 영국 대표가 말했듯이, 서방 세력들은 '다른 국가의 영토보전과 정치적 독립을 위협하는 모든 형태의 경제적·정치적 강압이 허용된다는 것이 아니며, 이는 불법적 개입으로 간주될 수 있다'를 인정할 준비가 돼있었다.

32) 'Summary Report of Twelfth Meeting of Committee I/1' Doc. 810, I/1/30, 6 UNCIO (6 June 1945) 342. 뉴질랜드 개정안에서는 다음과 같이 설명한다. '조직의 모든 일원들은 다른 일원을 향한 모든 공격행위를 격퇴하기 위한 공동의 책임을 지니고 있다'. 개정안은 26 찬성표와 18 반대표로, 3분의 2 이상의 과반수를 획득하는 데 실패해 부결되었다.

33) 'Addendum to Summary Report of Twelfth Meeting of Committee I/1' Doc. 866, I/1/30(a), 8 June 1945, 6 UNCIO (1945) 356.

침략의 정의를 내리는 어려움과 이로 인해 애초에 각국이 무엇을 거부하기로 서약했는지 알 수 없는 것을 떠나, '무력'처럼 명료한 단어가 아닌 공격과 같이 막연한 단어를 표준으로 사용하게 되면, 국가는 공격적 행위를 행했음에도 불구하고 이를 다르게 부를 여지를 준다.

이 발언이 시사하는 바는 무력이라는 용어가 명료한 표현으로 생각되었으며, 본드(Bond)가 지적하듯이, 당시에는 이와 같은 용어의 특성이 확실했었다는 것이다. 무력이 군대 또는 군사력의 의미를 갖는 것은 명백했으며, 1945년 재래식 무기가 재래식 방식으로 사용되었다는 것을 의미한다.[34] 더 나아가 위의 논의에서 미국 대표는 미래에는 많은 종류의 침략이 존재할 것이며, 이러한 침략들이 '평화에 위협'라는 표현으로 헌장에서 다루어질 것이라고 밝혔다.[35] 이는 제2조 (4)와 제안된 수정안을 다루었던 논의 당시에는 '무력'을 특정한 (무장) 위협으로 인식했음을 시사하며, 입안을 함에 있어서 융통성이 필요한 다른 분쟁들의 경우, 헌장 제7장의 제39조와 집단안전보장 하에 '평화에 대한 위협'이라는 더 개괄적인 표현에 포함될 것을 뜻한다.

헌장의 역사적 배경의 검토로 군사력에 일방적으로 의존하는 성향을 없애기 위한 국제적 협력이 진행되고 있다는 것이 밝혀졌으며, 제2조(4)의 입안자들의 의도에 대한 통찰도 제시했다. 제2조(4)의 역사적 배경을 주제로 한 에드워드 고

---

34) James Bond, *Peacetime Foreign Data Manipulation as One Aspect of Offensive Information Warfare: Questions of Legality under the United Nations Charter Article 2(4)*, Naval War College (1996), 57, http://handle.dtic.mil/100.2/ADA310926 (최종접속일자 2011년 7월 5일). 이러한 논의들은 히로시마와 나가사키에서의 원자 폭탄 폭격이 있기 이전에 이루어졌음에 주목해야 한다.

35) 'Summary Report of Twelfth Meeting of Committee I/1' Doc. 810, I/1/30, 6 UNCIO (6 June 1945) 344.

든(Edward Gordon)의 연구에 따르면, 조항을 해석하는 데 문제가 발생하는 이유는 '변하는 상황에 맞게 적응해야만 하는 다자조약에 내포된 법적 규칙' 때문이라고 주장했다. 문제는 본래의 의미를 유지하면서 기본적 구조를 해석하는 데 필요한 융통성을 잃지 않는 데에 있다.[36] 제2조(4)의 역사적 선례로는 국제연맹 규약과 켈로그브리앙 조약이 있다. 전자에서는 '전쟁 및 전쟁의 위협'은 연맹 전체의 문제로 인식되며,[37] 연맹의 구성원들은 외부 공격으로부터 서로의 '영토보전과 현존하는 정치적 독립'을 보전해야 한다고 주장했다.[38] 위의 표현들이 지금의 제2조(4)의 토대가 되었음을 알 수 있다. 국제연맹 규약의 채택과 1928년 켈로그브리앙 조약의 체결 중간에 연맹 총회는 침략전쟁을 규탄하는 결의안을 만장일치로 통과시켰다. 이뿐만 아니라 1926년 범미주회의에서는 위와 같은 형태의 전쟁을 인류를 향한 범죄로 규정했다.[39]

1928년 켈로그브리앙조약에 따라, 국가들은 '전쟁을 국제적 분쟁의 해결수단으로 삼는 것을 규탄하며, 다른 국가와의 관계에서 전쟁을 국가정책의 일환으로 사용하는 것을 포기해야 했다.'[40] 그러나 조약에 포함된 전쟁금지의 정확한

---

36) Edward Gordon, 'Article 2(4) in Historical Context' (1985) 10 *Yale J. Int'l L.* 271, 273.

37) 국제연맹 규약의 제11조는 다음과 같다. '전쟁 및 전쟁의 위협, 그것이 연맹의 일원들에 즉각적으로 영향을 끼치건 않건, 연맹 전체의 문제로 선언되며 연맹은 평화를 지키기 위해 가장 현명하고 효과적인 행동을 취해야 한다. 이 같은 긴급 상황에 연맹 일원으로부터 요청 받을 시 사무총장은 그 즉시 회의를 소집해야 한다.'

38) 국제연맹규약의 제 10조는 다음과 같다. '연맹의 일원이라면 연맹 전원의 영토보전과 현존하는 정치적 독립을 존중하고 유지해줄 의무가 있다. 이 같은 공격 또는 공격의 우려 및 위험이 있을 경우에 의회는 이 의무가 이행될 수 있는 방책을 궁리할 것이다.'

39) W. Bishop *Jr, International Law: Cases and Materials 1010* (3rd edn, 1971), cited in Gordon, 'Article 2(4) in Historical Context', 274.

40) Art. 1, General Treaty for the Renunciation of War 1928, UKTS 29 (1929), Cmnd,

범주는 전쟁에 가까운 군사행위 혹은 전쟁 그 자체를 금지하는 것과는 관련이 없다.[41] 이안 브라운리(Ian Brownlie) 교수는 조약의 의미를 해석하는 가장 좋은 방법으로는 그 후에 일어나는 체약당사자들 간의 관행에서 찾아 볼 수 있다는 것이다.[42] 그는 전쟁금지의 범주를 '상당한 군사력 사용'의 금지로 이해하였다.[43]

타 문서에서의 사용

앞서 살펴본 바와 같이, 무력과 연관된 헌장 규정들은 간결하기 때문에 완전한 규정으로 자리 잡을 수 없었으며,[44] 이는 니카라과(Merits) 사건 당시 국제사법재판소에서 기정사실화되었다.[45] 헌장이 입안되었을 때부터, 세계 각국들은 UN 총회 결의안에서 무력사용 금지의 의미를 명확히 하기 위해 노력했다. 그러나 매 시도마다 주요 논쟁이었던 '무력'의 본질적 성격은 해결하지 못한 채 끝나고 말았다. 이러한 모호한 표현이 국제적 합의의 대가인 듯하다.[46]

유엔 헌장과 비슷한 시기에 입안된 국제문서인 미주기구(OAS) 헌장과 북대서양조약(NATO를 형성) 또한 무력이라는 용어를 제한 없이 사용한다. 어쩌면 집단

3410; 94 LNTS 57.

41) Harris, *Cases and Materials*, 861.

42) Ian Brownlie, *International Law and the Use of Force by States* (Oxford University Press, 1963), 87.

43) *Ibid.* 참조. D. W. Bowett, *Self-Defence in International Law* (University of Manchester Press, 1958), 136.

44) Christine D. Gray, *International Law and the Use of Force* (2nd edn, Oxford University Press, 2004), 6.

45) 법정은 UN 헌장이 국제 관계에서의 무력과 연관된 모든 규정을 포함하지는 않는다고 진술했다. *Nicaragua (Merits)*, para 176.

46) Gray, *Use of Force* (2nd edn), 8.

방위기구로써, 경제적 또는 정치적 강압을 무력행사에 포함하는 데 어떠한 지지도 표하지 않은 것은 당연한 일일지도 모른다. 북대서양조약은 UN 헌장의 전문 용어를 그대로 사용하며, 제2조에서 따로 경제와 관련된 이야기를 하지만 이것을 경제적 강제와 동일하다고 볼 수는 없다.[47]

OAS 헌장은 다른 조약들에서의 무력행사의 금지를 제22조에서 언급하지만, 무력이라는 단어는 제한 없이 사용되고 있으며, 무력의 정의를 규정하는 그 어떠한 지침도 없다.[48] OAS 헌장 제19조와 제20조에서는 '군사력'과 '경제적·정치적 특성의 강제적 수단'의 개념을 분리하여 사용한다. 마이클 쉬미트(Michael Schmitt)는 UN 헌장 제2조(4)의 수정을 시도한 브라질이 OAS 회원이라는 점을 생각했을 때 이는 자연스러운 일이라고 강조했다.[49] OAS 헌장에서 사용된 표현들은 제2조(4)에서의 '무력행사'보다는 훨씬 넓은 의미로 해석되어야 된다는 점은 분명하다. 그러나 몇몇의 논자들이 지적했듯이, 위 표현은 법적으로 집행하기에는 지나치게 광범위하다.[50] 즉, 글자 그대로 해석할 경우 외교 수완마저 불

---

47) 제2조에 따르면 각국은 '국제 경제 정책에서의 갈등을 없애기 위해 노력할 것이며 모든 당 국과의 경제 협력을 장려할 것이다.' North Atlantic Treaty, 4 April 1949, 34 UNTS 243 (entered into force 24 August 1949).

48) 제 22조에 따르면 '미국은 그들의 국제관계에 있어서 현존하는 조약들 또는 그것의 이행에 따른 자기방어를 제외하고는 무력행사의 사용에 의지하지 않음으로써 스스로를 구속한다'. *Charter of the Organization of American States*, 30 April 1948, 119 UNTS 3 TIAS No. 2361.

49) Schmitt, 'Normative Framework', 906.

50) Richard W. Aldrich, 'How Do You Know You Are at War in the Information Age?' (2000) 22 *Hous. J. Int'l L.* 223, 254. 니카라과는 미국을 상대로 한 사건에서 이 같은 넓은 표현에 의존하려는 시도에 실패했다. 그러나 법정은 UN 헌장과 OAS 헌장의 조항의 표현을 고려할 어떠한 사법 관할권이 없다고 결론내렸다.

법으로 규제될 수 있는 것이다.[51]

이 점은 헌장 서명 이후, 25년 뒤인 1970년 'UN헌장에 일치하는 국가 간 우호관계 및 협력에 관한 국제법 원칙에 관한 선언'(이하 우호관계선언)[52]에서 다시 제기되었다. 무력행사의 원칙을 다룬 단락에서도 그저 '무력'으로만 언급되기에 위 문제를 분명히 하지는 못한다. 이것은 금지가 군사력에만 한정되어야 한다고 주장한 서방국들과 '영토보전 또는 정치적 독립에 위협을 가하는 정치적·경제적 특성의 강제를 포함한 모든 형태의 압박'이 금지되어야 한다고 주장한 소련, 유럽, 개발도상국 측 사이에 의견의 불일치에서 생긴 결과이다.[53] 그러나 서방국들은 1973년과 1974년의 아랍 석유 보이콧에 따라 '다른 국가의 영토보전과 정치적 독립을 위협하는 모든 형태의 경제적·정치적 강제가 허용된다는 것은 아니며, 이는 불법적 개입으로 간주될 수 있다'는 것을 인정할 준비가 되어 있었다.[54] 정치적·경제적 강제는 선언의 '불간섭원칙' 항목 아래에 따로 분류되었으므로, 선언에서의 무력은 군사적 강제로 그 의미가 한정되고, 정치적·경제적 강제들은 개입으로 간주된다.

니카라과(Merits) 사건에서 국제사법재판소는 우호관계선언이 국제사회의 법적확신(opinio juris)을 나타낸다고 판결했으며, 헌장 제2조(4)에 명시된 금지조항

---

51) Tom Farer, 'Political and Economic Aggression in Contemporary International Law' in A. Cassese (ed.), *The Current Legal Regulation of the Use of Force* (Martinus Nijhoff, Dordrecht, 1986) 121-32, 121. 다소 미묘한 정도의 위협은 국가 간의 교류에서 항상 중요한 역할을 했다.

52) Declaration on Principles of International Law concerning Friendly Relations and Co-operation among States in accordance with the Charter of the United Nations, GA Res 2625 (XXV), UN GOAR Supp. 25, 18-22, 24 October 1970.

53) UN Doc. A/AC.125/SR.114 (1970) cited in Harris, *Cases and Materials*, 863.

54) 영국 대표 (Mr Sinclair), UN Doc. A/AC125/SR25 (1966), cited *ibid.*, 863-4.

의 관례적 특성을 보여줬다.[55] 비록 판결에서 무력행사와 경제적·정치적 강제 사이의 관계를 직접적으로 다루지는 못했지만, 재판소는 무력행사보다 '덜 심각한' 형태로 간주되는 수단들을 포함하는 것에 대해서는 언급이 없었다. 재판소는 무력사용 금지원칙뿐 아니라 불간섭원칙을 다룬 선언의 일부를 인용했다. 재판소는 후자를 인용하면서 정치적·경제적 강제를 다루는 단락의 첫 문장을 제외하고 무장단체에 관한 두 번째 문장만을 사용했다.[56] 니카라과가 미국으로부터 경제적 강제를 받았다는 제출안에도 불구하고 그러하다.[57] 재판소가 제2조(4)와 이와 관련된 관습법을 논의하면서 니카라과의 제출안을 참작하지 않은 것은 경제적 강제가 관습국제법과 UN 헌장에서의 무력에는 포함되지 않음을 의미한다.[58]

니카라과(Merits) 사건 이후, 국제사회는 1987년의 무력사용 금지선언에서 다시 한 번 무력금지를 지지했다.[59] 선언에서는 이전 총회 결의안과 마찬가지로 군사적 개입과 경제적·정치적 강제의 두 개념을 분리했다. 그러나 이로 인해 선진국과 개발도상국 사이의 주요 분쟁은 여전히 해결되지 못한 채 끝나고 말았다.[60]

---

55) *Nicaragua* (Merits), para 188.

56) *Ibid.*, para 192.

57) 그러나 니카라과측은 사용되었던 경제적 강압이 무력의 행사 또는 위협으로 취급될 정도로 충분하다는 주장을 펼치려는 시도를 하지는 않았다. 법정은 후에 판결에서 당사자들이 제기하지 않은 법적 변론에 대해서는 판정하지 않겠다고 밝혔지만(개입의 금지에 관하여), 제출안이 아예 언급되지 않았다는 점은 의미심장하다.

58) 헌장의 제 2(4)조에서 사용된 무력의 정의는 미국의 다변적 조약에 구속되지 않는 조항 때문에 사건의 쟁점이 되지 않았다는 점에 주의해야 한다.

59) Arts 7 and 8, *Declaration on the Enhancement of the Effectiveness of the Principles of Refraining from the Treat or Use of Force in International Relations* GAOR 42nd sess., 73rd plen. mtg., UN Doc. A/Res/42/22 (1987)

60) 선진국과 개발도상국 사이의 여전히 남아있는 차이는 UN Doc. A/40/41: Gray, *Use of Force* (2nd edn), 9에 요약돼있다.

2. 군사력의 정의

국제법 체계상 무력의 정의는 군사력으로 한정되어야 하지만, 군사력의 정의 자체는 광범위하게 해석되어야 한다. 특히 군사력의 직접적인 사용만이 제2조 (4)에 위반되는 사례로만 볼 수는 없으며, 분쟁이 한 국가의 영토보전 또는 정치적 독립에 영향을 끼치지 않았다는 주장으로 무력사용금지를 우회하는 데 성공한 국가 또한 없었다.

후자의 주장은 코르푸해협사건 당시 영국에서 제기되었는데,[61] 이들은 알바니아 영해에서 수행된 기뢰 소해작전이 알바니아의 영토보전 또는 정치적 독립을 대상으로 진행된 것이 아니므로 제2조(4)에 위반되지 않는다고 주장했다.[62] 국제사법재판소는 이같이 무력의 제한된 해석을 기각하며, 알바니아의 분명한 이의에도 불구하고 코르푸해협에 전함을 보내 소해작업을 수행한 영국 측의 행동이 '심각한 남용이며 … 국제법상에 용납될 수 없는 수준'에 이르렀기에 '무력에 의한 정치 수단'으로 간주된다고 하였다.[63] 흥미롭게도 위 주장이 코르푸해협사건의 법정에서 기각되었음에도 불구하고, 벨기에는 1999년 코소보에서 행해진 NATO 군사작전에 따른 잠정조치를 변론하면서 동일한 주장을 펼쳤다.[64]

---

61) *Corfu Channel Case (UK v. Albania) (Merits)* (1949) ICJ Reports 4, International Court of Justice, 13.

62) 영국은 알바니아의 기뢰작전의 증거로 기뢰들을 수집했으며, '작전 Retail'은 자조의 행위로 분류했다. *Ibid.*, 35.

63) *Ibid.*

64) Belgium's Oral Arguments, *Legality of Use of Force (Yugoslavia v. Belgium) (Request for Provisional Measures)*, CR99/15, 12, NATO는 유고슬라비아 연방국의 정치적 독립과 영토보전을 한번도 문제시한 적이 없으며 제2(4)조는 국가의 정치적 독립과 영토보전을 상대로 한 개입만을 포함한다고 주장했다.

니카라과(Merits) 사건에서도 마찬가지로 국제사법재판소는 무력이라는 용어를 광범위하게 해석했었는데, 재판소는 간접적인 형태의 지원 또한 무력금지에 해당된다고 판정했다. 판결에 따르면, 불간섭원칙을 위반하는 행위가 '직접적 혹은 간접적으로든 무력이 행사될 시에는, 국제관계상 무력사용 금지의 원칙에도 위반되는 것으로 간주된다.'[65] 이러한 경우에 재판소는 반란군에 '무기 또는 병참 등의 형태의 원조'를 지원하는 것은 무력의 행사 또는 위협으로 간주될 수 있으며, 해당 국가의 국내 또는 대외적 정세에 대한 개입으로 취급될 수 있다고 하였다.[66] 그러나 모든 형태의 간접적 행위나 지원이 참작되는 것은 아니다. 특히 재판소는 '니카라과의 반정부 우파 게릴라 단원들에게 자금을 공급하는 것이 니카라과 국내 정세에 대한 개입 행위임에는 틀림없지만' 제 2조(4)와 이에 상응하는 관습법에 명시된 무력금지를 위반하지는 않는다고 결론내렸다.[67] 이와 관련된 학계의 논쟁에서는, 재판소가 가장 중요한 형태의 무력행사에 해당되는 무장공격, 침략과 '덜 중대한 형태'로 언급된 그 이외의 무력행사를 구별해야 한다고 했다.[68] 그러나 재판소는 우호관계선언을 인용하며 덜 중대한 형태의 무력을 판단하고 이들에 적용 될 수 있는 법적 규정들을 결정했다.[69] 특히 선언의 다음의 단락을 강조했다.

---

65) *Nicaragua (Merits)*, para 209.

66) *Ibid*., para 193.

67) *Ibid*., para 228.

68) *Ibid*., para 191. 니카라과의 (Merits) 판결은 무력에 대한 여러 가지 수준을 명확히 밝힘으로써, 특히 미국 저자들로부터 많은 비난을 받았다. 예로 American Society of International Law에서 기재된 패널조사인 'The Jurisprudence of the Court in the Nicaragua Decision' (1987) 81 ASIL Proc. 258. 참조.

69) *Nicaragua (Merits)*, para 191.

모든 국가들은 영토분쟁과 국경과 관련된 문제들을 포함해 다른 국가의 현존하는 국경을 침범하거나 국제분쟁을 해결하기 위한 수단으로써 무력의 위협 및 사용을 자제해야 할 의무가 있다.

…

모든 국가는 평등권과 자결권을 행사하는 인민들에게서 자결권, 자유와 독립을 박탈하는 어떠한 강제적 조치도 자제할 의무가 있다.

모든 국가는 타국의 영토를 침입할 목적으로 용병을 포함한 비정규군 및 무장단체를 조직하거나 조장하는 행위를 자제할 의무가 있다.

모든 국가는 타국 내에 무력의 위협 또는 무력행사가 수반되는 사회적 분쟁 또는 테러 행위를 조직, 선동, 지원 및 관여하거나 이 같은 행위를 수행할 목적으로 조직된 활동을 자제할 의무가 있다.

국가는 무력행사와 관련하여 보복행위를 자제할 의무가 있다.

인용된 부분에서는 두 가지 논점을 찾을 수 있다.[70] 먼저, 재판소는 간접적인 침략 또한 국제법상에 금지된 무력행사에 포함된다는 국제사회의 법적 확신(opinio juris)이 선언에서 나타나 있다고 보았다.[71] 특히 컴퓨터 네트워크 공격에

---

70) 다시 한번 언급되지만 선언을 사용함에 있어서 법정의 접근에는 많은 물의가 있었다. 몇몇 저자들은 법정이 선언문을 법의 출처로 사용했다고 주장하는데, 이러한 입장은 결의안의 해당 국가들이 절대로 의도하지 않았었던 것이다. 또한 저자들은 선언의 원문이 국가들의 조처를 완전히 점검하지 않은 채 국제사회의 법적확신(opinio juris)의 표시로 사용된 것을 비난했다. American Society of International Law, 'The Jurisprudence of the Court in the Nicaragua Decision' 참조. 그러나 Lori Fisler Damrosch, 'Politics across Borders: Nonintervention and Nonforcible Influence over Domestic Affairs' (1989) 83 AJIL 1, 8 참조.

71) 공격의 정의의 제 3g조의 입안 과정과 일치하는데 우호 관계의 선언에서 간접적 공격으로 나열된 다수의 광범위한 활동들을 포함하자는 제안을 거부했다. Pierluigi L. Zanardi, 'Indirect Military Aggression' in A. Cassese (ed.), *The Current Legal Regulation on*

서 이것이 두드러지는데, 공격에 뒤따르는 피해가 간접적인 점을 감안하여 이를 무력행사로 간주하기는 어렵다는 주장이 여러 번 제기되었다.[72]

둘째로, 재판소는 '조장(encouragement)'과 같은 막연한 지원도 포함했다. 물론 이것을 증거로 무형의 무력에 대한 금지로 취급하기에는 판결을 과대 해석한 것이 있겠지만, '무장개입 및 다른 형태의 간섭'이라는 표현은 금지조항에 어느 정도는 비강제적인 활동까지 포함되도록 의도되었음을 알 수 있다. 특별위원회의 보고서에서는 우호관계선언의 입안 과정을 위임했기에, 참여했던 국가들은 선언의 금지에 해당되는 비강제적인 행위의 개념에 대해서 아는 바가 거의 없었다.[73] '조장'은 가시적인 형태이든 그렇지 않은 형태이든 다양한 모습을 취할 수 있는 반면에, '조직화된 형태 혹은 그렇지 않은 조장'의 조항이 포함되었다는 사실은 비가시적인 형태의 조장 역시도 염두에 두었다는 것을 암시한다. 이런 면에서 테헤란 인질 사건에서 아야톨라 크호마이니(Ayatollah Khomeini)의 조장 관련 발언에 대한 법정의 처리를 비교해 보면 흥미롭다.[74] 이 사건에서는 우호관계선언을 다루지는 않았지만, 재판소는 그의 발언이 테헤란에 위치한 미대사관을 급습했던 무장한 학생들의 행동을 국가의 탓으로 돌리기에는 충분치 않다고

---

the Use of Force (Martinus Nijhoff, Dordrecht, 1986) 111-19, 116.

72) 컴퓨터 네트워크 공격의 간접성은 아래에 3.1.1에 제시되어 있다.

73) Damrosch, 'Politics across Borders', 10.

74) *Case Concerning the United States Diplomatic and Consular Staff in Tehran (United States v. Iran)* (1980) 74 AJIL 746, 국제사법재판소, para 59. 이 경우에 Ayatollah는 미국을 상대로 비난한 몇 번의 공동선언문을 발표했으며 미국이 그 나라에 따라다니는 분쟁들에 책임이 있다고 했다. 11월 1일 Ayatollah는 '제자, 학생과 신학생들은 그들이 가진 모든 전력을 이용해 미국과 이스라엘에 대한 공격을 확대해, 미국으로 하여금 추방자들과 범죄자 Shah의 귀환을 요구하고 이 거대한 계략을 규탄해야 한다'. 더 나아가 Ayatollah는 공격에 뒤이어 축하 발언과 함께 이를 공식적으로 승인하는 발언 또한 했다.

판단했다. 그러나 재판소는 위의 발언이 대사관의 지속적인 점령과 인질들의 구속을 국가행위로 보기에 충분하다고 했다. 재판소는 지속적인 점령(또는 최초의 급습)[75]이 헌장 제2조(4)에 위반되는지에 대해서는 논의하지 않았으며, 이는 미국에서 제기한 주장이지만 외교적 면제에 관한 비엔나협약에서 다루어질 문제였던 것이다.

일부 논자들은 니카라과(Merits) 사건으로 인해 무력의 정의가 정치적·경제적 강제와 유사한 것들까지 포함되도록 그 의미가 확장되었다고 하지만, 저자가 보기에 더 나은 관점은 아직 재판소에 의해 무력의 정의가 군사적 (또는 준군사적) 행위에 제한되고 있는 것으로 보인다. 하지만 그러한 무력사용도 행위자성(agency)과 같이 우회적인 방법으로 책임이 부과될 수도 있다. 재판소에서 규정된 이러한 확장은 그것이 있는 그대로건 대리인을 통해서든, 군사력에 한정된다.

법정은 니카라과(Merits) 사건에서의 헌장 조항이 고정적인 것이 아니라 동적인 것이며, 따라서 국가관행에 따라 변할 수 있다.[76] 비록 재판소는 헌장 조항들이 관습법을 대표한다는 당국들이 입장을 인정했지만, 강제적 개입과 관련하여 새로운 법이 발달될 가능성을 인정하여 제2조(4)에서의 무력행사 금지에 대한 새로운 예외가 될 수 있다는 것을 받아들였다. 무력에 대한 금지가 포함하는 영역을 규정하면서, 재판소는 헌장 제2조(4)는 무력행사와 연관된 국제관습법에 일부만을 대표하며, 또한 UN 헌장은 '국제관계에서의 무력행사의 규정 전체를 포함하는 것을 의미하지는 않는다고 지적했다.'[77] 재판소는 자위권이 헌장과 동등한 관계에 있으며, 헌장의 원문은 그 규칙의 모든 국면을 규정하지는 않았다

---

75) 추정컨대 국가 세력에 책임을 돌릴 수 없는 탓일 것이다.

76) Gray, *Use of Force* (2nd edn), 7.

77) *Nicaragua (Merits)*, para 176.

고 지적했다. 이것을 염두에 두면서, 우리는 국가 관행과 학자들이 제안한 무력 사용과 관련된 이론들로 시선을 돌릴 필요가 있다.

2.1. 각국의 관행

대부분의 컴퓨터 네트워크 공격의 극비이고 은밀한 특성상 이 같은 종류의 공격에 대한 국가관행의 조사는 불확실할 것이다. 현재까지는, 전통적인 무력분쟁의 양태를 제외하고는 그 어떠한 컴퓨터 네트워크 공격도 일국에게 그 책임이 결정적으로 귀속되었던 경우는 없었다. 이외 그러나 몇몇 국가들은 컴퓨터 네트워크 공격의 사용과 그 외의 아날로그 정보작전에 대해 의견을 표명했다. 이미 명시되었듯이, 컴퓨터 네트워크 공격을 둘러싼 문제들 중 실질적으로나 법적으로나 가장 어려운 점은 공격 가해자의 책임을 명확히 하는 것이다. 다음에서 인용되는 사건 대부분이 이와 같은 어려움에 직면했기에 위와 같은 의견들은 그리 유용하게 사용되지는 않는다. 비록 이러한 의견들을 조심스럽게 사용해야 하나, 국가들 간의 상호작용은 제2조(4)의 해석 체계의 한 부분을 차지한다.

지난 몇 년간 컴퓨터 네트워크 공격이 나타내는 보안 위협에 대한 국제적 인식이 점차적으로 증가했으며, 문제 인지는 방책으로 이어졌다. 많은 국가들은 보고된 컴퓨터 네트워크 착취 사례와 연합훈련을 통해 노출된 디지털 기반의 다양한 취약점들에 대응하기 위해 군과 그 외의 기관들 내에 사이버 본부를 설립했다.[78] 컴퓨터 네트워크 공격이 국가보안 위협에 해당될 만큼 충분한 물리적 피

---

78) 작성 당시 설립된 사이버 본부에는 미국, 영국, 대한민국, 중국 그리고 NATO가 있었다. US 사이버 본부의 설립은 지난 몇 년간 로비되었었음에도 불구하고 US 군사 네트워크가 외국첩보기관에 의해 노출되고 민감한 데이터들이 탈취된 2008년 *Operation Buckshot*

해를 입힌다는 가능성에 회의적인 일부에게도 Stuxnet 바이러스는 증거로 작용했으며 주의를 일깨우는 역할을 했다.

현재까지 특정 컴퓨터 네트워크 공격에 관한 국가관행에 있어 가장 확실한 사례는 2007년 에스토니아를 상대로 한 공격에 대응했던 국제적 공격이다. 앞에서 보았듯이, 그 공격은 주요 기반시설에 영향을 미치지 않고, 물질적 재산에 피해 또는 부상자를 일으키지도 않았다. 각 국들은 그러한 공격이 무력행사인지에 대해서 명확한 공개 발언을 할 준비가 되지 않았던 것이다.[79] NATO 회원국들은 위의 공격이 무장공격에 해당됨을 인정할 준비가 되지 않았는데, 이는 북대서양조약의 집단적 자위 조항이 작동될 수도 있었기 때문이었다. 그러나 NATO 대변인은 이와 같은 공격들이 보안상의 문제로 NATO의 관심사에 해당된다고 밝혔다.[80] 러시아가 컴퓨터 네트워크 공격을 했다는 모든 비난에 대해 크렘린도 하루에 수백 번에 달하는 공격을 받았다는 점을 들며 부인했다.[81] 러시아 대표들은 이미 컴퓨터 네트워크 공격의 영향을 대량살상무기의 사용으로 인한 것과 동일한 취급을 한다는 관점을 내비쳤다.[82]

Yankee 이후에야 최종 승인 받았다. Lynn, 'Defending a New Domain'을 참조.

79) 예로, 미국은 공격들을 '용납할 수 없는' 그리고 '독립국가에 압박을 가하는'로 표현했지만 이러한 공격을 무력으로 부르지는 않았다: 'Rice Condemns Ongoing Cyber-Attacks as Estonian Embassy Siege Ends', earthtimes.org 4 May 2007.

80) AFP, 'Cyber Attacks on Estonia Are Security Issue: NATO Chief', *The Age* (Melbourne), 26 May 2007.

81) 'The Cyber Raiders Hitting Estonia', BBC News, 17 May 2007. 이전에서도 언급됐듯이, 러시아 'Nashi' 청년 단체의 멤버가 공격에 대한 책임을 자청했으며, 국가의 개입 없이 공격이 집행되었다고 말했다. 이에 대해서는 정확히 확인된 바는 없다.

82) V.I. Tsymbal, 'Kontseptsiya "Informatsionnoy Voyny" (Concept of Information Warfare)' (Paper presented at the Evolving post Cold War National Security Issues, Moscow, 12-14 September 1995), 7. cited in Timothy L. Thomas, 'Russian Views

군사적인 관점에서, 러시아 또는 러시아군에 대한 정보전의 사용은 사상자의 유무와 상관없이 분쟁의 비군사적인 단계로 구분되지는 않을 것이다 … 러시아는 일차적으로 정보전의 수단과 병력에 대해 그리고 그 후에는 가해국에 대해 핵무기를 사용할 권리를 보유하고 있다.

그러나 이 성명은 2008년 남오세티아를 두고 일어난 분쟁에서의 컴퓨터 네트워크 공격에 대한 러시아의 대응에는 반영되지 않았다. 두 국가 사이에 전쟁이 일어나기 직전, 대략 2달간 소규모의 공격이 진행되었다.[83] 그러나, 군사적 대응이 확전되었거나 러시아와 남오세티아의 웹 사이트들 중 조지아 해커들로부터 공격을 받았다는 것에 대한 보고는 없다.[84]

중국은 컴퓨터 네트워크 공격 능력을 보유하고 있거나 개발 중인 국가 목록에서 자주 상위권을 차지한다.[85] 중국은 미국, 프랑스, 독일, 영국, 인도, 캐나다, 호주, 뉴질랜드 정부에 대한 해킹 공격의 혐의를 받아왔다.[86] 중국 정부는 그런

---

on Information Based Warfare' (1996) special edn *Airpower* 25.

83) Kim Hart, 'Longtime Battle Lines Are Recast in Russia and Georgia's Cyberwar', *Washington Post* (Washington DC), 14 August 2008, D01.

84) *Ibid*.

85) 다음 참조. McAfee, *Virtual Criminology Report*, McAfee Inc. (2007); Symantec, *Symantec Global Internet Security Threat Report*, Symantec, Vol. XIII (2008); Center for Strategic and International Studies, *Significant Cyber Incidents since* 2006 (2011) http://csis.org/files/publication/110309_Significant_Cyber_Incidents_Since_2006.pdf (최종접속일자 2011년 4월 12일).

86) 다음 참조. Bryan Krekal, *et al.*, *Capability of the People's Republic of China to Conduct cyber Warfare and Computer Network Exploitation Prepared for the US-China Economic and Security Review Commission*, Northrop Grumman (2009); Roger Boyes, 'China Accused of Hacking into Heart of Merkel Administration', *The Times* (London), 27 August 2007, www.timesonline.co.uk/tol/news/

공격에 연루되었다는 사실을 부인했고, 피해국들은 중국의 탓으로 돌렸지만 정보에 대한 접근과 절도행위를 무력사용으로 간주하지 않고 간첩행위로 처리하는 것에서 그쳤다. 또한 중국은 인터넷을 통해서 '충격적이고' '막대한' 국가적 손실과 군사기밀 유출을 감수했다고 주장했다.[87] 국제적인 예시는 아니더라도, 티벳과 대만은 반복적으로 중국 정부의 지원을 받는 것으로 추정되는 중국 해커들에게 공격당했다. 중국 정부는 이런 혐의들에 대해 '중국 정부는 항상 해커들의 활동에 반대한다'며 모두 부인했다.[88] 2002년 9월에 중국은 '기술적 항공모함'이라고 묘사한 정보전 패턴과 무기를 개발하기 위한 5개의 새로운 정보전 기관을 설립했다고 발표했고, 신화통신은 중국 군 지도자들이 낙후된 하드웨어로 대표되는 군사적 약점을 기술적으로 우월한 적을 전자전으로 공격하여 보완하기를 기대한다고 발표했다.[89] 최근에는 중국이 사이버 보안 문제와 발전된 사이

---

world/europe/article2332130.ece (최종접속일자 2011년 7월 15일), H. Schouten, 'China Denies Role in NZ Cyber Attack', *Domonion Post* (New Zealand), 12 September 2007, B4; John Leyden, 'France Blames China for Hack Attacks', *The Register* (London), 12 September 2006, www.theregister.co.uk/2007/09/12/french_cyberattacks/ (최종접속일자 2011년 7월 15일). See also Information Warfare Monitor, *Tracking Ghostnet: Investigating a Cyber Espionage Network*, Information Warfare Monitor (2009) www.infowar-monitor.net/ (최종접속일자 2010년 4월 12일).

87) Leyden, 'France Blames China for Hack Attacks'. Edward Cody, 'Chinese Official Accuses Nations of Hacking', *Washington Post* (Washington DC), 13 September 2007, A16.

88) 'China Denies Hacking Dalai Lama Computer', CNN, 25 September 2002; George V. Hulme, 'Taiwan Accuses China of Launching Cyber attack', *Information Week*, 16 June 2004, www.informationweek.com/news/22100221 (최종접속일자 3 January 2012).

89) 'Military Eyes Electronic Warfare', *Associated Press, South China Morning Post*, 28 September 2002.

버 전략에 대해 국제적으로 협조하겠다고 발표했다. 그러나 다른 정부들과 마찬가지로 중국 정부는 공식적으로 어떤 컴퓨터 네트워크 공격을 무력사용이나 무장공격으로 간주할 것인지에 대해서는 명시하지 않았다.[90]

미국 정부는 사이버 공격에 대해 군사적 행위를 포함한 모든 적절한 조치로 대응하는 것이 자신들의 정책이라고 공식적으로 발표했다.[91] 2002년 7월 조지 부시 대통령은 적 컴퓨터 네트워크에 언제, 그리고 어떻게 사이버 공격을 시작할 지에 대한 첫 국가적 수준의 지침을 만들도록 하는 비밀 지시명령에 서명하였다.[92] 그 지시명령은 기밀로 분류되어있지만, 미 국무장관 클린턴은 '국가, 테러리스트, 그리고 그들의 대리인으로 행동하는 자들은 미국은 네트워크를 보호할 것이라는 것을 명심해야 한다 … 사이버 공격을 수행하는 국가 또는 개인은 국제적 비난과 그에 따른 결과에 직면해야 할 것이다'[93]라고 말했다. 미 국방부 부장관인 윌리엄 린(William Lynn) 또한 미국 사이버 보안 전략에 대해 논하면서, 법의 테두리 안에서 어떻게 이 정책을 펼쳐나갈지 고심하면서도 적국의 컴퓨터 네트워크에 대한 선제공격을 포함할 수 있는 '적극방어' 전략의 초안을 작성했

---

90) Krekal, *et al.*, *Capability of the PRC to Conduct Cyber Warfare*, 16-22.

91) Dan Verton, 'The Prospect of Iraq Conflict Raises New Cyber Attack Fears', *Computerworld*, 30 September 2002, www.computerworld.com/s/article/74699/ Prospect_of_Iraq_conflict_raises_new_cyberattack_fears (최종접속일자 2011년 7월 5일).

92) Bradley Graham, 'Bush Orders Guidelines for Cyber-Warfare', *Washington Post* (Washington DC), 7 February 2003, A1.

93) Remarks by US Secretary of State Hillary Rodham Clinton *Remarks on Internet Freedom at* The Newseum, Washington DC, 21 January 2010, www.state.gov/ secretary/rm/2010/01/135519.htm (최종접속일자 2011년 4월 12일).

다.[94]

나토(NATO) 국가들 역시 마찬가지로 사이버 보안에 대한 합동 조치를 취하기 위해 기구 내에서 협력하고 있다. 그러나 에스토니아 공격에 대해 위에서 언급한 것처럼, 그들은 결정을 내리는 데 조심스러워했다. 나토 관계자들의 발표에 따르면, 나토는 제5조의 집단적 자위보다는 영토보전에의 위협에 대한 협의와 관련 있는 제4조의 범주 내에서 나토의 사이버 방어계획을 조심스럽게 고안하고 있음을 알 수 있다.[95]

스틱스넷 웜바이러스에 대한 국제적 반응은 이것이 현재까지 가장 무력사용에 가까운 (또는 무장공격) 컴퓨터 네트워크 공격임에도 불구하고 매우 조용한 편이라고 할 수 있다. 이란은 '전자전'이 본국에 사용되었다고 주장했으며, 국제규정의 범주 내에서 이러한 공격을 감행하는 기관들에 대해 사이버 선제공격을 가할 것이라고 발표했다.[96] 이러한 공격의 혁신적인 기술에 관해서 널리 얘기하는 반면에, 이러한 공격의 법적 성격에 대한 발표는 전무했다. 이런 현상은 웜 바이러스가 무력사용이라거나, 책임국가가 나타나기 전에는 말을 아끼겠다는 의도이거나, 단순히 법적 문제를 떠나 웜 바이러스의 공격 결과에 대한 만족 같은 국제사회의 전박적인 의견일치를 나타내는 것일 수 있다. 이러한 반응들과 정책 발표는 국가들이 컴퓨터 네트워크 공격을 무력사용으로 규정하는 것에 조

94) Lynn, 'Defending a New Domain'; Ellen Nagashima, 'U.S. Eyes Preemptive Cyber-Defense Strategy', *Washington Post* (Washington DC), 29 August 2010, A05. 미국의 선제적 자기 방어 전략에 관한 논의를 위해서는 제3장 참조.

95) Sverre Myrli, *NATO and Cyber Defence*, 173 DSCFC 09 E bis (2009). para 58-61, www.nato-pa.int/default.asp?SHORTCUT=1782 (최종접속일자 2011년 4월 12일).

96) 'Iran Says Nuclear Programme Was Hit by Sabotage'; 'Iran to Take Pre-Emptive Action against Cyber Terrorism: General'. *Tehran Times*, 27 February 2011, Political Desk.

심스럽다는 것을 나타내는 경향이 있다. 미국과 러시아 모두 컴퓨터 네트워크 공격에 무력으로 대응할 권리를 보유하고 있음에도 불구하고, 현재까지 보고된 어떤 컴퓨터 네트워크 공격도 이런 식으로 간주되어야 한다는 것을 암시하는 어떤 견해도 밝히지 않았다. 현재까지 '페어웰 도시어(Farewell Dossier)' 사건을 제외하고는, 어떤 컴퓨터 네트워크 공격도 결과적으로 다른 국가에게 물리적 또는 대인 피해를 초래하지 않았다.[97]

2.2 무력에 관한 제 이론

평론가들은 무력사용 금지의 관습적인 성질에 대해서는 동의하지만, 그 규정의 내용에 관해서는 견해가 아직 크게 갈린다. 무력에 관한 이론과 헌장 제2조 (4)에 대한 논의는 법적 이론의 두 학파에서 주로 나온다. 제한적인 접근을 도입한 학파와 비교적 확장적인 접근을 도입한 학파가 그 두 학파이다.[98] 첫 번째 학파는 실증주의 학파에서 나왔고, '무력'을 정의하고 특정 사건이 이 통상적인 정의 안에 포함되는지를 결정한다. 두 번째 학파는 관습과 무력의 상황에 더 초점을 맞춘다.

이안 브라운리(Ian Brownlie)는 생명과 재산의 파괴를 목표로 하는 무기의 사

---

97) 예전에 명시했듯이, 비록 스틱스넷 공격이 하나 또는 여러 국가의 소행이라고 널리 믿는 추세이지만, 이 글을 작성할 때는 스틱스넷 공격이 누구의 책임으로 결정나지 않은 상태였다. 컴퓨터 네트워크 공격의 비밀적인 성질 덕에, 그것은 루머와 오보의 완벽한 대상이 되었다. 예컨대, 중국 해커들은 2003년 미국의 북동부에서 일어난 대규모 정전사태의 원인으로 잘못 지목되어왔다.

98) 무력사용에 대한 방법론적인 토의에 대해 더 광범위한 분석을 보려면 Corten, 'Controbersies' 참조.

용을 필요로 하는 이분법적 정의를 사용한다.[99] 보웻(Bowett)은 인간의 부상을 초래할 수 있는 폭력적인 무기에 대한 의존 가능성을 언급한다.[100] 물리적 수단과 무기의 필요성에 대한 문제는 생화학 무기의 도입과 함께 눈앞으로 다가왔다. 이안 브라운리는 이 문제에 대해 1963년에 얘기했고, '후폭풍과 열을 야기하는 폭발 현상을 가지고 있지 않은' 무기들이 헌장 제2조(4)에서 금지하는 무력사용과 관련이 있는지를 중점으로 삼았다.[101] 그는 이 무기들이 금지사항에 포함되어야 한다고 결론지으면서, 이에 대해 두 가지 이유를 내놓았다. 첫 번째는 문제가 되는 요인이 일반적으로 '무기'라고 언급되며 '전투'의 한 형태로 취급되기 때문이다.[102] 그러나 앞 장에서 이미 보았듯이, 이것은 컴퓨터 네트워크 공격을 무력으로 분류하는 것에 도움이 되진 않는다. 유명 언론과 학계에서 모두 정보전, 사이버 전쟁, 심지어 컴퓨터 네트워크 공격이라는 용어를 광범위한 정보작전을 지칭하는 데 사용해왔고, 이 용어들 중 대부분은 헌장 패러다임 아래서는 절대 무력으로 간주되지 않는다.[103] 더 나아가, '전쟁'과 '무기'라는 용어들은 최근 몇 년간 정치적인 의미가 강해지고 있다. 이 글을 서술하는 지금 미디어에서는 아프가니스탄과 이라크에서 일어나는 전쟁에 대한 기사를 내고 있다. 그러나 미디어는 또한 테러와의 전쟁, 마약과 범죄와의 전쟁, 가난과의 전쟁에 대한 기사도 내고 있고, 이들은 모두 인도법과 국제법 용어의 정치적인 사용이지 이들에 대한

---

99) Brownlie, *Use of Force by States*, 362.

100) Bowett, *Self-Defence*, 184-99.

101) Brownlie, *Use of Force by States*, 362.

102) *Ibid.*

103) Todd A. Morth, 'Considering Our Position: Viewing Information Warfare as a Use of Force Prohibited by Article 2(4) of the U.N. Charter' (1998) 30 *Case W. Res. J. Int'l L.* 567, 590.

보호를 호소하는 것은 아니다. 이런 식으로 사용되는 '전쟁'이라는 용어는 그저 해결을 촉구하는 용도로 쓰인 것에 불과하고,[104] 이 점에 대해서는 법적 평론가들과 정치인들이 비슷하게 지적했다.[105] 따라서 전쟁과 무기라는 단어의 의미는 더 이상 어떤 것이 무력사용인지를 판단하는 데 유용한 기준이 아니다.[106] 더 나아가, 미국에서 2001년에 일어난 탄저균 위협 또는 1995년의 도쿄 지하철 사린가스 살포 사건에서 보였듯이, 생화학 공격에는 무기기반 방출시스템이 필수적인 것은 아니다. 국제사법재판소는 핵무기에 대한 권고적 의견에서 헌장에서 무력사용과 관련 있는 조항들은 특정한 무기들을 말하는 것이 아니고 사용된 무기들과 상관없이 무력사용 자체에 적용된다고 했다.[107]

브라운리의 더욱 설득력 있는 두 번째 주장은 생화학 무기가 '생명과 재산의 파괴를 위해 사용되기 때문에' 무력으로 간주되어야 한다는 것이다.[108] 그는 충격파와 열의 물리학적 영향을 넘어서 더 넓고 결과 지향적인 접근으로 옮겨갔다. 이 견해는 컴퓨터 네트워크의 물리적 결과에 대해 주장할 많은 논자들의 필

---

104) Frederic Megret, '"War"? Legal Semantics and the Move to Violence' (2002) 13(2)

105) Christopher Greenwood, 'International Law and the War against Terrorism' (2002) 78 *International Affairs* 301, 306. UK Prime Minister Tony Blair's comment: 'Whatever the technical or legal issues ... the fact is that we are at war with terrorism.' 'Britain at War with Terrorism' *BBC News*, 16 September 2001, http://news.bbc.co.uk/1/hi/uk_politics/1545411.stm (최종접속일자 2011년 7월 5일); 'Powell Very Pleased with the Coalition-Building Results' 13 September 2001, www.usinfo.state.gov/topical/pol/terror/01091366.htm (최종접속일자 5 September 2008).

106) 포퓰리즘에 기반한 몇 기사들이 정보전기술을 대량살상무기라고 표현할 수 있지만, '대량살상'이란 용어는 핵무기와 생화학 무기에만 적용되고, 이렇게 광범위하게 사용되지 않는다.

107) *Nuclear Weapons Case*, para 39.

108) Brownlie, *Use of Force by States*, 362.

요성을 대표한다. 그러나 완전히 결과 위주의 접근방식은 정치적·경제적 강제를 포함하는 것과 관련된 주장들을 재개한다는 면에서 그 자체에 문제를 야기한다. 카산드라 라레이-페레즈(Cassandra Larae-Perez)가 지적한 바와 같이, 결과 위주의 관점이 도입되면, 이라크나 쿠바에 적용되었던 무력사용만큼이나 가혹했던 장기적이고 포괄적인 경제적 규제의 효과 또한 제2조(4)과 마찰을 일으키는 것으로 간주 될 수 있다.[109] 그러나 국제관행은 국제사회의 다수가 이런 사례에 준비되지 않았다는 것을 보여준다. 1960년대부터 미국이 쿠바에 가한 엄격한 경제적 통상금지는 무력사용으로 간주되지 않았다. 아랍의 이스라엘에 대한 통상금지 역시 마찬가지였다.[110]

또한 요람 딘스타인(Yoram Dinstein)도 국제사법재판소가 니카라과 (Merits) 사례에서 무력사용의 부분으로 인정한 무력공격의 문맥 내에서 컴퓨터 네트워크 공격을 논하면서 결과위주 접근방식을 주장하였다.[111] 그는 무력공격의 정의를 만족시키는 데에는 폭력적인 결과가 핵심이라고 주장했다.[112]

> 법적 관점에서는, 물리적인 공격수단과 전자적인 공격수단을 달리 볼 이유가 없다. 미리 계획된 파괴적인 [컴퓨터 네트워크 공격(CNA)]은 물리적 공격과 같거나 비슷한 결과를 초래한다면 무력공격으로 볼 수 있다. 이 문제의 핵심은 사

---

109) Cassandra LaRae-Perez, 'Economic Sanctions as a Use of Force: Re-Evaluating the Legality of Sanctions from an Effects-Based Perspective' (2002) 20 *BU Int'l L.J.* 161.

110) Bond, *Peacetime Foreign Data Manipulation*, 59. 흥미롭게도 후자의 경우 미국은 약자의 위치에 있었고 쿠바 엠바고에서의 입장을 바꾸어 강력한 아랍 국가들의 경제적 억압은 무력사용으로 간주되어야 한다고 주장했다.

111) Dinstein, 'CNA and Self-Defense', 103.

112) *Ibid.*

용되는 매체가 (가령, 포병중대를 대신하는 컴퓨터 서버) 아니라 이 행위로 인한 폭력적인 결과들이다. CNA와 폭력적 결과 간에 인과관계가 성립한다면, 이 결과가 낮은 수준이 아니고 높은 수준의 기술로 만들어 졌는지는 중요하지 않다.

딘스틴의 현실주의적 주장은 오직 공격의 결과에만 초점을 맞춘다. 위에서 본 바와 같이, 전통적 군사/무력 행동의 가시성이 결여되어 있는 영역에서 순전히 공격의 결과만을 기반으로 한 접근방식은 정치적·경제적 강제에 의해 잠식당한 회색지역의 구분을 흐리게 한다. 따라서 특정한 결과만 요하는 무력에 관한 이론은 국제사회가 (대부분) 무력사용으로 포함하지 않기로 동의한 규제에서 나오는 문제를 덮기엔 불충분하다. 마이클 슈미트(Michael Schmitt)는 순전히 결과 위주로 접근하는 것은 양적 및 질적 준거로 측정하기가 매우 어려울 뿐만 아니라,[113] 이러한 접근은 기존과는 다른 전적으로 새로운 규범을 형성하게 될 것이며, 따라서 국제사회 전체의 승인을 요구하는 어려운 결과를 가져올 것이라고 주장하였다.[114] 그러나, 분명한 사실은 무기의 사용과 관련된 현재의 분석과 요구 조건들은 지금의 상태로는 더 이상 지속될 수가 없으며 만약 기술에서의 새로운 변화를 반영하고자 한다면 재탐색 되어야 한다는 것이다.

무력의 사용과 관련된 법 이론의 두 번째 학파는 뉴 헤이븐 학파(New Haven School)의 대표주자인 마이어 맥도걸(Myers Mcdougal)과 마이클 라이즈만(Michael Reisman)에 의해 전형화되었다고 할 수 있는 좀 더 포괄적이고 맥락중심적 (expansive, contextualist)인 접근법이다. 마이어 맥도걸은 자신의 저서인 *Law and Minimum World Public Order*에서 무력이란 단지 초국가적 규모에서의

---

113) Schmitt, 'Normative Framework', 911.

114) *Ibid.*, 917.

상당한 정도의 강제 및 폭력이라고 주장했다.[115] 따라서 맥도걸은 이러한 기준에 모든 형태의 강압을 위치시키고 기존에 허용 가능한 또는 허용 가능하지 않는 형태의 강제적 조치들로 유형화했던 시도의 문제점들을 과거에 시행되었던 가변적인 조치들에 기반하여 다룬다. 그리고 상기의 유형화를 주장하는 학자들이 주로 선호하는 세계질서의 최종적 가치들에 이러한 가변적인 조치들이 어떠한 결과를 가져다주는지 사후적으로 분석하고자 하였다.[116]

이러한 관점에서, 가장 기본적인 지적 임무는, 허용 가능한 강제와 허용 불가한 강제의 구별에 관한 다양한 환경적 요소와 정책들을 여러 결정권자들의 지침을 위해 특징짓는 것이다.

이 이론을 더 확장하여, 마이클 라이즈만은 무력사용이 어느 정도의 국제적인 법적 권위를 갖추었다고 생각되는 9개의 범주를 정리했다.[117] 그는 특정 강제 행위가 합법인지 아닌지를 결정할 때 그 행위가 세계질서를 강화시키는지, 또는 약화시키는지가 핵심이라고 주장했다.[118] 다시 말해, 핵심적인 문제는 무력적 억

---

115) Myres Smith McDougal and Florentino P. Feliciano, *Law and Minimum World Public Order: The Legal Regulation of International Coercion* (Yale University Press, New Haven, 1961).

116) *Ibid.*, 153.

117) 이 카테고리들은 각각 다음과 같다. 자기방어, 자기결정과 탈식민지화, 인도주의적 개입, 다른 나라의 지도자를 교체하기 위한 군사기관의 개입, 중요 방어지역과 영향지역 안에서의 군사기관의 사용, 다른 국가에서 조약으로 보호받는 개입, 국제 소송에서 증거 수집을 위한 군사기관의 사용, 국제법 판결 집행을 위한 군사기관의 사용, 보복 등의 대응책. W. Michael Reisman, 'Criteria for the Use of Force in International Law' (1985) 10 *Yale J. Int'l L.* 279, 281.

118) *Ibid.*, 282. 라이즈만의 분석은 국가의 일방적인 무력사용이 합법인지를 결정하는 데 그

압이 사용되었는지가 아니라, a) 사회질서와 기본정책에 부합되게 또는 반하여 사용되었는지, b) 결과가 사회목표와 최소한의 질서와 부합하는가이다.[119] 그러나 문맥주의 입장은 근본적인 어려움이 있다. 올리비에 코텐(Olivier Corten)이 지적했듯이, 사회적 필요성이나 국제사회를 특징짓는 연대 메커니즘을 표현하는 '객관적 법칙'이란 존재하지 않는다.

오롯이 해석의 당사자만이 특정한 경우에 이러한 연대가 요구하는 필요조건들에 의미를 부여할 수 있는 것이다.[120] 공동체의 근본적인 목표는 예를 들어 무력의 사용을 금지하는 것과 같은 특정한 법의 지배에 우선해야 한다는 생각은 국제 관계에서 모든 확실성을 제거해 버릴 것이다. 그리고 이는 국가들의 모든 외교적 교섭의 결과를 그것의 적법성과 관련하여 상당히 모호하게 만들 것이다. 그리고 결국은 이 불확실성이 사회적 가치와 목표에 더 큰 위협이 될 것이다. 이런 방법론적 분립은 무력사용으로서의 컴퓨터 네트워크 공격의 합법성에 대한 논쟁에 스며들며, 이 새로운 전투 형태에 알맞은 접근법에 대한 논자들의 의견을 분열시키고 있다.

의 심화된 '작동 코드'라는 개념에 기반하였다. 이 작동코드의 요소에 대한 요약은 다음을 참조. Michael N. Schmitt, 'The Resort to Force in International Law: Reflections on Positivist and Contextualist Approaches' (1994) 37 *AFL Rev.* 105.

119) Reisman, 'Criteria', 284.

120) Corten, 'Controversies', 814.

3. 무력사용으로서의 컴퓨터 네트워크 공격

위에서 설명했듯이, 이 글에서는 무력에 관한 두 가지 이론을 소개했다. 첫 번째 이론은 국제사회에서 통용되는, 이 경우에는 무력사용 금지에 관한 규범에 집중하는 좀 더 제한적인 실증주의적 접근법이고, 금지범위 밖에 있는 것은 모두 합법이라 주장한다. 이 학파의 학자로는 이안 브라운리, 요람 딘스틴, 크리스틴 그래이, 그리고 컴퓨터 네트워크 공격에 관해서는 제임스 본드가 있다. 두 번째는 더 확장적인 문맥주의 접근법인데, 모든 강제는 연속성을 지니며, 이 연속성에서의 위치는 최소한 세계질서에 영향을 주는 여러 요인들의 결과물이라 주장한다. 문맥주의 접근법의 요소는 마이클 슈미트의 글에서 찾을 수 있으며, 마이클 라이즈만에 의해 완전히 설명된다.

위에서 보았듯이, 특정 공격이 무력사용에 대한 금지를 위반하는가에 대한 문제를 결과 위주로 접근하면 경제적·정치적 강제에 대한 배제의 약화로 이어진다. 마이클 슈미트는 무력사용의 금지는 국제사회가 헌장의 서문에서 나타나는 가치들을 장려하고 발전시키려는 희망에서 비롯된다고 제시했다. 따라서 '군사력' 금지는 이런 목표에 위협이 될 만한 행위들을 제한하는 손쉬운 방법이다. 슈미트는 또한 국제사회가 강제의 수단성보다는 결과에 더 신경 쓴다고 주장한다.[121] 그러나 수많은 형태의 공격이 (가령, 서비스 거부, 바이러스, 직접 침입) 연속되었을 때 가져올 수 있는 모든 결과를 보면, 공격의 결과를 평가하는 것은 그 연속성을 평가하는 기준을 매우 어렵게 만드는 헛수고가 될 수 있다.

합법성을 측정하기 위한 기준으로 결과만을 놓고 보는 것의 어려움 때문에,

---

121) Schmitt, 'Normative Framework', 911.

헌장의 입안자들은 목표 달성을 측정할 수 있는 몇 가지 규범적 준거틀을 고안해 내었다. 무력이 중장기적인 목표에 지속적으로 심각한 위협이 되기 때문에, 무력에 대한 의존을 금지하는 것은 해로운 결과를 금지하는 비교적 안정적인 대안이 될 수 있다. 이것은 일어난 결과를 어렵게 평가하는 것보다 단지 무력이 사용되었는지를 물으며 평가 과정을 쉽게 만든다.[122]

그러나 경제적·정치적 강제 사례에서 보았듯이, 사용되어야 할 기준이 항시적으로 결과 위주라는 것은 아니다. 컴퓨터 네트워크 공격의 기초 규범을 마련하려던 마이클 슈미트은 자신의 글에서 수단 위주와 결과 위주의 해석의 차이를 줄이려 했다. 슈미트는 어떤 공격이 무력사용을 구성하는지 결정할 때 고려해야 할 일곱 가지 요소를 제안했다.[123]

(ⅰ) *피해의 심각성*: 인명피해가 있거나 광범위한 재산 피해가 있다면, 군사적 행위일 확률이 높다. 그리고 피해가 적을수록 그 행위가 무력사용일 가능성은 낮아진다.

(ⅱ) *공격 결과의 즉각성*: 공격의 효과가 몇 초에서 몇 분 사이에 나타난다면 (가령, 폭탄이 폭발할 때) 그것은 군사적 작전일 가능성이 높다. 그리고 효과가 나타나는 데 몇 주에서 몇 개월이 걸린다면 외교적이거나 경제적인 행위일 가능성이 더 높다.

(ⅲ) *직접성*: 취해진 행위가 결과의 하나뿐인 원인이라면, 무력사용으로 보여질 가능성이 높다. 그리고 원인과 결과 사이의 연관성이 약화될수록, 그 행위의 군사적인 성질 또한 약화된다.

---

122) *Ibid.*

123) *Ibid.* 914.

(ⅳ) *표적국에 대한 침략성*: 아직까지 국경을 침범하는 것은 군사작전의 지표이다. 표적국 국경바깥에서 일어나는 행위는 외교적이거나 경제적 행위일 가능성이 더 높다.

(ⅴ) *피해의 측정 가능성*: 목표물이 있던 곳의 '불타는 구멍'을 사진으로 찍는 것처럼, 행위의 영향이 즉각적으로 수량화 될 수 있다면, 그 작전은 강한 군사적 성질을 띠고 있다. 피해를 측정하는 과정이 더 주관적일수록 그 행위는 외교적이거나 경제적인 것이다.

(ⅵ) *추정상의 합법성*: 국가들은 물리적 힘의 합법적 사용에 독점권을 가지고 있다. 다른 비물리적인 행위들은 사이버공간을 통한 공격 같은 더 많은 여건에서 허용 된다. 국가의 행정범위를 넘어선 행위는 군사적 행위로 보기 어렵다.

(ⅶ) *책임*: 한 국가가 파괴적인 행위에 대해 분명한 책임을 진다면, 전형적인 군사작전으로 분류할 수 있다. 책임 대상이 불분명하면 비군사적인 성질을 띤다.

특히 규범적 합법성의 준거틀과 관련된 슈미트의 분석은 제이슨 바크햄(Jason Barkham)의 의해 비판을 받았는데, 바크햄은 슈미트의 분석은 합법성과 관련된 질문을 불러일으킨다고 주장하였다.[124] 다시 말해, 그것은 본질적으로 피해국에게 해당 공격이 합법적인지를 자문하도록 함으로써 어떤 조치가 국제법(다시 말해, 강요적 행동과 무력의 사용을 구분하는 것과 관련하여) 하에서 공격의 정당성을 결정하는지 묻도록 의도치 않게 요구한다는 것이다.

사후에 금지조항이 위반되었는지를 판단하는 데에는 슈미트의 기준 중 많은

---

124) Jason Barkham, 'Information Warfare and International Law on the Use of Force' (2001) 34 *New York University Journal of international Law* 57.

것들이 분명히 도움이 된다. 그러나 저자는 이 기준이 공격 분석에 사용 될 때 컴퓨터 네트워크 공격의 특성이나 국제사회의 변화를 고려하지 못한다고 생각한다. 예컨대, 현재 기술 수준으로 공격이 진행되면 공격행위의 책임을 결정하는 데 몇 주에서 몇 개월이 걸린다. 원거리 무기와 상호 교착(stand-off) 전술로 대표되는 군사 시대에는 국경 침범이라는 기준도 적합성을 잃는다. 핵무기 권고 사례에서 국제사법재판소는 헌장 규정을 무력사용과 무력분쟁에 적용되는 법에 적용하려면, 핵무기의 특별한 성질들을 고려하는 것이 필수적이라고 명시했다.[125] 컴퓨터 네트워크 공격에 대해서도 동일한 접근법이 도입되어야 할 것이다.

3.1 컴퓨터 네트워크 공격의 특성

현재의 국제법을 통해 볼 때 컴퓨터 네트워크 공격을 단순히 무력의 사용으로 정의하는 것에는 분명히 문제가 있다. 설명한 것처럼, 현재 무력사용의 금지는 (조약과 관습법 모두에서) UN 헌장 제2조(4)에 깊이 뿌리를 내리고 있고, 헌장이 작성될 당시 컴퓨터 공학의 수준은 위협이 될 정도로 발달하지 않았었다.[126]

컴퓨터 네트워크 공격을 무력사용으로 간주하는 것에 대한 문제는 그런 공격의 근본적인 특성에서 나온다. 컴퓨터 네트워크 공격이라는 용어에는 광범위한

---

125) *Nuclear Weapons Case*, para 36.

126) 실제로 1945년에 현대 컴퓨터 기술로의 발달은 단지 시작에 불과했다. 비록 영국연합군이 브레치리 파크에서 최고 수준의 독일 전략 명령을 담은 암호를 해독하는 데 콜로서스 머신이 중요한 역할을 했지만 말이다. 앨런 튜링과 컴퓨터 발명에 대한 설명은 www.turingor.uk/turing/scrapbook/electronic.html 참조. 2차 대전 당시 사용된 전자 암호 해독기의 역할에 대해서 더 자세한 내용은 www.codesandciphers.org.uk/virtualbp/ (최종접속일자 2011년 7월 5일).

종류의 공격이 포함됨에도 불구하고, 전형적인 공격과 컴퓨터 네트워크 공격을 구분하는 네 가지 성질을 추려낼 수 있다. 간접성, 무형성, 위치, 결과가 그것이다. 이러한 성질 중 일부는 오늘날 '전쟁의 정당성'(jus ad bellum)에 큰 문제를 제기하지 않고 현재의 틀 안에서 손쉽게 해결된다. 그러나 다른 특성들은 좀 더 어려운 문제들을 제기한다. 이 절은 각각의 특성과 무력의 정의 안에 포함되는 것을 반대하는 주장들을 분석한다. 앞으로 살펴보겠지만, 대부분의 주장은 현재의 국제법 체계에서도 다뤄질 수 있다.

3.1.1. 간접성

직접적인 컴퓨터 네트워크 공격은 분명히 가능하지만, 가령 댐의 통제시스템에 침투하여 물을 방류하는 것처럼, 많은 수의 가능한 공격 방법이 한 시스템을 조작하여 연쇄 효과로 다른 곳에 영향을 끼친다. 이런 간접적인 공격의 예로는 GPS 위성시스템을 조작하여 적군의 미사일이 빗나가게 하거나, 병원의 혈액형 정보를 조작해 적 병사들에게 다른 혈액형을 수혈하게 하는 것, 또는 비행통제 시스템을 무력화시키는 것이다. 이러한 예들은 목표한 결과를 달성하기 위하여 또 다른 물체 혹은 행위자가 추가적인 행동을 취할 것을 요구한다. 간접성 그 자체로는 국제법의 문제가 되지는 않았다. 위에서 보았듯이 국제사법재판소는 니카라과(mertis) 사례에서 간접적인 도움은 국제법에 반하는 무력사용으로 간주될 수 있다고 판결했다. 국제사법재판소의 이유는 다음과 같다.

금지된 개입을 정의하고 실제로 본질을 구성하는 강제의 요소는 무력을 사용하는 개입의 사례에서 특히 더 분명히 나타난다. 이러한 무력은 직접적인 군사행동과는 다른 일국에서의 전복세력이나 무장 테러활동들을 간접적인 형태로 지원하는 두 가지 형태로 나타난다. 위에서 설명했듯이(191항), 국제연합 총회 결의안 2625 (XXV)는 이런 식의 도움을 다른 국가에게 위협과 무력을 가하는 것과 동일시하였다.[127]

그러나 이 사례들에서 주목할 점은 추가적으로 취해야 할 행동에 전통적인 무력사용이 포함되었다는 것이다. 병원기록의 예처럼 뒤따른 행동이 '무력의 위협이나 사용'을 구성하지는 않으면, 현재의 법 해석에서는 그러한 행위는 무력사용으로 간주되지 않을 것이다. 더 나아가, 반군에게 주어진 모든 도움이 무력사용 금지에 반하는 것으로 간주되지도 않는다. 반군에게 단순히 자금을 공급해주는 것만으로 무력사용이 되지는 않는다.[128] 따라서 국가의 행위와 피해국에게 미치는 파괴적 영향의 인과관계가 매우 중요하게 작용할 것이다.

도움을 받은 세력이 공격하거나 피해를 입힐 의도가 없지만 공격 주체에 의해 마지못해 공격을 시행한 경우에 또 다른 문제가 생긴다. 이 경우는 컴퓨터가 봇넷에 탐지되어 목표 컴퓨터나 시스템에 서비스 거부 (DDos) 공격을 가하도록 사용되었을 때이다. 이는 2007년 에스토니아와 2008년 그루지아에 대한 공격에서 사용된 주된 전략이었다. 전적으로 귀속의 문제이지만, 국가 소유의 컴퓨터가 이런 식으로 사용되었을 때, 그 영향은 한 국가가 다른 국가의 시스템에 대한 공격을 후원하는 것으로 보일 것이다.[129] 이러한 사례로는 2007년 에스토니아에 대한 공격을 들 수 있다. 크렘린 궁 안에 있던 컴퓨터들이 공격에 사용되었지만, 공격에 이은 뒤따른 분석에서는 이 컴퓨터들 또한 이 공격에 책임이 있

---

127) *Nicaragua (Merits)*, para 205

128) *Ibid.*, para 228.

129) 공격 귀속의 문제는 밑의 제3장에서 다룬다.

다고 일반적으로 여겨지는 우국 해커그룹에 의해 약화될 수 있었다고 결론지었다.[130] 따라서 공격의 간접성은 진정한 공격의 주체를 가리기 힘들게 만들고, 결백한 집단에 대한 보복 위험을 증가시킬 것이다. 이것이 공격국에게는 높은 수준의 믿을 만한 부인권을 부여한다는 점에서 원하던 효과라고 보이지만, 이런 불투명성이 공격이 진행될 때 어떠한 올바른 법적 기준을 적용해야 할지 결정하는 것을 더욱 어렵게 만든다.

3.1.2. 무형성

컴퓨터 네트워크 공격의 두 번째 성질은 공격의 무형성이고, 이는 전쟁의 수단과 결과에 모두 적용된다. 문제를 일으킨 한 조각의 악성코드에만 책임을 돌리는 것도 가능하지만, 법적으로 말해서 무형성의 문제는 세 가지 수준에서 존재한다. 첫째로, 공격의 목표는 서버에 있는 정보 말고는 물리적 세상에 존재하지 않을 수 있다. 둘째로, '무기' 자체가 무형이며 큰 피해를 초래할 수 있는 2진법의 코드 조각일 뿐이다. 세 번째로, 이런 공격으로 생기는 피해조차 무형일 수 있다. 물리적 공간을 건드리지 않는 컴퓨터 공격도 물리적 피해를 가할 수 있다. 자주 사용되는 가정이 물리적 피해와 절망을 가져올 수 있는 뉴욕증권거래소에 대한 공격이다. 무형성에 대한 이 마지막 관점은 다음 3.1.4에서 다룰 것이다.

목표의 무형성

컴퓨터 네트워크 공격은 정보와 정보시스템을 목표로 한다. 그러나 컴퓨터 네트워크 공격은 하드웨어에 영향을 주기 위하여 정보시스템을 목표로 삼는 것

---

130) Heise Security, *Estonian DDos - a Final Analysis* http://h-online.com/-732971 (최종접속일자 2011년 4월 12일); Tikk, Kaska and Vihul, *Cyber Incidents*.

과 정보 자체만을 목표로 하는 것으로 나누어진다. 핵 원심분리기의 회전속도를 통제하는 소프트웨어를 조작하는 식으로 공격의 마지막 목표가 물리적 물체일 때, 컴퓨터 네트워크 공격의 영향은 현재의 경험과 더 잘 들어맞는다. 더 어려운 문제는 공격의 목표가 정보 그 자체일 때이다. 특히, 공격의 영향이 정보를 파괴하는 것이 아니고 목표 정보를 의존하지 못할 정도로 손상시키는 것일 때 말이다. 이런 공격의 효과는 당연히 공격당한 시스템에 따라 달라진다. 예컨대, 항공통제시스템의 정보시스템을 공격하는 것이 주식시장의 정보시스템을 공격하는 것보다 당연히 더 심각한 영향을 가져올 것이다. 전자는 분명히 무력사용으로 간주되겠지만, 후자는 경제적 손해로 간주될 가능성이 더 크다. 결과위주의 이론에서는, 항공통제시스템에 대한 공격이 심각한 피해와 인명 피해가 가능하다는 사실로 제2조(4)와는 다르게 무력사용의 범주 안에 놓인다. 그러나 브라운리가 발표한 테스트에서는 재산에 대한 피해에 대해서도 언급하고 있다. 두 가지 상황 모두에서 피해를 입은 재산은 데이터베이스처럼 눈에 보이지 않는 것이다. 인명 피해가 나지 않은 상황에서는, 일어난 피해는 오직 정보나 데이터베이스에 있는 데이터에 대한 것뿐이다. 이것이 브라운리의 무력사용 테스트를 만족시키기에 충분한 재산 피해인가? 주의할 점은 뉴질랜드와 영국 지적재산법에서는 데이터베이스에 저장된 데이터는 지적재산으로 간주되지 않는다는 것이다. 따라서 추가적인 피해의 증거가 없는 이러한 피해는 제2조(4)에 대한 위반이라고 하기에는 충분하지 않다.

무기의 무형성

두 번째 문제는 비트 단위의 악성코드가 '군사'력의 정의를 만족시킬 만큼 군사적이거나 무기와 같은 성질을 충분히 지니는가 하는 것이다. 위에서 보았듯이, 브라운리의 무력에 관한 이론은 무기를 필요로 하였고, 컴퓨터 네트워크 공격은 우리의 전형적인 무기에 대한 인식과는 다르다. 그러나 슈미트의 주장에 따르면 수단 위주의 구분은 공동체의 가치에 영향을 미치는 결과들을 위한 '관례적인 손쉬운 방법'일 뿐이다. 그의 주장은 다음과 같다.

> 무력적 강제는 물리적 힘이 사용되거나 방출되느냐에 따라서 정의되는 것이 아니고, 직접적인 영향, 특히 물리적 피해나 사람들의 부상같은 것이 초래되느냐의 문제이다. 이런 피해들을 초래하는 수단들은 무기이다. 생화학무기는 부상이나 인명 피해를 일으키는 방식이 물리적 힘과는 매우 다르지만, 생화학 작용제의 사용이 군사력의 정의에 해당되는지에 대해서는 거의 논란이 없다.[131]

다시 말해, 무기란 물리적 피해와 사람에게 부상을 직접적으로 초래하는 모든 것을 지칭한다. 제이콥슨(Jacobson)은 '무장한'이란 말이 단순히 전쟁 무기를 장착했다는 것을 의미하고, 무기란 특정한 임무를 완수하기 위해 고안된 도구들이라고 주장했다.[132] 브라운리의 접근법은 새로운 기술을 이 정의에 맞추기 위한 것이다. 완전히 결과 위주의 접근법이 다른 요소를 참고하지 않고 무력적 강제와 다른 형태의 강제를 적절하게 구분할 수 없다는 것을 고려하면 수단 위주의 분석을 주장하는 자들의 의견은 아직은 중요하다고 보여진다. 다시 말해, 컴퓨터 네트워크 공격이 무기의 어떤 기준을 만족시키지 못한다면 그 공격 방식은 현재 정치적·경제적 강제로 구분되는 수준으로 간주될 것이다. 무력충돌 시 이

---

131) Schmitt, 'Normative Framework', 913.

132) Mark Jacobson, 'War in the Information Age: International Law, Self Defence and the Problem of "Non-Armed" Attacks' (1998) 21(3) *Journal of Strategic Studies* 1.

런 공격이 일어나면 그것은 분쟁의 연장선으로 간주될 것이며 그에 맞는 판결이 내려질 것이다.[133] 그러나 이러한 상황에서는, 전통적인 군사적 조치가 취해지기 전에 국가 행위자의 무력행사와 관련된 이슈들이 제기된다는 것을 강조하고 싶다.

옥스퍼드 영어사전에서 무기의 정의는 '신체적 상해를 입히기 위해 고안되거나 사용되는 물건', 또 다른 정의는 '분쟁 시 우위를 점하기 위한 수단'이다. 첫 번째 정의는 전형적인 물리적 폭력과 부합하는 반면, 두 번째 정의는 정보전에서의 공격에 대한 답을 제시할 수 있다. 그러나 위에서 보았듯이, 분쟁 상황에서 우위를 점하기 위해 사용되는 많은 수단들이 무기로 간주되지는 않으므로 주의를 요한다. 제임스 본드는 국가의 영토를 침범하지만 무기나 무력사용으로 간주되지 않는 스파이 위성을 예로 든다.[134] 그는 스파이 위성이 단지 데이터를 처리할 뿐 인명피해나 물리적 재산피해를 일으키는 직접적인 능력이 없기 때문이라고 주장한다. 따라서 본드는 다른 정보처리만으로 사용되는 장비들에게도 이 논리를 연장하여 데이터 운용의 대부분의 경우는 무기사용과 동일시 될 수 없으며 무력사용을 성립시키지 못한다고 주장한다.[135]

그러나 무기의 무형성의 문제는 새로운 전쟁방식이 국제법에서 금지된 무력사용인지를 결정하는 것에는 별 도움이 되지 않는다. 살인에 관한 국내형법을 예로 들어보자. 살인 무기의 종류와 형태는 각양각색이고, 가령 렌치같은 허용 가능하고 유용한 도구가 한 순간에 살인무기로 변할 수 있다. 무기인지 아닌지를 결정하는 요소는 그 도구 자체의 성질이 아니고, 그것이 어떻게, 누구에게,

---

133) 컴퓨터 네트워크 공격과 관련된 무기법에 대한 논쟁은 제8장 참조.

134) Bond, *Peacetime Foreign Data Manipulation*, 83

135) *Ibid*.

왜 사용되었는가 하는 것이다.[136]

이 문제는 몇몇 논자들이 특정 악성코드를 무기로 구분하지 못하고, 그 대신 컴퓨터 혹은 네트워크를 무기로 간주하면서 더 복잡해졌다. 컴퓨터 네트워크 공격에 사용될 수 있는 무기들은 명령을 구성하는 1과 0의 배열(비트스트림)이다. 이것은 간단하거나 (기본 DDos 공격 코드처럼), 또는 (스틱스넷 웜 바이러스처럼) 복잡한 다중요소로 구성된 맬웨어일 수도 있다. 따라서 컴퓨터 네트워크 공격은 앞서 말했던 무기를 사람이나 재산에 피해를 입히는 데 사용되는 것으로 해석한 국내 형법 원칙의 완벽한 예시이다. 따라서 위의 예에서, 기계공의 손에 있는 렌치는 단순히 일하는 도구이거나 그의 의도에 따라서는 파괴의 수단이 될 수도 있다. 컴퓨터 네트워크 공격에 필요한 2진법 코드는 공격에 필요한 명령을 포함하고 있으므로 거의 완전한 공격자의 의도를 대표한다.

3.1.3. 위치

컴퓨터 네트워크 공격이 무력사용이라는 것에 반대하는 또 다른 주장은 목표물의 위치와 공격의 위치 문제를 다룬다. 공격의 위치에 대한 문제는 이전에도 일부 논자들이 공격시 국경을 침범하는 행위가 없다고 주장하면서 제기되었다.[137] 그러나 이러한 주장의 전제는 잘못되었다. 국경을 침범하는 행위가 무력사용의 증거가 될 수 있지만, 국제법은 무력사용이 성립하기 위해 국경을 침범하는 행위를 필요로 하지 않는다. 예컨대, 외국 방문 중인 외무 장관이나 국가원

---

136) *ibid.*, 86 참조.

137) Sean P. Kanuck, 'Information Warefare: New Challenges for Public International Law' (1996) 37 *Harv. Int'l L. J.* 272, 286.

수에 대한 적대적인 행위는 항상 방문국의 무력사용으로 간주되어 왔다.[138] 더 나아가, 콜푸해협 사례에서 영국의 조치는 콜푸해협이 '통행을 금지할 수 없는 국제적 통로'였음에도 무력정책으로 간주되었다.[139]

공격의 위치에 관한 중점은 실제 공격이 어디서 생겨났는지 확실하게 파악하기 매우 어렵다는 데에 있다. 현재 기술로 공격자들이 정체를 숨기고 전 세계에 있는 수많은 서버들로 우회하여 공격할 수 있다. 예컨대 1998년 많은 수의 미국 국방부 네트워크가 공격당한 '솔라 선라이즈' 사태에서는 공격이 미국과 아랍에미리트연합, 이스라엘, 프랑스, 독일 및 대만의 서버들에서 온 것으로 나타났다. 이 공격은 초국가적 형법의 문제이지만, 비슷한 방식의 공격이 국가 지원의 형태였을 가능성도 배재할 수 없다. '타이탄 레인'의 공격에서 도난당한 데이터는 한국, 홍콩, 대만의 서버를 거쳐서 중국의 광동지방의 서버로 보내졌다.[140] 대부분의 논자들이 중국 정부가 이 공격의 배후에 있다고 믿지만, 중국은 모든 개입을 부정하고 있고 중국의 개입을 증명할 수도 없다. 법 집행의 관점에서 볼 때 이 공격이 어디서 파생되었는지 결론짓는 것은 거의 불가능하고, 공격이 시작된 배경이 국제분쟁인지 테러리스트 공격인지, 국내범죄 또는 사건인지 알아내는 것 또한 그렇다.[141] DDoS 공격은 봇넷에 의해 감염된 다수의 컴퓨터로부터 발

---

138) 예컨대, 미국의 전 대통령인 조지 H. W. 부시에 대한 암살 시도에 대한 보복으로 미국은 1993년에 미사일 공격을 감행했다.

139) 콜푸 해협의 북쪽 부분이 각각 그리스와 알바니아의 영해이지만, 바다의 국제적인 특성과 국제법에서의 통행권이 핵심이다. *Corfu Channel Case*, 29.

140) Nathan Thornburgh, *et al.*, 'The Invasion of the Chinese Cyberspies (and the Man Who Tried to Stop Them)' (2005) 166(10) *Time* 34 참조.

141) Emily Haslam, 'Information Warefare: Technological Changes and International Law' (200) 5(2) *JC&SL* 157, 162.

생기기 때문에 더욱 추적하기 힘들다. 이는 2007년 에스토니아와 2008년 그루지아의 사례에서 잘 알 수 있다.

다른 학자들은 어떤 공격이던 정보 영역, 가령, 사이버공간 안에 있다는 것에 중점을 두었고, 현재의 무력분쟁법으로는 이 범주가 통제되지 않는다고 주장하고 있다.[142] 이 주장에 대해서는 선제 공격의 방법에 따라 두 가지로 답할 수 있다. 첫 번째는 목표물의 위치가 실용적인 것인가를 다룬다. 제1장에서 다루었듯이, 데이터는 사이버공간이라는 허공 속에 있는 것이 아니다. 데이터는 현실로 존재하는 서버 안에 남아있다. 군사적으로 중요한 목표는 국가 소유의 시스템 안에 자리 잡을 확률이 높지만, 주요 기능이 다른 곳, 심지어는 다른 국가에 위치할 가능성 또한 있다.[143] 따라서 지리적 경계선은 별로 중요하지 않지만, 목표물은 아직 지리적인 공간에 존재한다. 물리적 공간이 국제 사이버범죄와 전자상거래 관련 국제분쟁에서 기준이 되어왔으므로, 똑같은 접근방식이 무력사용에 관한 국제법과 인도법에서도 사용되지 못 할 이유는 없다.[144] 두 번째 답변은 다음 절에서 다루는 물리적 공간에 영향을 주지 않는 컴퓨터 네트워크 공격의 결과와 밀접한 관련이 있다.

3.1.4. 결과

컴퓨터 네트워크 공격은 간단한 서비스 공격부터 직접적인 데이터 혹은 시스

---

142) Kanuck, 'Information Warfare: New Challenges for Public International Law', 287 참조.

143) 예컨대, 동티모르의 임시 독립선언 이후에 동티모르의 웹사이트는 아일랜드 공화국의 서버에 호스트되었다.

144) 전자 상업과 컴퓨터 범죄에 관한 유엔 시범 법률 참조.

템 조작까지 많은 방법을 포함하며, 그에 따른 결과는 단순한 불편함부터 엄청난 인명과 재산피해까지 이를 수 있다.[145] 실제로, 가능한 결과의 유연성과 넓은 범위는 컴퓨터 네트워크 공격이 무장세력에게 매력적인 공격수단이 되는 이유이다. 그러나 컴퓨터 네트워크 공격 결과의 불확실성이 법적인 무력 기준과 전쟁법을 적용하는 데에 불확실성을 가져오는 이유이기도 하다.

첫 번째로, 컴퓨터 네트워크 공격이 인명피해나 물리적 재산피해를 초래할 수 있지만, 꼭 그렇지 않을 수도 있다. 공격의 목적이 단지 특정 서비스나 기능을 중단시키는 것일 수도 있다. 예컨대, 특정 통신시스템을 무력화시켜 적군이 더 불안정한 작전을 택하도록 하는 것이다.[146] 이 외에도 컴퓨터 네트워크 공격의 주목적이 목표인 정보자체를 무력화, 조작, 또는 이용하는 것일 수도 있다. 예컨대, 2007년 이스라엘의 시리아 대공방어 레이더시스템에 대한 공격은 이스라엘 전투기가 핵시설로 추정되는 곳에 공습을 가할 때 탐지되지 않게 했다.[147]

이런 공격들의 특징을 보면, 그에 따른 결과가 법에서 전형적인 무력사용과 비슷한 방식으로 다루어져야 하는가, 아니면 다른 강제의 범주에 들어가야 하는가? 이와 관련하여 미 합참의장은 다음과 같이 말했다.[148]

---

145) '페어웰 도시어' 사태는 '우주에서 본 가장 기념적인 비핵적 폭발'로 이어졌다, Reed, *At the Abyss*, 269.

146) Schmitt, 'Normative Framework', 888.

147) 이 공격에 대한 자세한 내용은 부록 1 참조. Fulghum and Barrie, 'Israel Used Electronic Attack in Air Strike against Syrian Mystery Targe'; Fulghum, Wall and Butler, 'Israel Shows Electronic Prowess'.

148) US Joint Chiefs of Staff, *Information Warfare: A Strategy for Peace ... The Decisive Edge in War* (1996) 5, http://handle.dtic.mil/100.2/ADA318379 (최종접속일자 2011년 7월 5일), cited in Schmitt, 'Normative Framework', 892.

정보전은 분쟁을 줄이는 데 중요한 역할을 할 수 있다. 대치 기간을 줄이고 정보적·외교적·군사적 작전의 효과를 높이고, 전투 상황에 군을 배치할 필요성을 없애거나 선점할 수 있다.

하지만 무력금지와 관련하여 브라운리와 딘스타인의 무력 관련 모델은 무력사용의 결과가 인명피해나 재산피해를 포함할 것을 요구한다. 그러나 어떤 연구도 이런 재산피해가 지적 재산이나 여타 무형 자산을 공격해야 하는지에 대해서는 진행되지 않았다. 당연히, 지금까지 전쟁에서 적군의 정보를 훔치거나 조작하고, 배신행위가 아닌 이상 잘못된 정보를 제공하고 무기를 무력화시키는 것은 합법적이었다. 그러나 이것은 적국과 이미 무력분쟁이 진행 중이라고 전제한다. 만약 전통적인 공격의 개시 이전에 그런 행동이 발생하는 경우에, 과연 전시 중에 이러한 행동들이 허용되는가에 대한 판단은 똑같은 행동들이 평시 중에 '무력 개시'라는 기준을 넘는가의 질문에 대한 판단보다는 훨씬 불리하게 작용할 것이다.

본 저자는 현재 이런 행위가 헌장 제2조(4)에 의해 금지되는 무력사용을 구성한다고 간주하지 않는다. 그러나 말할 필요도 없이, 이러한 행위들은 한 국가 안에서 불법적인 간섭이며, 국가배상 책임을 촉구하는 국제적으로 잘못된 행위이다.

두 번째로, 전자적 요소의 연결성의 결과 중 하나는 군사적 시스템이 대체로 민간 네트워크를 사용하거나 교차 연결되어 있어서 광범위한 네트워크 조사를 하지 않고서는 특정 공격의 정확한 영향을 파악하기 매우 어렵다는 것이다. 예컨대, 미국 국가정보기관장의 최근 연설 중에서 미국 정부의 통신 트래픽 중

98%가 민간 네트워크로 흘러갔다고 추정했다.[149] 목표물을 설정에 있어서의 딜레마와 함께, 특정 종류의 공격의 영향을 파악하기 위해서는 네트워크 전체를 정확하게 파악하여야 한다. 전자적으로 명령통제센터와 조기경보시스템을 무력화하기 위해 고안된 공격이 연결된 네트워크를 통해 의도치 않게 병원의 주요장비를 무력화시킬 수도 있다. 이런 불확실한 성질의 결과는 새로운 형태의 전쟁의 합법성을 평가하는 데에 큰 문제 중 하나라고 할 수 있다.

4. 결언

본 저자는 컴퓨터 네트워크 공격이 직접적이든 간접적이든 인명피해나 재산피해 등 물리적 피해로 이어진다면 제2조(4)에 따라 무력사용이 성립한다고 간주한다. 이것은 사용된 무기의 무형성에도 불구하고 관련 법률 문서에서 유추가능하다. 위의 논의에서 보았듯이, 무기 기준은 현시점에서 타당성을 잃고 있다. 그러나 컴퓨터 네트워크의 영향이 물리적 공간에서 존재하지 않을 때 (다시 말해, 정보에만 영향을 줄 때) 또는 물리적 영향이 미미하거나 인과관계가 거의 존재하지 않을 때 (가령, 피해가 공격의 예상 가능한 범위에 포함되지 않았을 때) 그 공격은 제2조(4)의 전형적인 기준에 부합하지 않고 무력사용을 구성하지 않는다. 컴퓨터 네트워크 공격이 무력사용의 수준까지 올라가지 않는다고 해서 그것이 허용 가능

---

149) Michael McConnell, Keynote Address at the Texas Law Review Symposium: Law at the Intersection of National Security, Privacy and Technology, 4 February 2010 cited in Eric Jensen, 'Cyber Warfare and Precautions against the Effects of Attacks' (2010) 88 *Tex. L. Rev.* 1533, fn. 2.

하다는 것을 암시하는 것은 아니다. 이런 질문의 수준까지 도달할 컴퓨터 네트워크 공격은 국제관계에서 위법적인 방해 공작으로 간주될 확률이 높고 평화에 대한 위협으로 이어질 가능성을 제공한다.

제3장

무력공격과
디지털 시대의 대응

제2장에서는 컴퓨터 네트워크 공격을 금지된 행위로 보았고, 이번 장에서는 금지의 예외사항들과 금지된 행위에 대해 허용될 수 있는 대응조치들에 대해 살펴본다. 유엔 헌장 체계는 무력사용 금지에 대한 오직 두 가지 예외만 받아들이고 있다. 헌장 제7장에 기초하여 안전보장이사회에 의해 승인된 집단조치의 경우 또는 제51조에 본질적으로 보장된 집단적 혹은 개인적 자위권 행사의 경우가 그것이다.

자위권 행사의 적절한 범위는 국제법에서 논쟁적인 문제들 중의 하나이며, 따라서 그것을 컴퓨터 네트워크 공격과 관련된 주제에 적용하는 것은 특별히 더 복잡하다고 할 수 있다. 첫째, 컴퓨터 네트워크 공격이 '무력공격'의 수준으로까지 격상되는 지점, 즉 한 국가의 자위권 행사를 촉발시키는 시발점(threshold)을 식별하는 문제이다. 제2장에서 보았듯이, 전통 국제법은 공격의 중대성의 척도로서 개인적 상해, 사망 그리고 물리적인 재산상의 손해에 초점을 맞추었다. 이러한 접근은 그 주제에 관해 기술하고 있는 대부분의 논자들에 의해 현재까지 선호되고 있다.[1] 하지만, 파국적인 재앙을 초래하는 대다수 컴퓨터 네트워크 공격들은 이러한 참혹한 결과들 중 그 어떤 것도 발생시키지는 않는다. 나아가, 컴퓨터 네트워크 작전을 활용한 많은 공격들은 일회성에 그치는 것이 아니라, 다소 연속적으로 발생하며, 개별적으로 보면 무력공격으로서의 요건을 충족하기에 충분하지 않을 수도 있다. 이것은 네트워크상의 '성가신' 공격들에 대해 단일한 무력사용으로 응대할 수 있는 권리에 대한 문제를 발생시키며, 이러한 개념은 국제법의 역사에서 다양하게 논의되어 왔다. 컴퓨터 네트워크 공격이 재래식 공격과 연관되거나 혹은 그 전조로서 사용될 수도 있다는 가능성은 선제적 자위권 행사라는 논쟁적인 독트린의 비호 하에 그러한 공격에 대응할 수 있는 권리를 발생시킬 수도 있다. 예컨대, 2007년 이스라엘 군이 시리아의 핵시설로 추정되는 지역을 급습했을 당시 방공 네트워크상의 침입은 임박한 공격의 요건을 갖추기에 충분했다고 할 수 있을까?

컴퓨터 네트워크 공격에 관한 두 번째 중대한 어려움은 전통적인 무력행사 방식의 공격과는 반대로, 공격행위에 대해 그것의 최초 범법자에게 책임을 지우기가 어렵다는 것이다. 공격 과정을 추적하기 위해 소요되는 시간은 컴퓨터 네트워크 공격을 격퇴하기 위한 무력의 활용 필요성에 대한 질문에 대답하는 것을 어렵게 만든다. 또한 컴퓨터 네트워크 공격에 대응하여 무력공격을 사용하는 것이 과연 적절한가를 결정하는 데 있어서 비례성의 원칙에 대한 문제도 제기된다. 이번 장은 현 국제법 하에서 이와 관련된 질문들과 무력공격의 정의를 검토

---

1) 결과에 기반을 둔 접근법(consequence-based approach)을 채택하고 있는 저자들의 예에 대해서는 Horace B. Robertson, 'Self-Defense against Computer Network Attack under International Law' in M. N. Schmitt and B. T. O'Donnell (eds.), *Computer Network Attack and International Law* (Naval War College, Newport. RI. 2002) 122-45. 136 참조.

하고, 어떠한 상황 하에서 컴퓨터 네트워크 공격에 대항하는 자위권 행사로서 무력이 사용될 수 있는지 고려하고자 한다.

마지막 부분에서는 유엔 헌장 제7장 안정보장이사회 결의에 따른 무력사용 허용과 합법적인 자위권 행사요건을 충족시키지 못하는 컴퓨터 네트워크 공격에 대해 개별 국가들이 어떠한 조치를 취할 수 있는가에 대해 다루게 될 것이다.

1. 무력공격

자위권의 행사는 국가의 주권에 내재된 관습법상의 권리이며, 다음과 같이 유엔 헌장 제51조에 대부분의 내용이 성문화되어 있다.

> 이 헌장의 어떠한 규정도 국제연합회원국에 대하여 무력공격이 발생한 경우, 안전보장이사회가 국제 평화와 안전을 유지하기 위하여 필요한 조치를 취할 때까지 개별적 또는 집단적 자위의 고유한 권리를 침해하지 아니한다. 자위권을 행사함에 있어 회원국이 취한 조치는 즉시 안전보장이사회에 보고된다. 또한 이 조치는 안전보장이사회가 국제 평화와 안전의 유지 또는 회복을 위하여 필요하다고 인정하는 조치를 언제든지 취한다는, 이 헌장에 의한 안전보장이사회의 권한과 책임에 어떠한 영향도 미치지 아니한다.

자위권의 관습적인 지위는 니카라과(Nicaragua) 사례(Merits)에서 확인된 바 있다.[2] 헌장 제51조는 무력공격에 대한 자위를 허용하고 있으며, 국제사법재판

---

2) *Nicaragua (Merits)*, para 176.

소는 니카라과 판결과 오일 플랫폼(Oil Platforms) 판결에서 국제법상 자위권이 발동될 수 있는 충분한 조건은 오직 무력공격을 당하는 경우(무력공격이 예측되는 상황은 제외)임을 천명하였다.[3] 오일 플랫폼 사례는 또한 자위권의 발동으로서 무력을 사용하는 국가가 스스로 무력공격을 당했다는 것을 증명할 책임이 있다고 확증하였다.[4] 하지만 '무력'(force)이라는 용어의 경우와 같이, 헌장은 '무력공격'(armed attack)의 정의에 대해 이야기하지 않는다. 더 나아가, 헌장의 이전 문헌들도 어떠한 해석상의 도움을 제공해 주지 않는다. 켈로그브리앙 조약(Kellogg-Briand Pact)이나 국제연맹 규약 역시 정의를 내리고 있지 않다. 두 문헌 모두 자위를 침략에 대한 대응으로 규정하였으므로 '무력공격'을 규정하기 위한 노력들에 모든 초점이 맞추어져 있었다.[5] 유엔 헌장의 입안 과정에서 (미국의 1945년 5월 11일자 초안이 두 가지 용어를 다 포함했다는 사실을 미루어 볼 때) '공격'(attack)과 '무력공격'(armed attack)의 차이에 대한 토론이 전개되었다는 증거가 있으며, 명확한 결론에는 도달하지 못했지만, '무력공격'만을 사용하는 것으로 대체되었다.[6] 이안 브라운리(Ian Brownlie) 교수는 '무력공격'이라는 용어가 '충분히 명확하고' '자명하다'고 여겨졌기 때문에 샌프란시스코 회의 기록은 그것의 정의를 포함하지 않을 수 있었다고 지적했다.[7] 거의 비슷한 시기의 북대서양 조약의 초안 작성의 경

---

3) *Islamic Republic of Iran v. United States of America*(2003). International Court of Justice. para 51. 참조.

4) *Oil Platforms Case*, para 57.

5) Stanimir A. Alexandrov. *Self-Defense against the Use of Force In International Law* (Kluwer Law International. The Hague: London. 1996), 95.

6) Foreign Relations of the United States 1945 (Washington, 1967) Vol. 1, 674, 위의 책 98에서 인용함.

7) Brownlie. *Use of Force by States*, 278.

우에서도 마찬가지였으며, 그 사실은 제5항의 '무력공격'의 정의는 '일반적으로 자명하며' 그리고 '무력공격이 발생했는지 아닌지 또는 누구에 의해 개시되었는지에 대해서는 거의 의심의 여지가 없다'고 주목했었던 미 상원 외교위원회의 논평에 의해 뒷받침된다.[8] 니카라과 사례에서 국제사법재판소의 판결은 무력공격이 제2조(4)에서의 '무력사용'에 포함된다는 것을 명백히 하였다. 그러므로 이전 장에서 무력공격의 정의 영역 밖에 해당되는 것으로 논의되었던 행위들은 결과적으로 무력공격의 개시 요건들을 충족시키지 못할 것이다. 그렇지만 모든 무력사용이 무력공격인 것은 아니며, 이것은 무력사용을 구성하는 행위들과 무력공격 간의 차이를 가져오게 된다.

니카라과 판결(Merits)은 '무력공격'의 정확한 정의에 대해 어떠한 명확한 설명도 제공해 주지 않으며, 단지 '무력공격을 구성하는 것으로 간주되는 행위들의 본질에 대한 일반적인 합의만 존재하는 것으로 보인다'는 것을 언급하고 있다.[9] 하지만, 재판소는 그 합의가 무엇인지에 대해서는 구체화하고 있지 않으며, 아래와 같은 예를 언급할 뿐이다.[10]

특히, 무력공격은 국가 간 경계에 걸쳐 있는 일반적인 군대에 의한 단순한 행위만을 포함하는 것이 아니라, 다른 국가에 대해 보통의 병력에 의해서 또는 그것의 실질적인 개입에 의해 수행되는 실제적인 무력공격에 해당할 정도의 중대한 행위를 가하는 무장세력, 집단, 비정규군, 용병으로 구성된 정부를 대신하

---

8) 북대서양 조약에 관한 미 상원 외교 위원회의 보고서, 1949년 6월 6일, Alexandrov. *Self-Defense*, 96에서 인용.

9) *Nicaragua (Merits)*, para 195 .

10) *Ibid.*

는 공격이나 그 정부에 의한 공격도 포함한다. 재판소는 관습법상에서, 무장집단으로 구성된 정부가 다른 국가의 영토를 공격할 때, 만약 그러한 군사적 행동이, 그것의 규모와 효과로 인해, 보통의 병력에 의해 수행되었다면 단순한 국경상의 분쟁이라기보다는 무력공격으로 분류될 수 있었다고 한다면, 그러한 무력공격의 금지가 적용되는 것을 부정할 그 어떤 이유도 찾을 수 없다.

재판소는 덧붙여 무기 또는 군수 혹은 다른 지원의 형태로 반군을 돕는 것과 같은 행위는 무력공격을 구성하지 않는다고 하였으며, 그럼에도 불구하고 그것은 무력의 위협 혹은 사용을 구성하거나 다른 국가의 내부적 혹은 외부적 정사에 간섭하는 행위로 간주될 수도 있다고 하였다.[11] 빈번한 비판과 토론 주제임에는 틀림없지만, 재판소의 결정은 현재의 국제법상 '무력공격'의 정의는 공격의 '규모와 효과'에 의존하고 있으며, 그러한 무력행위가 '단순한 국경상의 분쟁'을 뛰어넘어 충분히 심각한 정도에까지 이르러야 함을 명확히 하고 있다.[12] 무력공격은 '상대적으로 큰 규모여야 하며 실질적인 효과를 가져야'만 한다는 견해는 몇몇 주요 학자들에 의해 반복되고 있으며,[13] 이것은 유엔 총회서 채택한 '침략에 관한 정의' 제2항에 규정된 소규모 공격과 관련된 법칙인 *de minimis* rule(법은 사소한 일에는 관여하지 않는다, 역자 주)과도 일치한다. 그리고 위에서 살펴

---

11) *Ibid.*, paras 195, 231. 이 입장은 Schwebel과 Jennings 법관의 반대의견에서 강하게 비판받았으며, Schwebel은 *Definition of Aggression*에 따르면, 실질적인 간섭이라는 용어는 무력공격이 재정 및 군수 지원을 포함할 수 있음을 의미한다고 주장하였다.

12) *Ibid.*, para 195.

13) 예컨대, Randelzhofer, 'Article 51', 796 참조(딸린 인용들도 함께). 또한 Dinstein, 'CNA and Self-Defense', 100도 참조할 것. 무력의 사용은, 그것이 아무리 작은 규모라도, 무력공격이 진행되기 전에 충분히 심각한 정도여야 함을 주목할 것.

본 니카라과 사례의 법원에 의해서도 승인된다.[14]

'가장 중대한 형태의 무력사용(무력공격을 구성하는 것)'과 '덜 중대한 형태들' 사이의 법원의 구분,[15] 그리고 그 결과로서 발생하는 무력과 무력공격 간의 차이는 한 국가가 다른 국가에 대해 무력공격에 버금가지는 않더라도 불법적으로 무력을 사용하는 특정한 상황을 가져올 수 있으며, 피해 국가가 자위권 행사로 대응할 수 없도록 만들기도 한다. '피해국들이 무력공격에 의존하지 않는 한, 무력사용의 금지를 위반하는 국가들에 대한 효과적인 방어책이 거의 없다는 점'을 고려해 볼 때, 논리적이고 실질적으로 그 간격은 줄어들어야 한다.[16] 마이클 슈미트(Michael Schmitt)는 그것이 국가가 폭력에 의존하는 것과 관련하여 논박될 수 있는 가정을 설정하고 있기 때문에, 유엔 헌장의 최우선 목표인 '평화와 안전 유지'라는 관점에서 보면 이러한 구분이 이해가 될 것이라고 논평하였다.[17] 그래서 그는 '무력사용 금지를 확장적으로(expansively) 해석하기는 하지만, 공동체 결정 구조 밖에 놓여있는 예외적인 상황들(가령, 자위권과 같은)은 제한적으로(narrowly) 특징짓는 것이 논리적이라고 강조한다.'[18]

하지만, 오일 플랫폼 판례에서 개별의견을 낸 심마(Simma) 법관을 비롯한 논

---

14) 유엔안정보장이사회는 3항에 주어진 예들에 해당하는 행위들이, 그것의 심각성의 결핍으로 인해, '침략행위'를 구성하지 않는 것으로 결정할 수도 있다. *Definition of Aggression, Article* 2, Randelzhofer, 'Article 51', 796에서 인용.

15) *Nicaragua (Merits)*, para 191.

16) Dinstein, 'CNA and Self-Defense', 100; Randelzhofer, 'Article 51'. 661, 664.

17) Michael N. Schmitt. 'Bellum Americanum Revisited: US Security Strategy and the Jus Ad Bellum. Transcript of Six teeth Waldemar A. SolfLecture in International Law to the Judge Advocate General School. US Army, Charlottesville. Virginia. 28 February 2003' (2003) 176 *Mil. L. Rev.* 364.419.

18) *Ibid*.

자들은 한 국가로 하여금 무력을 사용하여 스스로를 방어하거나 동맹국들이 비합법적인 무력공격의 대상이 되고 있는 국가에게 도움을 주는 것을 금지하는 것은 논리적으로 어긋난다고 주장한다.[19] 사건과 관련된 정당하지 않은 확장 (escalation)에 대한 두려움은 비례성과 관련된 현존하는 규범들 내에서 다루어질 수 있을 것이다. [20] 그러한 논의에도 불구하고, 니카라과와 오일 플랫폼 판례 이후로, 현행 국제법상에서는 무력(armed force) 및 무력공격(armed attack)과 관련된 법체계상에 차이가 존재한다는 것이 확립되어 있다.

이러한 불확실성은 컴퓨터 네트워크 공격에 대한 구분을 특별히 더 어렵게 만든다. 상술했듯이, 컴퓨터 네트워크 공격은 이것이 가져다주는 '결과적인 파급효과'에 달려있으며,[21] 따라서 이러한 파괴적 효과의 스펙트럼은 단순히 컴퓨터 네트워크 공격의 유형에 따른 구분을 불가능하게 만든다는 것이다. 즉, 각각의 공격은 개별 단위로서 측정 되어야 한다는 것이다. 하지만 컴퓨터 네트워크 공격이 재래식 공격과 동등한 수준의 파괴와 사망자를 발생시키는 곳에서는, 한 국가는 자위권의 행사로서 대응할 권리를 갖는다. 이것은 미 국방부 법무자문국 (Office of General Counsel of the US Department of Defense)에서 제출한 보고서의 결론이며, 그 내용은 다음과 같다.[22]

---

19) 예컨대, John Hargrove, 'The Nicaragua Judgment and the Future of the Law of Force and Self-Defense' (1987) 81 *AJIL* 135, 141; Oil Platforms Case. Separate Opinion of Judge Simma. para 12 참조.

20) 또한 Rosalyn Higgins, *Problems and Process: International Law and How We Use It* (Clarendon Press. Oxford, 1993), 242 참조.

21) Schmitt, 'Normative Framework', 912.

22) Office of General Counsel, *An Assessment on International Legal Issues in Information Operations, United States Department of Defense* (1999) www.au.af. mil/aujawc/ awcgate/dod-io-legal/dod-io-legal.pdf (최종접속일자 2011년 7월 5일).

만약 조직화된 컴퓨터 네트워크 공격이 한 국가의 은행 및 금융시스템, 공공시설 및 항공통제시스템을 폐쇄하거나, 광범위한 민간인의 죽음과 재산상의 손해를 가져올 대홍수를 일으킬 수 있는 몇몇 댐의 수문을 연다면, 피해를 당하게 되는 국가가 그것을 무력공격 혹은 무력공격에 상응하는 행위라고 결론내린다고 해도 어떠한 국가도 이에 대해 반박하지 못할 것이라는 것은 자명하다.

의심의 여지가 없는 사실이기는 하지만, 보고서는 그것의 구성요소로서 공격행위를 구별 및 분석하고 있지는 않으며, 살상과 파괴를 직접적으로 가져오는 요소들과 덜 심각한 형태의 공격들을 혼합하고 있다. 슈미트는 공격의 대상 혹은 공격자의 의도에 초점을 맞추기보다는 그 공격의 결과에 초점을 맞추고 있다. 다만 예외적인 경우는 공격자의 의도가 가시적인 목표대상에 물리적인 손상을 입히거나 인간에게 위해를 가하고자 하는 경우인데, 이 경우 슈미트는 이러한 공격자의 의도는 무력사용을 불러올 수 있다고 간주한다.[23] 그는 자위권은 사실상의(de facto) 무력공격 또는 그것과 관련된 긴박한 군사행동의 경우로 제한되어야 한다고 주장한다. 다시 말해, 국제안보를 위협할 수 있는 컴퓨터 네트워크 공격 기술에 의존하는 측과 국제적 불안정을 초래할 수 있는 개별 국가의 반응, 양쪽 모두에 제한을 가해야 한다고 최종적으로 결론내리는 것이다.[24]

반면, 이 주제에 대한 초기 저자 중의 한 명인 워터 샤프(Walter Sharp)는 피해국의 국가안보에 중대한 정보를 포함하고 있는 시스템에의 침입은 무력으로 대응할 권리를 촉발시킬 수 있는 무력공격으로 간주되어야 한다고 주장한다.[25] 이

---

23) Schmitt, 'Normative Framework', 928.

24) *Ibid.*, 886. 이것은 제 2장에서 논의된 그의 일반적인 문맥 중심의 분석과도 일치한다.

25) Sharp, *Cyberspace and the Use of Force*. 129.

러한 생각은 현대사회의 특징과 정보시스템에 대한 현대사회의 의존이 비군사적인 수단이 종종 군사적인 수단보다 더 큰 해악을 끼칠 수 있는 정도의 것이라는 개념을 전제로 한다.[26] 하지만 샤프의 '엄중한 책임'(strict liability) 접근은 국가 행위 차원에서는 아직 폭넓게 지지받지 못하고 있으며, 국가들은 현재까지 그러한 침입을 국제법상에서 금지되지 않는 단순한 첩보활동으로 인식해 왔다.

본 저자는 컴퓨터 네트워크 공격에 의해 수행되는 무력공격의 발단이 현재 자위권을 규율하는 국제법에 조응하여 규정되어야 한다고 간주한다. 그러므로 피해국가는 국경분쟁과 유사한 정도를 뛰어넘는 충분한 규모와 효과의 컴퓨터 네트워크 공격이 재산과 인명 상에 피해를 입힐 때, 자위권의 행사로서 대응하는 것은 허용된다. 2007년 에스토니아에서 발생한 서비스 거부(Denial Of Service, DOS) 공격은 비록 혼란을 가져다주기는 했지만, 상기한 수준에까지는 이르지 못했다. 다음해 조지아에서 발생한 공격 역시 마찬가지였다. 그러나 이 경우는, 후속으로 뒤따른 러시아의 재래식 공격에 의해 사건의 분석이 복잡해지는 측면이 있다.[27] 두 국가 어느 쪽에서도 컴퓨터 네트워크 작전에 의해 인명 피해와 신체 부상 또는 재산상의 손실을 입지 않았다. 이와 대조적으로, 2010년의 스턱스넷(Stuxnet) 바이러스는 재산상의 상당한 손실을 입힌 것으로 알려져 왔다. 지금 이 책을 저술하는 시점에도, 이 바이러스가 이란의 나탄즈(Natanz) 핵연료 농축시설에 있는 9000개의 IR-1 원심분리기 중 1000개를 교체하는 데 책임이 있을 수도 있다고 보고서들은 지적한다. 핵 시설에 끼친 스턱스넷의 효과와 그 결과로 야기된 이란의 핵프로그램에 대한 영향에 관한 보고서의 내용은 서로

---

26) *Ibid.*, 101-2.

27) 사이버 공격이 임박한 무력공격의 징후로서 기능하는 것에 대한 질문은 선행적 자위에 관한 다음 장에서 다루어진다.

크게 다르지만, 스턱스넷의 효과를 상술하고 있는 과학국제안보연구소(Institute for Science and International Security)의 보고서는 바이러스 자체의 영향은 중차대했으나, 이란의 핵프로그램에 미친 영향은 그다지 크지 않았다고 결론내렸다.[28]

> 비록 바이러스가 2010년 이란 나탄즈 공장의 원심분리 프로그램을 지체시켰고 그것의 확장을 늦추는 데 기여하기는 했지만, 저농축우라늄의 꾸준한 축적을 멈추게 하거나 연기시키지는 못하였다.

위의 논의들을 종합해보자면, 스턱스넷 바이러스는 의심할 여지없이 무력의 사용에 해당한다고 할 수 있지만, 그 공격의 규모와 효과를 미루어 보았을 때 무력공격에 해당된다고 할 만한 충분한 심각성을 가진 것으로는 보이지 않는다고 할 수 있을 것이다.

1.1. 예방적 자위권

컴퓨터 네트워크 공격은 전통적 무력공격과 함께 혹은 그것의 전조로서 사용될 가능성이 높다. '전투공간을 준비하기' 위해 설계된 그러한 공격들은 무수한 형태로 발생할 수 있으며, 그 예로는 컴퓨터 네트워크 공격을 통한 위성과 레이더 포스트 같은 정보수집 센서들의 무력화, 군사 커뮤니케이션 네트워크를 파괴함으로써 부대를 고립시키고 긴급출동을 불가능하게 하는 것이 있으며, 민간

---

28) David Albright, Paul Brannan and Christina Walrond, *Stuxnet Malware and Natanz: Update of ISIS December 22, 2010 Report.* Institute for Science and International Security (2011) 3.

차원에서의 긴급대응 네트워크의 무력화는 뒤이을 전통적인 무력행사에 앞서 수행되기도 한다. 확실히 국가들은 전자적 공격과 전통적 공격의 조합이 미래에 어떻게 활용될 수 있을지 고민하고 있다. 예컨대, 미국은 2003년 이라크 침공 이전에 적극적으로 컴퓨터 네트워크를 통한 해결책을 모색했으며, 중국은 컴퓨터 네트워크 공격을 포괄적으로 포함한다고 생각되는 '암살자의 지팡이' 전략을 통해 재래식 충돌에서의 대미(對美) 비대칭을 해소하고자 공공연히 시도하고 있다.[29] 로버르슨(Robertson)이 지적하듯이, 현대 전쟁에서 전자 전장(electronic battlefield)은 중요한 역할을 하게 될 것이며, 잠재적인 공격자가 전통적인 공격을 수행하기 전 적의 지휘 및 통제, 정보, 정보통신, 또는 무기통제 네트워크를 무력화시키거나 파괴할 수 있는 조치를 취한다면 그것은 굉장한 이점이 될 것이다.[30] 이러한 이점은 2007년도 이스라엘 군이 시리아의 핵시설 의심장소를 공격했을 때 시리아 측의 방공레이더가 국경을 넘어 뒤로 사라지는 이스라엘 전투기를 뒤늦게 발견한 사례에서 확인되었다.[31] 혹자는 2008년 러시아의 물리적인 침공 이전에 수행된 대 그루지야 분산형 서비스 거부 공격의 역할을 예로 들 수 있을 것이다. 그러한 공격 그 자체로는 무력공격에 해당되기는 충분치 않을지는 모르나, 재래식 공격에서의 예비적 조치와 같이 선제적 자위권 행사라는 독트린 하에서 무력사용을 정당화하기는 충분하다고 할 것이다.

---

29) David A. Fulghum, 'Frustrations and Backlogs'. *Aviation Week & Space Technology* 10. 10 March 2003, 33. 보고서에 따르면 이러한 시도들은 표적 시스템과 해외 소유 네트워크 간의 상호연결 때문에 결코 실행에 옮겨지지 못했다.

30) Robertson, 'Self-Defense against CNA', 139.

31) Fulghum, Wall and Butler, 'Israel Shows Electronic Prowess' 참조.

1.1.1. 이론적 논의와 긴박한 공격

국제법 이론에서 무력공격에 대항하여 어떠한 시점부터 자위 조치들이 취해져야 하는가에 대해서는 합의된 것이 없다.[32] 특히, 정부와 논자들은 예방적 자위권이 국제법상 존재하는지에 대해 의견이 나뉘어 있다. 그 논의는 예방적 자위권이 그 어떤 것도 '무력공격이 발생한 경우, 개별적 또는 집단적 자위의 고유한 권리를 침해하지 아니한다'는 유엔 헌장 제51조의 이행과정에서 살아남았는지 아닌지를 중심으로 진행된다. 이 구절의 제한적인 해석을 주장하는 사람들은 자위권이 오로지 실제 무력공격의 대상이 되고 있는 회원국들에게만 허용되어야 한다고 주장한다. 그레이(Gray), 켈슨(Kelsen)과 브라운리(Brownlie)는 이러한 견해의 주요한 주창자들 중의 몇몇이며, 이러한 견해는 헌장이 무력공격에 대항한 자위권 행사의 경우를 제외하고는 개별 회원국들의 어떠한 무력사용도 금지된다는 전제에 기반하고 있다.[33]

보다 포괄적인 접근을 주장하는 사람들은 제51조가 특별히 자위의 '고유한 권리'를 담지하고 있으며, 관습상의 권리는 긴박한 무력공격에 대응하는 권리를 포함한다고 지적한다.[34] 비록 궁극적으로는 이 입장에 반대하기는 하지만, 보

---

32) Randelzhofer, 'Article 51', 803.

33) Bowett, *Self-Defence*, 188. 또한 Brownlie, *Use of Force by States*, 275; Jan Brownlie, *International Law and the Use of Force by States: Revisited* (Europaeum. Oxford, 2001); Randelzhofer. 'Article 51'. 803-4; Christine D. Gray, *International Law and the Use of Force* (3rd edn, Oxford University Press. 2008). 160; Dinstein, *War, Aggression, and Self-Defense*, 183 참조.

34) 이러한 포괄적인 관점을 견지하는 저자들에는 Thomas M. Franck, *Recourse to Force: State Action against Threats and Armed Attacks* (Cambridge University Press, 2002). 97; Bowett, *Self-Defence*, 187-92; Christopher Greenwood, 'International Law and the Pre-Emptive Use of Force: Afganistan. AI-Qaida, and Iraq' (2003) 4 *San Diego Int'l LJ*. 7; Robert Y. Jennings and C. Arthur H. Watts (eds.),

드(Bothe)는 많은 저자들이 적의 위협이 너무나 직접적이고 압도적일 수 있기에, 피해국이 적국의 공격행위가 실제적으로 발생하기까지 자위권의 행사를 유보하도록 요구하는 것은 실현가능하지 않다고 지적하고 있다.[35] 다른 학자들은 제51조의 맥락에서 언제 무력공격이 발생했는가에 대한 더 광의의 개념을 채택함으로써 이 문제를 다루어 왔다. 예컨대, 예방적 자위의 개념을 명백하게 거부하면서도, 요람 딘스타인(Yoram Dinstein)은 공격 개시의 타이밍을 조정함으로써 실제 공격 이전에 취해진 행위들을 통합하고 있는데, 그는 이 개념을 '차단적'(interceptive) 자위라고 부른다.[36] 딘스타인은 무력공격의 시작은 공격의 첫 발(first shot)이 아니라 공격에서 되돌아 갈 수 없는 순간과 연동되어 있다고 주장한다. 일단 주사위가 던져지면, 무력공격이 개시되었다고 볼 수 있으며, 피해국은 '불가피한 타격을 무기력하게 기다릴' 필요가 없다는 것이다.[37] 이 개념은 현대 정밀유도미사일의 측면에서 몇몇 국가들의 '표적 추적'(target locking) 논의에도 반향되어 있다. 예컨대, 미국은 미사일을 유도하는 레이더가 추적되어 발사될 준비가 되었을 때 무력공격은 개시되며, 본국 군대의 교전규칙은 이러한 접근법을 반영하고 있다고 주장한다.[38] 물론 린드세이 모어(Lindsay Moir)가 주장하

Oppenheim's International Law (9th edn, Longman, Harlow, 1992), 421 등이 있다.

35) Michael Bothe, 'Terrorism and the Legality of Pre-Emptive Force' (2003) 14(2) *EJIL* 227, 231.

36) Dinstein, *War, Aggression, and Self-Defense*, 187.

37) Dinstein, 'CNA and Self-Defense'. 111.

38) Gray, *Use of Force* (2nd edn). 108. n. 48. 예컨대, 1998년 이라크 상공의 비행금지지역에 있던 미 항공기의 레이더가 그 지역을 순찰하는 비행기를 감지했을 때 미사일 배터리에 발포하였다. 비록 레이더가 그것을 감지했는지에 대해서 논쟁의 여지가 있지만, 레이더가 감지했을 때 무력공격이 이미 시작되었다는 개념은 이라크와 다른 국가들에 의해서 명백히 받아들여졌다. Keesings (1998) 42368.

듯이, 그러한 접근이 이미 무력공격이 시작되었지만 표적국가(target state)에 도달하지 못한 경우와 무력공격이 시작되지는 않았지만 긴박한 상황, 이 두 경우를 충실하게 구분하고 있는가에 대해서는 의문의 여지가 있다.[39]

사전에 공격을 예측하고 행동을 취하는 데 있어 적용되어야 하는 기준은 미국무장관 다니엘 웹스터(Daniel Webster)가 1837년의 캐롤라인호 사건(Caroline incident)에 관하여 쓴 편지를 통해 규정된 바 있다. 지금으로서는 고전적 원칙이라고 할 수 있지만, 그는 자위의 권리는 오로지 '자위의 즉각적이고 압도적인 필요가 있을 때, 또한 다른 선택의 수단이나 숙고의 시간이 주어지지 않을 때'만 발생한다고 서술하였다.[40] 크리스토퍼 그린우드(Christopher Greenwood)는 캐롤라인 테스트가 뉘른베르크와 도쿄에서의 국제군사재판소에 의해 적용되었다고 지적하며, 긴박한 공격에 대항한 자위권의 행사는 유엔 헌장 제51조에 의해 보존되는 관습법상의 권리의 일부였다고 시사한다.[41] 자위의 고유한 권리의 보존과 유엔 헌장 문헌 외부의 관습상의 권리의 존재는 니카라과 사건에서 국제사법재판소에 의해서도 인정되는데, 국제사법재판소는 유엔 헌장이 그 어떠한 대응에서도 특별히 무력공격의 정의나 필요성과 비례성의 요건과 같은 자위와 관련

---

39) Lindsay Moir, *Reappraising the Resort to Force: International Law, Jus Ad Bellum and the War on Terror* (Hart. Oxford, 2010), 16.

40) 그 사건에서, 영국 군대는 캐롤라인이라고 불리는 상선을 포획하고, 발포하였으며 나이아가라 폭포 너머로 보냈는데, 이 상선은 캐나다 반군과 그들의 미국 세력에 의해 통행하는 영국 배들을 공격하기 위해 사용되었다. 영국 측이 공격했을 때, 상선은 미 항구에 정박 중이었으며 이 사건에서 미국인 2명이 살해당했다. 영국군 장교 중의 한 명인 맥레오드 대위(Lieutenant McLeod)는 미국에서 살인 혐의로 후에 체포당했다. 영국 정부는, 맥레오드의 석방을 주장하면서 영국군이 자위권을 행사하였음을 주장하였고, 이것에 대해 미 국무장관인 다니엘 웹스터는 당시에 자위 독트린으로서 수용되던 진술을 통해 응답하였다. The Caroline Case (1837) 29 BFSP 1137-8.

41) Greenwood, 'Pre-Emptive Use of Force', 13.

된 모든 규정들을 다 포함하고 있는 것은 아니라는 것에 주목하였다.[42] 국제사법재판소는 그것이 사건의 사실 관계를 확립하는 데 요구되지는 않았기에, 명시적으로 임박한 무력공격의 선행적 대응에 대한 적법성에 대해 논평하지는 않았다.[43] 자위의 난제들을 회피하고 선행적 자위에 대해 명시적으로 어떠한 의견도 진술하지 않는다는 국제사법재판소의 접근법은 월(Wall)과 무장활동(Armed Activities) 판례들에서도 유지되었다.[44] 하지만 최근의 두 가지 유엔 보고서는 이에 대해 덜 소극적인 입장을 가지고 있다. 유엔 사무총장 산하 고위급패널의 2004년도 보고서는 국제관습법에 근거하여 긴박한 공격에 대항하여 예방적 자위권이 존재한다고 결론내렸다.[45] 마찬가지로 다음 해의 사무총장 보고서는 긴박한 위협에 대한 반응은 유엔 헌장 제51조에 의해 충분히 보장된다는 입장을 피력하였다.[46]

1.1.2. 국가 관행

예방적 자위의 관습적 권리성은 헌장의 형성 이후의 국가 관행에 비추어 점검되어야만 한다. 이 논의에 대한 이해는 여전히 이론의 여지가 남아있지만, 특별히 다음의 두 가지 사례는 국가 관행과 관련된 학설이 여전히 유효함을 나타

---

42) *Nicaragua (Merits)*, para 176.

43) *Ibid.*, para 194.

44) *The Wall Case: Armed Activities Case*, para 143.

45) United Nations, *A More Secure World: Our Shared Responsibility. Report of the Secretary General's High-Level Panel on Threats Challenges and Change*, United Nations, UN Doc. A/59/565 (2004) 63, para 188.

46) UN Secretary General, *In Larger Freedom: Towards Development, Security and Human Rights for All*, United Nations, UN Doc, A/59/2005 (2005) para 124.

내준다. 첫 번째 사례는 1967년의 이스라엘-아랍 전쟁이다. 시리아와 이스라엘 사이의 점증하는 긴장 관계에 뒤이어, 이집트는 국제연합긴급군이 이집트 영토로부터 철수할 것을 요청했으며, 시나이 반도의 병력을 강화하는 동시에 일부병력을 요르단으로 파병하였다. 당시 이집트 대통령 나세르(Nasser)는 또한 이스라엘을 말살하겠다는 그의 의도를 공공연히 드러내는 와중에 이스라엘 선박에 대해 티란해협(Straits of Tiran)을 봉쇄하였다(이스라엘은 이 행위를 전쟁행위로 간주하겠다고 이전에 명확히 했었다). 이러한 행동에 대응하여, 이스라엘은 이집트 공군기지에 대한 공습을 감행하였으며, 이집트 공군 병력을 완전히 몰살하였다.[47] 이스라엘은 유엔 안전보장이사회에서 본국이 먼저 공격을 받았다고 주장함으로써, 또한 시리아에 의한 수차례의 사보타쥬 행위를 근거로 그들 행위의 정당성을 주장하였으며, 이집트가 시행한 봉쇄의 성격이 전쟁행위였다는 것과 그들의 '바로 그 입구(very gates)'까지 이집트 병력의 다수가 이동함으로써 발생된 '아마도 그 어떤 것보다 더 긴박하고 광범위하고 고의적인 포위 움직임'을 강조하였다.[48] 그레이(Gray)는 이 사건을 예방적 자위권의 수용의 증거라고 받아들이지 않으며, '6일전쟁의 발발이라는 사실 관계에 대하여 어떠한 입장이 취해지든지 간에, 여기서 중요한 점은 이스라엘은 스스로 예방적 자위권에 의해 행동한다고 주장하지 않았다는 것'이라고 말하였다.[49] 하지만, 프랑크(Franck)는 이스라엘의 '성명과 행위는 긴박한 무력공격에 대항하여 예방적 자위권을 명백하게 주장하고 있다

---

47) 이 사건에 대한 사실 전체를 알고 싶다면 일반적으로 A. Mark Weisburd, *Use of Force: The Practice of States since World War II* (Pennsylvania State University Press, 1997), 135 참조.

48) UN SCOR, 1348th Meeting, 6 June 1967, UN Doc. S/PY.11348, paras 142-94.

49) Gray, *Use of Force* (3rd edn). 161.

는 것'에 주목한다.[50] 유엔 안정보장이사회와 총회 모두 이스라엘의 행위를 비난
하지 않았다는 사실을 강조하면서, 프랑크는 다음과 같이 논평한다.[51]

> 그들에게 이용 가능한 증거를 바탕으로 해서, 대부분의 국가들은 그러한 무력
> 공격이 임박했으며, 이스라엘은 만약 그 공격이 선제적이었다면, 더 나은 생존
> 가능성이 있을 것이라고 추측했으며, 그러므로 그 상황 하에서 이스라엘은 비
> 합리적으로 행동하지 않았음을 결론내렸다. 이것이 예방적인 자위의 일반적인
> 권리를 무제한적으로 승인하는 것은 아닐지라도, 극단적인 필요의 명백한 상
> 황에서는 예방적 자위권이 자국의 생존을 보증하기 위한 국가의 합법적 권리
> 행사라는 것을 인정하고 있다.

이것은 핵무기(Nuclear Weapons) 사례에서 국제사법재판소의 권고적 의견과
도 부합하는데, 법관들의 다수는 만약 국가의 생존 그 자체가 위협을 받고 있는
경우 핵무기의 첫 번째 사용이 항상 불법적이라고 결론내릴 수 없었던 상황에
대해서 간접적으로 논평하였다.[52]

반면에, 1981년 이스라엘군이 이라크 바그다드 근처의 투와싸 연구센터
(Tuwaitha Research Centre)와 오사릭(Osarik) 원자로를 공격하여 파괴했을 때, 이
행위는 유엔안정보장이사회에 의해 '강하게 비난' 받았으며[53], 일반 국가들의 반
응들도 이스라엘에 대해 비판적이었다. 대부분의 경우에 그 반응은 이스라엘이

---

50) Franck, *Recourse to Force*, 103.

51) *Ibid.*, 105.

52) *Legality of the Use by a State of Nuclear Weapons III Armed Conflicts* (1996) ICJ 26, International Court of Justice, 265, para 105(2)E.

53) SC Res 487. UN SCOR, 2288th Meeting, 19 June 1981, UN Doc. S/Res/487.

당시 이라크로부터 임박한 위협이 있었다는 것을 증명하는 데 실패했으므로 예방적 자위권 행사를 위한 캐롤라인(*Caroline*) 요건을 충족시키지 못했다는 결론에 기반을 둔 것이었으며, 예방적 자위권의 전면적인 부정은 아니었다.[54] 그린우드(Greenwood)가 지적하듯이, 임박한 위협의 존재를 증명하지 못했다는 것을 강조하는 것은 오히려 그러한 임박한 위협이 존재하는 것으로 보이는 상황에서는 자위권의 존재를 확증해 주는 경향이 있다.[55] 그는 아래와 같이 말한 로살린 히긴스(Rosalyn Higgins)를 인용한다.[56]

> 핵무기 시대에, 한 국가가 스스로를 방어하기 이전에 자국의 운명을 소극적으로 받아들이도록 요구하는 방식으로 문헌상의 애매한 조항을 해석하도록 요구하는 것은 상식에 부합하지 않는다. 그리고 또한 재래식 전쟁 상황에서도, 이것만이 현대적 자위권의 유일하고도 현실적인 해석이라고 보인다. 그것은 만약 한 국가로 하여금 이러한 해석을 취하도록 이끄는 무력공격이 일어나지 않는다면, 자위권 행사를 가로막는 잠재적으로 끔찍한 결과라고 할 수 있다. 물론 문헌상 자구들의 단순한 조합의 측면에서만 본다면, 다른 결론에 도달할 수 있다는 것도 언급해 둔다.

무엇이 임박한 공격을 구성하는가를 평가함에 있어서, 그린우드는 캐롤라인 호 사건에서 존재하지 않았던 두 가지 추가적인 요인들이 고려되어야 한다고 주장하고 있다.[57]

---

54) Franck, *Recourse to Force*, 105.

55) Greenwood, 'Pre-Emptive Use of Force', 14.

56) Higgins, *Problems and Process*, 242.

57) Greenwood. 'Pre-Emptive Use of Force', 16.

첫째는 위협의 중대성이다. 핵무기나 생화학 무기에 의해 야기되는 위협은 만약 도시가 대상이 된다면, 그것이 너무나 끔찍해서 소총만으로 무장한 병력에 의해 수행되었던 국경 너머의 습격(캐롤라인호 사건의 경우처럼)에 의해 야기된 위협과는 전혀 다른 차원이라는 것이다. 또한 위협이 대량살상무기에 의한 공격일 경우에, 일단 그 공격이 개시되면 정부가 자국민에게 어떠한 효과적인 보호도 제공해 주지 못하는 경우와 더불어 공격이 실제로 발생하기까지 기다림으로써 그 위험을 떠안아야 하는 정부의 경우에는, 그러한 공격이 재래식 무기에 의한 공격의 경우와는 다르게 임박한 것으로 합리적으로 간주될 수 있는 상황이 있다. 두 번째 고려사항은 위협의 도달 방식이다. 테러리스트의 수단에 의한 공격위협이 실체화되는 시간 척도를 판단하는 것이 가령, 일반 정규군에 의해 제기되는 위협의 경우보다 훨씬 더 힘들다고 할 수 있다. 이것들은 어떤 특정한 상황에서 공격이 임박한 것으로 취급되어야 하는가를 평가하는 데 있어서 실체적인 고려사항이 될 것이다.

비록 예방적 자위권의 존재는 여전히 논쟁의 여지가 남아 있지만, 본 저자의 견해는 국제관습법상에서 임박한 공격에 대항하는 자위권의 존재는 확립되어 있다는 것이다. 임박한 공격의 지표로서 컴퓨터 네트워크 공격에 관한 개념은 다음 부분에서 논의할 것이다.

1.1.3. 컴퓨터 네트워크 공격과 예방적 자위

예방적 자위가 정보전 맥락과 연관되어 있는 두 가지 상황이 있다. 첫째는 컴퓨터 네트워크 공격이 재래식 공격의 임박한 위협으로서 기능하는 것이고, 둘째는 전자 활동이 심각한 컴퓨터 네트워크 공격(무력공격의 수준으로까지 격상되는)이 임박했다는 것을 나타내는 경우이다.

임박한 공격에 대한 여타 평가들과 마찬가지로, 컴퓨터 네트워크 공격이라는 맥락이 고려되어야만 한다. 컴퓨터 네트워크 공격이 재래식 공격의 전조로서 촉발되는 경우에, 그 표적물은 중요하다고 할 수 있다. 만약 공격이 조기경보체계, 레이더기지, 위성방송, 군사통신, 비상대응시스템을 표적으로 삼는다면, 피해국은 재래식 공격이 임박했다고 판단내릴 가능성이 높다. 시리아 방공네트워크에 대한 이스라엘의 공격이 그 좋은 예가 될 수 있다. 만약 시리아가 공격을 받기 전에 본국의 방공레이더에의 침입과 조직에 대해 인지하고 있었다면, 그 대응으로 무력을 사용할 권리가 주어졌을 것이다. 사실 대부분의 군대는 방공네트워크의 무력화가 공격의 개시 그 자체였으며, 딘스타인의 차단적 자위 분석에도 명백히 포함될 것이라고 주장하고 있다.

반면에, 전기송전선망이나 금융시스템의 혼선은 개별적으로 고려될 경우 뒤따를 재래식 공격을 암시하고 있다고 할 만큼 충분한 것 같지는 않다. 그러므로 에스토니아의 은행과 미디어, 그리고 정부 사이트가 분산형 서비스 거부 공격을 받았을 때, 이것이 재래식 무력공격의 시초를 암시한다는 현실적인 공포는 조성되지 않았다. 특정한 행위자에 대한 실제적인 귀인(歸因)과 잠재적인 동기와 같은 추가적인 변수들은 너무나 많고 다양하다고 할 수 있다. 하지만 그러한 공격들이 다른 맥락상의 지표들과 함께 고려될 경우, 국가들은 재래식 공격이 임박하다고 결론내릴 확률이 더 높을 것이다. 하지만 2008년 남오세티아(South Ossetia)를 둘러싼 러시아와 그루지야 사이의 분쟁은 그러한 귀인과 연결되는 위험들을 잘 예증해 준다. 그 분쟁은 양국 간의 점증되는 긴장과 분리주의 세력과 그루지야 군 사이의 충돌에 직면하여 발생하였다. 물리적인 침공에 앞서, 일련의 분산형 서비스 거부(DDoS) 공격들이 그루지야 정부에 대하여 개시되었으며, 주요 미디어와 논평가들은 특정한 지역의 컴퓨터 네트워크 공격의 표적과 차후의 물리적 공습간의 긴밀한 연관성에 주목해 왔다.[58] 컴퓨터 네트워크 공격이 임박한 물리적 침공을 암시한다는 것으로 결론내리고자 하는 충동이 있지만, 분석가들은 러시아 정부와 공격 간의 명백한 연관관계가 없다는 것과 애국적인 해커들이 전자상의 혼란을 일으켰을 것이라는 데 동의하고 있다.[59] 핵티비스트(hacktivist) 그룹들이 본인들의 대의를 진전시키고 정치적인 결정에 항의하기 위해 이러한 분산형 서비스 거부 공격을 개시하는 빈도가 증가하고 있다는 것을 고려할 때, 국가들이 특별히 증가된 정치적 긴장 상황 속에서 일정한 지표로서 그러한 공격들에 의존할 것 같지는 않아 보인다.

컴퓨터 네트워크 공격이 임박한 무력공격의 증거가 되는 두 번째 예는 전자상의 전투공간을 대비하기 위해 컴퓨터 네트워크 침입을 활용하는 경우이다. 바이러스, 웜 바이러스, 트로이 목마 공격 및 다른 형태의 시스템 파괴 소프트웨어들은 보호되지 않는 컴퓨터들을 악성코드를 통해 주기적으로 감염시키는데, 이러한 악성코드들은 데이터를 파괴하고, 오작동을 가져오며, 컴퓨터 키 입력을 저장하고, 바이러스 보호를 불능화하며, 암호나 접근 코드와 같은 다른 정보들을 수집하여 원격의 공격자에게 제공해 준다. 이러한 시스템 파괴 소프트웨어 유형들 가운데 가장 흔한 특징 하나는 차후 날짜에 공격자가 해당 컴퓨터에 접속하여 통제하도록 하는 백도어 페이로드(backdoor payload) 형태이다. 그러한 소프트웨어는 대부분 보호되지 않는 컴퓨터들을 봇네트(botnet)라고 불리는 감

---

58) 예컨대, US Cyber Consequences Unit, *Overview by the US-CCU of the Cyber Campaign against Georgia in August of 2008*. US Cyber Consequences Unit (2009) www.registan.net/wp-content/uploads/2009/08/US-CCU-Georgia-Cyber-CampaignOverview. pdf(최종접속일자 2011년 2월 25일): Project Grey Goose, *Phase I Report: Russia/Georgia Cyber War - Findings and Analysis* (2008)를 보라.

59) US Cyber Consequences Unit, *Overview: Project Grey Goose. Phase I Report*; Tikk, Kaska and Vihul, *Cyber Incidents*, 66-79.

염된 컴퓨터들의 광범위한 네트워크에 '모집'하는 데 사용된다. 보통 스팸이나 대규모 범죄조직에 활용되는데, 봇네트의 통제자들은 또한 봇네트의 지휘통제 서버를 활용하여 대규모의 트래픽 발송을 특정한 아이피 주소로 이동시킬 수 있으며, 디도스(DDoS) 공격 시에 어떤 경우에는 정보 전송 루트까지 멈추게 할 수 있다. 봇네트는 2007년의 에스토니아와 2008년의 조지아를 포함하여 현재까지 보고된 대부분의 주요 디도스 공격에서 활용되어져 왔다.[60]

시스템 파괴 소프트웨어의 항목에 백도어 페이로드를 포함시킨다는 것은 예방적 자위와 관련하여 흥미 있는 질문을 제기한다.[61] 백도어는 (직접적인 침입 또는 원거리 통제에 의해서든 간에) 차후 날짜에 감염된 컴퓨터에 대한 통제를 침입자에게 허용해 주는 것 말고는 다른 목적이 없다는 것은 명백하다. 그렇다면 다루어져야 하는 질문은 백도어 페이로드를 사용한 컴퓨터 네트워크 공격자들에 대하여 국가는 예방적인 자위로서 대응할 권리를 가지고 있는가이다. 비록 백도어가 그것이 발견되고 제거되기 까지는 그 어떤 시점에서라도 공격을 위해 사용될 수 있고, 그러한 공격들이 무력공격이라고 간주될 수 있을 정도를 포함하여, 훨씬 더 심각한 결과를 가져올 수 있음에도 불구하고, 대부분의 경우에서는, 차후에 시스템상의 불편을 가져오는 디도스 공격이나 경제적인 손해만을 끼치는 것이나 스팸을 발송하는 형태로 사용된다. 차후 공격의 목적이나 표적에 대한 어떠한 사후의 추가정보 없이, 단순히 적국에 의한 백도어의 생성은 뒤따를 공격의 유형이나 중대성에 대해서 아무것도 암시해 주지 않는다. 실제로 백도어의 생성

---

60) 예컨대, Gadi Evron, 'Battling Botnets and Online Mobs' (2008) 9(1) GJLA 121. 124;
Tikk, Kaska and Vihul, *Cyber Incidents*를 보라.

61) 백도어는 감염된 컴퓨터나 시스템의 숨겨져 있거나 문서화되지 않은 접근 지점을 열어주는 코드의 일부이며, 인증과 보안 프로토콜을 우회하여 원거리 접속을 가능하게 한다.

은 단순히 첩보행위의 증거일 수도 있다.[62] 법적인 측면에서 가장 중요한 것은, 차후의 공격에 대한 시간의 척도가 일정하지 않기 때문에, 백도어의 존재가 적법한 자위권의 행사에 대한 '임박한' 기준을 충족시키지 않는다는 것이다. 다시 말해, 공격은 수일 내 혹은 수년 내에 개시될 수 있다는 것이다.

다른 네트워크 침입들은 더 암시적일 수 있지만, 그것들은 상황에 굉장히 좌우된다고 할 수 있다. 여기서 두 가지 포인트를 짚고 넘어가자. 첫째, 도달의 수단은 임박한 컴퓨터 네트워크 공격에 대한 경고가 거의 없다는 것을 의미한다. 이것은 그린우드가 제시한 바대로 공격이 임박한지 아닌지를 결정할 때 고려되어야 할 추가적인 요소들 중의 하나였다.[63] 하지만, 그린우드의 두 번째 요소인 위협의 심각성은 전적으로 개인적인 위협에 달려있다고 할 수 있다. 이전 장에서 지적했던 대로, 컴퓨터 네트워크 공격을 평가하는 데 있어서의 어려움 중의 하나는 그들이 '결과주의의 스펙트럼'에 걸쳐있다는 것이다.[64] 전기 시설망, 댐과 오일 파이프라인과 같은 중요한 기반시설에 대한 컴퓨터 네트워크 공격이 현대 사회에는 치명적이며, 인명 손실과 재산상의 피해를 가져 오는 반면에, 현재까지는 핵무기나 생화학 무기에 의해 제기되는 위협에 필적할만한 컴퓨터 네트워크 공격은 발생되지 않았다. 이런 점에서, 국가의 생존 그 자체는 아직 문제가 되지 않고 있기 때문에, 그 위협이 임박한 것으로 평가되지는 않는다고 봐야 한다.

---

62) 백도어는 중국 해커들에 의해 감염된 것으로 주장되는 컴퓨터들에서 발견되었다.

63) Greenwood, 'Pre-Emptive Use of Force', 16,

64) Schmitt, 'Normative Framework', 912.

1.1.4. 선제적 자위의 '부시 독트린'[65]

2002년과 2006년 미국은 매우 논쟁적으로 여겨지는 내용을 포함하는 두 개의 안보전략 문서를 발간했는데, 그것은 긴박하지는 않고 단순히 위협적인 수준에 그치는 공격을 선제하기 위한 무력사용을 포함하는 자위권의 확장과 관련된 것이었다. 그레이(Gray)가 지적하듯이, 미국 측 주장의 정확한 범위에 대해서는 불확실성의 여지가 남아 있다. 하지만 '부시 독트린'에 대한 국제적인 비판은 광범위했으며 맹렬한 것이었다.[66] 2002년 국가안보전략(National Security Strategy)은 다음과 같이 규정하였다.[67]

> 우리는 불량국가와 그들의 테러리스트 의존국들이 미국과 우리의 동맹국들에 대항하여 대량살상무기를 사용하거나 위협하기 전에 그들을 멈추도록 준비되어 있어야 한다 …
>
> … 법학자들과 국제적 법률가들은 가장 일반적으로 육군, 해군, 공군 병력들의 가시적인 공격태세의 움직임들과 같은 임박한 위협의 존재를 선제의 정당성의 조건으로 삼곤 했었다.
>
> 우리는 임박한 위협의 개념을 오늘날의 적국의 역량과 목적에 맞추어 바꾸어야만 한다 … 위협이 더 크면 클수록, 무위(無爲)에 따른 위험도 더 커진다. 비록 적의 공격의 시간과 장소에 관해서는 불확실성의 여지가 남아 있더라도, 스스

---

65) 이것은 또한 안보학계에서는 예방적 혹은 예측적(predictive) 자위로 알려져 있다. 법학 문헌에서도 선행적(anticipatory), 선제적(pre-emptive) 및 예방적(preventative) 자위가 정확히 무엇을 가리키는가에 대해 많은 혼란이 있다.

66) Gray, *Use of Force* (3rd edn). 211; Moir, *Resort to Force*, 79.

67) White House, *The National Security Strategy of the United States of America*, White House. 2002). 15. www.au.af.mil/au/awc/awcgate/nss/nss_sep2002.pdf (최종접속일자 2011년 7월 5일).

로를 방어하기 위해 선행적인 조치를 취하지 않을 수 없는 경우가 발생하는 것이다. 적국에 의한 그러한 적대적인 행위를 방어하고 좌절시키기 위해, 미국은 필요할 경우 선제적으로 행동할 것이다.

2002년 보고서의 기본적인 기조는 2006년의 국가안보전략에서도 반복된다.[68] 얼핏 보기에는, 이러한 결론은 현대식 무기의 우발성에 근거하여 논리적으로 추론되는 것처럼 보이지만, 이것은 캐롤라인호 판례를 통해 확립된 예방적 자위의 기본적 전제, 그리고 이 원칙으로부터 발전된 국가관행의 증거에 대한 부분을 훼손한다. 임박성의 구성요건을 제거하는 것과는 반대로, 그린우드는 '관행은 예방적 자위권은 무력공격이 임박한 경우에 한정되어야 한다'고 강조하고 있다.[69] 상기한대로, 그린우드는 위협의 중대성과 그 전달 방식이 임박성의 개념에서 반드시 고려되어야 함을 받아들이고 있지만, 그는 '"선제" 독트린이 막연하게 미래 어느 시점에 실체화 될 위협에 대응하는 넓은 의미의 자위권을 가리키는 것이라면, 그러한 독트린은 법체계상에서는 근거가 없다'고 진술하고 있다.[70] 이 문제는 법학 관련 문헌에서 광범위하게 논의되어 왔기에 여기서는 반복하지 않을 것이다. 그러나 한 가지 염두에 두어야 할 것은 국가관행에 비추

---

68) White House, *National Security Strategy of the United States of America* (White House, 2006), 23. 비록 그레이는 국제법에 대한 명시적인 언급이 부재하고 있다는 것을 강하게 지적하지만, 2006년 보고서는 '미국은 만약 필요하다면, 자위의 고유한 권리를 행사하기 위해 선제적으로 행동할 것'임을 천명하고 있으며, 이것은 헌장 제 51조를 암시적으로 가리키고 있을 개연성이 확연하다. Christine D. Gray, 'The Bush Doctrine Revisited: The 2006 National Security Strategy of the USA' (2006) 5(3) *Chi. J. Int'lL*. 555, 561.

69) Greenwood, 'Pre-Emptive Use of Force', 15.

70) *Ibid*.

어 볼 때 그 교리는 그다지 뒷받침되지 않으며, 안보에 관한 UN의 두 가지 보고서도 선제적인 조치를 취할 수 있는 것은 안전보장이사회라는 것을 천명하며 광범위한 선제적 자위권을 부정해왔다.[71] 2010년 들어 국제법 전문가들은 새로운 미국 행정부의 정책이 어떠한 형태를 띨 것인가를 흥미롭게 지켜보았다. 하지만 그것은 실망스러운 것이었는데, 선제에 대한 개념에 일정 정도 거리를 두었다 하더라도, 오바마 정부의 국가안보전략 2010은 완전히 그것을 폐기하고 있지는 않으며, 특정한 기준들에 대한 추가적인 상술 없이 단순히 국가는 '무력사용을 관장하는 기준들을 준수해야'만 한다고 진술하고 있다.[72] 컴퓨터 네트워크 공격과 관련하여서는 논쟁의 여지가 있는 교리들이 분명하고 지속적으로 고수되어 왔으며, 이것은 2010년에 미 국방부가 사이버 방어전략의 일환으로서 선제 타격을 고려하고 있다는 것이 보고됨에 따라 더 명백해졌다.[73] 지금 이 글을 쓰고 있는 시점에서 발간되지는 않았지만, 그 전략은 미 국방부 차관인 윌리엄 린 3세(William Lynn III)에 의해 검토 되었으며, 그는 이를 '미국의 네트워크 방어에 대한 접근에 있어서 근본적인 전환'이라고 묘사하였다.[74] 그 전략은 군사 컴퓨

---

71) United Nations, *A More Secure World*, paras 189-92; UN Secretary General, In Larger Freedom, 125. 일반적으로는 Christian M. Henderson, 'The 2006 National Security Strategy of the United States: The Pre-Emptive Use of Force and the Persistent Advocate' (2007) 15 *Tulsa J. Compo & Int'l L.* 1 참조. Gray, '부시 독트린'과 관련된 국제적인 반응에 대한 논의는 'The Bush Doctrine Revisited: The 2006 National Security Strategy of the USA' 참조.

72) White House, US NSS 2010. 부시 독트린과 관련된 논의에 대해서는, the US National Security Strategy 2010 참조. jus ad bellum에 대한 논의는 일반적으로 Christian Henderson, 'The 2010 United States National Security Strategy and the Obama Doctrine of "Necessary Force"' (2010) 15 *JC&SL* 403 참조.

73) Nagashima, 'U.S. Eyes Preemptive Cyber-Defense Strategy'.

74) Lynn, 'Defending a New Domain', 103.

터 시스템의 '적극적 방어'를 중심으로 하고 있으며, (보고서의 발간 이전에) 관료들 사이에 그 용어가 무엇을 의미하는지에 대해서는 거의 동의가 없는 것처럼 보인다.[75] 린 차관은 '악성 코드가 군사 네트워크로 침입해 들어오기 전에 그것을 발견하고 멈추기 위해 스캐닝 기술을 군사 네트워크와 오픈 인터넷의 접점에 두는 것(이 경우는 거의 논쟁의 여지가 없겠지만)'과 공격이 발생하는 동시에 '혹은 심지어 공격이 도달하기 전에' 대응하는 것에 대해 이야기했다.[76] 만약 그 대응이 적국의 네트워크가 임박한 위협이 되기 전에 그리고 무력사용의 요건을 구성하는 정도가 되기 전에 적국의 네트워크를 파괴하는 것을 포함한다면, 그것은 '부시 독트린'의 연장선상에 있다고 봐야 할 것이다. 과연 이것이 그러한 경우인가는 좀 더 두고 보아야 할 것이다.

1.2. 핀프릭(Pinprick) 공격 또는 사건축적이론

무력공격 촉발의 기준에 들어오는 컴퓨터 네트워크 공격은 국가들이 무력적인 대응을 하도록 촉발할 수도 있다. 컴퓨터 네트워크 공격을 사용하는 가장 개연성 높은 전략은 무력공격이라고 간주될 만한 단일 규모의 대형 습격보다는 소규모 습격들을 다량으로 전개하는 것이다. 1998년에 발간된 짧은 이야기에서, 존 아퀼라(John Arquilla)는 지속된 사이버 공격이 다음과 같은 모습이 될 것이라고 상술했다.[77] 님다(Nimda), 슬래머(Slammer) 또는 마이둠(Mydoom)과 같은 규모

---

75) Nagashima, 'U.S. Eyes Preemptive Cyber-Defense Strategy'.

76) Lynn, 'Defending a New Domain', 103; Nagashima, 'U.S. Eyes Preemptive Cyber-Defense Strategy'.

77) John Arquilla, 'The Great Cyberwar of 2002', *Wired* 6.02, February 1998, www.

의 바이러스들에 의한 공격들, 잇따른 정전사태, 그리고 송유관 파열과 같은 것인데 모두 며칠 내로 다 발생할 것으로 묘사하였다. 이러한 공격들 중의 일부는 제2조(4) 하의 무력사용의 기준을 충족시킬지 모르나, 현행 국제법상에서는 그 자체만으로 보자면 어떤 것도 무력공격이라고 간주되기는 힘들 것이다. 반복적으로 국경선을 넘어서 행해지는 침략이 좋은 유추가 될 것이다. 국가들은 일련의 작은 규모의 침략 또는 공격들에 대해 이것들이 집단적으로 단일한 무력공격을 구성한다는 것을 근거로 자위적인 조치를 취할 수 있는 권리를 주장해왔다. '핀프릭' 또는 '사건의 축적' 이론은 과거에는 영국[78], 미국[79], 남아프리카 및 이스라엘[80]을 포함한 몇몇 국가들에 의하여 성공적이지 못한 방식으로 주장되어 왔으며, 이것은 그렇지는 않고서는 비례성의 원칙에 어긋날 수 있는 자위권 행사의 명목으로 취해진 조치들을 정당화하기 위한 시도에서 비롯되었다. 비록 이

---

wired. com/wired/archive/6.02/cyberwar.html (최종접속일자 2011년 4월 12일).

[78] 1964년 영국과 군사적 동맹관계이던 남부아랍연맹(Southern Arab Federation)은 예멘에 의한 무력공격이 '일련의 공격 행위'를 구성한 것에 대해 불만을 제기하였다. 남부아랍연맹의 요청에 의해 집단적 자위권을 적용하여, 영국은 공습을 개시하였고 요새를 파괴하였다. 안전보장이사회는 그 이유를 받아들이지 않았고 그 보복은 '유엔의 원칙들과 목표들과 양립할 수 없는'것으로 비난하는 성명을 발표하였다. SC Res 188, 9 April 1964, as cited in Jean Combacau, 'The Exception of Self Defence in U.N Practice' in A. Cassese (ed.), *The Current Legal Regulation of the Use of Force* (Martinus Nijhoff, Dordrecht, 1986) 9-38, 27.

[79] 미국은 톨킨만에서 북부 베트남 해군 함선으로 추정되는 공격에 대한 자위권 행사를 주장하였다. Letter of 17 February 1979, S/13094 (SCOR, 36th Year) 같은 책에서 인용, 17.

[80] 안전보장이사회는 팔레스타인이 1966년과(SC Res 228, 25 November 1966) 1969년(SC Res 265, 1 April 1969)에 요르단을 공격했을 때, 그리고 1969년(SC Res 270, 16 August 1969), 1970년(SC Res 279.12 May 1970), 1972년(SC Res 313, 28 February 1972), 1973년(SC Res 332,21 April 1973) 및 1974년(SC Res 347. 24 April 1974)에 레바논을 공격했을 때, 이스라엘 군이 팔레스타인 기지를 공격하기 위해 주변국들에 침입해 들어가는 것을 정당화하기 위한 자위의 주장을 거부 해 왔다. 같은 책 참조.

국가들의 주장은 안전보장이사회에 의해 거부되었지만, 매 경우마다 그것은 사건의 구체적인 사실에 기반 하였으며, 그러한 조치들이 불균형적이었다는 토대 위에 이루어졌다. 각각의 경우에 안전보장이사회에 의한 비난은 자위권의 범위에 대한 학리적인 이슈에 대해 논평하기보다는, 국가들이 취했던 조치들이 비합법적인 보복이었음을 시사하고 있다.[81] 마찬가지로, 국제사법재판소는 사건의 축적이 무력공격으로까지 격상될 수 있는 가능성에 대해 숙고하고 있는 것처럼 보이지만, 이 문제에 대한 명시적인 논의는 회피해 왔다. 니카라과 사례에서 국제사법재판소는 니카라과가 온두라스와 코스타리카의 영토를 침입해 들어간 것에 대해 다음과 같이 논평하였다.[82]

> 이러한 침입의 상황들 혹은 가능한 동기에 관한 정보에 대해 국제사법재판소는 거의 알 수가 없으며, 이것은 국제사법재판소로 하여금 둘 중 하나의 국가 혹은 두 국가 모두가, 법적인 차원에서 니카라과에 의한 단독 혹은 집단적인 '무력공격'의 대상에 해당하는지 여부를 판단하기 어렵게 한다.

이 판결은 표적에 대한 일련의 작은 규모의 공격들이 집단적으로 고려될 경우 무력공격이 성립할 수도 있는 것으로 간주하고자 하는 국제사법재판소의 의지를 나타낸다고 할 수 있다. 이러한 견해는 오일 플랫폼 판례, 카메룬/나이지리아, 무장 활동(콩고민주공화국 대 우간다) 판례에서도 반복된다.[83] 이 세 경우의 판

---

81) Gray, *Use of Force* (3rd edn), 155.

82) *Nicaragua (Merits)* para 231. 법원이 추가적인 상황에 근거했을 때 니카라과에 의한 무력공격이 존재하지는 않았다고 판단한 것은 주목해야 한다.

83) *Case Concerning the Land and Maritime Boundary between Cameroon and Nigeria (Cameroon v. Nigeria: Equatorial Guinea Intervening)* (2002) ICJ Reports,

례에서, 그 원칙에 대해 분명히 논의하고 있지는 않지만, 국제사법재판소는 축적된 공격을 통한 무력공격 성립이라는 개념을 허용하고 있는 것처럼 보인다. 하지만, 국제사법재판소는 미국이나 카메룬, 우간다 각각은 그 사실을 입증하지 못했으며 상대측에 책임을 전가할 수 없다는 것으로 결론을 내렸다.[84] 이러한 논리는 저강도의 컴퓨터 네트워크 공격을 비롯한 지속적인 군사행동의 피해국들에게 있어서 분명한 적용지점이 있다. 하지만 재래식 공격에서 보듯이, 구체적인 세부사항을 파악하는 것이란 힘든 일이며, 이것은 컴퓨터 네트워크 공격의 책임 귀속은 악명이 높을 정도로 굉장히 어렵고 시간이 소모되는 과업이라는 것을 보여준다.[85]

마지막 한 가지 사실이 또한 강조되어야 한다. 다수의 컴퓨터로부터 개시된 모든 공격들이 무력공격의 자격을 충족시키기 위해 항상 누적적인 접근을 요구하는 것은 아니라는 것이다. 충분한 규모와 효과의 디도스 공격이 '단순한 국경선 공격' 이상으로 격상 될 때, 이것은 단일한 통제자로부터 발생한 공격으로 간주되어 단일한 공격으로 여겨질 수 있다.[86] 다시 말해, 그 공격이 다른 지역에 분산되어 있는 다수의 컴퓨터들로부터 발생했다고 하더라도, 타격을 입게 되는 컴퓨터들은 모두 봇네트를 감독하는 단일한 통제 '마스터'에 의해 조종되는 지휘

International Court of Justice, 323문단; *Oil Platforms Case*, para 64; *Armed Activities Case*, para 146.

84) *Oil Platforms Case*, para 64.

85) 아래 3절 참조.

86) 도스 공격에 대한 상세한 설명에 대해서는, Bennett Todd. Distributed Denial of Service Attacks (2000). www.linuxsecurity.com/resource_files/intrusion_detection/ ddos-faq일html (최종접속일자 2011년 4월 12일) 참조.

통제 서버를 통해 공격을 받고 표적에 관한 지시를 받는다.[87] 이것은 단순히 사병이 한 명 이상 활용되는 공격 또는 공습에서의 폭탄 공세와 같은 유형의 전자 공격이라고 할 수 있다.

2. 비국가 행위자에 대한 자위

오늘날 전쟁의 정당성(jus ad bellum)과 관련하여 가장 어려운 문제들 중의 하나는 비국가 행위자(non-state)들에 의한 공격에 대하여 국가들의 대응이 어디까지 허용될 수 있느냐에 관한 것이다. 그 어려움은 부분적으로는 제2조(4)와 제51조가 용어상 전적으로 상응하지는 않는다는 사실로부터 발생한다.[88] 위에서 지적한 바대로, 제2조(4)는 국가들 사이의 국제관계에서만 적용되는 것이므로 비국가 행위자들에게는 적용되지 않는다. 반대로 제51조는 '무력공격이 발생할 경우에' 촉발되는 자위의 고유한 권리에 대해 언급을 하고는 있으나, 누구에 의해 그 공격이 개시되는가에 대해서는 언급하고 있지 않다. 제한된 권리를 주장하는 사람들은 제51조의 역할을 제2조(4)에 포함된 금지에 대한 예외조항으로 지적함으로써 제51조도 마찬가지로 국가에 의한 무력공격의 경우로 제한되어야 한다고 주장한다. 본 저자를 포함하여 더 광범위한 자위권이 존재한다고 간주하는 사람들은 국가관행적 측면, 제51조는 그러한 권리를 확립하기 보다는

---

87) 전통적인 봇네트에서 이것은 일반적으로 인터넷 릴레이 채팅(Internet Relay Chat) 서버를 통해 이루어진다. 스톰(Storm) 바이러스와 같은 P2P 기반의 더 새로워진 봇네트에서, 컨트롤러는 감염된 기계에 의해 발견되는 네트워크상의 특정한 키들에서 명령을 내린다. 그러나 최종 결과는 항상 같다.

88) Moir, *Resort to Force*. 22.

이미 '본질적인 권리'를 반영한다는 사실적 측면, 그리고 니카라과 판례에서 국제사법재판소가 유엔 헌장은 무력을 규율하는 모든 법을 결코 반영하지 않는다는 것을 인지하고 있다는 사실을 근거로 내세우고 있다.[89]

상기한대로, 논쟁의 소지가 있는 니카라과 판례에서 국제사법재판소는 언제 국가가 외국 정부를 '대신하여' 행동하는 반군의 간접적인 군사행위에 대해 책임이 지울 수 있는가 하는 문제를 다루었으며, '효과적인 통제'라는 시험 기준을 확립하였다.[90] 귀속이 주요한 문제들 중의 하나인 컴퓨터 네트워크 공격에 관해, 이러한 시험 기준은 특별히 만족시키기 어려운 것으로 판명될 것이며, 따라서 논자들은 그럴듯한 부인가능성이 공격전파국들에게 제공해줄 이점들에 대해서 빠르게 지적해 왔다. 국가가 직접적으로 연루되어 있지 않은 비국가 행위자에 의한 무력공격에 무력으로 대응할 권리가 존재하는가 하는 문제는 훨씬 더 어려운 질문인 것처럼 보이며, 이것에 대해 국제사법재판소는 계속해서 논평하기를 주저해 왔다. 이 문제는 최근에 법학계에서 광범위하게 다루어져 왔으며, 여기에서 각각의 주장들에 대해 모두 논평할 수는 없겠지만, 법원의 제한적 법체계와 새롭게 대두하는 국가관행 사이에 분기점이 분명히 존재하는 것으로 보인다는 점을 지적해 두고자 한다.[91]

법원이 이 문제를 다루었던 방식은 명확함보다는 오히려 더 큰 혼란을 가져왔다고 이야기해도 큰 무리는 없을 것이다. '불투명하고' '그것의 간결함으로 인

---

89) 후자의 논지를 위해서는 *Nicaragua (Merits)* para 176 참조.

90) 또한 타딕 판례에서 국제 유고전범재판소는 '효과적인 통제(effective control)' 시험을 구체화 한 대안적인 테스트를 확립하였음을 주목할 것.

91) 이 문제들에 대한 전반적인 논의에 대해서는, Gray, *Use of Force* (3rd edn); Moir, *Resort to Force* 참조.

해 놀라운' 것으로 묘사되는 월(Wall) 사건의 권고적 의견에서,[92] 국제사법재판소는 '헌장 제51조는 한 국가의 다른 국가에 대한 무력공격의 경우에 발생하는 자위의 고유한 권리의 존재를 승인한다. 하지만 이스라엘은 그것에 대항하는 공격들이 타국에게 책임지워질 수 있다고 주장하지 않는다'고 진술했다.[93] 국제사법재판소는 또한 이스라엘이 대응하고 있는 위협은 이스라엘에 의해 통제되고 있는 영토로부터 발생하고 있음을 주목한다. 비록 몇몇 논자들은 이것을 비국가 행위자들에 대한 자위권이 존재하지 않음을 의미하는 것으로 여겼으나, 그레이(Gray)는 이것은 자위의 기본적 권리에 대한 단순한 선언이며, 국제사법재판소는 이것이 자위권이 존재하는 유일한 때라고 말하지 않는다는 것을 주장하고 있다.[94] 국제사법재판소는 한차례 더 콩고민주공화국과 우간다 사이의 무력활동 판례에서 비국가 행위자들에 의한 공격에 대응하여 국가가 무력을 사용할 수 있는 권리에 대해 고려할 기회를 가지게 되었다. 하지만 국제사법재판소는 스스로를 국가에 대해 제기되는 비판 행위의 귀속성의 논의의 범주로 제한하였으며(니카라과 테스트의 적용여부), 어떠한 조건 하에서 현대의 국제법이 국가에게 비정규군에 의한 큰 규모의 공격에 대응하는 자위권을 제공하는지, 그리고 이것의 성립 여부에 대한 문제들을 논의하는 것에 대해서는 명백히 거부해왔다.[95] 하지만, 모어(Moir)가 지적했듯이, 비판의 대상이 되는 공격행위가 콩고민주공화국에게 귀속될 수 없었기에 우간다의 행위가 자위권의 행사에 해당하지 않는다고 결론

---

92) Gray. Use of Force (3rd edn); Sean D. Murphy, 'Self-Defense and the Israeli Wall Advisory Opinion: An Ipse Dixit from the Court?' (2005) 99 *AJIL* 62, 62.

93) *The Wall Case*, para 139.

94) Gray, *Use of Force* (3rd edn), 135.

95) *Armed Activities Case*, para 147.

내림으로써, 국제사법재판소는 어떠한 경우에라도 그 질문에 대해 효과적으로 부정적인 대답을 할 수 있었다.[96]

반면, 국가관행에 대한 연구는 국제사회는 국가에 대한 귀속 없이도 비국가 행위자들에 의한 무력공격에 대응하는 자위권의 가능성을 훨씬 더 기꺼이 받아들이고자 한다는 것을 시사하는 경향이 있다.[97] 하지만, 모어는 국가의 측면에서 특정한 수준의 지원과 개입이 필요하며, 이것은 그 권리를 주장하는 국가들에 의해 지속적으로 주장되고 있음을 주목한다.[98] 토마스 프랑크(Thomas Franck)는 피해국들이 공격의 개시 지점을 정확히 식별했을 경우, 그 곳의 정부 당국이 고의적으로, 알면서도 또는 무분별하게 그 공격이 발생하도록 허용했을 경우, 그리고 피해국의 대응이 비례성을 만족시킬 경우에, 비국가 행위자들에 대항한 자위의 조치들은 국제사회에 의해 받아들여질 것이라고 시사한다.[99] 컴퓨터 네트워크 공격의 경우 이러한 요소들의 각각은 추가적인 문제들을 제기한다. 첫째, 아래 제3절에서 논의되듯이, 공격행위를 식별하여 특정한 가해국에게 시기적절한 방법으로 그것을 귀속시키는 것은 기술적인 견지와 법적인 차원 모두의 측면에서 컴퓨터 네트워크 공격의 분야에서 가장 어려운 문제들 중의 하나이다. 자위권의 합법적인 행사라는 주장을 뒷받침하기 위해 명백하고 국제사회에 의해 입증 가능한 방식으로 그 문제를 해결한다는 것은 또 다른 차원의 문제가 될 것이다. 둘째, 비록 컴퓨터 범죄 수사가 공격의 진원지를 입증했다고 하더라도, 국

---

96) · Moir, *Resort to Force*, 137.

97) · 적절한 관행에 대한 조사를 위해서는 Gray, *Use of Force* (3rd edn). 195-202.234-52: Moir, *Resort to Force*, 22-31. 140-7 참조.

98) · Moir, *Resort to Force*, 149.

99) · Franck, *Recourse to Force*, 68.

가에 의한 충분한 정도의 지원과 개입을 증명하는 것은 굉장히 어려운 작업이다. 예컨대, 조지아에 대한 컴퓨터 네트워크 공격은 '애국적인 해커들'에 의해 개시된 사이버 공격과 러시아에 의해 수행된 군사작전 사이에 높은 수준의 협조 관계가 존재했음을 보여주었다. 러시아 당국은 그 공격과 관련된 어떠한 개입도 부인해 왔으며 '증거가 아예 존재하지 않았든지, 또는 증거수집 계획들이 이러한 연결고리들을 식별할 만큼 충분히 광범위하거나 심층적이지 않았든지, 혹은 고의적으로 그러한 귀속을 회피하는 식으로 국가기관에 의한 개입이 이루어 졌든지' 등과 같은 이유로 사이버 공격을 지휘하거나 지시하는 국가기관이 존재했다는 그 어떤 증거도 발견되지 않았다.[100] 러시아 당국의 공식적인 개입을 증명하는 충분한 증거가 없었으며,[101] 특히 군사적인 작전으로 보일만한 것들은 존재하지 않았다.[102] 게다가, 국가들은 특별히 프록시 서버와 같은 기술들이 광범위하게 보급된 점을 고려할 때, 자국의 영토에서 시작된 컴퓨터 네트워크 공격을 예방하거나 인지하는 것이 매우 어렵다는 것을 알게 될 것이다.

비국가 행위자에 대항하여 자위권을 행사하는 국가들의 주장을 국제사회가 받아들일지 여부를 결정하는 데 있어 프랑크가 제기한 마지막 요소는 대응의 비례성이다. 비례성에 관한 문제는 아래의 제4절에서 논의되겠지만, 특별히 비국가 행위자들과 관련된 몇 가지 이슈들이 존재한다. 첫째, 국가들은 소재국의 기반시설을 표적으로 삼아 의도적으로 행사되었던 자위의 조치들을 신속하게 비난

---

100) Project Grey Goose, *Phase I Report*, 3.

101) 몇몇 조사관들은 러시아 정부 내의 개별적인 관료들에 의한 잠재적인 개입의 상황적 증거를 제공했다. 그러나 많은 전문가들은 이러한 주장에 대해 회의적이다. 일반적으로 Tikk, Kaska and Vihul, *Cyber Incidents*, 74-6 참조.

102) 컴퓨터 네트워크 공격은 물리적 침입 이전에 시작되었고 정전 이후에도 지속되었다는 것을 기억해야 한다.

해왔다.[103] 비국가 행위자들에 의한 대부분의 컴퓨터 네트워크 공격들이 이러한 기반시설들을 이용한다는 것을 간주할 때, 피해국이 수용할만한 표적을 찾기란 어려울 것이다. 둘째, 대부분의 컴퓨터 네트워크 공격들이 여기저기 산재되어 있다는 속성은 공격에 대해 책임이 있는 비국가 행위자들이 몇 개의 다른 소재국들에 분산되어 있을 가능성을 시사하며, 이것은 일정한 무력적 대응의 비례성에 대한 평가를 더 복잡하게 한다. 하지만 한 가지 주목해야 할 점은 디도스 공격과 같은 분산 공격들의 대부분의 명백한 예들은 무력공격으로 간주될 수 있는 중대한 정도로까지 격상되는 경우가 거의 없다는 것이며, 사건축적이론 아래에서 대응될 수 있는 더 넓은 차원의 공격 프로그램의 개입도 부재하다는 것이다.

마지막으로 한 가지를 더 짚고 넘어가야겠다. 컴퓨터 네트워크 공격은 국가들이 비국가 행위자들에 대하여 그들의 행위가 기인하는 국가의 영토보전을 침해하지 않았더라도 조치를 취하는 독특한 기회를 제공해 준다고 할 수 있다. 하지만 비국가 행위자들은 강제적인 컴퓨터 네트워크 공격을 불러오는 실행 가능한 표적을 제공하는 기반시설들을 소유하고 있지 않을 확률이 더 높다.[104]

---

103) 예컨대, 2006년 헤즈볼라 공격에 대한 대응으로 이스라엘이 레바논을 공격한 것에 대한 국제사회의 비난과 Armed Activities 판례에서 국제사법재판소가 논란이 되는 일련의 초국경 공격의 발생지로부터 수 킬로미터 떨어진 공항과 마을을 장악한 것은 비례성의 원칙에 부합하지 않는 것 같다고 논평한 것 참조. *Armed Activities Case*, para 147.

104) 예컨대, *Wall* 판례에서 히긴스 법관의 반대 의견을 볼 때, 벽의 건설과 같은 비강제적인 조치들은 자위의 개념에 결코 해당되지 않는다는 근거를 들고 있다.

3. 귀속

어떠한 컴퓨터 네트워크 공격과 관련하여 주요한 문제들 중의 하나는 특정한 행위자에게 그 공격을 귀속시키는 문제이다. 어떤 공격들의 진원은 공격자가 스스로를 공개하기 때문에,[105] 혹은 특정한 원천에 쉽게 귀속될 수 있는 재래식 공격에 앞서 행해지기 때문에 즉각적으로 알 수 있지만,[106] 다른 공격들은 익명으로 개시될 것이다. 컴퓨터 네트워크 공격에서 발생하는 봇네트의 일반적인 사용과 아이피 위조(IP spoofing)의 빈번함을 고려해 볼 때,[107] 공격의 개시자로 인식되는 실체가 사실 궁극적인 공격자라고 단정적으로 이야기하기는 어려운 문제이다.

아이피 위조는 단순히 공격의 진원을 감추기 위해, 또는 다른 측에 공격에 대한 비난을 전가하고자 하는 고의적인 시도로 사용될 수도 있다. 후자의 초기 사례로는 1999년에 발생했던 미국 운수성(Department of Transport)에 가해진 도스 공격이다. 처음에 그 공격은 파룬궁(Falun Gong) 운동의 추종자들에 의해 메릴랜드에 소재한 서버로부터 비롯된 것처럼 보였다. 실제로 그 공격은 메릴랜드 주 서버와 운수성 네트워크 서버를 다운시킬 목적으로 고안되었고, 파룬궁이 그 책임을 떠안게 되었다. 하지만 공격자들이 큰 실수를 범하여 그 공격의 진원이 중국 공안부의 주소에 소재해 있던 컴퓨터로 추적되었다. 이 공격에 대한 미국의

---

105) 예컨대, "I Love You" 바이러스 소스 코드는 유포자의 '서명'을 포함했다.

106) 예컨대, 공습에 맞서 시리아 방공 체계에 공격을 가한 이스라엘의 경우.

107) IP spoofing은 데이터 패킷 헤더의 발신 컴퓨터를 식별하는 데이터를 위조하여 그것이 다른 아이피 주소로부터 연유한 것처럼 보이게 하며, 따라서 어떠한 반응이라도 위조된 컴퓨터로 보내지게 된다.

대응에 대하여 그 어떤 정보도 공개적으로 이용 가능하지 않았다. 하지만 2002년 당시 미 백악관 기술고문이던 리차드 클락(Richard Clarke)은 사이버 테러리즘에 대한 미 상원 법사분과위원회 청문회에서 미 정부는 특정한 정부가 허가되지 않은 특정한 침입에 대해 책임이 있다는 것을 만족스러울 정도로 증명할 수 없었다고 진술하였다.[108]

봇네트의 확산은 또한 귀속을 어렵게 만드는 한 가지 요인이다. 에스토니아에 대한 2007년의 도스공격에서 입증되었듯이, 특정한 주소에서 기인하는 공격과 단순히 감염된 컴퓨터를 활용하는 공격을 구분하기란 매우 어렵다. 비록 에스토니아 공격에 포함된 아이피 주소의 일부가 러시아 당국의 공식적인 아이피 주소로 추적되었지만, 러시아는 그 사건과 연루된 것을 부인하였고, 이 컴퓨터들이 감염되어 러시아 외부로부터 조종되고 있었던 것이라고 주장하였다. 사이버 안보 분석가들이 제출한 뒤따른 보고서들도 이 주장을 뒷받침 하는 듯하며, 증거의 부족을 지적함과 동시에 공격자의 아이피 주소가 위조되었을 가능성에 주목하고 있다.[109]

물론, 귀속의 문제는 사이버공간에만 한정되는 것은 아니다. 재래식 유형에 뒤따르는 무력공격들도 종종 익명으로 수행되기도 하고, 그러한 공격에 요구되는 자원들을 소유하고 있지 않는 것처럼 보이는 무장세력들의 소행으로 여겨질 때도 있다. 더 나아가, 국가비호 하의 테러리즘의 경우, 어떠한 국가도 전자상의 교란행위뿐만 아니라 군사적인 무력행위에 대한 책임을 지려고 선뜻 나서기 어렵다. 이러한 요소들을 차치하더라도, 피해국은 공격집단과 후원국가 사이

---

108) Jessel. Holland. 'Bush Advisor Warns Cyber terrorists', *Washington Post* (Washington DC), 13 February 2002.

109) 예컨대, Evron. 'Battling Botnets'; Tikk, Kaska and Vihul. *Cyber Incidents*, 23 참조.

의 연결을 확증해야만 하며, 전자상의 공격에서도 같은 동일한 접근을 취해야 한다.[110] 이것은 특별히 공격이 전통적인 국가행위와 연계하여 집단들 혹은 개인들의 느슨한 연합의 형태로 개시될 경우 더 증명하기가 어렵다. 예컨대, 2008년 러시아 당국이 조지아의 공습에 뒤이어 병력을 남오세티아로 이동시켰을 때 공습과 지상군의 이동이 있었고, 그루지야 내의 서버에 대해 몇 차례의 컴퓨터 네트워크 공격들도 동시에 수반되었다. 이 공격들이 무력공격으로 간주되기에는 그 심각성이 충분하지 않았다는 것은 자명하지만, 조지아의 제한된 인터넷 연결망을 고려해 볼 때, 이것은 다른 행위자들이 정부의 허가를 통해하거나 그것을 거치지 않고도 효과적으로 분쟁에 '가담할 수' 있는 역량을 예증한다고 할 수 있다. 몇몇 안보 분석가들은 사이버 범죄와 연계되어 있다고 알려진 조직인 러시아 비즈니스 네트워크(Russian Business Network)가 봇넷을 소유하고 있었다고 전해지며, 그루지야 내의 서버에 대해 도스 공격을 개시하였다고 보고하였다. 하지만 관련 소프트웨어는 일련의 표적 웹 사이트들과 더불어 'stopgeorgia.ru'와 같이 러시아어로 된 웹 사이트에서도 개인 컴퓨터로 자유롭게 다운로드가 가능했고, 이것은 사이버 공격에 가담하는 것을 단순히 마우스를 몇 번 클릭하는 것만큼 쉬운 것으로 만든 것이다.[111] 앞서 지적했듯이, 러시아 정부는 그 공격과 관련된 어떠한 개입도 부인하고 있다.[112] 하지만, 이 이슈는 비국가 행위자들에 대

---

110) Dinstein, 'CNA and Self-Defense', 112.

111) John Markoff, 'Before the Gunfire, Cyberattacks', *New York Times*, 13 August 2008; Evgeny Morozov, 'An Army of Ones and Zeroes: How I Became a Soldier in the Georgia-Russia Cyberwar', *Slate*, 14 August 2008, www.slate.com/id/2197514/ (마지막 접속일자 2011년 4월 12일).

112) Siobhan Gorman, 'Georgia States Computers Hit by Cyberattack', *Wall Street Journal* (New York), 12 August 2008, A9.

한 국가 책임이라는 어려운 문제를 제기하며, 타국에 대한 자위권의 행사로서 무력을 사용하기 전에 요구되는 국가 개입 혹은 연루의 정도와 필연성의 문제를 제기한다. 이 책은 이 문제에 대하여 깊게 다루지는 않는다. 다만 컴퓨터 네트워크 공격과 관련된 논의뿐만 아니라 재래식 공격과 관련하여서도 국제사회에서는 이 문제에 대해 합의가 거의 존재하지 않는다는 것을 말해두고자 한다.[113] 하지만, 국가는 테러리스트나 무장세력이 타국의 군사목표물 혹은 민간시설을 공격할 시에 이것을 알면서도 본국의 영토를 은신처로 내어주어서는 결코 안 된다는 것은 명백하다.[114]

귀속에 대한 어려움은 또한 피해국이 자위권 행사라는 강제적인 대책을 취하는 것과 관련된 역량에 영향을 미친다.[115] 오일 플랫폼 판례에서 국제사법재판소는 자위권을 발동하는 당사자 국가에 입증책임이 있으며, 미국은 본국이 특정한 국가(이란)에게 무력공격을 입었음을 입증하는 데 실패하였다고 판결 내렸다.[116] '[피해국]은 역행적인 충동과 근거 없는 의혹에 입각하여 성급한 결정을 무모하게 내려서는 안 된다. 무고한 자들이 위험에 처하지 않도록 확실한 증거를 수집하고, 정황이 명확해지기 전까지 피해국은 강제적인 대응을 보류하는 것 이외에 선택의 여지가 없다.'[117] 그러한 성급한 반응들은 교전상태의 확전을 야기할 수

---

113) 비국가 행위자들의 무력사용에 대한 법적 귀속와 국가 책임에 대한 논의에 대해서는, Gray, Use of Force (2nd edn) 참조.

114) Ian Brownlie, 'International Law and the Activities of Armed Bands' (1958) 7 *International and Comparative Law Quarterly* 712, 734, cited in Dinstein, *War, Aggression, and Self-Defense*, 206.

115) Sharp. Cyberspace and the Use afforce, 133, cited in Dinstein, 'CNA and Self-Defense', 111.

116) *Oil Platforms Case*, 57, para 61.

117) Dinstein, 'CNA and Self-Defense', 111.

있으며, 이것은 무력금지가 예방하고자 했던 것이다. 하지만, 책임에 대한 확실한 증거를 수집할 때까지 기다려야 할 필요가 있다는 것은 또한 일단 책임소재 여부가 확증되면, 범죄국에 대해 취해진 어떠한 조치도 자위로서 취해진 것이 아니라 무력복구로 분류될 수 있는 가능성을 열어둔다. 무력복구는 국제법상 금지되어 있는 행위이다.[118]

4. 필요성 및 비례성

전달 수단이 물리적이든 전자적이든 간에, 공격에 대한 모든 반응들은 필요성과 비례성이라는 근원적인 원칙들에 종속되어 있다. 국제사법재판소는 반복적으로 개인적이든 집단적이든 간에, 자위의 원칙은 국제관습법상 확립된 원칙으로서 '무력공격에 비례하며 그것에 대응하기 위해 필연적인' 조치들만을 보장하고 있다고 하였다.[119] 그 원칙들은 유엔 헌장에는 명기되어 있지는 않으나, 캐롤라인 사건에서의 웹스터(Webster) 공식에서 그 기원을 찾을 수 있다.[120]

필요성의 원칙은 자위의 행사로 공공연하게 취해진 어떠한 조치라도 그 목적을 위해 반드시 필연적이어야 할 것을 요구하고 있다. 그 원칙이란 엄정하고 객관적이어서 '그 어떤 자유재량의 수단에 관한 여지도 남겨두어서는 안 된다'

---

118) Declaration on Friendly Relations, Principle on the Use of Force, para 6.

119) *Nicaragua (Merits)*, 문단 176, 194; *Nuclear Weapons Case*, para 41; *Oil Platforms Case*, 문단 74; *Armed Activities Case*, para 147.

120) '즉각적이고, 압도적인, 방어의 필요성'이 있어야 하며, '다른 수단의 선택과 숙고의 여지를 남겨두어서는 안 된다.'

는 것이다.[121] 다시 말해, 무력공격에 뒤이어 폭력이 사용되는 것으로는 충분하지 않다는 것이다. 그 공격을 격퇴하기 위해 반드시 필연적이어야 하며,[122] 비강제적인 구제책들이 무용한 것으로 증명되거나 또는 실제적으로 기대를 충족시키지 못하는 방식으로 다 활용된 상태라야 한다.[123] 로베르토 아고(Roberto Ago)가 지적하듯이, '만일 국가가 무력공격의 사용을 포함하지 않는 방식으로 똑같은 결과를 얻어낼 수 있었다고 한다면, 그것이 무력사용에 대한 일반적인 금지를 위반하는 행위양식을 채택하는 것에 대해 어떠한 정당성도 가지지 못할 것이다.'[124] 예컨대, 오일 플랫폼 판례에서 국제사법재판소는 비록 유조선 아일 시티(Sea Isle City)에 대한 공격과 미 전함 사무엘 로버츠(Samuel B. Roberts)의 기뢰 충돌에 대한 책임이 이란에게 있음에도 불구하고, 미국 측은 이란에 대해 플랫폼에서의 군사적인 활동들에 대해 불평하지 않았다는 것에 주목했으며, 이것은 플랫폼에 대한 공격이 필연적인 행위로 간주되지 않았다는 것을 시사한다.[125]

필요성에 대한 법칙은 또한 이것과 관련된 또 다른 원칙을 야기하는데, 다시 말해 자위로서 취해진 조치들이 과도한 지체 없이 일반적으로 채택되어야만 한다는 것이다.[126] 컴퓨터 네트워크 공격의 경우에, 이것은 자위권 행사에 대한 성공적인 주장을 더 어렵게 만들지도 모른다. 컴퓨터 네트워크 공격의 진원이 불

---

121) *Oil Platforms Case*, para 73.

122) Greenwood, 'Pre-Emptive Use of Force', 23.

123) Dinstein, 'CNA and Self-Defense', 109.

124) Roberto Ago, 'Addendum to the Eighth Report on State Responsibility' (1980) 11 *UN Y.B. Int'l L. Comm'n* para 13, 69 120.

125) *Oil Platforms Case*, 73-6,

126) Dinstein, *War, Aggression, and Self-Defense*, 210; Ago, 'Addendum', 69,

분명한 곳에서는, 컴퓨터 과학수사를 수행하고, 범죄주체의 신원확인과 관련된 명백한 증거를 확증하기 위해 소요되는 시간은 피해국에 의한 그 어떠한 사후의 행위라도 자위권 행사로 여겨진다는 사실에 대항하여 작용할지도 모른다. 세계무역센터와 미 국방부에 가해진 911 테러공격과 아프가니스칸에서의 연이은 조치 사이에 몇 주간의 지체가 있은 후에 유사한 비판이 미국에 가해졌다.[127] 마찬가지로, 나카라과 판례에서의 법원은 비록 궁극적으로는 다른 근거들을 토대로 미국의 자위권 행사의 주장을 철회하기는 하지만, 또한 미국 정부가 엘살바도르 정부에 대한 주요한 적대적 공격들이 완전히 격퇴당한 몇 달 후에 자위권 행사라고 일컬어 질 수 있는 활동들을 개시했다는 것에 대해서 비판했다.[128] 하지만, 딘스타인(Dinstein)은 이러한 요구사항들이 너무 엄격하게 해석되어서는 안 된다는 것에 주목한다. 그는 쿠웨이트 침공과 유엔 안정보장이사회에 의한 모든 필요한 수단들에 대한 승인 사이에 대략 5개월가량의 지체가 있었다는 것을 지적한다.[129]

비례성의 원칙은 공격을 멈추고 격퇴하기 위해 허용되거나 혹은 예방적 자위의 경우, 공격이 발생하는 것을 막기 위해 사용되는 대응조치의 적합성을 숙고하도록 요구한다. 취해진 조치가 비례성의 원칙에 적합한지는 필연적으로 상황의 사실 관계에 의존한다. 하지만 조치가 보복적이거나 형벌적이어서는 안 되며, 그 적법성은 '바라는 결과를 성취하기 위한 국가의 능력 이외의 것으로' 측

---

127) 이 주장의 약점에 관한 논의에 대해서는, Greenwood, 'Pre-Emptive Use of Force', 23 참조.

128) *Nicaragua (Merits)*, 237.

129) Dinstein, *War, Aggression, and Self-Defense*, 210.

정되어서는 안 된다.[130] 이 지점은 컴퓨터 네트워크 공격과 관련하여 흥미로운 질문을 불러일으킨다. 즉, 전자상의 공격에 대항하여 재래식 무력을 사용하는 것이 과연 비례성의 원칙에 적합한지 아닌지에 대한 질문이다. 그 대답은 확실히 긍정적이라고 할 수 있다. 비례성의 원칙은 방어국가가 공격국가와 똑같은 무기를 사용해야 한다든지 혹은 똑같은 수의 무력을 활용해야 한다고 제한하지 않는다. 그리고 본국의 영토에 대한 행위로 비례성의 원칙이 반드시 제한되지도 않는다.[131] 그러므로 컴퓨터 네트워크 공격의 피해국이 소기의 목적에 비례할 정도에 한정하여 대응하는 한, 공격을 격퇴하기 위해 자국의 재량대로 어떠한 무기도 사용할 수 있다고 할 수 있다. 아고(Ago)의 말에 주목해보자.[132]

자위의 경우, 공격 주체의 행위와 스스로를 보호하는 방어국가의 행위 사이에 일정 정도의 비례성이 있어야 한다고 사고하는 실수를 회피하는 것이 필수적이다. 비례성은 오직 공격을 격퇴하고, 그것이 성공하지 못하게 막는다는 행위의 목적의 견지에서만 판단되어야만 한다. 공격을 당하고 있는 피해국에게는 공격에 성공적으로 대응하기 위해 그것을 해치는 어떠한 제한들도 가해져서는 안 된다. 자위권의 행사는 제한된 비율 내에서 행해진 무력공격에 대한 반응에 응대하여 이루어진 실질상의 공격 행위를 정당화할 수 없기 때문에, 합리적인 행위의 개념도 물론 이 상황에서 당연히 고려되어야 한다.

---

130) Ago, 'Addendum', paras 69, 121.

131) Gray, *Use of Force* (3rd edn), 150.

132) Roberto Ago, 'State Responsibility' (1980) Vol. 1 *UN Y.B. Int'l L. Comm'n* 188, 문단 2526. 1980년 6월.

그러므로 만약 컴퓨터 네트워크 공격이 재래식 공격을 위한 전투공간을 준비하기 위해 사용되고 있다면, 그것에 대응하는 군사적 무력의 사용은 전체적으로 그 공격을 격퇴하기 위한 필요와 관련하여 비례적이어야만 한다. 하지만 공격 컴퓨터와 그 소유자들을 물리적으로 폭격하는 것이 합법적인지는 모르지만, 반드시 선호되는 대응 양식은 아니라는 점을 주목해야만 한다.[133] 현재까지 소수의 국가 침입 사례들만 공개되어 왔으며, 무력 대응을 정당화할만한 대규모의 공격들은 아직까지 보고되지 않았다. 더 나아가, 다른 국가들로부터 방출되는 전자 탐침에 대응해 왔던 국가 관행은 아직까지 강제적인 대응을 이끌어 내지는 못하였다.[134]

에릭 젠슨(Eric Jensen)은 공격을 추적하고 유사한 피해를 공격 발송자에게 가하거나 혹은 다른 대응조치들을 취하기 위해 '공격 탐지' 기능이 탑재된 기술적인 해결책들을 언급해 왔다.[135] 비록 사용 가능한 많은 기술들이 분류되어 있지만, 위에서 언급한대로 어떠한 자동화된 대응책에서라도 극복해야 할 가장 어려운 문제들 중의 하나는 파괴적인 폭격을 가하기 전에 올바르게 공격자의 귀속 여부를 찾아내는 것이다. 예컨대, 파룬궁에 귀속되었던 미 운수성에 대한 공격은 사실 다른 곳에서 촉발되었으며, 비록 처음에는 러시아가 혐의를 받았지만,

---

133) Eric Talbot Jensen, 'Computer Attacks on Critical National Infrastructure: A Use of Force Invoking the Right of Self-Defense' (2002) 38 *Stan. J. Int'l L.* 207. 230.

134) 현재 이 글을 쓰고 있는 시점에서 통신 네트워크의 공격에 대한 유일한 무력 대응은 헤즈볼라 통신 네트워크의 차단으로 인해 발생한 레바논에서의 시가전이다. 그 대응조치는 국가들에 의해서 비난받았다. 하지만 그 분쟁의 비국제적인 성격을 고려해보면, 이 지점에서 국가 관행에 대한 어떠한 유용한 지표도 제공하지 않는다. 일반적으로 'Hezbollah Takes over West Beirut', *BBC News.* 9 May 2008. http://news.bbc.co.uk/lfhi/world/middle_ east/7391600.stm (마지막 접속일자 2011년 7월 15일). 참조.

135) Jensen, 'Computer Attacks', 231.

에스토니아와 조지아에 가해진 공격들은 현재로서는 독립적인 '애국 해커들'의 작업이었다고 널리 믿어지고 있다. 지적한대로, 다른 행위자들을 통해 공격을 송달하는 것 또는 다른 실체에게 비난을 전가하기 위해 아이피 주소를 조작하는 것은 그 자체적으로 정치적인 목적을 위해 활용될 수 있다.

5. 불법행위에 대한 대응조치

컴퓨터 네트워크 공격이 무력공격의 수준으로까지 도달하지 않을 경우에도, 국가는 비례적인 대응조치를 통해 여전히 대응할 수 있다. 하지만 강제적인 대응조치들이 무력공격을 구성하지 않는 보통의 국제법 위반에 대응하여 취해질 경우, 그것은 적법하지 않다.[136]

그러나, 니카라과 판결에서 국제사법재판소의 다수에 의해 전개된 논쟁적인 '간격 이론'(gap theory)으로부터 도출된 대안적인 추론의 맥락은 일정 정도 이와 관련된 논의에 혼선을 가져온 것으로 보인다. 국제사법재판소는 엘살바도르, 혼두라스 그리고 코스타리카에 대항하여 자행된 니카라과의 조치들이 '불법적인 군사개입'의 덜 중대한 형태에 해당한다고 판결했다.[137] 국제사법재판소는 '비례적인 대응조치들'은 피해국에게 허용될 수 있다고 판결했다. 하지만 그 어떠한 제3국에게도 무력사용을 포함하는 집단적인 대응조치들을 취할 수 있는 권리는

---

136) Dinstein, *War, Aggression, and Self-Defense*, 226.

137) 재판소는 니카라과가 엘 살바도르 영토내의 반군들에게 조력을 분명히 제공했다고 할 수 있지만, 조력의 성질, 규모, 그리고 영속성을 고려해 볼 때 증거가 충분치 못하다고 판결 내렸다. 재판소는 더 나아가 니카라과는 혼두라스와 코스타리카에 대한 특정한 초국경 군사 침입에 대해 책임이 있다고 판결 내렸다.

인정하지 않았다.[138] 국제사법재판소는 피해국에 의해 어떠한 형태의 개별적인 대응조치들이 취해질 수 있을지, 혹은 그것들이 무력사용을 포함할 수 있을지에 대해서는 언급하지 않았다.

존 하그로브(John Hargrove)는 재판소의 진술에 대해서는 가능한 두 가지 해석이 있을 수 있음을 시사하였다.[139]

> 재판소는 첫째 (a) 그 어떤 것도, 심지어 피해국이라 하더라도, 비례적인 무력 조치들에 의해 저항할 수 없는 몇몇 무력행위가 있으며, 또는 (b) 피해국이 단독으로 행동 할 경우 무력을 사용하여 저항할 수 있다. 후자의 진술에 대한 설명에 있어서 그것이 단순히 국제사법재판소의 자의적인 선언이라는 것 이외에는 논의될 수 있는 것이 거의 없다.

하그로브는 만약 강제적 대응조치들을 허용한다면 그것은 '헌장 2(4)항에 대해 예측 불가능한 내용과 범위의 완전히 새롭고 개방적인 예외 상황을 창출 해냄으로써 일순간에 자위를 위한 권리에 손상을 입힐 뿐만 아니라 무력의 사용에 대한 금지 조항을 근본적으로 약화시키게 될 것'이라고 주장하였다.[140] 그러나 오일 플랫폼 판례에서 심마(Simma) 법관은 자신의 개별의견을 통해 니카라과 판례의 맥락을 고려해 볼 때, 당시 국제사법재판소는 그것이 단순히 평화적인 보

---

138) '덜 중대한 규모의 무력사용은 무력사용을 포함하는 집단적인 대응조치를 취할 어떠한 권리도 부여하지 않는다. 니카라과가 기소당한 그 행위들은 이러한 행위들의 피해국이었던 엘 살바도르, 혼두라스 혹은 코스타리카와 같은 국가들의 비례적인 대응조치만을 정당화 할 수 있다고 볼 수 있다. 그것들은 제 3국인 미국에 의해 취해진 대응 조치들을 정당화시킬 수 없으며, 특히 무력사용을 포함하는 개입은 정당화되지 않는다. *Ibid*., para 249.

139) Hargrove, 'Nicaragua Judgement', 141.

140) *Ibid*., 142.

복만을 의미한다고 이해했을 리가 없다고 주장해 왔다.[141] 그는 국제사법재판소는 '대규모의 자위에 "미치지 못하는" 방어적인 군사행동'만을 의미했을 것이라고 주장한다.[142]

> 하지만 우리는 또한 유엔 헌장 제51조의 의미 범위 내에서 '무력공격'의 시발점에 도달하지 않는 경우에도 낮은 수준의 적대적인 군사행동을 마주할 지도 모른다. 그러한 적대적인 행위에 대항하여, 국가는 스스로를 물론 방어할 수 있다. 하지만 더 제한된 반응의 범위와 특성 내에서만 허용된다는 것이며(주요한 차이는 집단적인 자위의 가능성이 발생하지 않는다는 것이다, cf. 니카라과 판례), 또한 특별히 엄격한 방식으로 시간에 맞게 필요성, 비례성, 즉시성의 원칙에 구속되어야 한다는 것이다.

심마가 강제적인 대응조치에 관한 조건들을 다루는 방식은 아래에 명기된 비강제적인 대응조치를 위한 기준들보다는 명백히 고전적인 자위권 분석과 연계되어 있다. 이러한 주장은 무력의 단계로까지 격상된 컴퓨터 네트워크 공격의 대상이 되는 국가에 유리한 것으로 판명될 것이며, 특별히 그것의 계획된 비례적 대응이 마찬가지로 무력의 불법 사용으로 간주될 수 있을지 불확실한 상황에서는 더욱 그러하다. 그러나 이것은 소수의 의견이며 대부분의 논자들은 무력을 동반한 대응조치들은 무력복구와 마찬가지로 국제법상 금지되어있음을 주장한다는 것을 눈여겨보아야 한다.

컴퓨터 네트워크 공격이 무력공격(혹은 무력사용)에 해당하지 않는 곳에서는,

---

141) *Oil Platforms Case* (per Judge Simma), para 12.

142) *Ibid*. per Judge Simma, paras 12-13.

피해국에 의해 취해진 어떠한 대응조치라도 대응조치와 관계된 법률에 의존하고 그것의 제한을 받아야 할 것이다.[143] 갑키코보-나기마로스 프로젝트에 관한 판례(Case Concerning the Gabcikovo-Nagymaros Project)에서, 국제사법재판소는 비례적인 대응조치들을 정당화하는 세 부분으로 이루어진 시험 기준을 제시하였다. 첫째, 그 조치는 반드시 타국의 국제적인 불법행위에 대응하여 취해져야 하며 당해 국가가 그 대상이어야 한다. 둘째, 피해국은 공격국에서 불법 행위를 중단할 것을 요청하거나 그것에 대한 보상을 요구했어야만 한다. 그리고 마지막으로, 논의가 되고 있는 자위권의 행사를 고려했을 때, 대응조치의 효과가 반드시 피해를 입은 정도에 비례해야만 한다.[144] 이 점에서 대응조치의 경우와 자위의 경우 비례성 테스트가 달라지는데, 자위의 경우에는 대응이 실제로 입은 피해보다는 위협에 비례하여야 한다. 그러나 법원은 또한 대응조치의 목적이 범죄 국가로 하여금 국제법상의 의무사항들을 준수하도록 유도하는 것이며, 그러므로 조치사항들은 취소될 수 있어야 한다고 진술하였다.[145] 컴퓨터 네트워크 공격의 측면에서 보면 이것은 현재의 국가관행에 들어맞는 것처럼 보인다. 현재까지 대부분의 공격들에서 국가들은 단순히 공격을 범했다고 추정되는 당사자에게 행동을 멈출 것을 요구하는 것에 그쳤다.[146] 그러나 컴퓨터 네트워크 공격들이

---

143) 일반적으로 United Nations. International Law Commission and James Crawford, *The International Law Commission's Articles on State Responsibility: Introduction, Text, and Commentaries* (Cambridge University Press. Cambridge, New York. 2002) 참조.

144) *Case Concerning the Gabctkovo-Nagymoros Project* (1997) ICJ Reports 3. International Court of Justice. para 85.

145) *Ibid.*, para 87.

146) 현재까지 보고된 모든 경우에서 용의자는 그 공격과의 어떠한 연관도 부정해왔다는 것을 주목해야 한다.

가능한 것으로 만들어 내는 유형의 공격들과 가장 중요한 것으로 여겨지는 다시 되돌려질 수 있는 능력을 포함한 공격의 속성은 컴퓨터 네트워크 공격을 특정 국가에 의해서 사전에 행해졌던 위법에 대항하는 대응조치로서 특별히 유용하게 한다. 예컨대, 국제적인 위법행위에 대응한 일련의 정전사태들은 유용한 강제조치가 될 수 있다.

1998년 미 국방부 웹사이트가 일렉트로닉 디스터번스 씨어터(Electronic Disturbance Theatre) 집단에 의해 사파타주의자(Zapatista)들의 '플러드넷'(Floodnet) 공격을 받았던 것은 어떻게 전자상의 대응조치가 비국가 행위자들에게 불리하게 작용하는가에 대한 모델을 제공한다. 미 국방부 전문가들은 국방부 웹사이트에 접속하고자 하는 컴퓨터들에 설치된 플러드넷 애플릿을 식별할 수 있는 프로그램을 만들어냈다.[147] 일단 애플릿이 식별되면, 프로그램이 활동가들의 컴퓨터로 되돌아가 그들의 웹사이트를 폐쇄하고 공격을 종료시켰다.[148] 비록 그러한 대응책이 내포하는 법적인 함의에 대해 철저하게 고려하지 않은 것에 대해 미국방성에 비판들이 가해졌지만,[149] 이 경우에 그들이 예측했었던 공격에 대항하여 전자적으로 대응하겠다는 미국의 결정은 비폭력적으로 시위하는 집단에 대항하여 비례적인 대응조치라고 간주되어야만 한다. 이러한 접근법이 2011년도에 발간된 미 국방부의 '적극적 방어' 정책에서 개정되고 있는 것 아니냐는 일

---

147) 애플릿이란 다른 응용프로그램 내에서 특정한 하나의 과제를 수행하도록 설계된 코드의 일부이다.

148) Brian Friel, 'DoD Launches Internet Counterattack', *Government Executive*, 18 September 1998, http://govexec.com/dailyfed/0998/091898b1.htm (마지막 접속일자 2011년 4월 12일).

149) George I. Seffers, 'Legalities Cloud Pentagon's Cyber Defence', *Defence News*, 1999년 1월 25일, 3.

종의 추측이 있었다.[150] 정책이 발표되기 전 린(Lynn)이 발표한 내용은 미국이 국방부 네트워크에 위협이 도달하기 전에 그것을 멈추고자 의도하고 있었다는 것을 나타내 주었다. 그러나 미 국방부의 사이버 보안전략에 관한 일반 공개문서는 미 국방부 네트워크 경계를 넘어 반격하는 것이 아니라 국방부 네트워크와 시스템 *내에서* 악의적인 활동들을 포착하는 네트워크 속도에 적극적 방어의 개념을 집중시키고 있는 것처럼 보인다.[151] 타국에 대해 반격(push-back) 접근법을 채택하는 것의 위험은 그러한 대응조치들이 무력적 대응으로 격상될 수 있다는 것이며, 다음 장에서 볼 수 있듯이 유엔 안정보장이사회 차원에서 이 상황을 국제 평화와 안전에 대한 위협으로 결정할 수 있다는 것이다.

6. 안전보장이사회 승인과 집단적 조치

제51조에 명시된 자위권의 행사 이외에, 유엔 헌장에서 무력사용 금지에 대해 유일하게 다른 예외를 두고 있는 것은 제7장에 의해 보장되는 집단적 안전조치를 승인하는 경우이다. 안정보장이사회는 '국제 평화와 안전의 유지를 위한 최우선적인 책임'을 가지고 있으며, 이 목적을 추구하기 위해 회원국들에게 무력의 사용을 포함하는 집단 조치에 참여할 것을 권고하거나 승인할 수 있다. 제

---

150) Deputy Defense Secretary William J. Lynn III. Lynn에 의해 진술된 내용에 근거한 것임. 'Defending a New Domain', 101; Nagashima, 'U.S. Eyes Preemptive Cyber-Defense Strategy'.

151) US Department of Defense, Strategy for Operating in Cyberspace, 2011년 7월. US Department of Defense (2011), www.defense.gov/news/d20110714cyber.pdf(마지막 접속일자 2012년 1월 18일), 8.

39조는 다음과 같이 서술한다.

> 안전보장이사회는 평화에 대한 위협, 평화의 파괴 또는 침략행위의 존재를 결
> 정하고, 국제 평화와 안전을 유지하거나 이를 회복하기 위하여 권고하거나, 제
> 41조 및 제42조에 따라 어떠한 조치를 취할 것인지를 결정한다.

이것은 컴퓨터 네트워크 공격의 사용과 관련하여 두 가지 별개의 질문을 제
기한다. 첫째, 안정보장이사회가 컴퓨터 네트워크 공격이 '평화에 대한 위협, 평
화의 파괴, 침략행위'로 간주할 수 있을 때는 언제인가? 둘째, 어떠한 상황에서
제7장의 안정보장이사회에 의해 승인된 조치들이 컴퓨터 네트워크 공격을 포함
하게 될까?

상술한 대로, 안정보장이사회가 조치를 권고하기 전에, 반드시 '평화에 대한
위협, 평화의 파괴, 또는 침략행위'가 제39조 아래에서 존재해야 함을 결정해
야 한다. 관례상으로, 안정보장이사회는 평화의 파괴나 공격 행위가 명백한 상
황에서도, '국제 평화와 안전에 대한 위협'을 언급하면서 거의 배타적으로 그 힘
을 행사해왔다.[152] 그러므로 여기서의 분석은 이러한 광범위한 기준에 초점을 맞
출 것이다. 안정보장이사회의 평화에 대한 위협을 결정할 수 있는 능력에 대해
어떠한 제한이 있는가의 여부는 법학자들 사이에 논쟁의 대상이다.[153] 그렇지만,

---

152) Jochen Frowein, 'Article 39' in B. Simma (ed.), *The Charter of the United Nations: A Commentary* (2nd edn, Oxford University Press, 2002) 717, 722; Gray, *Use of Force* (3rd edn), 256. 안전보장이사회가 침략이나 평화 파괴 행위라고 결론내린 모든 경우에는 국가 간 분쟁도 포함된다.

153) 일반적으로 Erika De Wet, *The Chapter VII Powers of the United Nations Security Council* (Hart, Oxford. 2004), 133-4 참조.

이러한 점에서 안정보장이사회가 상당한 재량권을 가지고 있다는 것은 일반적으로 받아들여진다. 안정보장이사회가 평화에 대한 위협으로 간주한 상황의 결과적인 범위들이 지속적으로 넓어지고 있으며, 그들의 허용 가능성과는 상관없이 국제법의 위반에 대한 국가들의 폭력적인 대응조치의 위험성들까지 포함하고 있다.[154] 안정보장이사회는 또한 라이베리아, 르완다, 시에라리온, 동티모르[155] 등지에서 발생한 국내분쟁에서 평화에 대한 위협을 발견하였다. 소말리아, 르완다, 동 자이르(Eastern Zaire)[156]에서 발생한 인권법과 국제인도법의 위반, 아이티와 시에라리온[157]에서의 민주적 원칙들에 대한 위반, 테러리즘,[158] 핵 확산 및 국제 기소에 대한 비협력 등과 같은 것이 그 위협이라고 할 수 있다.[159] 이러한 예들은 안정보장이사회가 평화에 대한 실질적인 위협이 존재한다는 것을 결정할 때에 광범위한 자유재량을 발휘해야 한다는 것을 예증한다. 그러나 프로웨인(Frowein)은 이것이 평화에 대한 위협의 개념이 무제한적인 것을 의미하는 것

---

154) Frowein, 'Article 39', 722.

155) SC Res 788. 19 November 1993 on Liberia; SC Res 918. 17 May 1994. SC Res 929. 22 June 1994 on Rwanda; SC Res 1132. 8 Oct 1997. SC Res 1289. 7 Feb 2000. SC Res 1306.5 July 2000 on Sierra Leone; SC Res 1264. 15 September 1999 on East Timor 참조.

156) SC Res 794. 3 December 1992 on Somalia; SC Res 929, 22 June 1994 on Rwanda; SC Res 1078. 9 November 1996 on Zaire.

157) 아이티의 경우: SC Res 841.16 June 1993; SC Res 917. 6 May 1994; SC Res 940.31 July 1994 and 가장 최근의 것은 SC Res 1529. 29 February 2004. 시에라리온의 경우: SC Res 1132. 8 October 1997; SC Res 1270. 22 October 1999; SC Res 1289.7 February 2000; SC Res 1306. 5 July 2000.

158) 예컨대, SC Res 1526. 30 January 2004.

159) 핵 확산에 대해서는 SC Res 1172.6 June 1998; 로커비 폭파사건(Lockerbie) 범인의 기소에 대해 리비아 측의 비협조에 대해서는 SC Res 748. 31 March 1992

은 아니라고 주장하였다. 그는 특정한 상황에서, 상당한 규모로 무력사용의 위험이 발생할 때 평화에 대한 위협이 존재한다고 주장한다.[160] 비록 안정보장이사회는 현재까지 어떠한 컴퓨터 네트워크 공격도 고려한 적이 없었지만,[161] 이러한 평가에 근거하면, 컴퓨터 네트워크 공격은 그것이 충분히 중대해서 국가가 그것이 무력공격으로 분류되는 것과는 상관없이 무력으로 그것에 대응할 것 같은 경우, 또는 공격의 유형이 전자상의 수단이든 물리적인 수단이든 간에 뒤따를 진전된 폭력을 암시할 경우에 확실히 그것은 평화에 대한 위협을 구성하는 것처럼 보인다.

일단 안정보장이사회가 평화에 대한 위협을 결정하면, 국제 평화와 안전의 회복과 유지를 위해 안정보장이사회는 권고안을 만들거나, 회원국들에게 헌장의 제40조, 제41조 및 제42조를 근거로 조치를 취할 것을 요구할 수 있다. 흥미롭게도, 일단 안정보장이사회가 어떠한 상황을 평화에 대한 위협으로 간주하면, 안정보장이사회는 '평화의 회복에 있어서 방해적인 요소로 여기지는 어떠한 실체에 대해서라도 자유롭게 조치를 취할 수 있다.'[162] 그러므로 1997년 앙골라에서의 상황을 국제 평화와 안전에 대한 위협으로 결정했기에, 안정보장이사회는 비국가 단체인 유니타(UNITA, 앙골라의 완전한 독립을 위한 연합)에 제재를 가했다.[163] 2008년에 조지아에서 발생했던 사태처럼 이것은 불만을 품은 단체들이 분쟁에

---

160) Frowein, 'Article 39', 726.

161) 조지아는 남 오세티아에 대한 2008년 러시아와의 분쟁의 맥락에서 러시아의 사이버 공격이라고 주장되는 이슈를 제기하였다. 그러나 다른 구성원 국가들에 의해 이 지점이 채택되지 못했고 어떠한 결의안도 도출되지 않았다, S/PV,5961. 19 August 2008. 이전에 지적한대로, 공격에 대한 귀속은 결코 확실할 수 없다.

162) Dinstein, *War, Aggression, and Self-Defense*, 287.

163) SC Res 1127. 1997, 같은 곳에서 인용.

'가담함으로써' 발생하는 컴퓨터 네트워크 공격의 견지에서 특별히 그 중요성을 갖는데, 상술한 내용이긴 하지만 긍정적 귀속이 항상 중요한 요인이 될 것이다.

제40조는 안정보장이사회가 제39조 아래에서 어떠한 권고사항들을 내릴 것인지 결정하기 전에, 상황의 악화를 막기 위해 필요하거나 바람직하다고 간주하는 어떠한 잠정적인 조치들이라도 확립할 것을 허용하고 있다. 잠정적인 조치들은 당사자들의 권리, 요구 입장을 침해하지 않고 결정되지만, 잠정적인 조치에 순응하지 않을 경우 안정보장이사회는 다음을 고려하도록 되어 있다.

제41조는 안정보장이사회로 하여금 다음 사항을 결정하도록 허용한다.

> 안전보장이사회는 그의 결정을 집행하기 위하여 병력의 사용을 수반하지 아니하는 어떠한 조치를 취하여야 할 것인지를 결정할 수 있으며, 또한 국제연합회원국에 대하여 그러한 조치를 적용하도록 요청할 수 있다. 이 조치는 경제관계 및 철도·항해·항공·우편·전신·무선통신 및 **다른 교통통신수단**의 전부 또는 일부의 중단과 외교관계의 단절을 포함할 수 있다.(굵은 글씨 저자 강조)

이것은 또한 1998년 EDT(Electronic Disturbance Theatre)의 공격에 대한 미국의 대응에서 잘 드러나듯이, 개인적인 인터넷 접속의 차단을 허용하며, 또한 이집트, 미얀마, 리비아 정권에 의해 내부적으로 시도된 자발적 인터넷 중단에서와 같은 방식으로 제3자에 의해 국가 전체를 인터넷으로부터 차단시키는 것도 허용할 수 있다.[164] 그러한 조치들이 전자상의 봉쇄 조치(제42조에서 규정된 강제적

---

164) James Cowie. 'What Libya Learned from Egypt', *Renesys Blog*, 5 March 2011, WWW. renesys.com/blog/2011{03{what-libya-learned-from-egypt.shtml (마지막 접속일자 2011 4월 12일): Jordan Robertson. 'The Day Part of the Internet Died: Egypt Goes Dark', *The Washington Times* 28 January 2011. www.

조치들의 범주에 속하는)와 같은 역할을 한다는 주장도 있어왔다.[165] 그러나 본 저자는 비록 이것이 고도의 기술화에 의존하고 있는 국가들에게 의심할 여지없이 심각한 경제적 타격을 입히는 것임에도 불구하고, 이것이 적절한 분류라고 생각하지는 않는다.[166] 제41조에 규정된 전자상의 조치들은 비록 위협에 대한 반응의 형성이 실제로는 어려운 것으로 입증될 수 있음에도 불구하고, 언론, 은행, 국가의 전자통신 기반시설에 대항하여 개시된 도스(DOS) 공격을 또한 틀림없이 포함한다고 할 수 있다.

비강제적인 조치들이 성공적이지 못한 곳에서 또는 안정보장이사회 차원에서 그러한 조치들이 충분하지 못하다고 결정을 내릴 때, 안정보장이사회는 제42조하에서 국제 평화와 안전을 유지하고 회복하기 위해 필요한 만큼 공군, 해군, 육군 병력에 의한 행동을 승인할 수 있으며, 그러한 예들은 유엔 회원국들의 공군, 해군, 육군 병력에 의한 시위, 봉쇄, 그리고 여타의 작전들을 포함한다.[167] 안정보장이사회가 컴퓨터 네트워크 공격에 대항하여 무력사용 승인의 필요성을 인정할 것 같지는 않아 보인다. 그러나 공격 또는 몇 차례의 지속되는 공격들이 전자상의 수단에 의해 예방되거나 멈추어질 수 없을 때, 무력사용을 승인하는 것은 그들의 권한 내에 있는 것이다. 일찍이 지적했듯이, 무력은 공격의 다양한

---

washingtontimes.com/ news/2011/jan/28/day-part-internet-died-egypt-goes-dark/ (마지막 접속일자 2011 4월 12일): OpenNet Initiative, Pulling the Plug: A Technical Review of the Internet Shutdown in Bunna. OpenNet Initiative (2007). http://opennet.net/sites/opennet.net/files/ONC Bulletin_Burma_2007.pdf(마지막 접속일자 2011 4월 12일).

165) 에스토니아 및 조지아의 DOS 공격에 잇따른 언론 보도 참조.

166) 예컨대, OECD는 2011년 이집트에서 5일 동안 인터넷 및 모바일 폰 서비스가 중지되었을 때 그 경제적 영향을 직접 비용으로만 미화 9,000만 달러로 추정했다.

167) 유엔 헌장 제42조.

방법들의 복잡한 성질로 인하여 사이버 공격의 반격 시에 반드시 선호되는 수단이라고는 할 수 없다.

더 흥미로운 시나리오는 안정보장이사회가 평화에 대한 위협에 대응하기 위해 무력사용에 해당할 정도로 충분히 중대한 컴퓨터 네트워크 공격을 승인할 가능성이다. 예컨대, 지난 몇 년 동안 안정보장이사회는 이란의 핵 프로그램에 의해 제기된 핵 확산의 위험에 대해 우려를 표명하는 몇 차례의 결의안들을 통과시켜왔다.[168] 비록 안정보장이사회는 이란의 핵 프로그램을 국제 평화와 안전에 대한 위협으로 간주한다고 명시적으로 진술하지는 않았지만, 이것이 드문 일은 결코 아니다. 안정보장이사회의 관례로 미루어 볼 때, 제39조에 대한 명백한 언급과 관련된 공식적인 선고는 필요하지 않으며 그 용어의 사용만으로 충분하다.[169] 그러나 안정보장이사회는 헌장 제7장의 제41조 내에서 행동하고 있음과 각각의 결의안들은 회원국들이 이란에 대항하여 일련의 특별한 비강제적 조치들을 이행할 것을 요구한다고 명시적으로 진술하고 있다. 본 저자는 앞에서 스턱스넷(Stuxnet) 바이러스는 나탄즈(Natanz) 핵농축 시설에 있는 약 1000기 가량의 원심분리기에 물리적인 피해를 가했다고 일반적으로 간주되기 때문에 무력의 사용에 해당된다고 결론내렸다. 비록 2010년의 결의안 1929는 결의안의 범위를 넘어서는 어떠한 조치,[170] 혹은 무력의 위협과 사용을 승인하지 않는다고 특별히 강조하고 있지만, 만약 결정된 조치들이 제42조 하에서 일반적인 어구

---

168) SC Res 1929 (2010); SC Res 1803 (2008); SC Res 1747 (2007); SC Res 1737 (2006).

169) Gray. Use of Force (3rd edn). 256.

170) 그러므로 비록 스턱스넷이 물리적인 손해를 발생시키지 않고 단순히 핵 농축 시설이 작동하지 못하도록 하는 결과를 낳는다고 했을지라도, 안전보장이사회 인가의 조건에는 해당되지 않았을 것이다.

인 '모든 필요한 수단들'과 함께 취해졌다면, 스턱스넷 바이러스는 핵 농축 관련 활동의 중지라고 하는 결의안이 추구한 목적들 중의 하나를 달성하는 데 효과적인 방법으로 입증되었을 것이다.

7. 결언

무력사용과 관련된 앞 장의 논의에서처럼, 컴퓨터 네트워크 공격을 무력공격으로 분류하는 것은 자위권의 광범위한 해석을 지지하는 측과 그것의 제한적 활용을 지지하는 측 사이의 깊은 이론적 분열 가운데서도 가장 우선되는 것이다. 본 저자는 컴퓨터 네트워크 공격과 관련하여, 무력공격 시발의 제한적 관점과 그것에 따른 자위권의 행사가 선호되어야 한다고 생각한다. 그러므로 컴퓨터 네트워크 공격이 무력분쟁으로 분류되기 위해서는 상당한 규모와 효과를 동반하여 재산이나 인명에 물리적인 피해를 가져오는 공격들로 제한되어야 한다. 정확히 공격에 대한 귀속을 돌리는 데 투여될 때 걸리는 시간 및 이와 관련된 특정한 애로사항들을 고려했을 때, 그리고 자위권을 행사하는 국가들이 선제 공격자의 공격에 똑같은 방식으로 대응하는 것으로 제한되지 않을 것이라는 사실을 고려했을 때, 컴퓨터 네트워크 공격이 재래식 분쟁으로 격상될 위험은 명백하다. 이것은 무력공격의 단계로까지 상승하지 않은 컴퓨터 네트워크 공격에 대해 국가들이 대응할 수 없다는 것이 아니다. 국가는 여전히 공격에 상응하는 비례적인 대응조치로 대응하거나 안정보장이사회에 그러한 공격들이 평화에 대한 위협에 해당하는지의 여부와 관련된 사실 확인을 요청할 수 있다.

제2부

전쟁의 합법성
(JUS IN BELLO)

제4장

컴퓨터 네트워크 공격에 대한 무력분쟁법의 적용 가능성

무력분쟁법은 선전포고 여부와 상관없이 관계당사자들이 무력분쟁 상태나 실제로 적군을 인지하고 있는지 여부와는 관계없이 무력분쟁의 모든 상황에 적용된다. 그 결정은 법적인 것이라기보다는 깊은 숙고에 바탕을 둔 사실에 입각한 것이다. 무력분쟁법과 관련된 그 어떠한 법률문헌도 명시적으로 컴퓨터 네트워크 공격을 다루고 있지 않으며, 따라서 무력분쟁법이 컴퓨터 네트워크 공격에도 전적으로 적용될 수 있는지 여부, 그리고 만약 그렇다면 어떠한 환경 하에서 컴퓨터 네트워크 공격이 이러한 법들의 적용을 촉발시키기 위해 충분하다고 여겨질 수 있는지에 대해 답해야만 한다. 컴퓨터 네트워크 공격에 대한 법 적용의 대부분의 경우와 같이, 질적으로 다른 무기의 유형에 대한 기술의 진보(단순히 규모에서의 차이라기보다는)는 그 용어에 대한 재검토를 요구한다. 컴퓨터 네트워크 공격에의 무력분쟁법의 적용 가능성과 관련된 질문은 세 가지 다른 환경에서 제기된다. 첫째, 컴퓨터 네트워크 공격이 재래식 무력분쟁에서 재래식 무기와 함께 사용되는 경우, 둘째, 컴퓨터 네트워크 공격이 자체적으로 개시되는 경우, 마지막으로, 재래식 무기의 사용이 그 자체적으로는 무력분쟁으로 간주되기에 불충분하지만, 광범위한 컴퓨터 네트워크 공격이 수반되는 경우이다. 어떠한 상황에서는, 컴퓨터 네트워크 공격은 분쟁 개시를 알리는 역할을 하기도 하며, 따라서 무력분쟁법의 적용 단초를 제공하기도 한다. 무력분쟁의 존재 여부는 여기에서 특별한 관련성을 가지는데, 두 국가 간 무력분쟁의 발생은 분쟁당사자들 사이의 경우와 같이 보통의 평시법과 관련한 많은 규정들이 인도법 규정들에 의해 대체되도록 이끌 것이기 때문이다.[1] 예컨대, 자산을 몰수하고, 무력을 사용하며, 국민들을 억류할 수 있는 권리는 질적으로 달라질 것이다.

1. 무력분쟁

무력분쟁법의 적용과 관련하여 서로 다른 시발점들이 국제적·비국제적 무력분쟁에서 관습법과 조약법들에 의해 확립되었다. 국제적 무력분쟁의 경우에, 제네바협약(Geneva Convention) 공통2조는 '비록 전쟁상태가 그들 중 하나에 의해 인정되지 않는다고 하더라도, 두 개 또는 그 이상의 체약국들 사이에서 발생하는 여타의 무력분쟁이나 선포된 전쟁의 모든 경우에 있어서' 혹은 '비록 영토의 장악이 어떠한 무력저항과 마주하지 않는다고 할지라도, 체약국이 영토를 부분적으로 혹은 완전히 장악한 모든 경우' 완전히 적용된다고 규정하고 있다.[2] 제

---

1) Christopher Greenwood. 'Scope of Application of Humanitarian Law' in D. Fleck (ed.). *The Handbook of Humanitarian Law in Armed Conflict* (2nd edn. Oxford University Press. 2008) 45-78. 40 (per Chua J).

2) 1949 제네바협약 공통제2조. 그 협약들은 국가가 선전포고는 했지만 실제적인 교전행위에 가담하지 않는 경우에도 또한 적용된다. *Ibid.*, 47.

네바협약은 또한 미체약국이 협약의 규정들을 받아들이고 적용하는 경우에 그 국가들에도 적용된다. 제1추가의정서는 의정서의 조항들이 협약 공통2조와 동일한 상황에서 적용될 것이라고 규정하고 있으며, 또한 '인민들이 자기결정권을 행사하는 데 있어서 식민지배와 외세점령에 대항하여 투쟁하는 무력분쟁'의 경우에도 또한 적용된다고 기술하고 있다.[3] 이 조항은 매우 논란의 소지가 많은 것으로 드러났으며, 이는 미국을 포함한 몇몇 국가들이 제1추가의정서를 아직까지 비준하지 않은 이유 중 하나이다.[4]

국제적 성격의 분쟁이 아닌 경우, 다시 말해, 국내적 무력분쟁과 관련해서, 협약 공통3조와 제2추가의정서의 제1조는 둘 다 '무력분쟁'이라는 용어를 인도법 원칙을 적용하는 데 있어서 촉발기제로서 사용하고 있다.[5] 공통3조가 단순히 체약국의 영토 안에서 발생하는 무력분쟁을 가리키고 있다면, 제2추가의정서는 일반적으로 규정의 적용을 위한 더 높은 기준을 포함하고 있으며, 따라서 소규모 범위의 분쟁에도 적용된다고 할 수 있다. 제2추가의정서는 책임 있는 지휘 아래 있는 조직화된 무장세력에 의해 영토가 통제되고 있는 경우와 같이 추가적인 기준을 포함하고 있으며, 이것을 통해 지속적이고 협조적인 군사작전을 수행하도록 하고 추가의정서를 이행할 수 있도록 한다. 컴퓨터 네트워크 공격과 관련하여 이러한 추가기준의 적용효과는 아래에서 논의될 것이다.

'무력분쟁'이라는 용어는 협약에서나 추가의정서 그 어디에도 정의되어 있지

---

3) 제1추가의정서 1조.

4) Greenwood. 'Scope of Application of Humanitarian Law', 48. 그린우드는 그것이 비록 국가 관행에 영향을 미쳐왔다고 할지라도, 국가들이 그것이 국제 관습법의 존재를 선언한다고 여기지는 않을 것이라고 지적한다.

5) 국내 무력분쟁에의 무력분쟁법의 적용에 대한 전체 논의는, Lindsay Moir, *The Law of Internal Armed Conflict* (Cambridge University Press, New York, 2002) 참조.

않다. 이것은 전쟁에 대한 법적인 정의와 전쟁상태, 치안활동 또는 여타 형태의 적대적인 활동들 사이의 잇따른 구분에 대해 정치적·법적인 논쟁이 발생하는 것을 피하기 위해 협약 초안자들이 의도적으로 시도한 것이었다.[6] 따라서 그 결정은 법적인 것이라기보다는 실제적인 것으로 의도되어 있다. 국제적 무력분쟁의 측면에서, 협약에 관한 픽텟(Pictet)의 논평은 더 넓은 관점을 견지하며, 그는 다음과 같이 진술한다.[7]

> 비록 당사국들 중 한 국가가 전쟁상태의 존재를 부인한다고 할지라도, 두 국가들 사이에서 발생하며 군대의 개입을 야기하는 경우 제2조의 의미 내에 있는 무력분쟁이라고 할 수 있다. 얼마나 오래 분쟁이 지속되었는지 혹은 얼마나 많은 학살이 발생했는지 여부는 아무런 차이도 가져오지 않는다.

마찬가지로 국제적십자위원회는 무력분쟁에 대해 포괄적인 견해를 가지고 있으며, 국경을 넘는 군사작전의 경우에 최초의 한발은 국제적 무력분쟁을 촉발시키기에 충분하다고 주장한다.[8]

> '개시된 때부터'라는 용어를 사용함으로써, 협약 작성자들은 비록 무력투쟁이 지속되지는 않았다고 하더라도 폭력의 최초행위가 수행된 순간부터 그것이 적용될 수 있다는 것을 보여 주고자 하였다. 거기에 많은 희생자가 있을 필요도 없다. 단순한 국경사건도 더 광범위한 분쟁의 단초가 될 수 있기 때문에 협약이

---

6) International Committee of the Red Cross, Geneva, 1952, 32.

7) *Ibid.*

8) ICRC, 'Article 6', *Commentary to Geneva Convention* IV, 59.

적용될 수 있다.

이러한 최소(de minimis) 수준의 간섭도 명백히 부인한다는 것을 고려하면, 컴퓨터 네트워크 공격도 무력분쟁의 범위 안에 들어오는 것처럼 보인다. 그러나 이러한 견해가 보편적으로 지지되는 않으며 분쟁의 기간과 분쟁에 관한 진술이 반드시 국가관행에 의해 지지되는 것도 아니다.[9] 크리스토퍼 그린우드(Christopher Greenwood)는 그 결과가 얼마나 심각하든지 간에 대부분의 국가들이, 제네바협약의 세부내용을 총 동원하더라도, 하나의 고립된 사건이나 총격전을 무력분쟁으로 간주할 것이라는 것은 절대 명확하지 않다고 지적한다.[10] 특정 국가가 무력분쟁법의 비호를 주장했던 비교적 소규모의 사건들과 관련된 예들이 존재하기는 하지만, 많은 수의 국경분쟁과 해상충돌의 경우 무력분쟁으로 취급되지 않았다.[11] 예컨대, 1904년의 도거 뱅크 사건(Dogger Bank Incident) 당시, 러시아 해군의 북해함대는 일본 전함으로 오인하여 영국 저인망 어선을 향해 발포하였다. 이 사건은 두 명의 사망자와 저인망 어선 한 대의 침몰, 그리고 다른 어선의 피해와 승조원들의 부상에 대해 러시아 정부가 배상액을 지불함으로써 종결되었다.[12] 1967년 6월 8일, 이스라엘 전투기와 어뢰정이 지중해 동쪽 부근

---

9) 이것은 또한 에티오피아/에리트레아 청구 위원회(Ethiopia/Eritrea Claims Commission)에 의해 내려진 일련의 결정들에 의해서도 또한 지지된다. 몇 가지로 이유로 인해 비판받고 논쟁의 여지가 있기는 하지만, 판정의 논제였던 1998년 5월 12일을 무력분쟁의 시작이라고 선언하는 데 있어서의 위원회의 결정은 이전 주에 발생했던 국경 상의 충돌에 대해 무력분쟁법을 적용하지 않겠다는 그들의 의지를 나타내준다.

10) Christopher Greenwood, 'The Law of War (International Humanitarian Law)' in M. D. Evans (ed.), *International Law* (Oxford University Press, 2003) 789-821, 791.

11) Greenwood, 'Scope of Application of Humanitarian Law', 48.

12) *Finding of the International Commission of Inquiry Organized under Article 9*

에서 미 전함 리버티(Liberty) 호를 공격하였으며, 이것으로 인해 34명의 승조원이 사망했고, 171명 이상이 부상을 입었다. 공격에 대해 공식적으로 채택된 설명은 그것은 끔찍한 실수에서 비롯된 것이었다는 것이었고, 미국은 공식적인 조사결과를 둘러싼 논쟁에도 불구하고 손실에 대한 배상과 사과를 받아들였다.[13] 마찬가지로 1987년에 미 전함 스타크(Stark) 호가 이란 소속의 유조선으로 오해한 이라크 전투기에 의해 미사일 공격을 받았을 때에도, 미국은 37명의 인명 손실 및 호위함의 손해에 대한 보상과 사과를 수락할 준비가 되어 있었다.[14]

반면, 1983년 레바논에서 미 해군 조종사가 시리아 군대에 의해 격추되고 체포되었을 때, 미국은 이 사건이 무력분쟁에 해당되므로 조종사는 전쟁포로 지위의 자격이 있다고 주장하였다.[15] 시리아 정부에서 낸 보고서 또한 이를 뒷받침 해

---

of the Convention for the Pacific Settlement of International Disputes, of July 29, 1899 (the Dogger Bank Incident) (1905) 2 AJIL 931-6, The International Commission of inquiry between Great Britain and Russia arising out of the North Sea incident.

13) 몇몇 승조원들과 정보기관 관계자들은 그 공격들이 고의적인 것이라고 하며, 공식적 조사의 결과들에 대해 이의를 제기한다. 일반적으로 William D. Gerhard and Henry W. Millington, *Attack on a Sigint Collector; the U.S.S. Liberty* (National Security Agency, 1981) 참조. 그 공격이 고의적이었다고 결론짓는 논설에 대해서는, Walter L. Jacobsen, 'A juridical Examination of the Israeli Attack on the USS Liberty'(1986) 36 (Winter) *Naval Law Review* 69 참조.

14) Jim Hoagland, 'U.S., Iraq to Confer on Air War', *Washington Post* (Washington DC), 25 May 1987, 1.

15) Greenwood, 'Scope of Application of Humanitarian Law', 48. 비록 레이건 대통령은 후에 '국가들 사이에 전쟁선포가 없었는데 어떻게 전쟁포로가 있는지 모르겠다. 나는 그것이 당신에게 제네바협약의 적용을 가능하게 한다고 생각지 않는다.'고 말했지만, 이것은 단순히 대통령 측의 착오였다고 보인다. 'President's News Conference on Foreign and Domestic Issues', *New York Times*, 21 December 1983, A22.

주는 것으로 간주되었다.[16] 또한 미국 측 헬리콥터가 기뢰 부설 작업 중인 이란 선박 *이란 아지르(Iran Air)*에 사격을 가하고 그 승조원들에게 배를 강제로 버리도록 했을 때, 구조된 선원들과 사망자는 신속히 본국으로 송환되었다. 비록 이러한 특수한 선원들의 지위는 결코 한번도 미국과 이란 사이에 공개적으로 논의된 적이 없었지만, 국제적십자위원회는 '그러한 상황과 결과는 제네바협약의 범위 안에 들어 있다'는 것을 진술하는 문서를 미국 측에 전달하였다.[17]

이러한 사건들에 대한 조사는, 그 중 일부는 극도로 긴장된 외교적 관계를 야기하기도 했지만, 사건들을 무력분쟁으로 분류하고자 하는 국가들의 의지는 상대측의 인지된 의도에 달려 있는 것처럼 보이는 경향이 있다는 것을 시사하고 있으며, 이러한 평가는 종종 현실정치(realpolitik)에 의해 크게 영향을 받는다. 이와 관련하여 닐스 멜저(Nils Melzer)는 '공식적인 선전포고가 부재한 상황에서는 국제적 무력분쟁이 최소한의 위반행위를 요구하는데, 위반이라 함은 호전적인 의도를 품고 다른 국가에 대항하여 행동하는 것이다'라고 언급한다.[18] 그러나 포로가 잡힌 곳에서는 협약의 보호를 체포된 인원들에게까지 기꺼이 확장하고자 하는 의지도 그러한 사태를 무력분쟁으로 분류할 때의 주요한 동인인 것처럼 보인다.

반면, 비국제적 무력분쟁이 내부적 소요 및 긴장과 구별되기 위해서는 일정

---

16) Thomas L. Friedman, 'Widened Cabinet Sought in Beirut', New York Times, 8 December 1983, A18; Thomas L. Friedman, 'Syria Says Airman Seized in U.S. Raid Will Not Be Freed', *New York Times*, 6 December 1983, A1.

17) ICRC, 'External Activities: September-October 1987' (1987) 27(261) IRRC 650. 그러나 국제 적십자 위원회는 이 결정이 중립국 선박 혹은 무력 쟁과 관련되는 법에 의거하여 내려졌는지에 대해서는 확실히 하지 않았다는 것을 주목해야 한다.

18) Nils Melzer, *Targeted Killing in International Law* (Oxford University Press, 2008), 250.

수준의 강도의 요구사항들을 만족시켜야 된다는 것이 일반적으로 받아들여진다. 비록 무력분쟁법이 '폭동, 고립되고 산발적인 폭력행위, 그리고 여타 유사한 성질의 활동과 같은 내부적 소요와 긴장'의 상황에 적용되지는 않는다는 원칙이 제2추가의정서 제1조(2)에 처음으로 명시되었음에도, 동 원칙은 모든 비국제적 무력분쟁의 상황에 일반적으로 적용된다고 할 수 있다.[19] 1995년 구유고국제형사법원(the International Criminal Tribunal for the former Yugoslavia)의 항소법원은 타딕(Tadic) 판례에서 '무력분쟁'에 대해 심의하였는데, 다음과 같이 진술하였다.[20]

국가들 사이에 군사력에 대한 의존이 존재하거나 혹은 정부 당국과 조직화된 무장세력들 간, 국가와 그러한 집단들 사이에 장기적인 무력폭력이 존재하는 곳이라면 어디든지 무력분쟁은 존재한다고 할 수 있다.

이처럼 항소법원은 그 문제에 대해 더 포괄적인 접근을 취했으며, 공통 3조가 픽텟의 논평이 시사하는 것과 같은 정도로 광범위하게는 적용되지는 않는다 하더라도, 그것의 적용을 위한 최소요건은 상대적으로 낮다는 것을 실제적으로 주장하고 있다.[21]

---

19) Dieter Fleck. 'The Law of Non-International Armed Conflicts' in D. Fleck (ed.). *The Handbook of International Humanitarian Law* (2nd edn. Oxford University Press, 2008) 605-33, 616.

20) *Prosecutor v. Dusko Tadic (Interlocutory Appeal on Jurisdiction)* (1995) case No. IT·94-1·AR. International Criminal Tribunal for the Former Yugoslavia, Appeals Chamber, para 70.

21) Moir, *The Law of Internal Armed Conflict*, 43.

1.1. 군사력의 요건

비록 픽텟의 무력분쟁에 대한 정의는 국가들 간의 '차이'만을 언급하고 있지만, 타딕(Tadic) 판례에서의 시험 기준은 무력 혹은 무장폭력이 국제적·비국제적 무력분쟁을 위한 요건임을 보여준다.[22] 상기한대로, 구유고국제형사법원에 의한 시험 기준의 정밀화에 따르면, 국제적 성격이 아닌 분쟁의 경우에 일정 정도 지속되는 폭력의 수준을 요구함으로써 국제적·비국제적 무력분쟁에서 요구되는 폭력의 수준을 구분하고 있다. 이것은 무력분쟁법이 폭동, 고립되고 산발적인 폭력행위, 그리고 여타 유사한 성질의 활동과 같은 국내적 소요 및 긴장사태에는 적용될 수 없다는 요구사항과 일치하는 것이다.[23] 그러나 비국제적·국제적 무력분쟁 둘 다 무력사용 조건을 만족시켜야 한다. '무력(force)'과 '무력공격(armed attack)'과 같은 용어에서처럼, 군사력(armed force)이라는 용어도 국제법에 정의되어 있지 않다(이것의 정의는 의심의 여지가 없을 정도로 자명한 것으로 여겨진다). 하지만 앞의 제2장에서 논의되었듯이, 무력은 다소 광범위하게 해석될 여지가 있다. 특별히 이것은 힘의 적용을 위한 간접적 형태의 지원을 포함한다. 그러므로 직접적으로든 간접적으로든 컴퓨터 네트워크 공격이 부상이나 사망 혹은 물리적인 재산의 파괴를 야기하는 경우, 그것은 무력을 사용한 것으로 간주될 것이다. 컴퓨터 네트워크 공격이 무력의 사용에 해당되는지 여부는 사실에 입각한(factual) 결정의 문제가 될 것이며, 이것은 시간의 흐름에 따른 국가관행에 의해

---

22) 타딕 판례에서 구 유고슬라비아 국민들에 대해 그러한 폭력이나 무력이 행사되었는지에 대한 질문은 없었다는 것과, 그 판례는 발칸에서 발생한 무력분쟁의 국제적 혹은 내부적 성격에 대한 질문을 다루었다는 것에 주목해야 한다.

23) 제2추가의정서 제1조(2) 참조.

확립되는 경향이 강하다. 그러나 관련된 최신 논의를 조사해보면 특정한 수준의 물리적 손해의 요건도 요구됨을 알 수 있다.

1.2. 군사력의 개입

국제적 무력분쟁의 측면에서, 협약 공통2조에 대한 픽텟의 논평은 무력분쟁에 대한 선결조건으로서 군사력의 개입을 요구한다. 이러한 접근은 현대의 분쟁과 관련하여 두 가지 문제적 이슈를 야기한다. 첫째, 특별히 군대의 민간화와 주요한 국방기능의 아웃소싱으로 특징지어지는 시대인 현대 무력분쟁에서, 한 국가의 군사력은 그것의 무력분쟁에 개입하는 유일한 행위자는 아닐 수도 있다. 아프가니스탄에서 발생한 지속되는 전장 가운데서 미국 중앙정보부가 사용한 무인항공기는 적절한 사례라고 할 수 있다. 예컨대, 2006년 1월 13일에 미국 중앙정보부는 무인항공기에 의한 공습명령을 내렸으며, 무인항공기는 아프가니스탄 국경에 근접한 파키스탄 다마돌라(Damadola) 마을에 공대지 미사일을 발사하였다.[24] 공습은 고위급 알카에다(Al Qaeda) 지도자를 겨냥한 것이었으나, 그를 제거하는 데는 실패했다. 오히려 그 공격으로 인해 다른 18명이 목숨을 잃었다. 미군은 이 공습과 관련하여 어떠한 개입도 부인하였다.[25] 비록 이 공격은 확립되고 폭넓은 무력분쟁의 맥락에서 발생한 것이기는 하지만, 이와 같이 평시에 개시된 공격은 픽텟의 정의에는 들어맞지 않을 것이며, 현대 무력분쟁에 개입된

---

24) Dafna Linzer and Griff Witte. 'U.S. Airstrike Targets Al QiJ.eda's Zawahiri'. *Washington Post* (Washington DC), 14 January 2006, A09, www.washingtonpost.comfwp-dyn/ content/article/2006/01/13/AR2006011302260_pf.html (최종접속일자 2011년 7월 15일).

25) *Ibid.*

가담자들의 변화하는 속성을 예증해 준다고 할 수 있다. 그러나 그러한 무력활동들을 수행하는 것이 항상 한 국가의 군사력인 것은 아니겠지만, 국제적 무력분쟁을 촉발하기 위해서는 정부 당국과의 일정 정도의 연계가 요구된다는 것은 명백하다.

둘째, 군사력은 가령, 공중감시 및 정찰과 같이 무력분쟁 이외의 임무를 위해 타 국가나 집단에 대해 종종 사용되기도 한다.[26] 마이클 슈미트(Michael Schmitt)는 군사력의 개입을 야기하는 분쟁은 무력분쟁으로 확립되기 위한 유일한 기준이 될 수는 없다고 주장한다. 그는 무력사용은 특정한 속성과 강도를 내포하고 있는 활동에 대한 신속하고 규범적인 대응의 한 형태로 논리적으로 이해 되어야 한다고 주장한다.[27] 즉, 국가가 군사력을 개입하는 것이 필요하다고 간주하는 수준에까지 분쟁이 도달할 때에는, 그것은 무력분쟁으로 간주되기에 충분한 정도의 수준에까지 도달했다는 것이다.

비국제적 무력분쟁은 훨씬 더 논쟁의 여지가 있다. 비국제적 무력분쟁이 성립되기 위해서 국가의 군사력 개입은 요구되지 않는다. 그러나 개입된 당사자들의 신분이 어떠한 법적인 제도장치가 적용될 것인지를 결정할 것이다. 비록 공통3조의 어떠한 부분도 개입된 당사자들의 측면에서 비국제적 무력분쟁을 정의하고 있지는 않지만, 제2추가의정서는 더욱 더 선별적이라고 할 수 있다. 의정서는 국가의 군사력과 반군 또는 조직화된 무장집단 사이의 내부 무력분쟁에 적

---

26) Michael N. Schmitt, 'Wired Warfare: Computer Network Attack and the Jus in Bello' in M. N. Schmitt and B. T. O'Donnell (eds.), *Computer Network Attack and International Law* (US Naval War College, Newport, RI, 2002) 187-218, 191.

27) *Ibid.*, 372.

용된다.[28] 따라서 다른 정부기관들과 그러한 집단들 사이의 분쟁은 해당되지 않는다.[29] 타딕 판례의 항소법원에 의해 제시된 정의는 공통3조에 해당하는 당사자들의 범위를 반영하고 있으며 어떠한 정부 당국에 의한 지속적인 무장폭력에도 적용된다. 또한, 공통3조와 타딕 판례에서의 정의와는 달리, 제2추가의정서는 체약국 영토 내에서 발생하는 무장집단들 간의 분쟁에는 적용되지 않는다. 제2추가의정서 하에서, 조직화된 무장집단(혹은 반란군)은 반드시 책임 있는 지휘권 아래에 놓여 있어야 한다. 아카예수(Akayesu) 사건의 항소법원에 따르면, 이것은 '그 무장세력이 조직화된 군사작전을 계획하고 수행하며, 또한 *사실상의 (de facto)* 권력이라는 이름으로 규율을 부과할 수 있도록 하는 무장세력 내의 조직화의 정도'를 수반한다.[30] 에스토니아와 조지아에 대항하여 개시된 컴퓨터 네트워크 공격에서의 가담자들의 고도로 분산된 속성과 helpisraelwin.com 및 그와 유사한 웹 사이트들의 지지자들에 의해 개시된 낮은 수준의 컴퓨터 네트워크 공격의 가담자들로부터 명백하게 알 수 있는 사실은, 한 국가의 기반시설을 지속적으로 무력화시키는 공격을 개시하기 위해서는 일정 정도의 최소한의 조직화된 정도가 필요하다는 것이다. 또한 그러한 조직들은 활동의 특성상 전통적인 무력 집단들보다 더 효율적으로 네트워킹 되어 있을 개연성이 높다. 그러나

---

28) 제2추가의정서 제1조.

29) 제 1 위원회의 보고서에 삽입된 보조 설명은 '군대(armed forces)'를 다음과 같이 묘사한다. '많은 대표단에 의해 표명된 견해에 따르면, 모든 군대라는 표현은 정부의 다른 기관들 중에서 무장될 수 있는 집단들을 포함하지는 않으며 그러한 기관들의 예로는 경찰력, 세관 및 다른 유사 기관들이 있다.' 모어에 따르면 이것은 프로토콜에 애매한 영역을 남겨둔다. 내부 분쟁에서의 군대에 대한 논의는, Moir, *The Law of Internal Armed Conflict*, 38-40, 104-5 참조.

30) *Prosecutor v, Jean-Paul Akayesu* (1998) Case No. ICTR-96-4-T. International Criminal Tribunal for Rwanda, para 626.

그러한 집단들에 규율을 부과할 수 있어야 한다는 요건들은 충족시키기 더 어려운 기준으로 판명되어 질 수 있다. 도스월드-벡(Doswald-Beck)은 아무리 잘 조직된 집단에 의해 개시된 어떠한 컴퓨터 네트워크 공격이라도, 비록 피해의 가능성이 막대하다고 할지라도, 군대를 제외한 다른 기관들에 의해 순전히 범죄행위로 다루어지는 것으로 간주될 가능성이 있다고 논평했다.[31] 그러나 비국가 행위자들에 의한 무력공격들이 점차적으로 승인되고 있는 움직임을 고려해 볼 때, 본 저자는 이러한 입장은 더 이상 지지될 수 없다고 생각한다. 테러공격에 대한 관습적 무력분쟁법 및 대테러 작전 관련 법안들의 적용 가능여부는 특히 2001년 9월에 발생했던 미국에 대한 테러리즘 이후 더 논란이 되었다. 그러나 모든 테러 (또는 대테러) 활동들이, 비록 무력공격에 해당할 만큼 충분히 맹렬하다고 할지라도, 반드시 무력분쟁을 발생시키거나 또는 그것을 구성하지는 않는다. 국제적으로는, 한 국가에 귀속될 수 있는 테러행위들은 그 국가와 공격의 표적 사이에 무력분쟁을 발생시킬지도 모른다.[32] 어떠한 국가도 개입되어 있지 않은 상황에서는, 테러 활동은 만약 테러리스트 집단이 충분할 정도로 조직화되고 그들의 행동이 충분히 폭력적이고 지속적이라면, 공통3조 혹은 제2추가의정서 하에서 비국제적인 무력분쟁을 구성할지도 모른다.[33] 그러나 테러집단들이 이러한 기

---

31) Louise Doswald-Beck, 'Some Thoughts on Computer Network Attack and the International Law of Armed Conflict' in M. N. Schmitt and B. T. O'Donnell (eds.), *Computer Network Attack and International Law* (Naval War College, Newport, RI, 2002) 163-86, 165.

32) Greenwood, 'Scope of Application of Humanitarian Law', paras 58, 215. 그린우드는 또한 피해 국가가 다른 국가의 영토에서 군사 행동을 취하고, 본국의 군대와 그 국가의 군대 사이에 충돌을 야기할 때, 대테러 활동들이 국제적인 무력분쟁으로 변할 수 있는 가능성에도 주목한다.

33) Gary D. Solis, *The Law of Armed Conflict: International Humanitarian Law in War* (Cambridge University Press, 2010), 157.

준을 충족시키지 못하는 곳에서, 그들의 행동은 단순한 범죄행위를 구성할 것이며, 적절한 재판관할권 내에서 작동하는 국내법에 의거해서 다루어 질 것이다.

2. 컴퓨터 네트워크 공격에의 적용

많은 학자들이 무력분쟁법을 컴퓨터 네트워크 공격에 적용할 수 있을지에 대해 논의해 왔다. 마크 슐만(Mark Shulman)은 비록 '정보전은 전통적인 의미에서 "무장"하지도 않으며 또한 "분쟁"을 반드시 포함하는 것은 아님'을 주목하고 있지만, '여타의 무력분쟁의 경우와 같이, 방어적인 [정보전] 활동들은 무력분쟁법과 그것과 관련된 비례성의 원칙의 제약에 종속되어야 한다'는 것을 도출해 내는 데 어떠한 어려움도 없었다.[34] 그러나 다른 학자들은 무력분쟁법의 적용 가능성에 대해 그 정도로 확신을 가지고 있지는 않다. 리차드 알드리치(Richard Aldrich)는 폭발과 같은 물리적인 징후가 요구된다고 주장한다.[35]

비록 몇몇 경우에서는 컴퓨터 내부의 비트들의 악성 조작이 폭탄보다 훨씬 더

---

34) Mark R. Shulman, *Legal Constraints on Information Warfare*, Center for Strategy and Technology, Air War Center, Occasional Paper No.7 (1999). 슐만이 컴퓨터 네트워크 공격보다는 정보전이라는 용어를 사용하는 것은 그의 넓은 개념 정의와도 부분적으로 연관되지만 그 보고서가 작성된 날짜와도 관련이 있다. 제1장에서 논의했듯이, 초기의 문헌들은 컴퓨터 네트워크 공격이라고 특정하기보다는 정보전이라는 용어를 사용하는 경향이 있다. 슐만의 보고서는 '정보가 생겨하는 물리적인 실재를 시각적으로 바꾸지 않고 정보'를 변경하려고 하는 정보 공격들에 초점을 맞추고 있다.

35) Richard W. Aldrich, 'The International Legal Implications of Information Warfare' (1996) Airpower 99, 102.

중대한 해를 끼치고 있기 때문에 이러한 경향이 곧 바뀔지도 모르지만, 현재 이해되는 대로, '무력분쟁'은 컴퓨터 내부의 비트들을 간단히 조작하는 것에는 적용될 것 같지는 않다.

슐만과 알드리치의 접근법을 분석한 후, 에밀리 하슬람(Emily Haslam)은 비록 학자들이 컴퓨터 네트워크 공격과 다른 정보활동들을 동질적으로 취급하지 않는다는 점은 환영할 만한 일이지만, 무력분쟁법의 틀 내에서 작동하거나 혹은 반드시 고려되어야 하는 정보전의 적절한 구성요소들(수단과 결과들 각각)을 제시하는 시험 기준을 확립하는 데는 실패하였다고 결론내린다.[36] 학자들마다 이 문제를 서로 다른 방식으로 다루어 왔다. 예컨대, 무력분쟁을 침략의 정의와 동일시하여 분석할 뿐만 아니라 무력과 무력공격을 동일한 의미로 사용하는 오류가 발견된 이후, 한세만(Hanseman)은 무력분쟁법은 '공격의 결과가 재래식 무기에 의해 가해진 피해와 동일한 경우'에는 컴퓨터 네트워크 공격에 적용될 것이라고 주장하였다.[37] 전자통신의 교란행위에 대해 서술하면서, 스콧(Scott)은 무력분쟁법은 컴퓨터 네트워크 공격에 손쉽게 적용된다고 다음과 같이 주장한다. '전쟁법에 의해 컴퓨터 네트워크 공격에 가해지는 제약요건들을 결정하는 데 있어서 분석의 초점은 공격의 새로운 방법이 아니라 공격의 의도와 가능한 결과가 되어야만 한다.'[38]

상기한대로, 무력분쟁법을 컴퓨터 네트워크 공격에 적용할 수 있는가라는 문

---

36) Haslam, 'Information Warfare', 167.

37) Robert G. Hanseman. 'The Realities and Legalities of Information Warfare' (1997) 42 *AFL Rev*. 173, 184.

38) Roger D. Scott, 'Legal Aspects of Information Warfare: Military Disruption of Telecommunications' (1998) 45 *Naval Law Review* 57, 59.

제는 세 가지 상황에서 발생한다.

  (ⅰ) 컴퓨터 네트워크 공격이 지속적이고 재래식 무력분쟁의 일환으로서 활용
      될 때
  (ⅱ) 컴퓨터 네트워크 공격이 자체적으로 개시될 때
  (ⅲ) 재래식 무기의 사용이 무력분쟁의 자격을 충족시키기에 그 자체적으로는
      부족하지만, 광범위한 컴퓨터 네트워크 공격에 의해 수반될 때

2.1. 재래식 무력분쟁에서의 적용

재래식 분쟁 상황에서 컴퓨터 네트워크 공격에 무력분쟁법이 적용되는지 여부의 문제는 꽤 간단하게 다루어질 수 있다. 2008년에 있었던 러시아와 그루지야 사이의 분쟁은 컴퓨터 네트워크 공격이 수반된 무력분쟁의 첫 번째 사례로 일반적으로 받아들여지고 있다. 컴퓨터 네트워크 공격이 분쟁당사자들 중의 한 측에 실증적으로 귀속되는 한(이전에 지적한대로, 이 경우에서는 이것이 입증되지 않았다), 군사활동과 직접적으로 관련되어 있는 이러한 공격들은 무력분쟁법이 효력을 발생하자마자 그것에 의해 다루어지게 될 것이다.

지금까지 제기된 한 가지 가능한 주장은 그러한 공격들을 개시하는 기술이 사용가능해지기 훨씬 전에 제네바협약이 기안되었기 때문에, 무력분쟁법이 적용되어서는 안 된다는 것이다.[39] 이 주장은 몇 가지 사유로 철회될 수 있다. 첫

---

39) Schmitt. 'Wired Warfare'. 슈미트는 또한 무력분쟁법이 협약에 특정적으로 언급되어 있지 않기 때문에 컴퓨터 네트워크 공격에 적용되지 않는다는 추가적인 주장을 제기하고 이것을 기각한다. 그러나 마르텐스 조항에 대한 검토는 새로운 방법들과 쇄신들이 법에 의해서 분명히 기대된다는 것을 보여준다.

째, 제네바협약과 그 추가의정서에 마르텐스(Martens) 조항을 포함했다는 것[40]과 새로운 무기들과 관련된 제1추가의정서의 제36조를 특별히 포함했다는 것은 협약의 기안자들이 전쟁에서의 새로운 무기, 수단, 방법들의 사용 및 발전을 예상했다는 것을 나타내준다.[41] 초안자들이 국가들로 하여금 의정서 그 자체에 의거하여 전쟁의 새로운 방법들의 적법성을 결정하도록 요구한다는 사실은 새로운 기술에 대해 분쟁 관련 법들의 적용가능성을 받아들임을 나타내준다고 할 수 있다. 둘째, 이 문제는 1996년 *핵무기(Nuclear Weapons)* 사건에서 국제사법재판소에서 다루어지고 기각되었다.[42] 법원은 다음과 같이 판결했다.[43]

> 실제로, 무력분쟁에 적용될 수 있는 인도법의 원칙과 규정의 대부분이 이미 생겨난 이후에 핵무기가 발명되었다. 1949년 및 1974년부터 1977년까지의 컨퍼런스들은 이러한 무기들을 차치해 두었으며, 핵무기와 모든 재래식 무기들 사이에는 양적일 뿐만 아니라 질적인 차이가 존재한다. 그러나 이것으로부터 무력분쟁에 적용될 수 있는 인도법의 확립된 원칙들과 규정들이 핵무기에 적

---

40) Art. 63 GCI; Art. 62 GCII; Art. 142 GCIII; Art. 158 GCIV; Art. 1(2) API; preambular 4문단 APII.

41) 제1추가의정서 제36조는 다음과 같이 진술한다. '전쟁의 새로운 무기, 수단 혹은 방법을 연구하고, 개발하고, 획득 혹은 채택하는 데 있어서, 조약체결당사국은 그것의 사용이 몇몇 또는 모든 환경에서, 이 프로토콜 혹은 조약체결당사국에 적용 가능한 국제법의 여타 규칙들에 의해 금지되어 있는지 여부를 결정해야 할 의무가 있다.'

42) *Nuclear Weapons Case*; Schmitt, 'Wired Warfare', 189.

43) *Nuclear Weapons Case*, para 86. 법원은 또한 승인을 득한 후 뉴질랜드의 서면 진술을 인용했다. '국제인도법은 현대의 상황들을 충족시키기 위해 진화되었으며, 그 적용에 있어서 초기의 무기체계에 한정되지 않는다. 이 법의 근본적인 원칙들, 즉 인도적인 동기를 위해 전쟁의 잔인함을 완화하고 한정하는 것은 지속된다.' (New Zealand, Written Statement, 15, para 63-64).

용되지 않았다고는 결론내릴 수 없다. 그러한 결론은 논의가 되고 있는 법 원칙들의 내재적으로 인도적인 성질과 양립할 수 없으며, 그러한 성질은 무력분쟁과 관련된 전반적인 법률에 스며들어 있고 과거, 현재, 미래의 모든 형태의 전쟁과 모든 유형의 무기들에 모두 다 적용된다고 할 수 있다.

법원에 의해 명백히 선언된 이 진술은 협약 및 여타 무력분쟁법의 일반적인 법원칙들이, 비록 기술이 발달했다는 사실 또는 그러한 공격들이 이전에 존재했던 무기체계들과 질적으로 다르다는 사실에도 불구하고, 컴퓨터 네트워크 공격에 적용될 수 있다는 것을 나타낸다. 이것으로 인해 몇몇 논자들은 '일단 재래식 살상무기들이 컴퓨터 네트워크 공격의 새로운 수단들과 결합되어 사용되면, 무력분쟁이 존재한다고 할 수 있으며 무력분쟁법이 적용된다는 것은 의심의 여지가 없다'고 단호히 진술하였다.[44]

그러나, Nuclear Weapons 판례에서도 그리고 해당 사건을 심의했던 법원에 의해서도 예측되지 않았던 한 가지 이슈의 측면에서 컴퓨터 네트워크 공격은 관습적인 무기 및 핵무기와 구별될 수 있다는 것은 강조되어야 한다. 컴퓨터 네트워크 공격에 의해 가해지는 손해의 범위와 유형은 전적으로 공격 그 자체의 목표와 설계에 달려있다. 재래식 무기들과 핵무기들은 표적에 대항하여 사용될 경우 물리적 파괴, 부상 혹은 인명 손실과 관계된 단일한 효과를 가져 올 수 있으므로 한 범주로서 규제가 될지도 모른다. 이와 관련된 어려움은 물리적인 파괴를 야기할 수 있거나 혹은 그렇지 않은 공격의 유형을 다룰 때라든지, 오직 간

---

44) Knut Dörmann. 'Applicability of the Additional Protocols to Computer Network Attacks' (보고서는 컴퓨터 네트워크 공격과 국제인도법의 적용가능성에 대한 국제 전문가 컨퍼런스에서 발표된 것임, Stockholm. 17-19 November 2004) 139-54, 141. 또한 Doswald-Beck. 'Thoughts on Computer Network Attack', 165 참조.

접적으로 인명 손실이나 개인들에 대해 부상을 가져올 때 다가온다. 이 지점에서 비폭력적인 행위들이 적국에 맞서는 군사작전과 직접적으로 연계되어 있다고 한다면(예, 병참 업무 또는 정보의 수집), 적대행위의 개념은 또한 특정한 비폭력적인 행위들을 포괄한다는 것을 주목해야 한다.[45]

2.2. 자체적으로 개시된 컴퓨터 네트워크 공격

공격수단의 유연성과 컴퓨터 네트워크 공격의 가능한 결과들의 다양성은 그러한 공격들에 무력분쟁법을 적용하는 것에 반대하는 주장을 불러일으켰다. 비록 모든 컴퓨터 네트워크 공격들에 대해 총괄적 규칙이 적용될 수 없다는 것은 명백하다고 할지라도, 컴퓨터 네트워크 공격 혹은 일련의 그러한 공격들이 무력분쟁법의 적용을 촉발시킬 것인가에 대한 질문은 반드시 제기되어야 한다. 예컨대, 스턱스넷 바이러스는 2009년과 2010년 사이에 이란에 있는 두 개의 핵시설에 있는 컴퓨터에 침투되었다. 2010년 11월에 이란 대통령 마흐무드 아흐마디네자드(Mahmoud Ahmadinejad)는 '서구의 적들'이 보낸 특정되지 않는 악성 소프트웨어가 나탄즈(Natanz) 핵농축 공장에 있던 이란의 원심분리기들을 감염시켰으며, '일정 숫자의 원심분리기에 문제를 일으키는 데 성공했다'는 것을 발표하였다.[46] 비록 그가 스턱스넷 바이러스를 언급하지도 않았고 공적 영역에서의 물리적인 피해에 대해서는 어떠한 보고된 사례도 없지만, 이란은 사이버 공격이 보고될 무렵에 약 1000기 정도의 IR-1 원심분리기를 폐쇄 조치 및 대체하였

---

45) Dinstein, *Conduct of Hostilities* (2nd edn), 2.

46) 'Iran Says Cyber Foes Caused Centrifuge Problems'. *Reuters*, 29 November 2010.

으며, 이것은 예상을 뛰어넘는 대규모 감염이었음을 나타내준다.[47] 공격의 귀속에 대한 문제는 차치하고라도,[48] 이것은 무력분쟁법을 적용할 정도로 충분한가? 스턱스넷 코드에 대한 과학수사 분석결과는 공격자들이 주파수 변환기를 조작하고자 시도했으며, 우라늄 농축을 위해 사용되던 원심분리기의 회전자를 제어하려고 했었다는 것을 알려준다.[49] 국제과학안보연구소(ISIS)의 스턱스넷에 대한 보고서는 그것의 명령이 원심분리기의 파괴를 보장하지는 않지만, 그 코드는 회전자의 속도를 회전자가 기계적으로 견뎌 낼 수 있고, 나탄즈 공장이 정상적으로 가동된다고 여겨지는 주파수를 훨씬 넘는 최대한의 속도에 매우 근접하게 증가시킨다는 것을 지적하고 있다.[50] 보고서는 만약 최대 접선속도가 스턱스넷에 의해 설정된 회전자의 주파수에 도달한다면, 회전자는 산산조각 날 것이라고 결론내리고 있다. 스턱스넷은 주파수를 더 높은 단계에서 15분 동안 머무르게 하고(경고신호를 차단함으로써 그 효과를 감추는 동안에), 그리고 나서 주파수 변환기를 정상 작동 주파수로 되돌려놓는다.[51] 공격의 두 번째 단계는 주파수를 정상 작동으로 되돌려 놓기 전에 일정 기간 동안 그것을 낮춘다. 보고서는 공격자의 의도는

---

47) Albright, Brannan and Walrond, ISIS Stuxnet Report; Zetter. 'Report Strengthens Suspicions that Stuxnet Sabotaged Iran's Nuclear Plant'.

48) 이 글을 쓸 당시에 스턱스넷 바이러스의 기원은 알려져 있지 않다. 그러나 그 공격의 복잡성과 정교함을 고려했을 때, 공격은 국가 혹은 국가들에 의해(미국과 이스라엘이 가장 유력한 용의자 국가로 지목됨), 또는 국가로부터 지원받은 단체에 의해 개시되었다는 추측이 가장 유력하다.

49) Falliere, OMurchu and Chien, *Stuxnet Dossier*.

50) Albright, Brannan and Walrond, *ISIS Stuxnet Report*, 4.

51) 이 글을 쓸 당시 스턱스넷 코드를 해독하는 데 있어서 진전이 있어왔지만, 몇몇 공격 배열들은 여전히 시만텍(Symantec)사에 의해 분석되고 있고 그것의 작동에 대해 상당한 질문들이 남아 있다는 것을 주목할 필요가 있다.

공장을 완전히 파괴하는 것이 아니라 단순히 그것의 정상적인 작동을 방해하는 것이라고 상정하고 있다.[52]

타딕(Tadic) 판례에서 구유고국제형사법원(ICTY)에 의해 확립된 기준들과 픽텟의 국제적십자위원회(ICRC) 논평과 연이은 국가관행은 컴퓨터 네트워크 공격이 생명 그리고/또는 재산에 물리적인 피해를 가하도록 의도된 경우, 혹은 실제로 가하는 경우에 이 공격을 개시하는 공격자가 국가기관이나 무력집단인 경우 그 컴퓨터 네트워크 공격은 무력분쟁의 단초로 간주될 것이라는 것을 나타내고 있다. 반드시 다루어져야 할 것은 공격의 인지된 의도와 결과이며, 이 지점에서 픽텟의 정의는 국가 관행의 측면으로부터 벗어난다고 할 수 있다. 더 나아가, 공격이 무력집단에 의해 개시되는 경우, (그러한 공격들이 컴퓨터 네트워크 공격이든 아니든 간에) 그 공격은 고립적거나 산발적인 폭력행위가 아니라는 것을 확증하기 위해 반드시 지속적인 일련의 공격들의 일부여야 한다. 분석의 목적을 위해 스턱스넷이 국가 행위자(또는 국가에게 귀속될 수 있는 행위를 범한 조직화된 집단)에게 귀속될 수 있다고 가정했을 때 무력분쟁법을 집행하기에 충분하다고 할 수 있는가? 국제적십자위원회 논평 모델에 따르면, 대답은 "예"여야만 한다. 스턱스넷에 대한 대부분의 보고서는 그 바이러스가 이란의 핵 원심분리기에 물리적인 손해를 입혔다고 결론내리고 있다. 최소(de minimis) 수준의 강도에 대한 요건이 없이도, 이것은 무력분쟁의 시발을 구성한다고 할 수 있다. 그러나 상기한대로, 국가들이 이것을 올바른 경우라고 간주할지는 결코 확실하지 않다. 이 경우는 특히 그 공격에 대한 핵연료 농축 공장의 대응조치들에 대해서는 거의 알려지지 않았고 또한 이란이 공개적으로 대응하지 않았기 때문에(비록 명확한 귀속의 결여로 인해 그

---

52) · Albright, Brannan and Walrond, *ISIS Stuxnet Report*.

것이 당연하다고 할지라도) 공격의 지속되는 성질에도 불구하고,[53] 국경에서의 충돌과 더 흡사한 유형의 독립된 사건으로서 간주될 것으로 보인다.

2.2.1. 군사력

저자는 컴퓨터 네트워크 공격이 유엔 헌장 제2조(4)에 근거하여 무력의 사용을 구성할 수 있다고 주장해왔지만,[54] 과연 그러한 공격들이 무력분쟁법의 적용을 개시하는 방식으로 '무력'으로 간주될 수 있는가에 대한 질문에 대해서는 개별적으로 답해야 한다. 정보작전 활동이 넓은 범위에 걸쳐있다는 것을 고려할 때, 스펙트럼상에서 무엇이 무력공격에 해당하며 또한 무력의 사용에 해당할 것인가에 대해 선을 긋는다는 것은 명확하지 않으며, 또는 일반적인 힘과 무력 사이의 구별에 있어서도 더 세부적으로 경계를 나눌 수 있는가도 분명치 않다. 제3장의 무력공격과 관련된 논의에 따르면,[55] 군대 혹은 국가의 여타 기관에 의해 개시된 컴퓨터 네트워크 공격이 재래식 공격에 의해 야기된 규모와 동등할 정도의 대규모의 물리적인 손해나 부상을 입힌다면 이것은 무력공격뿐만 아니라 무력분쟁의 개시라고도 간주될 수 있을 것이다. 그러나 단순히 한 국가의 방송 네트워크를 차단함으로써 그것을 무력화 하고자 설계된 공격은 그에 해당하지 않을 것이다. 그럼에도 불구하고, 만약 공격국가의 공군력이 재래식 공격을 개시하기 위해 그 기회를 활용하고자 한다면, 그것은 무력분쟁법의 적용을 촉발할 것이며, 이 경우에는 전체적인 과정에서 공격의 발단이 컴퓨터 네트워크 공격으로 소급되어 적용될 것이다. 일반적으로 인정되는 바와 같이, 이것은 오직 몇 분

---

53) 스틱스넷은 27일마다 공격 배열을 교대로 하여 개시되도록 프로그램 되어 있다.

54) 위 2장 참조.

55) 위 3장 참조.

혹은 몇 시간과 관련된 시간의 문제이다. 예컨대, 시리아의 핵시설로 알려진 장소에 대한 2007년 이스라엘의 공습이 만약 더 확전 되었다면, 무력분쟁법은 시리아-터키 국경 근처의 톨 알-아부아드(Tall al-Abuad)에 위치한 시리아 레이더 기지에 발각되는 순간부터 적용되었을 것이다.[56]

마이클 슈미트는 무력분쟁이라는 용어는 한 집단이 부상을 입히거나, 살해하거나, 피해를 입히거나, 파괴하고자 하는 조치를 취할 때 발생하며 그리고 무력분쟁은 '그러한 결과를 야기하기 위해 의도되거나 혹은 그것에 의해 예측되는 결과'와 관련된 행동들을 포함한다고 주장한다.[57] 그는 컴퓨터 네트워크 공격의 경우와 관련하여 다음과 같이 서술한다.[58]

인도법 원칙들은 컴퓨터 네트워크 공격들이 한 국가에 귀속될 수 있으며, 단순히 산발적이고 고립된 사건 이상의 경우, 그리고 부상, 죽음, 손해 또는 파괴(그리고 이와 유사한 효과들)를 야기하기 위해 의도된 경우나 그러한 결과들이 예측되는 어떠한 때에라도 적용된다고 할 수 있다. 고전적인 무력이 사용되지 않을 때에도 그러하다. 이러한 기준에 의해, 타국 기관에 의한 대규모 공항의 항공교통 관제 시스템에 대한 공격은 인도법의 적용을 내포할 수 있다. 오일의 흐름을 관제하는 컴퓨터를 조작한 후, 오일을 넘쳐흐르게 함으로써 그것을 파괴하기 위해 의도된 공격, 핵원자로의 자동화된 핵심 부분을 조절함으로써 원자로를 용융시키는 경우, 또는 생산 및 저장 시설로부터의 독성 화학물을 방출시키

---

56) 레이더 기지는 전자공격, 컴퓨터 네트워크 공격 및 정밀 폭격의 조합에 의해 공격을 받았다. 정밀 폭격이 없다고 하더라도 상황은 마찬가지였을 것이다. 일반적으로 Fulghum, Wall and Butler, 'Israel Shows Electronic Prowess' 참조.

57) Schmitt, 'Wired Warfare', 373.

58) *Ibid.*, 374 (각주 생략).

기 위해 컴퓨터를 사용하는 경우 역시 인도법의 적용과 관련된다. 반면, 대학교 인트라넷을 교란시키는 행위, 재정기록을 다운로드받는 경우, 일시적으로 인터넷 접속을 차단하거나 사이버 도청을 시도하는 경우에는 인도법에 관계되지 않는데, 비록 일반적인 범법행위와 유사한 행동이라고 할지라도, 이 경우에는 부상, 죽음, 피해 또는 파괴와 같은 결과들이 예측되지는 않기 때문이다.

이러한 분석은 대부분의 측면에서 설득력이 있어 보인다. 그러나 슈미트가 공격의 예측 가능한 결과까지로 그 용어를 확장한 것은(그는 항공 교통 관제 시스템의 폐쇄와 같은 조치들을 포괄하기 위해 그렇게 한다) 특별히 공격 당사자의 인지된 의도와도 균형이 이루어져 한다. 공격이 폭력적인 결과와 너무 명백하게 연결되지 않은 표적에 대하여 개시된 경우(즉, 그 결과는 처음 공격의 연쇄효과라고 할 수 있는 경우) 완전한 금지는 (a) 무엇이 공격자에게 예측가능한지에 대한 질문을 불러일으키며, (b) 도거 뱅크(Dogger Bank), 미 전함 리버티호(USS Liberty) 사건, 미 전함 스타크(USS Stark) 사건에서 공포되었던 잘못된 식별과 관련된 어떠한 주장도 미리 배제하게 될 것이다. 예측가능성의 문제와 관련하여, 스턱스넷 바이러스 공격의 경우에 그 코드는 회전자가 기계적으로 견뎌낼 수 있는 최대속도 내로 보이는 정도까지(거의 매우 근접하게) 회전자의 회전진동수를 증가시킨다는 것은 고려할 만한 가치가 있다.[59] 그러나 코드는 오직 15분간 진동수를 증가시키며, 이 기간 동안 원심분리기는 그것의 파괴를 가져올 수 있는 최대주파수에는 도달하지 않을 것이다.[60] 그러므로 공격자의 의도는 원심분리기를 파괴하거나 피해를 주는 것이 아니라 공장의 작동을 교련시키는 것이었다고 봐야 할 것이다. 만약 이

---

59) Albright, Brannan and Walrond, *ISIS Stuxnet Report*, 4.

60) *Ibid.*

것이 사실이라면, 스턱스넷이 물리적인 파괴를 야기하는 것으로 예측될 수 있는가? 아마 그럴 것이다. 회전의 빈도에 특별한 민감성으로 인해 발생하는 파손의 횟수를 줄이고자, 이란 나탄즈 공장의 원심분리기들의 일반적인 작동 주파수가 그러한 유형의 원심분리기들이 가지고 있는 보통의 공칭(公稱)주파수보다 낮았다는 것이 무슨 특별한 의미가 있는 것일까?[61] 비록 의심의 여지없이 국제적으로 불법적인 행위이기는 하지만, 국가들이 그러한 사건을 무력분쟁의 단초라고 여길 것 같지는 않아 보인다.

2.2.2. 인도적 원칙들

무력분쟁법의 적용에 대한 동기는 적대행위에 의해 야기된 피해를 줄이고 사상자에 대한 보호를 제공하는 데에 있다.[62] 루이스 도스왈드-벡(Louise Doswald-Beck)이 지적하듯이, 이것은 언제 무력분쟁법이 적용되기 시작하는지에 대한 해석과 관련하여 광범위한 해석을 지지하는 쪽으로 작용할 것이다.[63] 그린버그(Greenburg)를 비롯한 다른 학자들은 비록 무력분쟁에 대한 정의를 논의하고 있지는 않지만, 정보전이 전쟁 행위인지 아닌지에 대한 문제를 다루고 있으며, 국제법은 '전통적이고, 재래식 무력과 정부 혹은 국민에게 고난 및 고통을 가하는 것 사이에 엄격한 구분'을 짓고 있다고 지적한다.[64] 단순히 불편, 불안정, 혹은

---

61) *Ibid*; Zetter, 'Report Strengthens Suspicions that Stuxnet Sabotaged Iran's Nuclear Plant'.

62) Dörmann, 'Additional Protocols'; Doswald-Beck, 'Thoughts on Computer Network Attack', 164.

63) Doswald-Beck, 'Thoughts on Computer Network Attack', 164.

64) Lawrence T. Greenberg, Seymour E. Goodman and Kevin J. Soo Hoo, *Information Warfare and International Law* (CCRP, Washington DC, 1998), 19.

심지어 특정 수준의 고통을 야기하는 컴퓨터 네트워크 공격들은 무력분쟁에 해당하기에는 충분하지 않다. 마이클 슈미트는 인도법의 목적은 적대행위에 직접적으로 참여하지 않는 사람들과 그들의 재산을 보호하는 것에 있으며, 보호 그 자체는 재산의 경우에는 손해 혹은 파괴와 관련하여, 인명의 경우에는 부상 혹은 사망의 관점에서 조직화되어 있다고 주장했다.[65] 따라서 무력분쟁은 어느 집단이 부상을 입히거나, 죽이거나, 손해를 가하거나 파괴를 불러일으키는 조치를 취할 때 발생하는 것으로 추론되어야 할 것이다.[66]

2.3. 재래식 공격을 지원하는 컴퓨터 네트워크 공격

무력분쟁법의 적용이 발생하는 세 번째 상황은 재래식 공격이 개시된 상황에서, 그 자체만으로는 무력분쟁의 요건을 갖추지 못하지만, 광범위한 컴퓨터 네트워크 공격에 의해 지원되는 경우이다. 이러한 상황에서 수반되는 컴퓨터 네트워크 공격은 상대측 의도를 나타내 주는 지표로서 기능할 수 있다. 예컨대, 레이더 시스템이 조작되어 함장이 공격기가 실제로는 동맹군의 항공기라고 생각했다면, 또한 함정 방어시스템이 원거리로부터 차단되어 잇따른 미사일이 감지되지 않았다는 것이 나중에 밝혀진다면 특정 국가가 잘못된 식별로 인해 그 함정을 폭발시켰다고 주장할 때, 그것을 증명하기는 어려울 것이다. 이러한 합동전술이 재래식 공격의 효과를 가중시키기 위해 무장집단들에 의해 사용될 것이라는 많은 추측이 있어왔다. 예컨대, 대도시에서 소규모의 재래식 공격의 부정적

---

65) Schmitt, 'Wired Warfare', 373.

66) Ibid.

결과는 만약 동시에 도시가 교통신호와 병원에 공급되는 전기를 포함하여 정전 되거나, 구급전화가 연결되지 않거나 혼선이 될 경우, 또한 물의 공급이 차단될 경우에는 몇 배나 더 증가할 것이다. 그러한 공격들의 결합은 제3장에 서술된 사건의 축적이론 하에서는 무력분쟁의 요건을 갖추기에 충분하다고 간주될 것이다.

3. 영토

컴퓨터 네트워크 공격을 통해 수행되는 비국제적 무력분쟁은 영토의 측면에서 또 다른 문제를 제기한다. 제네바협약 공통3조는 '체약당사국들 중 하나의 영토에서 발행하는' 국제적인 성격을 띠지 않는 무력분쟁에 적용된다. 마찬가지로, 제2추가의정서 제1조는 문제의 무력분쟁은 반드시 '체약국의 영토' 내에서 발생할 것을 또한 요구하고 있다. 컴퓨터 네트워크 공격을 포함하는 분쟁들이 다소 사이버 공간이라는 무형의 면에서 발생한다는 몇몇 논자들의 주장에도 불구하고, 일반적으로 그러한 논의는 무력분쟁법 하에서 의무와 책임을 발생시키는 것은 이런 공격이 유형의 사물들과 개인들에게 미치는 효과라는 이해에 의해 대체되었다. 이것은 몇몇 별개의 사례에서도 심지어 그대로 적용되는데, 예컨대 특정한 국가에 있는 통신장비 관리자산들이 해외에 위치하고 있는 경우나 또는 그 국가의 전체 온라인 체계가 해외에 기반을 두고 있는 경우라고 할 수 있다.[67] 비록

---

67) 예컨대, Charles Arthur. 'The Day East Timor Was Deleted', *Independent* (London). 28 February 1999. Features 8; Chris Nuttall. 'Virtual Country "Nuked" on Net'. *BBC News*. 26 January 1999. http://news.bbc.co.uk/1/hi/sci/tech/263169.stm (마

컴퓨터 네트워크 공격에 직접적으로 연관되지는 않지만, 쿤락(Kunrac et al.) 사건에서 구유고국제형사법원 항소법원의 판결은 이것을 이해하는 데 도움이 된다.[68]

실제적인 전투가 발생하는 지역과 전쟁법의 지리적인 도달 사이에 필연적인 상관관계가 있는 것은 아니다. 전쟁법은 실제적인 전투가 그곳에서 발생하는지 여부와 관계없이, 전쟁 국가들의 전체 영토 내에서 적용되며, 비국제적 무력분쟁의 경우에, 그 분쟁당사국의 지배하에 있는 전체 영토에 대해서 적용된다. 그리고 일반적인 평화 체결 시까지, 또는 비국제적 무력분쟁의 경우, 평화적인 해결이 달성될 때까지 계속하여 적용된다. 그러므로 전쟁법의 법규 또는 관례의 위반은 어떠한 전투도 실질적으로 발생하지 않는 곳이나 그 시간에도 발생할 수 있다. 항소법원에 의해 지적되었듯이, 피고의 행위는 무력분쟁과 반드시 긴밀히 연관되어 있어야 한다는 요구조건은 만약 범죄가 실질적인 전투와 시간상으로 그리고 지리적으로 떨어져 있었다면 부인되지 않을 것이다. 예컨대, 이러한 요구조건을 충족하기 위해, 주장되는 범죄행위가 그 분쟁의 당사자들에 의해 통제되는 영토의 다른 부분들에서 발생하는 적대행위와 긴밀히 연관되어 있는 것으로 충분할 것이다.

그러므로 컴퓨터 네트워크 공격의 사용을 포함하는 무력분쟁에 연루된 모든 국가 혹은 무장집단은 무력분쟁법을 그 국가의 전체 영토에 적용하도록 요구될 것이며 또는 무장집단의 경우에는, 대안적으로, 그것의 통제 하에 있는 어떠한 영토에도 해당된다. 후자의 요구사항은 어떠한 방식으로 무장집단이 영토를

지막 접속일자 2011년 12월 14일) 참조.

68) *Prosecutor v. Dragoljub Kunarac et al.*, (2002) Case No, IT-96-23 and 23/1. International Criminal Tribunal for the Former Yugoslavia, para 57(각주 생략).

통제할 수 있는가에 대한 질문을 불러일으킨다. 제2추가의정서 제1조는 무장집단이 '지속적이고 조직화된 군사작전을 수행하여 이 의정서를 이행할 수 있도록 하기 위해서는 그것의 영토 일부에 대해 통제권을 행사할 것'을 요구하고 있다. 외교회의(Diplomatic Conference)는 통제되어야 하는 영토의 범위를 명확히 하기 위해 몇 가지 제안들을 고려했다.[69] 하지만, 그들은 이 어느 것도 채택하지 않기로 결정했고 대신에 영토의 통제를 우선, 지속적이고 조직화된 군사작전을 개시할 수 있는 능력으로, 둘째는 이 의정서를 적용할 수 있는 능력과 연계시켰다. 위 조항의 제한적 단서들은 관습적인 내전의 맥락에서 학자들에 의해 대대적으로 비판을 받아왔지만,[70] 컴퓨터 네트워크 공격에 이 조항이 적용되는 때에는 실제 그렇게까지 제한적이지는 않을 것이다. 정보사회에서는 영토에 대한 물리적인 통제는 상당히 비현실적이라고 할 수 있다. 무장집단들이 주요한 영토를 단 하나도 차지하지 않고도 국가에 대항하여 지속적으로 조직화된 컴퓨터 네트워크 공격을 개시하는 것이 가능하다. 물론 비록 강제적인 군사작전에 대한 현재의 경향은 다른 것들보다 이러한 형태의 행동에 적합하겠지만, 그러한 전략을 수행하는 것의 적합성은 그 반역 행위의 목적들에 달려있을 것이다. 민족해방전쟁들은(여기서는 영토에 대한 통제가 핵심이다) 영토적 통제에 대한 어떠한 요구 사항도 포함하지 않는 제1추가의정서의 범위에 통합되어 있다.[71] 공통3조에 대한 그

---

69) 위원회에 의해 고려된 제안들은 그것이 '영토의 사소하지 않은 부분' 혹은 '영토의 상당한 부분'이어야 한다는 조건을 포함하였다. Claude Pilloud, *et al.*, *Commentary on the Additional Protocols of 8 June 1977* (Martinus Nijhoff. Geneva. 1987), para 446 참조.

70) Moir, *The Law of Internal Armed Conflict*, 105-6. 이 조항은 게릴라 전쟁을 포함한 국내 분쟁의 측면에서 특별히 비판받아왔다.

71) 상기한대로, 이 조항은 매우 논쟁의 여지가 많은 것으로 입증되었으며 미국과 같은 국가들이 그 프로토콜을 비준하지 않았던 이유들 중의 하나이다.

들의 접근과는 반대로, 외교회의는 제2추가의정서가 적용되기 전 분쟁이 임계점에 도달했다는 것을 보여주기 위해 구분점이 요구된다는 것을 결정했다.[72] '지속적이고 조직화된' 군사작전의 기준이 그 임계점의 기준을 찾기 위한 노력으로서 받아들여졌으며, 그 기준이란 작전의 지속기간과 강도와 같은 것을 의미하기도 하지만, 더 객관적인 평가에 대한 것이기도 하다.[73] 그러나 재래식 공격이 공통3조의 비호 아래 남아 있는 상황에서는 이러한 기준들의 선정이 컴퓨터 네트워크 공격들을 활용하는 분쟁들이 제2추가의정서에 의해 다루어지도록 가능케 해왔다.

제2추가의정서의 적용에 대한 두 번째 기준은 무장집단의 영토에 대한 통제가 의정서의 적용이 가능할 만큼 충분할 정도여야 한다는 것이다.[74] 왈더머 솔프 (Waldemar Solf)는 엘살바도르의 시민분쟁에 관해 다음과 같이 주장하였다.[75]

나는 운동 조직의 무장집단이 오직 느슨한 형태로만 연결되어 있으며, 단 하나의 마을도 통제하지 않고 또한 그것의 정치적 기구가 다른 나라에 위치해 있는 운동이 그 의정서를 이행할 역량을 가지고 있다는 것이 의심스럽다. 나는 그것이 제6조의 사법적인 기준들, 제5조의 수감된 인원들의 처리에 대한 기준, 제7

---

72) Moir, *The Law of Internal Armed Conflict*, 106.

73) Pilloud, *et al.*, *Commentary*, para 4465; Moir, *The Law of Internal Armed Conflict*, 106.

74) 이러한 순환논증에 대한 비판은 Moir, *The Law of Internal Armed Conflict*, 108; Michael Bothe, *et al.*, *New Rules for Victims of Armed Conflicts* (Martinus Nijhoff Publishers, Leiden, 1982), 625 참조.

75) Waldemar A. Solf. 'Comment: Non-International Armed Conflicts' (1981-1982) 31 *Am. U. L. Rev.* 927, 932. 이 논평은 1992년에 종식된 엘살바도르의 12년에 걸친 내전에 대한 것이다.

조-제12조의 부상자, 병자, 난선자 및 의료요원들에 대한 보호를 위해 확립된 기준들을 모두 이행할 수 있을지 의문이다.

컴퓨터 네트워크 공격을 포함하는 분쟁에서 이와 같은 문제가 제기될 수 있는 반면, 만약 그 분쟁이 오직 이러한 수단들에 의해서만 발생한다면, 의정서에 의해 확립되었고 솔프에 의해 강조된 상기의 기준들에 대한 필요는 무시되어도 좋다고 할 수 있을 것이다. 구별원칙을 준수하고 심각한 물리적 손해를 야기하지 않는 조직화된 컴퓨터 네트워크 공격은 부상자 또는 수감자를 발생시키지 않을 것이다. 그것은 분쟁의 목적에 크게 달려있을 것이다. 물론 그 반대로 만약 부상자들이나 그 외 인명들의 보호에 대한 필요가 존재하지 않는다면, 처음부터 의정서의 적용에 대한 필요가 존재하지 않는다고 주장될 지도 모른다.

4. 결언

앞의 장들과 마찬가지로 컴퓨터 네트워크 공격에의 무력분쟁법의 적용은 정보화 시대에 있어 인도적인 규범들을 해석하기 위해 가장 기본적인 원칙들을 재상기해볼 것을 요구한다. 무력분쟁법은 국가에 의해 (혹은 비국제적 무력분쟁의 경우에는 조직화된 무장집단에 의해) 개시되며, 재산에 대한 손해와 더 중요한 것은 개인들의 부상 또는 사망을 가져오는 물리적인 징표가 있는 대부분의 컴퓨터 네트워크 공격들에 적용될 것이다. 가해진 손해 혹은 부상의 정도가 제3장에서 논의한 무력공격의 수준에까지 이를 필요는 없지만, 어떠한 공격이라도 현재의 국가관행에 의해 보여 지는 최소(de minimis) 수준 이상이 될 정도로 심각한 중대성을 띨 필요는 있을 것이다. 공격들은 단순히 고립된 사건들 이상이어야 하며, 비국제적 무력분쟁의 경우 사이버 상의 적대행위는 지속적일 뿐만 아니라 폭동 및 여타 국내적 소요 수준 이상이 될 정도의 성질을 가지고 있어야 한다.

제5장

분쟁 가담자: 전투원의 지위,
직접적인 가담 및 컴퓨터 네트워크 공격

21세기 들어 군대의 전투역량에 큰 변화가 일어났다. 병역 업무와 관련된 혁신의 유무에 대한 개개인의 의견과는 상관없이 한 가지는 확실하다. 여기에 관련된 사람들의 범위와 사용 가능한 기술들이 상당히 변화되었다는 것이다. 정보작전, 특히 컴퓨터 네트워크 공격은 무력분쟁법에 대해 많은 도전적인 질문들을 제기하였다. 제5장은 무력분쟁의 가담자들과 관련하여 컴퓨터 네트워크 공격이 발생시키는 문제들에 초점을 맞춘다. 실제로, 무력분쟁법이 직면한 가장 절박한 문제들 중의 하나는 최전선에서 소총을 나르는 전투원들이나 민간인들을 어떻게 다룰 것인가가 아니라, 오히려 아주 먼 곳에서 책상 앞에 앉아 CPU와 키보드로 무장하고 있는 요원들의 지위를 결정하는 것이다.[1] 그 이유는 두 가지이다. 첫째, 적법한 전투에 대한 요건들이 어떻게 익명성이 규범이고 거리와 근접성이

---

1) Kenneth Watkin, *Combatants, Unprivileged Belligerents and Conflicts in the 21st Century* (HPCR, Cambridge, MA, 2003).

대부분 관계가 없는 수단으로 변환될 것인가가 분명하지 않다는 것이다. 둘째, 새로운 기술들의 특별한 성질과 군대의 축소는 일국 군사력의 지속적인 민간화를 가져왔다. 국제협약에 의해 보장되는 그들의 법적인 보호를 위험에 처하지 않게 하면서 어떠한 역할이 민간 계약업체들에게 아웃소싱 될 수 있는지 결정할 때에는 반드시 신중해야 한다.

　　무력분쟁법은 전투원과 민간인을 근본적으로 구별하고 있다.[2] 전자는 적대행위에 참가하여 상대 전투원을 공격하고, 살상할 뿐만 아니라 군사목표물까지 파괴할 수 있는 권리를 가지고 있다. 반대로 민간인들은 적대행위에 직접적으로 참여하는 것이 허용되지 않는다. 민간인으로서 그들의 지위는 군사작전으로부터 발생하는 위험으로부터 보호를 누리게 해주며, 그들은 직접적인 공격의 대상이 되어서도 안 된다. 민간인들이 적대행위에 직접적으로 가담할 때에는, 그 기간 동안 보호를 받지 못하게 되며 국내 혹은 국제형사소송을 통해 그들의 행위에 대해 처벌을 받을 수도 있다. 본 장에서는 컴퓨터 네트워크 공격에 연루된 전투원들이 그들의 전투원으로서 면책(combatant privilege)을 주장하기 위해 어떠한 법적인 요건들을 만족시켜야 하는지에 대한 질문과 또한 컴퓨터 네트워크 공격에서 어느 정도 수준까지의 개입이 적대행위에 대한 직접적인 가담을 구성하여 민간인 피고용자나 가담자들이 그들의 민간인 보호 지위를 잃게 되는지에 대해 다룬다. 또한 미래의 젊은 사이버 군인들과 관련된 국가의 의무사항들을 검토해 보고, 민간 계약업체들의 증가하는 고용인 수가 용병의 공급과 어떠한 충돌 위험에 있지는 않은지 평가해 볼 것이다.

---

2) *Nuclear Weapons Case*, 257 참조.

1. 전투원 지위

전투원의 지위와 관련된 문제는 국제적 법체계에 있어서 어려운 주제이다. 구별원칙은 국제관습법상 확고히 자리 잡은 반면에, 실제로 누가 전투원이고 누가 민간인인지 그리고 전장에 있고 잇따른 체포의 상황에서 어떠한 권리와 의무가 그들에게 부과되는지를 확립하는 것은 더 문제가 있는 것으로 보인다.

제1추가의정서는 전투원을 '전투에 참가하는 당사국 군대의 구성원(의료요원과 종교요원 제외)'으로 정의한다. 그 앞 부분에서는 다음과 같이 규정하고 있다.[3]

> 당사국의 군대는 비록 그 당사국이 적국에 의해 승인되지 않는 정부 혹은 권위에 의해 대표된다 할지라도, 그것의 하위집단들의 행위에 대해 당사국에게 책임을 질 수 있는 지휘 하에 있는 모든 조직된 군대, 집단, 단위로 구성되어 있다. 그러한 군대는 내부 규율 시스템에 종속되어야 하는데, '그 중에서도' 무력분쟁에 적용 가능한 국제법 규정들의 준수를 강제할 수 있어야 한다.

그러나 이러한 정의는 매우 논쟁적인 것으로 입증되었으며, 왜 몇몇 국가들이 의정서 비준을 거부했는지를 알려주는 이유들 중의 하나이다. 논쟁이 되는 이유는 그 정의상에 무장집단을 포함시키기 때문이다. 제네바 제3협약 하에서 더 광범위하게 받아들여지는 정의는 전쟁포로의 정의에도 해당된다고 할 수 있다.[4] 와트(Watts)가 지적하듯이, 협약 제4조(A)에 열거되어 있는 집단들 중의 4그룹은 민간인 계층과 구별되는 것으로 받아들여지며, 일반적으로 전투원으로

---

3) 제1추가의정서 제43조(1) 및 (2).

4) 제네바 제3협약 제4조(A), (1), (2), (3) 및 (6).

서 적대행위에 직접적으로 혹은 적극적으로 가담하는 것으로 받아들여진다. 4 그룹은 다음과 같다. (1) 당사국 군대의 구성원, (2) 민병대, 의용대 및 당사국에 속하는 조직화된 저항운동단체, (3) 적국에 의해 외교적으로 인정되지 않는 협약 당사국의 군대, (4) 군민병의 구성원.[5]

민간인들은 상기의 항목들에 해당하지 않는 사람들로 제1추가의정서 제50조에 의해 소극적으로 정의된다. 그러나 민간인들의 항목 중 한 가지는 꼭 짚고 넘어가야 한다. 사실상 군대의 구성원이 아니면서 군대에 수반되었던 사람들은 그들이 비록 당국에 의해 분쟁에 가담하도록 승인되었지만 전투원으로 간주되지 않는 경우에는 전쟁포로로서의 지위를 갖게 된다.[6]

'전투원'이라는 용어는 그들이 그렇게 하도록 허용되는지 여부에 상관없이, 적대행위에 직접 참가할 권리를 가진 사람들뿐만 아니라, 분쟁당사국을 대신하여 무력분쟁에서 적대행위에 실질적으로 가담한 자를 묘사하기 위해 사용되어져 왔다. 이러한 상황에서 그 용어는 합법적 또는 불법적이라는 말로 수식되어 왔다.[7] 그러므로 국제적 무력분쟁에서 전투원은 두 가지 범주로 확대되어 구분된다. 첫째는 비록 그들의 특정한 임무들이 적극적인 교전행위와 연관되어 있지 않다고 하더라도, 그들이 교전당사국 군대의 구성원인 경우이다(의료요원 혹은 종교요원의 경우는 제외). 둘째는 적대적인 행위에 적극적으로 가담하는 그 외의 다른

---

5) Sean Watts, 'Combatant Status and Computer Network Attack' (2010) 50(2) *Virginia Journal of International Law* 391, 417.

6) 제네바 제3협약 제4조(A), (4).

7) UK Ministry of Defence, *The Manual of the Law of Armed Conflict* (Oxford University Press. Oxford; New York, 2004), 38.

인원이다.[8] 이 두 번째 집단은 불법적인 전투원들이다.[9]

요람 딘스타인(Yoram Dinstein)은 불법적인 혹은 면책되지 않은 전투원의 지위는 두 가지 중 한 가지 방식에 의해 달성될 수 있다고 주장한다. 우선, 개인의 상태가 전투원의 지위이고 합법적인 전투의 요구사항들에 순응하지 않음으로써 그들의 면책 지위를 잃어버리는 경우이거나, 혹은 그들이 적대행위에 직접적으로 가담하는 민간인일 경우이다.[10] 불법적인 혹은 면책되지 않는 전투원들은 전투원들과 같은 방식으로 표적이 될 수도 있지만, 그들은 합법적인 전투의 어떠한 면책들도 누리지 못하며, 뿐만 아니라 직접적 공격 혹은 군사작전으로부터 야기되는 위험으로부터의 어떠한 민간보호의 특권도 누리지 못한다.[11] 합법적인 전투행위의 가장 중요한 면책들은 살인과 같이 그렇지 않다면 명백히 불법으로 간주될만한 행위들에 대한 법적인 방패막이며, 적국에 의해 체포될 경우 부여되는 전쟁포로의 지위이다. 마이클 슈미트가 지적했듯이, 기본적으로 얘기하자면 오직 국제적인 무력분쟁의 경우에만 부각되는 되는 감금의 문제는 직접적으로 참전하는 민간인들이 아래와 같은 지위를 갖추는지 여부의 문제라고 할수 있다. (1) 1949년 제네바 제3협약 하의 전쟁포로, (2) 1949년 제네바 제4협약 하의 민간인, (3) 1949년 제네바협약 공통3조와 제1추가의정서 제75조에 기

---

8) Dinstein, *Conduct of Hostilities* (2nd edn), 33.

9) 또한 면책되지 않는 전투원들로 알려져 있으며, 이 작업의 목적을 위해 그들은 불법적인 전투원으로 지칭 될 것이다. 일반적으로는 Richard R. Baxter, 'So-Called "Unprivileged Belligerency": Spies, Guerrillas, and Saboteurs' (1951) 28 *BYBIL* 323 참조.

10) Dinstein, *Conduct of Hostilities* (2nd edn), 36.

11) Yoram Dinstein. 'Unlawful Combatancy' in F. Borch and P. Wilson (eds.). *International Law and the War on Terror* (Naval War College, Newport, RI, 2003) 151-74.

술되어 있는 것과 같은 오직 기본적인 보호만 누리는 '불법적인 전투원'이 그것이다.[12)

전투원 지위의 개념은 국제적 무력분쟁에서 더 확고하게 자리 잡고 있다고 할 수 있다. 실제로, 많은 학자들은 비국제적 무력분쟁을 포함하는 논의에서 그것은 어떠한 위치도 차지할 수 없다고 주장한다. 그러나 제1장에서 논의되었듯이, 전통적인 국가 간 분쟁은 현재 세계적으로 발생하는 분쟁들 중 오직 일부만 차지할 뿐이다.[13) 대부분의 분쟁은 그들이 국가에 대항하여 싸우는 반란이든,[14) 국내적이고 국제적인 요소들을 포함하는 혼합적인 분쟁이든,[15) 한 국가의 영토 내에서 서로 간에 전투를 벌이는 다수의 무장집단이든,[16) 내부적 혹은 국가 군대에 대항하는 초국가적인 집단[17)이든 간에 대부분 비국가 행위자들에 의해 발생한다. 합법적인 전투원의 개념은 이러한 집단들 중 어디에도 속하지 않는다. 제네바 제1, 2협약 제13조(2)와 제네바 제4협약 제4조는 군대에 편입되지 않은 의용대 및 민병대에 대해서는 보호를 제공하지만, 그것들은 일반적으로 점령된 영

---

12) Michael N. Schmitt. 'The Interpretive Guidance on the Notion of Direct Participation in Hostilities: A Critical Analysis' (2010) 1 *Harvard National Security Journal* 55, summarising Dinstein, 'Unlawful Combatancy'.

13) 1989년과 2006년 사이 웁살라 분쟁 데이터베이스에 의해 기록된 118건의 분쟁 중에, 5.8 퍼센트만이 전통적인 국가 간 분쟁이었다. 그러나 21.3 퍼센트는 국제적 분쟁의 요소를 포함한 국제화된 국내 분쟁이었다. Lotta Harbom and Peter Wallensteen. 'Armed Conflict. 1989-2006' (2007) 44(5) *Journal of Peace Research* 623. 624.

14) 예컨대, 스리랑카의 타밀 타이거(Tamil Tigers) 간의 분쟁, 네팔에서의 모택동주의자들의 반란, 러시아의 체첸 분리주의자들의 투쟁 참조.

15) 구 유고슬라비아의 영토 내에서 발생했던 분쟁이 이것의 예이다.

16) 현재 콩고 민주 공화국의 영토에서 서로 내전 중인 개별적인 무력 집단은 5개이다. 소말리아는 다른 예이다.

17) 예컨대, 북부동맹(Northern Alliance)과 미국에 대항하는 알카에다가 있다.

토의 상황에서나 민족해방전쟁의 경우에만 적용되는 것으로 받아들여진다.[18] 제1추가의정서 제43조(2)의 입장도 훨씬 명백하다. 다시 말해, 분쟁당사국 군대의 구성원들만(의료요원 및 종교요원 제외) 적대행위에 직접적으로 가담할 수 있는 권리가 있다는 것이다. 그러나 제1추가의정서에서 '군대'라는 용어의 사용은 정규군과 비정규군 둘 다를 언급한다는 것이다. 추가의정서들을 도출해냈던 제네바 국제인도법회의에 참석했던 국가들이 반군들을 '합법적인 전투원'의 지위로까지 격상시킬 정도의 의도는 가지고 있지 않았던 것은 명백하며, 그들은 만약 그렇게 될 경우 이것은 반군의 투쟁을 합법화하는 결과를 가져올 것이었다고 보았다.[19] 물론 개별국가들은 여전히 국제 관계와 동맹의 주요 대상으로 남아있지만, 이들은 반군들은 범법자에 지나지 않는다는 기존의 원칙들을 차츰 거부하기 시작했다. 다시 말해, 국가가 정치적으로 야기된 폭력을 독점하던 모델에서 국가 내부, 국가 간, 또 어떤 경우에는 초국가 행위자들이 전통적으로 국가의 통제하에 있던 영역들을 침범 해 들어오는 모델로 국제 분쟁에서의 패러다임 전환이 일어나면서, 적대행위를 관장하는 법의 해석에서도 이러한 갈등의 변화된 양상들이 반영되기 시작하였다.

2009년 국제적십자위원회는 적대행위에의 직접적인 가담이라는 개념에 대한 해석지침을 발간하였다.[20] 그 지침은 6년에 걸친 해당 분야 전문과들과의 협

---

18) 이 작업은 체첸 분쟁의 범주화를 민족 해방 전쟁으로서 다루지는 않을 것이다.

19) Antonio Cassese, 'The Status of Rebels under the 1977 Geneva Protocol on Non International Armed Conflicts' (1981) 30 *International and Comparative Law Quarterly* 416, fn. 2. 컨퍼런스의 최종 세션의 마지막 2주 동안에, 반란군의 승인을 암시할 수 있는 조항들은 삭제되었다. Adam Roberts and Richard Guelff, *Documents on the Laws of War* (3rd edn, Oxford University Press, 1999), 482.

20) ICRC, *Interpretive Guidance on the Notion of Direct Participation in Hostilities* (International Committee of the Red Cross, Geneva, 2009).

의의 결과였으며, 교전기간 동안 적용되는 적대행위에의 직접적인 가담과 관련된 법의 현 상황에 대한 국제적십자위원회의 의견을 대표한다고 할 수 있다. 중요한 것은 국제적십자위원회는 비국제적인 무력분쟁의 경우, 지속적인 전투 기능을 수행하는 조직화된 무장집단의 구성원들은 민간인들이 아니며, 또한 그러한 기간 동안에는 표적이 될 수 있다고 결론내리고 있다. 비록 그 지침은 구체적으로 그러한 집단의 구성원들에게 어떠한 지위상의 변화도 부여하지는 않지만, 이러한 가담자들을 더 이상 민간인으로 간주하지 않는 조치는 의미가 있다고 할 수 있다. 마이클 슈미트가 지적하듯이, 이것은 직접적인 가담에만 적용되며 감금 중인 상태에는 적용되지 않는다는 조심스러운 단서에도 불구하고,[21] 정식의 민간인과는 다른 방식으로 직접적인 가담자들을 대우하는 것은 그들이 별개의 범주이며 그리하여 그들에게는 제네바 제4협약에 보장된 민간인들이 감금상태에서 누릴 수 있는 보호를 위한 지위는 주어지지 않는다는 것을 뒷받침하는 것으로 보인다.[22]

1.1. 전투원 지위의 요건들

요람 딘스타인(Yoram Dinstein)은 합법적인 전투를 위한 7가지 누적적인 조건들을 유용하게 식별하였다.[23] 처음의 4가지는 전쟁포로와 합법적인 전투원 지위

---

21) 지침은 구체적으로 보고서의 결론은 교전행위 이외의 어떠한 결정을 위한 근거로서 활용되지 않는다는 것을 진술하고 있다.(예컨대, 구금되어 있는 사람들의 경우, *Ibid.*, 11.)

22) Schmitt, 'Interpretive Guidance', 14.

23) Yoram Dinstein, *The Conduct of Hostilities under the Law of International Armed Conflict* (Cambridge University Press, 2004), 33-7.

의 적용가능성에 대한 헤이그규칙과 제네바협약에 서 정한 누적적인 조건들이다. (i) 하급자들을 책임질 수 있는 사람의 명령 아래에 있을 것, (ii) 멀리서도 식별되는 구별되는 독특한 신호를 가질 것, (iii) 공공연히 무기를 소지할 것, (iv) 전쟁의 법과 관례에 상응하는 작전을 수행할 것이 그런 조건들이다.[24] 추가적인 두 개의 조건은 제네바협약 III의 제4조(A)(2)에서 함축될 수 있는데, (v) 조직과 관한 것과 (vi) 분쟁 당사국에 속할 것이다. 마지막으로 일곱 번째 조건은 판례법에서 유추될 수 있는데, 이것은 감금하고 있는 국가에 충성의 의무를 다해야 하는 어떠한 사람에게도 전쟁포로의 지위를 허용하지 않는 것이다.[25] 당사국 군대의 구성원들이나 민병대 및 의용군들은 전쟁포로의 지위 또는 합법적 전투원의 자격을 부여받기 위해서는 이러한 조건들에 따라야만 한다.[26] 이러한 조건들 중 몇몇은 컴퓨터 네트워크 공격과 관련하여 특정한 문제를 불러일으킨다. 다른 조건들은 단순히 디지털 시대에 걸맞은 새로운 해석을 요구한다.

1.1.1. 책임 있는 지휘

첫 번째 조건인 하급자들에 대해 책임 있는 자의 명령에 의할 것은 적국에 대해 독립적으로 전쟁을 수행하는 것으로부터 개인 또는 개인들의 집단을 단순히 배제시킨다. 이러한 유형의 행동에 대한 경고는 언론에서 공개된 바와 같이 아

---

24) 제네바 제1, 2협약 제13조(2) 및 제네바 제4협약 제4조(2).

25) Public Prosecutor v. Koi *et al.* (1968) AC 829, *Privy Council* (per Lord Hodson). 프리비 위원회(Privy Council)는 그 원칙은 국제 관습법 중의 하나라고 간주했다. cf) 로저스(Rogers)는 이 결정이 아마도 제1추가의정서에 도입되지 못했을 것이라고 주장한다. A P. V. Rogers, *Law on the Battlefield* (2nd edn. Manchester University Press, 2004). 32.

26) Pictet, *Commentary*, 48. *Osman Bin Haji Mohamed AU and Another v. Pubic Prosecutor* (1969) 1 AC 430, Privy Council (Malaysia), 449.

프가니스탄과 이라크와 관련된 분쟁에 미국의 해커들이 '가담하지' 못하게 하려는 미국 관료들의 노력에 의해 뚜렷이 드러났다. [27] 그러한 행위는 명백히 허용되지 않으며, 그러한 공격에 연관된 어떠한 개인도 전투상의 면책을 주장할 수 있는 권리가 주어지지 않을 것이다. 와트(Watts)가 지적하듯이, 책임 있는 지휘의 요구는 전쟁의 규정에서 불량행위자를 막기 위해서 고안되었을 뿐만 아니라, 또한 불법적인 호전적 행위를 책임 있는 지휘자에게 귀속함으로써 그로부터 배상에 관한 부분들이 연역될 수 있도록 한다. [28]

1.1.2. 구별

두 번째와 세 번째 조건인 멀리서도 식별되는 독특한 신호를 가질 것과 공공연히 무기를 소지할 것은 컴퓨터 네트워크 공격에 대해 유사한 문제를 제기하기 때문에 함께 다루어 질 수 있을 것이다. 그 문제는 주로 인터넷의 특징이라 할 수 있는 익명성으로부터 연유한다. 즉, 누가 어떤 컴퓨터에 앉아 있는지 알아내는 것이 불가능하다는 것이다. 두 가지 요건들의 의도는 민간인과 전투원 사이의 구별에 있어서 혼돈을 제거하기 위한 것이며 또한 기만을 방지하기 위한 것이다. [29] 그러나 그 규정들은 전쟁이 적대국들 간에 일정 정도의 물리적인 근접성을 포함하고 있었던 시기에 기안되었다. 대부분의 경우, 전투원들은 서로를 볼 수 있었고 따라서 전투원과 비전투원, 아군과 적군을 식별할 수 있었다. 적들이 명백하게 서로의 시야에 보이지 않는(아마도 지구 반대편에 있을 수도 있다) 컴퓨터 네

---

27) David F. Gallagher, 'Hackers; Government Tells Vigilantes Their "Help" Isn't Necessary', *New York Times*, 20 February 2003, G1 5.

28) Watts, 'Combatant Status and CNA', 437.

29) Dinstein, *Conduct of Hostilities* (1st edn), 37.

트워크 공격의 경우, 이러한 조건들의 유용성은 줄어들었다. 그것들이 기반을 두고 있는 구별원칙은 그럼에도 불구하고 근본적인 것으로 남아 있다.

비록 미심쩍은 부분이 있지만, 이 문제에 대해 선례가 없는 것은 아니다. 배에 승선하고 있는 병력의 경우 또는 차량, 기관차, 비행기, 탱크 및 보트 등으로 이동하는 병력의 경우 유사한 경우가 발생할 수 있다. 모든 경우 유격대들이 탑승할 때마다 교전국으로 식별될 수 있는 신호가 표시되어야 한다.[30] 어느 특정한 시간대에 특정한 컴퓨터의 사용자를 구별해내는 것이 불가능하다는 것을 고려할 때, 구별되는 신호를 표시할 것을 요구하는 것은 그로부터 공격이 개시되는 컴퓨터에도 또한 적용될 수 있다. 그러한 구분을 달성하는 한 가지 방법은 어떠한 컴퓨터 네트워크 공격이라도 지정된 군사 IP 주소로부터 출발하도록 요구하는 것이다.[31] 전자 마킹의 형태는 위의 경와와는 반대로 보호되는 대상을 식별하는 의도이기는 하지만, 레이더나 혹은 피아식별(IFF) 기술에서 나타나는 의료수송에서 이미 활용되고 있다.[32] 그러한 접근은 또한 공격을 수행하는 동안 유니폼을 착용해야 할 개인의 의무에 대한 문제를 다룬다. 정당하게 구분 표시가 된 전

---

30) 이것은 해양에서의 전쟁의 경우 깃발과 관련하여 국제법에서 오랫동안 확립된 규정들과 합치한다. Pictet, Commentary, 60. 그러나 이것이 승선중인 전투원들이 일단 비행기나 다른 수송 수단으로부터 분리될 경우 식별 가능한 엠블럼을 착용하지 않아도 된다는 것을 의미하지는 않는다. Dinstein, *Conduct of Hostilities* (2nd edn), 45.

31) 인터넷을 통해 의사소통을 하는 모든 장비(컴퓨터, 서버 등)는 그것을 독특하게 식별하는 4자리의 고유번호가 할당되며(예컨대 168.212.226.204) 이것은 인터넷상에서 그 장비를 다른 컴퓨터들과 구별해 준다. 각각의 주소는 중복을 피하기 위해 세 개의 레지스트리 바디(registry body) 중의 하나에 저장된다. 군사 주소 목록 또는 다른 형태의 군사 네트워크 지정체계를 만들어내는 것은 상대적으로 간단한 작업이다.

32) 제1추가의정서 1 부속서 제8조. IFF는 피아 식별(Identification Friend or Foe)을 의미하며 트랜스포더가 주요 레이더에 의한 표적의 감지에 의해 발동될 때, 식별 코드를 전송하는 부차적인 레이더 시스템을 말한다.

함이나 군용기에서 유니폼을 입지 않은 채로 적대행위에 가담하는 군대의 구성원들은 그들의 상황에도 불구하고 전투원 신분으로 남아있다.[33]

　이러한 제언이 처음에는 관심을 끄는 것처럼 보이나, 그것과 관계된 문제가 없는 것은 아니다. 공격의 범위와 시계는 표적을 겨냥하기 위한 필요 사항이 더 이상 아닌 컴퓨터 네트워크 공격의 시대에, 컴퓨터가 군사용 컴퓨터로 표시되도록 요구하는 것은 그것이 연결된 모든 시스템에 과녁의 중심을 그리는 것과 마찬가지이다. 언제라도 인터넷은 연결된 컴퓨터를 찾는 데 열중하는 수백만의 소프트웨어 보트에 의해 검색되고 '접근된다.'[34] 군사용으로 지정된 IP 주소들을 찾는 보트는 연결된 컴퓨터들을 몇 분 내에 찾아낼 수 있다.[35] 일단 발견이 되면, 그것을 피해갈 수 있는 여지가 없으며, 컴퓨터의 접속을 차단하는 것 이외에는 그 반경으로부터 컴퓨터를 대피시킬 수 있는 방법이 없으며, 이러한 해결책은 그 시스템의 정상적인 작동 및 유용성을 교란시킬 확률이 높다. 어떠한 방식으로든 인터넷에 연결되어 있는 컴퓨터는 침입을 막기 위해 오로지 전자방어체계에 의존하게 될 것이다. 게다가, 군용 컴퓨터에 접근하고자 시도하는 것은 잠재

---

33) Knut Ipsen, 'Combatants and Non-Combatants' in D. Fleck (ed.), *The Handbook of Humanitarian Law in Armed Conflicts* (Oxford University Press, 1999) 65-104, 101.

34) 보트(스파이더라고도 불린다)는 합법적으로는 검색 엔진, 메일링 리스트, 인덱스 등을 만들어 내기 위해 사용되며 비합법적으로는 좀비 또는 노예 컴퓨터로 활용되어 시스템에 접속하거나 바이러스 감염원으로 기능할 수 있는 보호되지 않는 컴퓨터들을 추적하는 데도 사용된다.

35) 사실 군사 아이피 주소들의 리스트는 몇 년간 인터넷상에서 떠돌아 다녔다. 그러나 특정화된 아이피 범위들은 그 내에 복잡하고 역동적인 아이피 주소들을 포함하는 고정된 설비들을 위한 것이다. 예컨대, 'U.S. Gov IP Addresses You Should Not Scan', *Hellbound Hackers* 21 June 2007, www.hellboundhackers.orgJarticles/721-US-GOV-IP·ADDRESSES-YOU-SHOULD-NOT-SCAN. htmI (마지막 접속일자 2011년 7월 5일) 참조.

적인 적의 군대만이 아니다. 미 국방부는 보통의 해커들에게 있어 매력적인 표적이며, 그 시스템에 대한 공격 횟수는 꾸준히 증가하였다. 1992년에는 미 국방부와 군 컴퓨터들이 침입자에 의해 약 53회의 공격을 받았다.[36] 1997년경에는 연간 공격 횟수가 780회로 증가하였다. 또한 그 수치는 많은 미국의 군 네트워크가 인터넷으로부터 차단되었던 2001년 9월 11일의 테러공격 시 잠깐 감소했지만, 2002년에는 거의 40000회 가까운 횟수로 증가하였다.[37] 미국의 정부와 군 시스템은 독립적인 해커들에게 명성이 높은 표적일 뿐 아니라, 이러한 해커들이 기밀 군사정보에 접근하기 위해 의도적으로 공격을 시도하는 것 또한 부인할 수 없다.

게다가, 대부분의 공격들은 공격이 개시되는 컴퓨터에서 표적까지 직접적으로 도달하지 않는다. 공격들은 표적 컴퓨터에 도달하기 전에 다양한 장소에 산재되어 있는 몇 개의 중간 서버들(각각 고유의 IP 주소를 지니고 있는)을 거칠 확률이 높다. 공격의 기원으로 추적해 들어가는 것은 시간이 걸리며, 현재의 기술로서는 공격의 명백한 근원이 실제로 최초 지점이 맞는지 확증하는 것도 항상 가능하지 않다. 이러한 전술의 적법성은 아마 배신행위와 기계와 관련된 논의에 더 적합할 수 있겠지만, 그것은 제시된 해결책과 연관된 문제를 예증해준다.

반면에 첨단기술의 전장에서는 그러한 구별에 대한 실질적인 필요가 존재하지 않는다고 주장될 수 있다. 군사용 자산들에 대한 컴퓨터 네트워크 공격 시, 공격 개시자는 합법적인 전투원이거나 혹은 교전행위에 직접적으로 가담하는

---

36) Schmitt, 'Normative Framework', 885 fn. 25.

37) James F. Dunnigan, *The Next War Zone: Confronting the Global Threat of Cyber Terrorism* (Citadel Press Books, New York, 2003), 85. 1999년 더니간(Dunnigan)의 공격 수치는 22,144회 이었다는 것에 주목하라. 미 국방성으로부터의 최신 수치들은 2005년 모든 곳으로부터 시도된 침입의 횟수는 전체 79,000회임을 보여준다.

민간인이며 둘 다 적법한 표적이 될 수 있다. 이것은 전투가 한창일 때에 내려지는 표적에 대한 판단의 경우에도 유효하지만, 공격의 개시자가 체포되어 전쟁포로의 권리에 대한 보호를 보장하기 위한 경우에는 개인의 지위에 대한 더 정교한 판단이 요구된다. 이러한 상황은 지구 반대편 컴퓨터에 앉아있는 전투원이 아니라, 전장에서 물리적으로 교전 중인 전투원에 대해서 훨씬 더 잘 적용될 것이다.

그렇다면 개인적인 전투원들을 민간인과 구별하기 위한 요건들은 무엇인가? 비록 군사적 업무에 있어서의 기술혁신은 전쟁에서 적군을 구별할 수 있는 명확한 상황으로부터 멀어지고 있다는 것을 의미하지만, 항상 그런 것은 아니다. 이 문제에 대한 상식적인 접근만으로도 충분하다. 전투원이 물리적으로 적의 병력과 근접해 있어서 민간인으로 오해받을 위험이 있는 상황에서 전투원이 컴퓨터 네트워크 공격에 가담할 때에는 유니폼 혹은 다른 구별 가능한 표장을 착용하는 것이 요구된다. 기만의 위험이 존재하지 않거나 전투원이 민간인으로 오해받을 위험이 없을 때에는 개인이 식별 가능한 표장을 착용할 필요가 없다.[38]

식별 가능한 표장을 착용하고 공개적으로 무기를 소지해야 한다는 요건을 적용하는 것과 연관된 문제들은 비 재래식 분쟁의 경우, 다시 말해 점령된 영토에서의 게릴라 전투원의 상황에서도 발생했다. 전투원들은 먼 거리에서도 식별되는 고정된 표장을 착용해야 한다는 조건은 제1추가의정서 제44조(3)의 결과로 다소 완화되었으며, 이 조항은 교전행위의 특성상 전투원이 자신들을 항상 구별되도록 하는 것이 거의 불가능한 (혹은 자살행위에 가까운) 것으로 만드는 상황들

---

38) Mark R. Shulman. 'Discrimination in the Laws of Information Warfare' (1999) 37 *Col. J. Trans. L.* 939. 956.

이 존재한다는 것을 인정한다.[39] 이러한 상황에서의 요건들은 교전의 상황 및 개인이 이전의 군대 배치에서 적국에게 식별되는 경우와 같은 때로 엄밀히 제한된다. 논쟁의 소지가 있는 그 조항은 주로 군대와 당사국들의 병참 수단 사이의 불공정을 다루기 위해 설계된 은밀한 전술을 사용하는 게릴라 전투원들에게 해당된다.[40] 그러나 컴퓨터 네트워크 공격들은 전쟁 유형의 한 가지 예이며, 그것의 속성은 이 조항에 의해 예측된다는 주장이 제기될 수 있다. 컴퓨터 네트워크 공격은 그것의 고유한 속성으로 인해 전쟁의 은밀한 수단이라고 할 수 있으며, 많은 저자들은 군사적으로 열세에 있는 적국에 대하여 그것이 전력을 더 강화시키는 도구로 사용될 수 있다는 것을 언급 해왔다.[41] 만약 이것이 사실이라면 컴퓨터 네트워크 공격을 위한 예비적인 조치들이 비군사적인 컴퓨터들로부터 시도될 수 있는 가능성(가령, 전자 조사 및 정찰, 취약한 시스템에 대한 접근을 가능하게 하기 위한 백도어 페이로드를 통한 바이러스 보내기 혹은 디도스 공격을 위해 좀비 컴퓨터들을 봇네

---

39) 그 조항은 다음과 같이 규정된다. '교전행위의 효과로부터 민간 인구의 보호를 향상하기 위해서는, 전투원들은 의무적으로 공격 행위나 그 공격 행위를 준비하는 군사작전에 가담하는 동안, 민간인과 스스로를 구별해야 한다. 그러나 무력분쟁에서 교전행위의 성격으로 인해 무장한 전투원이 스스로를 구별할 수 없는 상황이 있다는 것을 인지할 수 있다면, 그는 전투원으로의 지위를 다음과 같은 조건에서 계속 유지한다. 그러한 상황에서, 그가 (a) 각각의 교전 동안, (b) 그가 참여하기로 되어 있는 공격의 개시에 앞서 군대 배치에 가담하는 동안 적국에게 식별될 수 있는 기간 동안 무기를 공공연히 소지한다.'

40) Pilloud, *et al.*, *Commentary*, 527. 몇몇 국가들은 이 조항이 주로 점령된 영토에서의 저항 운동에 제한된다고 주장 해 왔으며, 실제로 몇몇 국가들(예컨대, 영국)은 협약에 대한 유보를 통해 이 조항을 받아들이는 것은 그러한 영토와 자결(self-determination)전쟁에 제한된다는 것을 진술해왔다.

41) 예컨대, Schmitt. 'Normative Framework', 897; Michael J. Robbat, 'Resolving the Legal Issues Concerning the Use of Information Warfare in the International Forum: The Reach of the Existing Legal Framework, and the Creation of a New Paradigm' (2000) 6 *BU J. Sci. & Tech. L.* 10 참조.

트에 결집시키기)을 제기하지만,[42] 일단 적절한 공격이 시작된다면, 그것은 지정된 '전투원' 컴퓨터 혹은 시스템으로부터 발생해야 할 필요가 있다.[43]

1.1.3. 순응, 조직, 소속 및 충성

적법한 전투원을 위해 남아 있는 요건들은 컴퓨터 네트워크 기술의 도래로 인해 현저하게 변하는 것은 아니다. 전투원에 의해 사용되는 기술이 어떠한 것이든 간에, 무력분쟁법에 따라 교전행위를 수행해야 하는 의무사항도 같을 것이다.

다섯 번째 요건을 충족시키기 위해 요구되는 조직의 단계와 유형은 일반적으로는 분쟁당사국들의 변화하는 구조에 의해 영향을 받지만, 그들이 사용하는 무기의 특성은 어떤 특정한 이슈를 발생시키지는 않는다.[44] 예컨대, 디도스 공격과 같은 특정한 컴퓨터 네트워크 공격 기술들은 무장집단들이 더 산발적으로 구조화되도록 함으로써 지리적으로 산재된 집단 구성원들이 조직화된 행동에서 더 적극적인 역할을 수행하도록 한다. 그러나 이것은 법적인 문제라기보다는 사실

---

42) 뉴질랜드는 특별히 '가시적'이라는 용어를 해석하는 데 있어서 그것이 전자적이든 아니든, 어떠한 형태의 가시적인 감사라도 포함하도록 해석하는 선언을 포함하였다. 이것은 군용 아이피 주소에 대항하는 모든 활동의 범위를 포괄하기에 충분할 정도로 광범위한 것처럼 보이며, 따라서 뉴질랜드에 대항하는 모든 사전적인 기동 작전들이 지정된 컴퓨터부터 발생하도록 요구하는 상황이라고 할 수 있다.

43) 이것은 디도스 공격이 수천 대의 민간 좀비 컴퓨터 가운데 하나의 군용 컴퓨터라고 하는 인구통계의 함정 속에 숨어 들어갈 수도 있기 때문에 이 디도스 공격이 과연 합법적인가 아닌가에 대해 추가적인 문제들을 제기한다.

44) 군의 계급 체계에서 네트워크로 당사국들이 진화해 나가는 특징에 대한 서술은, 일반적으로 John Arquilla, David F. Ronfeldt and United States Dept. of Defense. Office of the Secretary of Defense, *Networks and Netwars: The Future of Terror, Crime, and Militancy* (RAND, Santa Monica, 2001) 참조.

상(factual)의 문제이다. 만약 그 집단이 필수적인 조직(네트워크의 형태든 위계적이든)을 가지고 있고 않고 규율과 감독을 제대로 유지하지 않는다면, 그 구성원들은 합법적인 전투원이 될 수 없다. 아케예수(Akeyesu) 판례에서 르완다국제형사법원(ICTR)은 다음과 같이 판결했다.[45]

> 정부에 대항하는 무장세력은 책임 있는 지휘 아래 놓여있어야 하며, 이것은 무장집단 혹은 반체제 무장세력 내에 일정 정도의 조직화를 수반한다. 조직화의 정도는 무장집단 혹은 반체제 세력이 조직화된 군사작전을 계획하고 수행할 수 있어야 하며 또한 사실상의(de facto) 권위의 이름으로 규율을 부과할 수 있는 정도여야 한다.

마찬가지로, 여섯 번째 조건, 다시 말해 전투원이 '분쟁당사국의 하나에 속해야만 한다'는 조건은 교전당사국과 아무런 관계없이 대의를 위해 싸우는 독립적인 게릴라 집단들에게 보호가 제공되지 않는 똑같은 방식으로 대치상황에 '가담하는' 해커들의 자경단들에게 보호를 제공해 주지 않을 것이다.[46] 이것은 컴퓨터 네트워크 공격을 개시하는 특정한 집단들과 국가 사이의 연계를 증명하는 데 있어서 실제적으로 어려운 문제를 제기하며 이에 따라 법적인 문제도 지속된다. 예컨대, 2008년도의 러시아와 그루지야 사이의 분쟁은 광범위한 컴퓨터 네트워크 공격에 의해 수반되었다. 비록 컴퓨터 네트워크 공격과 러시아 병력에 의해 취해진 조치들 사이에 상당한 정도의 협력이 존재하는 것처럼 보였으나, 러시아

---

45) Akayesu, para 626.

46) Public Prosecutor v. Koi et al.

당국은 온라인 공격과의 모든 관계를 부인해 왔다.[47] 국가책임법 하에서 국가의 책임 하에 있는 어떠한 조직화된 무장집단의 행위라도 그 국가에 '속하는' 것은 자명한 사실인 반면에, 국가의 행위에 대해 어느 정도 수준의 통제가 요구되어야 하는지는 아직 정해지지 않았다.[48] 타딕(Tadic) 판례에서 구유고국제형사법원(ICTY)의 항소법원은 다음과 같이 판결했다.[49]

국가들은 교전행위를 수행할 때 교전국들이 준군사적인 부대 및 다른 비정규 군들은 사용할 수 있다는 것을 실제적으로 받아들였으며, 이것이 가능한 유일한 상황은 이러한 교전국들이 그러한 무장세력들에 의해 자행된 어떠한 침해행위에 대해서도 책임을 질 준비가 되어 있다는 조건 하이다. 비정규군들이 합법적 전투원의 요건을 갖추기 위해, 국제적인 규범들과 국가관행은 그들에 대해 국제적 무력분쟁의 당사국이 통제권을 소유할 것을 요구하며, 분쟁당사국에 대한 비정규군들의 의존과 충성을 요구하고 있다. 그렇다면 이것은 '분쟁당사국에 속하는'이라는 조건의 구성요건으로 간주될 수 있다.

국제적십자위원회는 교전행위에의 직접적 가담에 대한 논쟁의 여지가 있는 해석지침(Interpretive Guidance)에서 다음과 같이 덧붙인다.[50]

---

47) 일반적으로 US Cyber Consequences Unit. Overview; Siobhan Gorman, 'Hackers Stole IDs for Attacks', *Wall Street Journal*, 17 August 2009, A5 참조.

48) 타딕 판례(중간 법원)에서 ICTY에 의해 확립된 시험 기준인 '일반적 통제(overall control)'와 니카라과 판례에서 국제사법재판소에 의해 확립된 더 엄중한 기준인 '효과적 통제(effective control)'를 비교해 보라.

49) Tadic, para 94.

50) ICRC. *Interpretive Guidance*. 23. 이것이 야기하는 문제들에 대한 논의는 Schmitt, 'Interpretive Guidance', 17 참조.

'속하는(belonging to)'의 개념은 조직화된 무장세력과 분쟁당사국 사이에 적어도 사실상의 관계를 요구한다. 이 관계는 공식적으로 선언될 수도 있지만 암묵적인 동의 혹은 그 집단이 어느 당사국을 위해 싸우는지를 명백히 보여주는 결정적인 행동을 통해서도 표현될 수 있다.

비록 컴퓨터 네트워크 공격이 '사이버 민병대'에게 쉽게 활용될 수 있고 또한 국가들에게는 기존에 발생한 사이버 공격에 대한 '그럴 듯한 부인가능성'을 제공해 줄지라도, 공격을 자행한 집단과 국가 사이의 연관성이 확립되지 않는다면 공격에 가담한 행위자들은 합법적인 전투원으로 간주되기 어려울 것이다.

개인은 포획 국가에 어떠한 충성의 의무도 지지 않는다는 일곱 번째 요건은 전통적 전투원들에게 해당되는 것처럼 사이버전의 전투원들에게도 동등하게 적용될 것이다.

1.2. 사보타주와 스파이

무력분쟁법은 사보타주 혹은 첩보활동을 금지하지 않는다.[51] 그러나 이와 같은 행위에 관여하는 것은 가해자들이 포획될 경우 그들의 지위에 영향을 미친다. 두 활동의 비밀스러운 속성은 전투원들이 그들의 전투원 면책을 상실하게 되며, 비합법적인 전투원이 될 것이라는 것을 의미한다. 그런 의미에서, 스파이와 사보타주 활동가들은 포획될 경우 전쟁포의 대우를 받지 못한다. 민간인들은 제네바 제3협약 아래에 명기된 무장세력과 동반하지 않는다면, 어떠한 경우

---

51) 사보타주 행위가 합법적인 군사 표적에 향하여 있는 경우.

에도 전쟁포로 지위를 부여받지 못한다.[52] 사보타주와 첩보활동은 무력분쟁에서의 컴퓨터 네트워크 공격의 사용과 관련하여 두 가지 구체적인 문제를 제기한다. 첫째, 둘 다 비밀스러운 행동과 거짓 위장을 통한 행동을 수반하며, 이것을 수행하는 인원들은 일반적으로 유니폼을 입지 않는다(이것은 합법적인 정보수집활동과 첩보행위를 구별짓는 요소이다). 둘째, 사보타주와 첩보활동 둘 다 전통적으로 전투원들이 적진, 다시 말해 적국에 의해 통제되고 점령된 영토에서 활동할 것을 요구한다. 그러나 선진화된 기술은 현재 적국의 영토에 발을 들여놓지 않고도 그곳으로부터 민감한 정보를 검색할 수 있고, 손해를 야기시킬 수 있다는 것을 의미한다. 전시의 전자감청과 항공감시는 정보원들이 적국 영토 외부에 머물러도 된다는 것(또는 활동에 가담하는 동안 유니폼 혹은 구별되는 표장을 착용한다는 것)을 고려할 때 첩보를 수집하는 데 있어서 널리 받아들여지는 방법들이다.[53] 그러나 몇몇 컴퓨터 네트워크 공격의 유형과 연관된 침입의 선행적이고 비밀스러운 속성들 및 영토 밖에 물리적으로 머물러 있으면서 영토 내부의 데이터와 첩보를 조직할 수 있는 행위자의 능력은 이러한 형태의 전쟁을 활용하고자 추구하는 사람들에게 있어서 몇 가지 흥미로운 이슈를 제기한다.

1.2.1. 사보타주

사보타주 행위들은 유니폼을 입은 병사들에 의해 수행되며, 그것이 적법한 군사목표물들을 표적으로 하는 무력분쟁법 하에서는 금지되지 않는다. 그러나

---

52) 제 4조(A)(3); Ipsen. 'Combatants and Non-Combatants', 111.

53) 첩보활동이 배타적 경제 수역 혹은 표적 국가의 영해에서 발생할 경우 몇 가지 문제가 발생한다. 1968년 북한 해역에서 발생한 USS Pueblo의 사례나 더 최근의 2001년도에 발생한 미 EP-3 정찰기가 중국 F8 전투기와 충돌 후에 추락한 사례를 보라. 두 사례 모두 평시에 발생했다는 것에 주목해야 한다.

사보타주가 그 자체적으로는 국제적으로 비난받을 만한 것은 아니지만(점령된 영토에서의 민간인 거주자에 의해 수행되지 않는다면), 무장세력 가운데 유니폼을 입지 않은 구성원들에 의해 사보타주가 수행되면, 그것은 전투원 면책 및 포획 시에 적용되는 전쟁포로 지위의 상실을 가져 올 것이다.

8명의 독일 사보타주 활동가들이 체포되어 미국에서 재판을 받았던 퀴린(Ex p Quirin) 사례와[54] 싱가폴에 있는 빌딩의 사보타주와 관련된 모하메드 알리(Mohamed Ali) 사례는[55] 유니폼을 입지 않은 채로 생명이나 재산의 파괴를 일으킬 목적으로 적국의 영토에 침입하는 자들은 전쟁포로의 지위가 부여되지 않으며 재판과 처벌에 넘겨져야 함을 분명히 하였다. 퀴린(Quirin) 사건에서 법원은 '불법적인 전투행위'를 이유로 사보타주 활동가들에게 유죄를 선고했지만, 국가들이 무장세력에 소속된 사보타주 활동가들이 오늘날의 구체적인 사보타주 행위와는 별개의 차원으로, 그러한 공격행위에 대해 책임을 져야 한다고 간주할지는 명확하지 않다. 퀴린(Quirin) 사건에서 미국 대법원은 다음과 같이 판결했다.[56]

---

54) *Ex p Quirin et al.* (1942) 317 US 1, Supreme Court of the United States. in *Ex p Quirin* 사례에서는 8명의 독일인들이 사보타주의 목적을 위해 폭발물을 가지고 독일군 유니폼을 입고 미국의 해안에 비밀리에 착륙했다. 비록 독일군 유니폼을 입고 착륙했지만, 착륙 즉시 민간인 의복으로 갈아입었으며 그들이 후에 체포 되었던 목적지를 향해 계속하여 전진하였다.

55) Mohamed Ali: 싱가폴과 말레이시아(당시는 인도네시아의 일부) 사이의 충돌 기간 동안, 알리와 인도네시아 군의 다른 구성원은 민간인 복장으로 싱가폴에 있는 은행에 침입하여 니트로글리세린을 담고 있는 가방을 계단통에 두었다. 가방은 폭발하였고, 그 결과 3명의 민간인이 사망하였다. 3일 뒤 가해자는 민간인 의복을 입고 있는 채로 바다로부터 구출된 후 체포되었으며, 신원을 확인할 수 있는 어떠한 문서도 소지하고 있지 않았다.

56) *Ex p Quirin*, 31.

전시 중에 군사첩보를 수집하여 적국에 넘길 목적으로, 비밀스럽게 그리고 유니폼을 착용치 않고 교전국의 군사경계선을 통과하는 스파이, 혹은 유니폼을 착용치 않고 생명과 재산을 파괴함으로써 전쟁을 일으킬 목적으로 전선을 비밀스럽게 통과하는 적 전투원들은 모두 전쟁포로의 지위의 자격이 부여되지 않는 것으로 일반적으로 여겨지는 전투원들의 유사한 예들이라고 할 수 있으며, 이들은 군사법정에 의해 재판과 처벌받을 것을 규정하는 전쟁법의 위반자들로 간주된다.

또한 법원은 다음과 같이 덧붙였다.[57]

그러한 목적을 위해 전투원이 지위를 나타내는 유니폼이나 여타 표장을 착용하지 않은 채로 우리의 국경선을 통과함으로써, 혹은 영내 진입 후에 그들이 착용하고 있던 식별수단을 제거함으로써, 그러한 적군들은 재판과 처벌의 대상이 되는 비합법적인 전투원들이 된다.

마찬가지로 알리(Ali) 사건에서 추밀원(Privy Council)은 다음과 같은 하급 법원의 판결을 확정했다.[58]

적군에 소속된 전투원이자 평화적인 목적의 외양을 띠고 군인의 모습이나 특징을 스스로 제거하고 여기로 온 자가 포획되었을 때, 그러한 자들은 전쟁포로의 특권을 부여받지 못한다.

---

57) *Ibid.*, 37.
58) *Mohamed Ali*, 445 (Chua J 인용).

따라서 퀴린과 알리 사례 둘 다에서, 사보타주 행위 그 자체와 불법적인 전투원으로서 피고의 분류에 대한 기초는 민간인 복장을 착용한 채로 피해국의 영토로 들어가 파괴 활동을 수행하는 것(혹은 수행하고자 시도하는 것)에 의해 확증된다고 할 수 있다. 따라서 적국에 의해 통제되는 영토에서(점령된 영토라기보다는), 비밀스러운 방식으로 자원들을 파괴하고, 무력화하거나 손해를 입히는 활동에 국가가 관여할 때 컴퓨터 네트워크 공격은 사보타주 행위에 해당할 수 있다. 이것은 정확히 컴퓨터 네트워크 공격이 활용될 것 같은 공격의 유형이다. 현재의 기술이 가져다주는 어려움은 그러한 사보타주 행위자가 상대 교전국의 영토에 물리적으로 발을 들여놓지 않고도, 교전국의 영토 내에서 사보타주 행위가 범해질 수 있다는 것이다. 현재는 적국의 컴퓨터 시스템에 비밀스러운 방식(가령, 백도어를 통해)으로 침입해서 사보타주 행위를 범하는 것이 가능하며, 또한 시스템에 악성 코드를 유입함으로써 국익에 막대한 손실을 끼치는 것도 가능하다. 국경을 넘거나 적국이 차지한 영토를 통과해 들어가는 물리적인 행위가 은밀한 피해를 입히는 데 더 이상 필요하지 않게 되었다는 것을 고려할 때, 이것은 무장세력의 구성원들에 의해 가해진 어떠한 컴퓨터 네트워크 공격도 사보타주에 해당되어 그들이 전투원 면책 지위를 잃게 될 것임을 의미하는가? 이에 대한 대답은 컴퓨터 네트워크 공격을 수반하는 대부분의 이슈에서와 같이, 법적인 지위는 구상되고 있는 공격의 유형에 달려있을 것이다.

컴퓨터 네트워크 공격에 의한 사보타주의 가장 간단한 예들은 날마다 전 세계 도처에 있는 민간인 바이러스 유포자들에 의해 사용되는 것들이다. 공격자는 바이러스 혹은 다른 악성코드를 포함하는 메일을 수신자에게 발송한다. 코드는 이메일 혹은 이메일 첨부파일을 열자마자 활성화되며, 수신인의 컴퓨터 네트워크에 있는 정보를 손상시킨다.[59] 이메일이 보호되는 지위를 가진 개인이나 기관으로부터 연유했음을 주장하지 않는 한 혹은 항복의 조건이나 다른 신뢰할 수 없는 가상 상황들을 제공한다고 주장하지 않는 한, 이것은 전쟁의 합법적인 전력으로 간주될 것이며(제8장 참조), 전투원들은 포획의 경우에도 전투원의 지위를 유지할 것이다. 이것은 우편을 통해 편지 혹은 소포 폭탄과 같이 위험한 물건을 보내는 것과 사이버 공간에서는 동일한 행위이다. 컴퓨터 시스템은 단순히 전달 장치로 활용되고 있는 것이다.

그러나 시스템 혹은 네트워크에 직접적으로 침입하는 것은 직접적인 피해를 입히기 위해 국경선을 몰래 넘는 것과 더 유사한 행위라고 할 수 있다. 따라서 그 영토 내에 물리적이고 현존해 있는 행위자가 사보타주의 근본적인 구성요소인지에 대한 질문이 제기될 수 있다. 요람 딘스타인은 첩보활동과 관련하여 공격이 실체화되기 위해서는 전투원이 물리적으로 적국에 의해 통제되고 있는 지역에 위치해야 한다고 주장한다.[60] 또 다른 주장은 전통적으로 '총알이 국경을 가로지르는' 경우와 마찬가지로 그 행위의 효과가 해당 영토 내에서 발생해야 한다는 것을 요구하고 있다. 이것은 최근 컴퓨터 네트워크 침입이 미국 내에서 발생했을 때 피해가 발생한 해당 주에서 기소가 되었음을 보면 알 수 있다.[61] 본

---

59) 바이러스와 같은 컴퓨터 네트워크 공격으로 인한 손해 추정액은 합의된 적정 수치기준이 없기 때문에 그 양을 측정하기가 굉장히 어렵다. 그러나 바이러스는 매년마다 수십억 달러의 손해를 사업에 끼치고 있다고 추정된다.

60) 아래 2.2 섹션 참조. Dinstein, *Conduct of Hostilities* (1st edn), 209.

61) 일반적으로 Antonio Cassese, *International Criminal Law* (Oxford University Press. 2003). 278. Rivard v. United States (1967) 375 F. 2d 882. US Ct. App., 5th Cir. 인용: '지구상의 모든 국가들은 한 국가 밖에서 영향력을 미치기 위해 의도적으로 무력을 행사하는 자는 악이 자행되는 곳에 대해 책임이 있다는 원칙을 인정한다.' 이것은 로터스(Lotus) 판례에서 확립된 근본적인 영토 원칙이다. The Lotus (1927) Series A No. 10,

저자는 전투원의 지위를 부정하는 것은 파괴를 목적으로 한 기만행위라고 주장한다. 벡스터는 다음과 같이 지적한다.[62]

> 국제법은 면책되지 않는 전투원들의 행위가 상대국에 가할 수 있는 위험으로 인해 의도적으로 그들을 보호하지 않는다. 비밀 첩보를 획득하거나 적국의 시설을 파괴하기 위한 시도에 내재되어 있는 상대국에 가해지는 위험과 그 상대국이 비폭력적인 인구로부터 공격하는 당사자를 구별할 수 없는 것에 잠재된 위험은 더 폭넓은 보복 능력의 승인을 요구하기 위해 충분하다.

이것은 '게릴라들은 실질적으로 법적인 의미에서 스파이들과 유사한 것으로 간주되는데, 그것은 상대국이 국제적인 의미에서 그들의 불법성 때문이 아니라 상대국에게 제기한 위험으로 인해 그러한 활동들을 처벌했다는 점에서 그러하다'라는 인질 재판(Hostages Trial)에서 확립된 추론과도 들어맞는다.[63] 은밀한 피해를 가하는 조치가 상대국에 의해 통제되는 영토 밖으로부터 수행될 수 있다는 사실은 위험을 제거하는 것이 아니라 실제로 그것을 다 감지하기 어렵게 한다. 이러한 분석 하에서 손해를 가할 목적으로 전투원이 아닌 다른 것으로 위장하여 피해국의 영토에 있는 시스템에 은밀하게 침입해 들어가는 것은 사보타주 행위로 간주되어, 그 와중에 체포되는 어떠한 공작원이라도 전투원의 지위를 잃게 만드는 결과를 초래할 것이다. 군의 컴퓨터로부터 발생되는 직접적인 침투 시도

Permanent Court of International Justice.

62) Baxter, 'Unprivileged Belligerency', 343.

63) Ibid., 336, *United States v. List et al.*(1949) 인용. Trials of War Criminals. Xl (1950), 1245; War Crimes Reports, VIII (1949) 56.

는 어떠한 기만행위도 연루되어 있지 않기 때문에 합법적인 지위를 유지한다.

1.2.2. 첩보활동

전자 첩보활동의 경우 그것과 관련된 평시의 다수 사례가 공공연하게 이용 가능해졌으므로,[64] 이것이 어떤 새로운 어려움을 발생시킬지는 의문이다.

엄격하게 말해서, 대부분의 사이버 첩보활동은 이것이 정보의 저하 혹은 파괴가 아니라 정보의 수집을 목적으로 하기에 컴퓨터 네트워크 공격보다는 컴퓨터 네트워크 이용(exploitation)에 해당한다고 해야 할 것이다.[65] 그러나 이러한 행위들이 컴퓨터 네트워크 공격의 수행과 그것에 연루된 요원들의 지위에 영향을 미치기 때문에 여기서도 논의할 필요가 있다. 상대국에 대한 정보를 수집하는 것은 어떠한 무력분쟁에서도 받아들여지고 필요한 부분인데, 특별히 공격 시 우선 경계조치를 취해야 한다는 당사국의 의무를 수행하는 데 있어서 그러하다.

---

64) 한 가지 예로, '타이탄 레인(Titan Rain)'이라는 이름의 코드는 2003년 이후 미국 컴퓨터 시스템에 대항하여 개시된 일련의 협동 공격으로 이루어진다. 그 공격들은 비보호 네트워크를 매우 정교하게 침입 해 들어가며, 네트워크상에서 공격자들은 컴퓨터에 접속하여, 다수의 파일들을 복사하며, 중간 지점을 통해 중국으로 파일들을 보내며 그리고 거의 흔적도 남기지 않고 빠져나갔다. 감염된 시스템들은 나사(NASA), 세계은행(World Bank), 레드스톤 아스날(Redstone Arsenal) 군 기지와 같은 군사 시설, 록히드 마틴(Lockheed Martin)과 같은 방산 계약업체들을 포함한다. 사이버 침입에 있어서, 보통 공격의 기원은 중국 광동 지방에서 운용되는 세 개의 라우터로 확실히 그리고 빠르게 추적되었다. 그러나 공격을 군사, 기업 혹은 개인이 개시하여 발생하는지는 명확하지 않다. 중국 정부는 어떠한 개입도 부인한다. The Chinese government denies any involvement. Bradley Graham. 'Hackers Attack Via Chinese Web Sites'. *Washington Post* (Washington DC). 25 August 2005, A1; Thornburgh. *et al.*, 'The Invasion of the Chinese Cyberspies (and the Man Who Tried to Stop Them)'.

65) 미 국방성은 컴퓨터 네트워크 이용을 '표적 혹은 적국의 자동화된 정보 시스템 및 네트워크로부터 정보를 수집하기 위해 컴퓨터 네트워크를 사용하여 작전 및 정보를 수집하는 것'으로 정의한다.

그러므로 헤이그규칙은 '상대국에 대한 정보를 획득하기 위해 필요한 수단들을 사용하는 것은 허용되는 것으로 간주된다'고 명백히 밝히고 있다.[66] 그러나 규칙 제29조는 첩보활동의 정의를 다음과 같이 제시한다.

개인은 정보를 적국에 전달할 의도를 가지고 비밀스럽게 혹은 허위의 표시로 활동함으로써, 교전국의 작전 지역에서 정보를 수집하거나 혹은 수집하기 위해 시도할 때에만 첩보원으로 간주될 수 있다. 그러므로, 위장하지 않은 채로 정보를 습득할 목적으로 적국의 작전지역으로 침입해 들어오는 병력들은 첩보원으로 간주되지 않는다.

첩보원은 전투원 혹은 민간인일 수 있다. 비록 전시 첩보활동은 무력분쟁법 (상기의 헤이그규칙 제24조에 의해 뒷받침 되듯이)[67] 및 여타 국제법의 위반이라고 할 수 없지만, 그것은 일반적으로는 금지되며 일국내의 형사법 체계 하에서 기소될 수 있다. 딘스타인이 지적하듯이, 첩보원의 신분으로 체포된다는 것은 전쟁포로 지위의 상실을 가져오며, 그것은 정보원들이 불법전투원이라는 이들 활동의 비밀스러운 속성으로부터 연유한다. 제1추가의정서는 첩보활동을 수행하는 중에 상대국에 의해 체포된 어떠한 무장세력의 구성원이라도 전쟁포로 지위가 부여되지 않는다는 것을 확증하고 있다.[68]

---

66) 헤이그조약 제 24조.

67) *Flesche case* (Holland, Special Court of Cassation, 1949), [1949] ADIL 266, 272 참조. '첩보활동이란 전쟁에서 승인되는 수단이며 따라서 스파이를 고용하는 국가에게 있어서 그것은 국제적인 범죄가 아니며 연관된 개인에서 있어서도 엄밀하게는 전쟁 범죄가 아니다.' Dinstein, *Conduct of Hostilities* (2nd edn), 243에서 인용.

68) 제1추가의정서 제46조.

상기한대로, 두 가지 요소가 무력분쟁 중의 전자 첩보활동에 관하여 흥미로운 이슈를 제기한다. 첫째, 첩보활동은 '비밀스럽게 그리고 허위 표시로' 수행되어야만 한다는 것은 유니폼의 착용(혹은 미착용) 및 다른 구별되는 표장의 착용과 연관된다. 컴퓨터 네트워크 공격에 대한 이것의 효과는 구별과 사보타주에 대한 이전의 부문들에서 검토된 바 있다. 위의 부문에서 사보타주가 일반적인 군사작전과 구분되는 것과 같은 방식으로, 첩보활동을 군대 및 무장세력의 개별적인 구성원들에 의해 수행되는 정찰, 수색, 및 감시로부터 구별해 주는 것은 활동의 비밀스러운 성격과 기만하고자 하는 정보원의 의도이다.[69] 이러한 사실로 인해 1950년대 이래로 교전지역에서 활용되고 있는 무인항공기의 조작원들은 첩보원으로 분류되지 않는 것이다. 군사용 컴퓨터로부터 직접적으로 가해진 침입 시도는 어떠한 기만행위도 연루되었다고 볼 수 없기 때문에 합법적인 것으로 간주될 것이다.

두 번째 이슈는 어디서 그 행위가 발생하는가와 연관되어 있다. 헤이그규칙에 따르면, 첩보활동을 구성하는 핵심 요소는 '교전국의 작전 지역'에서 정보를 획득하고자 하는 시도이며, 제1추가의정서는 그 지역을 적국에 의해 통제되는 모든 영토로 확장하고 있다.[70] 요람 딘스타인은 이것이 첩보원은 적국에 의해 통제되는 지역 내에 물리적으로 위치해 있어야만 하는 것을 의미한다고 본다. 본

---

69) Erik Castren, *The Present Law of War and Neutrality* (Suomalaisen Tiedeakatemian Toimituksia. Helsinki. 1954), 152. Dinstein, *Conduct of Hostilities* (1 st edn), 111에서 인용.

70) The Commentary to Additional Protocol I는 추가의정서는 헤이그에서 채택된 첩보활동의 전통적인 규칙들의 내용을 변경하는 것이 아니라, 단지 이것들을 정교화하고 보충하고자 시도했다고 진술한다. 이 결론은 제39조 3항(국적의 표장)에 의해 확증되었으며, 이 조항은 '첩보활동에 적용될 수 있는 국제법의 일반적으로 승인되는 규칙들이 존재함'을 나타낸다.

국 영토의 최전선에 위치한 개인이 예컨대, 적국의 무선신호를 몰래 감시하거나 해독한다고 했을 때, 그를 첩보원이라고 할 수는 없다.[71] 이러한 견해는 의심의 여지없이 옳다고 할 수 있지만, 전투원은 적국이 통제하는 영토 내에 반드시 물리적으로 위치해 있어야 한다는 것은 아니다. 특정된 작전 및 통제지역의 외부로부터 무선신호를 수동적으로 수집하는 것과 상대국에 의해 통제되거나 혹은 적국의 영토 내에 있는 시스템에 정보수집의 목적으로 적극적으로 침입해 들어가는 것은 구별되어질 수 있다. 정보의 수동적 수집(심지어 청음초소의 전략적인 배치에 의해 도움을 받을 때에도)은 상대국으로 하여금 그 행위에 대하여 사법관할권을 주장하거나 어떠한 불만도 드러내게 하는 행위를 요구하지 않는다. 유사한 컴퓨터 기반의 정보수집 기술은 이메일, 전화 통화 및 위성통신으로부터의 데이터 전송을 가로채기 위해 에셜론(Echelon)과 같은 청음초소 시스템을 활용하는 것이며, 또는 네트워크 사이를 이동하는 트래픽을 가로채기 위해 불안정한 무선 네트워크를 이용하는 것이다.[72] 그러나 본 저자는 정보의 수집 *행위(act)*가 적국에 의해 통제되는 영토 내에서 반드시 발생해야만 한다고 주장한다. 정보를 수집하기 위해(방화벽 및 여타 전자 방호막들을 파괴함으로써) 적국에 의해 통제되는 네트워크에 적극적으로 침입해 들어가는 것은 그 시스템으로부터의 정보수집 행위를 상대국의 영토 내로 위치시키기에 충분하다. 상기한대로, 사법관할관에 대한 이러한 접근은 국내적인 차원 및 전통적인 '국경선 너머의 발포' 경우들에서 국경 간의 컴퓨터 범죄 사례들을 통해 채택되어져 왔다.[73] 이러한 측면에서 첩보

---

71) Dinstein, *Conduct of Hostilities* (1st edn), 209.

72) 에셜론(Echelon)은 미국, 영국, 호주, 캐나다 및 뉴질랜드 사이에 운용되었던 정보 수집 시스템의 시그널이다.

73) 일반적으로 Cassese, *International Criminal Law, 278, Rivard v. United States* 인용

활동은 국가의 국내법 체계 하에서 기소된다는 것을 상기해야만 한다.

또한 컴퓨터에 기반을 둔 형태의 첩보활동과 관련하여 한 가지 추가적인 요소가 고려되어야 한다. 첩보원들이 소속된 군대에 다시 가담하면 그들은 국내법상에서 자신들의 행위에 대한 그 어떠한 책임도 면제된다는 것이다.[74] 그러나 이 규정은 명백히 전투원들에게만 한정된다. 유사한 면제가 민간 첩보원들에게는 인정되지 않는다.[75] 그러므로 컴퓨터 네트워크 첩보활동에 개입한 무장세력의 구성원이 전선을 결코 떠나지 않는다면, 그들의 전투원 면책을 되찾기 전에 포획의 위험에 처할 것 같지는 않아 보인다. 그러나 상대 세력의 영토 혹은 여타 다른 영토에 주둔하고 있는 전투원은 다른 첩보원과 마찬가지로 똑같은 위험에 노출될 것이다. 민간 첩보원들은 그들의 행동에 책임을 져야 하며, 따라서 컴퓨터 네트워크 첩보활동에 연루되어 있는 민간 계약업자들은 분쟁 기간 중 어느 때라도 스파이 신분으로 포획되어 처벌받을 수 있으며, 분쟁이 종료된 오랜 후에도 본인의 행동에 대한 책임을 져야 한다.

참조. '지구상의 모든 국가들은 한 국가 밖에서 영향력을 미치기 위해 의도적으로 무력을 행사하는 자는 악이 자행되는 곳에 대해 책임이 있다는 원칙을 인정한다.'

74) 헤이그 조약 제 31조. 제1추가의정서 제46조 4항.

75) Dinstein, *Conduct of Hostilities* (2nd edn), 243. 이것은 나치 침공에 앞서 네덜란드에서 스파이 활동으로 유죄를 선고 받은 독일 국적자였던 Alfred Flesche 판례에서 Cassation 특별 법원에 의해 명백하게 진술되었는데, 법원은 다음과 같이 판결했다. '본문에서 확실하게 보이는 것처럼 그리고 몇몇 학자들에 의해 명백히 진술되는 것처럼, 비록 29조는 민간인들도 또한 포함하지만, 제31조는 군 복무중인 자들에 대해서만 적용된다.' Re Flesche (1949) 16 *International Law Reports* 266. Holland, Special Court of Cassation, 272.

2. 민간인의 직접적인 가담

민간인들은 군사작전으로부터 발생하는 위험으로부터 보호받을 권리가 있으며, 적극적이거나 직접적으로 적대행위에 가담하기 전까지는 표적이 되지 않는다(가담하는 동안에는 표적이 된다).[76] 민간인들은 적대행위에 직접적으로 가담할 때 연루되어 있는 기간 동안 보호 지위를 상실하고, 국내 및 국제형사소송 과정을 통해 그들의 행위에 대해 처벌받을 수도 있다. 그러나 어떠한 행위가 적대행위에의 직접적인 가담에 해당하는지는 무력분쟁법과 관련하여 지속적으로 어려운 문제를 야기하는 질문이다. 민간인들은 역사를 통하여 전쟁에서 필수적인 지원 역할을 담당해 왔으며, 오늘날의 전쟁도 예외가 아니다. 민간인들은 무장세력에 의해 계약업자 및 전임 피고용인으로 폭넓게 고용되거나, 다양한 이유들로 인해 무장세력에 동반되기도 한다. 특별히 계약업자들의 고용은 최근 들어 지속적인 군사적 우위를 보장하게 위해 비용을 줄이는 동시에 '외주를 통한 민간화'와 기술혁명이 결합된 효과가 활용됨으로써 기하급수적으로 증가하였다.[77]

예컨대, 2006년에는 3만 8천명이 넘은 계약업자들이 이라크에서 연합군과 함께 청소부에서 요리사까지 다양한 보조 기능을 수행하였으며, 추가적인 3만명은 군과 다른 계약업자들을 위해 보안을 제공하였고 호송대와 군사시설을 감

---

76) Common Art. 3 Geneva Conventions; Art. 51(3) Additional Protocol I. 제네바협약 공통3조는 추가의정서들에서 사용되는 것처럼 '직접적인(direct)'이라는 용어 대신 '적극적인(active)'이라는 용어를 선택하고 있다. 적극적인과 직접적인 가담 사이의 구별은 Akayesu 판례에서 르완다국제형사재판소(International Criminal Tribunal fur Rwanda)에 의해 논의되었고 법원은 두 용어가 너무나 유사하여 동의어로 간주되어야 한다고 판결 내렸다. *Akayesu*, para 629.

77) Guillory, 'Civilianising the Force: Is the United States Crossing the Rubicon?', 111.

시하기도 하였다.[78]

민간인들의 활용은 특별히 기술적으로 선진화된 전쟁수단과 관련하여 증가하였다. 민간인들은 F-117 Nighthawk 전투기, B-2 Spirit 폭격기, Ml Abrams 탱크, 및 TOW 미사일 체계와 같은 복잡한 무기시스템을 가지고 있으며 글로벌 호크(Global Hawk)와 프레데터 무인항공기(Predator UAV)를 유지 및 운용해 왔다.[79] 이러한 높은 수준의 외주는 몇 가지 이유로 생겨난다. 첫째, 민간인 계약업자를 고용하여 군 관련 업무를 수행하는 시스템을 유지하고 작동하는 것이 군인을 훈련시켜 그렇게 하는 것보다 훨씬 더 비용 효율이 높다. 비록 (일반적으로) 더 높은 월급을 받기는 하지만, 계약업자들은 군인들에게 들어가는 훈련 및 인프라 비용을 요구하지 않는다. 둘째, 활용되는 시스템들은 거의 표준화된 목록들이 아니다. 대부분은 이것들은 너무 전문화되어 있고 종종 여전히 연구 및 개발 과정 중에 있다.[80] 군 관계자들도 컴퓨터 네트워크 공격 역량을 기르기 위해 훈련받고 있다는 것은 확실하다.[81] 그러나 민간 계약업자들도 군의 정보시스템을 운

---

78) 2006년 5월 1일에 민간 군수 인력의 수는 보고된 바에 따르면 38,305명이었다. Brookings Institution. *Iraq Index*, Brookings Institute (2006) 15. www.brookings. edu/iraqindex (마지막 접속일자 2011년 7월 5일) 이 데이터가 오직 US Central Command Area of Responsibility에만 관련되는지는 확실하지 않다. 보안 계약업자들의 수에 대한 수치들은 더 획득하기가 힘들다. 그러나 프론트라인(Frontline) 보고서의 최근 수치는 이라크인 계약업자 및 비 이라크인 계약업자를 합하여 추가적으로 35,000명을 더 합산하고 있다. www.pbs.orgJwgbhJpages/frontline/shows/warriors/faqs/ (마지막 접속일자 2011년 7월 5일)

79) Michael N. Schmitt, 'Humanitarian Law and Direct Participation by Private Contractors or Civilian Employees' (2004) 5(2) *Chi. J. Int'l L.* 511, 5U.

80) Michael N. Schmitt, 'Direct Participation in Hostilities and 21st Century Armed Conflict' in H. Fischer, *et al.* (eds.), *Crisis Management and Humanitarian Protection* (Berliner WissenschaftsVerlag. Berlin, 2004) 505-29, 523.

81) 예컨대 C. Todd Lopez, 'Military Students Get Lesson in Cyberwarfare',

영하기 위해 군에 고용된다는 것도 또한 명백하다. 이러한 정보시스템들이 표적과 무기 둘 다 됨에 따라, 계약업자들은 전례 없는 규모로 적대행위에 가담하게 된다. 그러므로 어떠한 작업들이 비전투적 지원을 위해 허용되며, 무엇이 불법적으로 교전행위에 참여하는 것을 구성할지에 대해 주의 깊게 구분하는 것이 필수적이다.

션 와트(Sean Watts)는 민간 계약업자들을 활용하는 국가들이 고려해야 할 추가적인 사항들에 대해 주목한다. 개인이 감당해야 할 잠재적인 형사적 결과뿐만이 아니라, 적대행위에 대한 민간인의 가담은 국가책임에 대한 관심을 불러일으킨다.[82] 그는 전투원으로 분류된 자들에 대해 조약에 기반을 둔 현재의 정의는 개인적인 행위뿐만 아니라 국가가 자율적인 한계를 통해 자국의 전투 부대를 구성하는 것을 제약하는 것으로 해석될 수 있다. 교전 중 직접적인 가담에 해당하는 임무를 수행하기 위해 민간인들을 고용하는 국가는 이러한 한계를 위반하는 것이 될 것이다.[83]

2.1. 직접적인 가담의 요건

상당한 분량의 학술적인 논평과 국제적십자위원회의 6년에 걸쳐 진행된 연구에도 불구하고, 적대행위에의 '적극적인' 혹은 '직접적인' 가담의 요건과 정의

Air Force Print News, 3 May 2006, http://searchsecurity.techtarget.com/originalContent/0.289142,sid14_gci1186049.00.html 참조(마지막 접속일자 2011년 7월 15일).

82) Watts, 'Combatant Status and CNA', 423.

83) *Ibid.*

에 대해서는 아직도 논의의 여지가 많이 남아있다.[84] 제1추가의정서 제43조에 대한 논평은 그 구절은 '그것의 속성 혹은 목적상 구체적으로 교전 상대국 군대의 인명 및 물자를 타격하기 위해 의도된 행위'를 포함한다는 것을 나타낸다.[85] 그 논평은 연이어 '적대행위에의 직접적인 가담은 그 활동이 발생하는 시간과 장소에서 적국에게 가해진 손해와 개입된 활동 사이에 직접적인 인과관계가 있음을 암시한다'고 진술한다.[86] 유사한 평가가 제2추가의정서 제13조(3)와 관련된 논평에서도 보이는데, 그것은 행동과 직접적인 결과 사이에 '상당한 인과관계'를 요구한다.[87] 결과적으로, 지위와 관련된 어떠한 결정도 사례에 따라서 내려져야 할 필요가 있을 것이며, 이것은 타딕 판례의 구유고국제형사법원에서 확증된 접근법이다.[88]

> 적대행위에 적극적으로 가담하는 자들과 그렇지 않은 자들 사이를 구별하는 분명한 선을 결정하는 것은 불필요하다. 피해자 각각과 관련된 사실들을 검토해 보는 것과 각 개개인의 상황에서, 대상자가 관련된 때에 적대행위에 적극적으로 가담하였는가를 규명하는 것으로도 충분하다.

이러한 상황별 접근은 2006년의 표적 살인(Targeted Killings) 사례에서도 이스

---

84) 일반적으로 ICRC, *Interpretive Guidance*; Schmitt, 'Interpretive Guidance', *New York University Journal of International Law and Politics* 637-916의 2010년의 포럼 논의 참조.

85) Pilloud, *et al.*, *Commentary*, para 1679.

86) *Ibid.*

87) *Ibid.*, para 4787.

88) *Prosecutor v. Dusko Tadic* (1997) 36 ILM 908. International Criminal Tribunal for the Former Yugoslavia, para 616.

라엘 대법원에 의해 마찬가지로 채택되었다.[89]

2.1.1. 초기의 논의

헤이즈 파크(Hays Parks)는 전쟁 중의 민간인 가담을 스펙트럼으로 정의했는데, 그 한쪽 끝에는 전적인 비가담(때때로 '순수'민간인으로 지칭되는 것)이 있고, 전쟁 중의 시도, 군사적 시도를 거쳐 마지막으로 다른 한쪽 끝에는 군사작전에의 직접적인 가담이 있다고 하였다.[90] 그러한 분류는 1971년에 추가의정서를 도출해 낸 국제적십자위원회 정부전문가회의(Conference of Government Experts)에 기반을 두고 있다. 일반적인 전쟁 중의 노력에 도움을 주는 행위는 직접적인 가담으로 간주되지 않는다는 것은 널리 인정되고 있다.[91] 그러나 어디에 선을 그어야 하는지는 논자들 사이에서도 아직까지 해결되지 못한 격렬한 논쟁으로 남아있다. 로저스(A. P. V. Rogers)는 '적대행위에의 직접적인 가담'의 협의의 해석과 관련하여 무기 생산, 군사 토목작업 및 군수이송(주로 인용되는 탄약 트럭 운전자의 경우를 포함하여)과 같은 행동들은 직접적인 가담으로 간주되지는 않는다고 주장하였다.[92] 만약 이와 반대로 주장될 경우에는 민간인 보호가 심각한 위험에 빠질 수 있다고 본 것이다. 그러나 같은 주장이 광의의 해석을 옹호하는 방식으로 헤이즈 파크(Hays Parks)와 마이클 슈미트도 사용해 왔다. 파크는 군사적 목적을 위해

---

89) *The Public Committee against Torture in Israel et al.* v. *The Government of Israel et al.* (2007) 46 ILM 375, Supreme Court of Israel, paras 34-7.

90) 일반적으로 W. Hays Parks의 1971년 국제적십자위원회 정부 전문가 컨퍼런스에 의해 고려된 민간인 가담의 항목 참조. W. Hays Parks, 'Air War and the Law of War' (1990) 32 *AFL Rev.* 1, 132.

91) Pilloud, *et al.*, *Commentary*, para 1679.

92) Rogers, *Law on the Battlefield*, 9.

일하는 민간인들은 일반인이라기보다는 훨씬 더 전투원에 가깝다고 말했으며, 전투병력을 위한 정보수집과 군수지원을 직접적인 가담으로 포함하는 좀 더 폭넓은 접근법을 주장하였다.[93] 민간인 탄약보급 트럭운전수의 지위에 대한 전통적인 사례를 언급하면서, 파크스는 트럭운전사도 공격의 합법적인 표적이 되어야 한다고 주장한다.[94] 로저스는 이러한 관점을 업무 내용에 따른 유사 전투원의 신분을 만들어 내는 것으로 보고 거부하였으며, 이러한 상황은 의정서에 대한 논평에서도 명백하게 배척되어 왔다.[95]

좀 더 일반적인 규정을 찾고자 하는 시도에서, 마이클 슈미트는 최선의 접근법은 적국에 대한 폭력의 직접적인 적용에 대해 그 행동의 임계(臨界)를 평가하는 것이라 주장해 왔다.[96] 비록 직접적인 인과관계는 불필요하지만, 적국에 미칠 수 있는 예측 가능한 해악이나 다른 손실의 결과에 대해 충분한 인과적 인접성이 있어야 한다는 것이다.[97]

> 민간인은 스스로가 비교적 직접적이고 즉각적으로 적국에 해악(혹은 불이익)을 가하는 것으로 인지했던 행동에 가담해야만 한다. 그러한 가담은 준비를 통해서든 직접적인 실행을 통해서든, 특정한 무력의 사용이 가능했던 과정의 일부여야 한다. 개인이 그러한 행동의 종국적인 결과를 예견하는 것은 불필요하며, 본인의 참여가 개별적인 호전적 행위 혹은 일련의 연관된 행위에 필수적이라

---

93) See Parks, 'Air War and the Law of War', 132.

94) Ibid., 132.

95) Rogers, *Law on the Battlefield*, 9; Pilloud, *et al.*, *Commentary*, para 1679.

96) Schmitt, 'Direct Participation', 505; Schmitt, 'Humanitarian Law and Direct Participation', 534.

97) Schmitt, 'Humanitarian Law and Direct Participation', 533.

는 것을 인지하고 있으면 된다.

2006년 표적 살인(Targeted Killings) 사례에서 이스라엘 대법원의 승인을 거쳐 차후에 인용된 구절에서,[98] 슈미트는 나아가 어떠한 해석상의 회색지대라도 법을 보호하고 민간인들이 분쟁으로부터 가능한 거리를 두게 하기 위한 동인을 제공하기 위해서는, 직접적인 가담을 인정하는 방식으로 해석되어야 한다고 주장한다. 그러므로 슈미트의 분석에서는, 탄약보급 트럭의 민간인 운전수가 공장으로부터 탄약저장소까지 운전을 할 때는 적대행위에 직접적으로 가담하는 것이 아니지만, 탄약저장소에서 최전선으로 운반을 할 경우에는 적대행위에 가담하는 것이 된다.[99] 파크와 슈미트는 분쟁에 긴밀하게 연루되어 있는 민간인들에게 면책을 부여하는 것은 그들의 행동으로 인해 위험에 처해질 수 있는 전투원들이 법을 경시할 수 있는 위험을 발생시킨다고 주장한다.[100] 다시 말해, 군을 지원하고 있는 상대적으로 적은 수의 민간인들의 행동이 분쟁과는 아무런 관련이 없는 민간인들의 생명을 위험에 빠뜨리게 해서는 안 된다는 것이다.

몇몇 학자들은 직접적인 가담이 폭력의 사용을 포함하는 활동들을 수반하는 것뿐만 아니라, 인원, 기반시설 및 물자를 보호하는 활동들도 포함한다고 주장한다.[101] 이러한 문제들은 이라크에서 군사시설을 방어하기 위해 고용된 사설 보

---

98) Targeted Killings, para 34.

99) Schmitt, 'Direct Participation', 504.

100) Ibid., 505; Parks, 'Air War and the Law of War', 132.

101) US Air Force, Pam. 110-34, Judge Advocate General: Commander's Handbook on the Law of Armed Conflict (1980, §2-8), 격추된 조종사의 구조는 교전행위에의 직접적인 가담을 구성할 것이라고 논평함. Jean-François Quéguiner, *Direct Participation In Hostilities under International Humanitarian Law*, Program on Humanitarian Policy and Conflict Research at Harvard University (2003), http://

안 계약업자들과 관련하여서도 발생하였다.[102] 미국 군사교리(그리고 국제법)는 계약업자들은 오직 방어의 목적으로는 무기를 소지할 수 있다고 규명하고 있다.[103] 그러나 피터 싱어(Peter Singer)는 이것에도 불구하고, 계약업자들은 사실상 이러한 교리와 충돌하는 역할을 위해 활용되고 있으며, 그들이 고용되어 수행하기로 되어 있는 바로 그 기능이 전투상황에서 그들의 역할을 규정한다는 것에 주목했다.[104] 예컨대, 만약 국가가 사설 군사업체를 고용하여 전투지역의 핵심시설을 감시하거나 혹은 호송대에 대한 공격으로 명성이 높은 반란군의 영토를 통과하는 동안 호송대에 대한 엄호를 맡긴다면, 이 계약업자들이 순전히 자기방어를 위해 무장되어 있다고 주장할 때에는 논리상의 비약이 발생할 것이다.[105] 마이클 슈미트는 적의 공격으로부터 군 관계자 및 군사목표를 방어하는 민간 정부 용역 피고용인 혹은 사설 계약업자들은 적대행위에 직접적으로 가담하는 것이라

ihl.ihlresearch.orgLdata/n_0002/resources/live/briefing3297.pdf (마지막 접속일자 2011년 7월 5일). See also, UK Ministry of Defence, *UK Manual*, §12.69에서 인용.

102) PBS Frontline, *Interview with Stephen Schooner - Private Warriors* www.pbs.org/wgbh/pages/frontline/shows/warriors/interviews/schooner.htmI (마지막 접속일자 2011년 7월 5일) 참조. 또한, 예컨대, 민간 군사 업체인 Blackwater를 고용하여 이라크 나자프에서 연속적으로 공격을 받았던 Coalition Government Headquarters를 방어하였다. Dana Priest, 'Private Guards Repel Attack on US Headquarters', *Washington Post*, 6 April 2004, AOl. 아래 2.4 섹션 참조.

103) Letter from Donald H. Rumsfeld, Secretary of Defense, to The Honorable Ike Skelton (4 May 2004). cited in Schmitt, 'Humanitarian Law and Direct Participation', fn. 11.

104) PBS Frontline, *Interview with Peter Singer - Private Warriors* www.pbs.org/wgbh/pages/frontline/shows/warnors/interviews/singer.html (마지막 접속일자 2011년 7월 5일).

105) *Ibid.*

고 진술하였다.[106] 이러한 주장은 제1추가의정서 제49조와도 일치하는데, 이것은 '공격'이라는 용어가 공세의 형태이든 수세의 형태이든 간에 적국에 대항하기 위한 폭력행위를 포함한다고 규정한다. 이러한 정의는 군사 컴퓨터 네트워크의 적극적인 방어에 가담하여 상대 공격자와 그들의 장비에 해를 가하는 기술자들에게도 확장될 수 있는 것처럼 보인다.

또 한 가지를 짚고 넘어갈 필요가 있다. 전통적으로, 전선에 대한 지리적인 인접성이 관계된 민간인의 지위를 확정하는 데 있어서 개략적인 지침으로 활용되어 왔다. 하지만 이러한 수단은 21세기 전투에 있어서는 더 이상 결정적이지 않다. 전통적인 전선이 무형의 전투공간으로 대체되었을 뿐만 아니라, 그 공간에 대한 물리적인 근접성 또한 더 이상 요구되지 않는다. 심지어 컴퓨터 네트워크 공격이 고려되기 전에도, 미사일과 다른 무기들은 현재 비행기에 탑재될 수 있으며 혹 다른 경우에는 대륙 반대면에서도 발사되어 지구상의 어떤 지점이라도 타격할 수 있다. 마찬가지로, 분쟁지역의 표적에 미사일을 발사하는 무인항공기의 민간인 조작자도 직접적으로 적대행위에 참여하는 것이 된다.

2.1.2. 국제적십자위원회 해석지침

이러한 초기의 논의들은 적대행위에의 직접적인 가담과 관련한 해석에 대해 지침을 제공하기 위한 국제적십자위원회의 프로젝트 과정에서 전문가들에게 그 배경을 형성해 주었다. 2009년 국제적십자위원회는 오랫동안 기다린 6년에 걸친 프로젝트의 보고서를 출간하였다. 그러나 프로젝트 과정 동안 일련의 회의에서 전문가들과의 광범위한 협의에도 불구하고, 최종문서는 기대되었던 합의문

---

106) Schmitt, 'Humanitarian Law and Direct Participation', 538.

서가 아니라 국제적십자위원회 단독의 의견을 대표하고 있다.[107] 말할 필요도 없이, 해석지침은 구속력 있는 법적 문서가 아니며, 몇몇 관점에서는 여전히 논쟁이 되고 있다.[108] 그러나 프로젝트의 포괄적인 성격[109]과 국제인도법과 관련하여 참여한 전문가들의 광범위한 관점과 국제적십자위원회의 고유한 입장을 고려해 볼 때, 그것은 직접 가담의 개념에 대한 관습법과 조약법의 해석에 있어서 시의적절하고 유용한 발판이라고 할 수 있다. 국제적십자위원회의 해석지침은 다음의 세 가지 누적 기준에 의거하여 적대행위에의 직접적인 가담을 정의한다.[110]

1. 행위가 무력분쟁 당사국의 군사작전 혹은 군사능력에 불리하게 영향을 주어야 하거나, 그게 아니라면 직접적인 공격에 대해 보호받는 인명이나 물체들에 대해 파괴, 부상, 사망케 할 수 있어야 한다.(손해의 시발)
2. 행위와 그 행위로 인해 발생하거나 혹은 그 행위가 필수적인 요소를 구성하는 조직화된 군사작전으로부터 발생한 손해 사이에 직접적인 인과관계가

---

107) 결과로 나온 해석지침은 다소 논쟁적인 것으로 드러났으며 전문가 회의의 몇몇 참가자들은 그들의 이름을 보고서로부터 철회하였는데, 이것은 이름의 삽입이 그 제안들에 대한 지지로 보이지 않도록 하기 위해서였다. 마지막에 이르러 국제적십자위원회는 참가자의 명단을 게재하지 않고 지침을 출판하기로 선택했다.

108) 해석 지침에 대한 전체 논의와 그것의 비평가들은 이 작업의 범위를 벗어난다. 비평과 그 응답에 대해서는, 가령 *New York University Journal of International Law and Politics* 637-916의 2010권에서의 포럼 논의 참조. 지침에 대한 요약본과 전문가 회의의 회의록은 ICRC, *ICRC Clarification Process on the Notion of Direct Participation in Hostilities under International Humanitarian Law (Proceedings)* www.icrc.org/eng/resources/documents/ article/other/direct-participation-article-020709.htm에서 이용 가능 (마지막 접속일자 2011년 2월 26일)

109) 해석지침은 교전행위에의 직접 가담의 개념에 대한 해석을 교전행위의 수행이라는 목적에 한하여 제한한다. 감금과 재판과 같은 교전행위에의 직접 가담의 결과에 대해서는 다루지 않는다.

110) ICRC, *Interpretive Guidance*, 46.

있어야 한다.(직접적 인과)

3. 행위가 본국을 옹호하며 상대국에 손해를 가하는 방식으로 필요로 되는 손
해의 발생지점을 직접적으로 야기할 수 있도록 구체적으로 계획되어야 한
다.(교전행위의 연계성)

본 저자는 상기한 대로, 이러한 기준들이 유용하고 실행 가능한 기준을 제공
해 준다고 생각한다. 그러나 두 번째 요소인 행위와 야기된 손해 간에 직접적인
인과관계가 있어야 한다는 것은 지침 상에 제공된 기준들의 묘사에 의해 다소
그 의미가 희석되어져 왔다. 직접적인 인과관계가 있어야 한다는 요건은 논쟁의
여지가 없지만, 직접적인 가담과 비직접적인 가담 사이의 경계를 정하는 데 있
어서, 지침은 발생된 해악이 '한 단계의 인과과정'에서 야기되어야 한다고 특정
하고 있다.[111] 이러한 엄격한 기준은 그 연구와 관련된 국제적십자위원회 참가자
들에게 있어서는 혁신인 것처럼 보인다. 그 어떤 이전의 법이나 전문가 협의 과
정도 원스텝 테스트(one-step test)에 대한 어떠한 언급도 포함하고 있지 않았기
때문이다.[112] 이것은 특정한 행위의 이차적인 효과가 사실상 공격의 목적일 수도
있는 컴퓨터 네트워크 공격의 경우에 특별한 의미를 지닌다. 이 문제가 그 행위
가 더 폭넓은 작전의 필수적인 부분을 구성해야 한다는 요건인 그 기준의 두 번

---

111) *Ibid.*, 53.

112) 마이클 슈미트는 관련된 개념이 그 지침에 의해 충분히 확장되지 않는 것을 보면, 아마
도 실제로는 사실상의 요구조건이 아니라 저자의 어설픈 초안을 단순히 반영하는 것일
수도 있다는 것을 시사한다. Schmitt, 'Interpretive Guidance', 30. 그러나 그 보고서
의 초안 작성자인 Nils Melzer는 그 기준을 고수 해 왔으며, 이 요소에 관한 어려움들에
도 불구하고 적어도 그것은 의도되었다는 것을 지적하였다. Nils Melzer, 'Keeping the
Balance between Military Necessity and Humanity: A Response to Four Critiques
of the ICRC's Interpretive Guidance on the Notion of Direct Participation in
Hostilities' (2010) 42 *NYUJ. Int'l L. & Pol.* 831.

째 절반에 의해 다소 개선되겠지만, 그것은 컴퓨터 네트워크 공격이 조직화된 군사작전의 일부를 형성하는 상황에서만 적용된다. 슈미트가 관련된 요구조건의 분석에서 제시했던 광범위한 '제외' 기준은 마치 '실질적인 인과관계가 성립하는 것처럼 참여의 범위를 과도하게 확장하고 있으며,' 심지어 이것은 그가 이전의 저술들에서 제시했던 개연성의 기준을 훨씬 넘어서는 것이라고 할 수 있다.[113] 마지막으로, 더 구체적인 기준에 대한 합의의 부족은 직접적인 인과관계가 존재해야 한다는 일반적인 합의를 남겼으며, 또한 전문가들의 의견을 대립시켰던 일련의 실증적인 사례들을 보여주었다. 따라서 직접적 인과관계라는 두 번째 기준은 상황에 따라 결정되는 것으로 남아있을 것이다.

2.2. 공세적 컴퓨터 네트워크 공격

비록 구체적인 행동의 맥락을 검토해야 할 필요가 있겠지만, 적국의 네트워크 혹은 인명에 대해서 선제적이고 공세적인 컴퓨터 네트워크 공격에 가담하는 어떠한 민간인의 경우에도 재래식 무기를 소지하는 것이 적대행위에 직접적으로 가담하는 것은 명백하다. 이것은 공격이 그 자체적으로 손해를 야기하기 위해 계획되었든, 재래식 공습에 앞서 적국의 방공 네트워크를 무력화하는 것과 같이 재래식 공격을 지원하기 위해 설계되었든 간에 그러하다. 피해가 재래식 무기라기보다는 컴퓨터 조작의 이유로 발생된다는 사실은 관련성이 없다. 국제적십자위원회 해석지침은 '컴퓨터 네트워크 공격(CNA)을 통해서든 컴퓨터 네트

---

113) Cf. Michael N. Schmitt, 'Deconstructing Direct Participation in Hostilities: The Constitutive Elements' (2010) 42 *NYUJ Int'l L. & Pol.* 697. 739; Schmitt, 'Humanitarian Law and Direct Participation', 533.

워크 불법이용(CNE)을 통해서든 군사 컴퓨터 네트워크에 대한 전자적 방해'를 직접적인 참여의 예로 특별히 그리고 있으며, 전문가 회의 동안 무력분쟁의 상황에서 적국에서 군사적인 손해를 가하는 컴퓨터 네트워크 공격들은 명백히 적대행위의 일부로서 간주된다는 것에 주목했다.[114] 국제적십자위원회 지침에 의해 구상되는 손해의 시발점은 죽음, 부상 혹은 파괴에 한정되지 않는다. 적대행위에의 직접적인 가담은 그 행위가 무력분쟁 당사국의 군사적 역량이나 군사작전에 불리하게 영향을 미칠 것 같은 곳에서도 또한 발견될 수 있다. 그러므로 군사 병력 및 물자 혹은 적국에 의해 활용되는 컴퓨터 네트워크에 대해 전자적 수단으로 통제를 행사하고 확립하는 것은 그 과정에 연루된 다수의 전문가들에 의해 적대행위에의 직접적인 가담으로 간주되었다.[115] 마찬가지로, 코더(coder)로든 시스템 전문가로든 컴퓨터 네트워크 공격의 설계와 실행에 있어서 민간 계약업자들의 도움은 그것이 특정한 공격과 연관되는 곳에서는 역시 직접적인 가담을 구성할 것이다. 그러한 행위는 그것이 군 병력에 의해 수행되었는지 여부와는 상관없이, 공격의 필수적인 부분을 형성할 것이다. 마찬가지로, 중요한 네트워크와 시스템들의 '적극적 방어'의 측면은 그것이 본질적으로 반격에 해당하는 한에 있어서는, 직접적인 가담에 해당할 것이다.

2.3. 컴퓨터 네트워크 공격 시스템 지원

이 문제는 적대행위에 덜 직접적으로 연관된 활동들에 참여하는 민간인들에

---

114) ICRC, *Interpretive Guidance*, 48.

115) ICRC, *Third Expert Meeting on the Notion a/Direct Participation in Hostilities - Summary Report* (ICRC, Geneva. 2005), 13.

게 적용될 때 더 복잡해진다. 컴퓨터와 여타 정보 기술지원은 민간 외주와 관련해서는 익숙한 것처럼 보인다. 그러나 컴퓨터 네트워크 공격을 개시하기 위해 사용되는 시스템과 네트워크 지원이 무기체계의 유지를 위한 것으로 간주되어 이러한 네트워크를 유지하는 기술자들을 적대행위에의 직접적인 가담으로 몰아갈 위험이 있다. IT 지원 요원에 의해 수행되는 모든 행위가 적대행위에의 직접적인 가담에 해당하는 것은 분명 아니다. 그리고 대부분이 국제적십자위원회의 해석지침에 의해 제시된 직접적인 인과관계의 시험 기준을 만족시키지 않는다.

너트 입센(Knut Ipsen)은 직접 가담은 '필수 불가결한 기능을 갖는 무기 시스템의 사용'을 포함한다고 주장하였다. 그러나 어떠한 기능들이 필수 불가결한 것으로 간주되어야 하는지에 대해서는 어떠한 지침도 주지 않는다.[116] 이러한 주장에 대해 두 가지 질문이 제기될 수 있다. 첫째, 컴퓨터 네트워크 공격을 개시하기 위해 사용되는 체계가 무기체계인지, 둘째 그러한 네트워크의 유지와 지원이 필수 불가결한 기능을 구성하여 적대행위에의 직접적인 가담에 해당하는지 여부이다. 미 국방부 군사용어 사전은 무기체계를 '관련된 모든 장비, 재료, 서비스, 인원 및 (만약 적용가능하다면) 자급자족을 위해 요구되는 전달과 배치 수단과 하나 혹은 그 이상의 무기들을 결합하는 것'으로 정의한다.[117] 구상되는 컴퓨터 네트워크 공격의 유형에 따라, 관련된 공격들은 악성 코딩일지도 모르며(트로이 목마 바이러스, 바이러스 및 여타의 백도어 공격들의 경우) 또는 침입과 사보타주의 경우 네트워크 그 자체일 수도 있다. 어떠한 경우이든 간에, 이러한 정의로부터 명백한 것은 컴퓨터 네트워크 공격을 개시하기 위해 사용되는 네트워크가 무기 그

---

116) Ipse, 'Combatants and Non-Combatants', 67.

117) US Department of Defense, *Dictionary of Military and Associated Terms* (2006년 3월 20일까지 개정) (Washington DC. 2001)

자체로서든 혹은 전달과 배치의 수단으로서든, 이러한 정의의 범주에 해당할 것이라는 것이다.[118] 입센의 분석에 따르면, 무기체계의 유지는 적국에 가해지는 손해와 직접적인 인과관계를 가지고 있는 행위인 것처럼 보일 수도 있으나,[119] 더 많은 군사 시스템의 유지가 더 저렴하고, 작고, 더 간소화된 군대를 위한 추진계획의 일환으로서 외주로 나가고 있다. 1988년 미 공군은 모든 새로운 필수적인 무기 시스템들에 대해서는 적어도 4년, 그다지 긴요한 시스템이 아닌 경우에는 평생 동안 계약업체의 지원 하에 유지 및 수리가 될 것을 요구한다고 의회에 보고하였다.[120] 이러한 소위 '공장에서 참호로의' 지원은 패트리어트 미사일 시스템, JSTARS,[121] 정보처리시스템, 폭스 핵생화학 정찰시스템, 전투기 및 아브람스 M1A1 탱크와 같은 무기체계들을 포함한다.[122] 더 나아가, 민간 계약업자

---

118) 대조적인 의견에 대해서는 Gregory F. Intoccia and Joe Wesley Moore, 'Communications Technology, Warfare, and the Law: Is the Network a Weapons System?' (2006) 28 *Hous. J. Int'l L.* 467. 479 참조. 네트워크는 무기 체계로 간주되어서는 안 된다고 주장하면서도, Intoccia and Moore는 국가적 및 국제적인 차원에서 모두 이용 가능한 전체 통신 설비의 범위를 실제적으로 포함하는 명백히 넓은 네트워크의 정의에 그들의 의견을 기반하고 있다.

119) 이것이 보편적인 의견은 아님을 주의하라. 비록 그것의 장점에 대해서는 동의하고 있지 않지만, Parks는 민간 엔지니어들에 의한 스위스 공군의 정비는 제1추가의정서의 조건 하에서 직접 참여를 구성한다고 생각하지 않는다. Parks, 'Air War and the Law of War', fn. 397; 하지만 Schmitt, 'Direct Participation', 508과 비교.

120) 'Outsourcing and Privatization' 1988 *Air Force Congressional Issue Papers Extract*, Steven J. Zamparelli, 'What Have We Signed up For?': Competitive Sourcing and Privatization - Contractors on the Battlefield' (1999) 23(3) *AFJ Log.* 9에서 인용.

121) JSTARS(Joint Surveillance Target Attack Radar System)는 분쟁을 관리하는 당사국들에게 공수 및 원거리 사정(射程), 감시, 표적 습득 레이더 및 지휘·통제 센터를 제공해준다. 그것은 공중 작전 센터, 육군 이동식 지상국 및 다른 군사 지휘, 통제 및 정보 자원들에 대해 안전한 데이터 링크를 가지고 있다. Schmitt, 'Direct Participation', 512.

122) Zamparelli, 'What Have We Signed up For?', 13; Schmitt, 'Humanitarian Law

들은 중남미와 카리브해 지역의 32개 국가에서 방어작전을 책임지는 미 남부군 사령부를 지원하는 전체 정보작전 조정실에서 근무한다.[123] 외주에 맡기는 경향은 세계적인 현상이며, 세계의 최강대국 군대에만 한정된 이야기는 아니다.[124]

이러한 국가관행의 증거에도 불구하고, 일단 시스템이 공격을 받거나 직접적인 침입에 대하여 겨냥될 때 발생하는 특별히 지원 및 유지와 같은 이러한 시스템들의 유지가 적대행위에의 직접적인 가담에 해당하는 것도 무리가 아니다. 그렇다면 어떻게 외주에 대한 증가하는 경향과 지원과 유지를 위한 몇몇 행위들이 폭력의 전달에 있어서 필수 불가결한 기능이라는 결론을 조화시킬 수 있을까? 슈미트는 정례적인 성격의 지원이 아닌, 다시 말해 직접적인 유지와 지원은 직접적인 가담으로 간주될 수 있다고 주장한다. 비슷한 결론이 분쟁지역으로부터 수백 마일 떨어진 거리에서 비행기의 유지, 적하, 발사를 담당하는 민간 항공기술자들에 대해서도 내려질 수 있다.[125] 역으로, 여타의 정례적인 성격의 유지는 다른 유형에 해당하며 똑같은 방식으로 간주되어서는 안 된다.

2.4. 포괄적 IT 지원

또 다른 질문은 직접적으로 공세적인 정보작전에 연루되어 있지는 않지만 차

---

and Direct Participation', 518.

123) Dan Verton, 'Navy Opens Some IT Ops to Vendors' (2000) *Federal Computer Week* www.fcw.com/fcw/articles/2000/0821/pol-navy-08-21-00.asp (마지막 접속일자 2000년 8월 21일).

124) Singer, 'Outsourcing War'; P. W. Singer, *Corporate Warriors: The Rise of the Privatized Military Industry* (Cornell University Press, Ithaca, 2003).

125) Schmitt, 'Direct Participation', 512.

후에 컴퓨터 네트워크 공격의 표적이 될 수 있는 군사 네트워크를 유지하기 위해 고용되는 민간인 기술자들의 경우와 관련하여 발생한다. 상기한대로, 적대행위에의 직접적인 가담과 관련된 개념은 그것이 세탁 서비스나 출장연회 서비스를 포함하는 것 이상으로는 일반적으로 정례적인 컴퓨터 네트워크 유지를 포함하지 않을 것이다. 그러므로 적대행위(컴퓨터 네트워크 공격 혹은 그와 다른 것이든)와 관련되어 있지 않은 정례적인 시스템 유지, 보안 업데이트 및 여타 포괄적인 IT 기능들은 직접적인 가담으로 간주되지 않을 것이다. 네트워크에 단순히 보안 프로토콜을 설치하는 것은 민간인들이 전시동원의 일환으로 상륙이 예측될 때 그에 앞서서 해변에 철조망을 설치하는 것을 돕는 것과 유사하다고 할 수 있다.

그러나, 위에서 보았듯이, 적국의 조치에 대항하여 군사적 목표지점을 수호하고 군사 시설물들을 방어하는 것은 적대행위에의 직접적인 가담을 구성한다. 기술적으로 매우 고도화된 군에서, 특히 자신의 장점으로 네트워킹 역량에 몹시 의존하는 군의 경우에는, 군의 다양한 구성요소들을 함께 연결시키는 네트워크의 파괴는 적국에게 상당히 큰 이점으로 작용할 것이다. 예컨대, 민간인의 자산을 전적으로 혹은 부분으로 활용하는 것을 포함하여 어떠한 미국 군사 네트워크라도 언제나 비례성의 원칙에 따라 유용하고 합법적인 표적이 될 수 있다. 그럼에도 불구하고, 2000년에 미 해군은 정보 보증과 여타 방어안보작전을 포함한 모든 방어정보작전을 '비고유한 정부' 업무 기능으로 개방하였고 따라서 외주에도 개방하였다.[126]

어떤 지점에서 기술자는 네트워크(네트워크 보안 조치를 포함하여)를 단순히 지원하고 유지하는 역할을 하는 보호되는 민간인의 자격을 상실하고, 군사목표 지점

---

126) Verton, 'Navy Opens Some IT Ops to Vendors'.

을 방어하는 적극적 가담자가 될까? 직접 가담에 대한 국제적십자위원회의 해석지침은 피해의 시발에 대한 광범위한 기준을 포함한다. 즉, 그 행위가 무력분쟁 당사국의 군사적 역량 혹은 군사작전에 불리하게 영향을 미칠 것 같아야만 한다.[127] 전문가회의 동안, 교전행위의 일부로서 군사적 손해의 인과관계는 반드시 무력의 사용 혹은 사망, 부상 및 파괴의 인과관계를 상정한 것은 아니며, 본질적으로는 '적국이 군사적 목표나 목적을 추구하는 데 있어 불리하게 영향을 주거나 그렇게 하려고 시도하는 모든 행위'를 포함한다는 광범위한 합의가 있었다.[128] 침입해 들어오는 컴퓨터 네트워크 공격에 대한 네트워크 및 시스템의 방어는 분명 공격자가 군사 네트워크를 손상시키려는 목표를 추구하는 데 있어 불리하게 영향을 미칠 것이다. 그러므로 시스템이 컴퓨터 네트워크 공격을 받게 되는 바로 그 순간에, 민간인들은 그들의 지위를 상실한다는 것이 보수적인 견해이다. 컴퓨터 네트워크 공격의 맥락에서, 본 저자는 이것은 비현실적일 뿐만 아니라 법이 요구하는 것을 넘어서는 것이라고 생각한다.

'현실 세계'의 군사목표 지점을 방어하는 것과 대조적으로, 시스템 및 네트워크의 방어는 공격자에 대해 추가적인 위협이나 손해를 가하는 것을 수반하지 않을 수 있다. 예컨대, 2004년 이라크의 나자프(Najaf)에 위치한 연합사령부(Coalition Headquarter)를 방어하는 것으로 인해 사설 계약업자들이 비난을 받았을 때, 수천 발의 탄약과 수백 개의 수류탄이 오고간 세 시간 반가량의 총격전이 뒤따랐으며, 세 명의 연합사령부 관계자가 부상을 입었고, 명시되지 않은 많은 수의 이라크인 사상자들이 발생했다.[129] 이와 대조적으로, 컴퓨터 네트워크의

---

127) ICRC, *Interpretive Guidance*, 47.

128) *Ibid.*, fn. 97.

129) Priest, 'Private Guards Repel Attack on US Headquarters'. 연맹에서는 2명의 계약

방어는 거의 사상자를 발생시키지 않으며, 또한 순전히 방어적인 조치들은 심지어 무력사용을 구성하지 않을지도 모른다.[130] 비록 손해의 시발점이 무력의 적용보다 훨씬 더 포괄적이긴 하지만, 이러한 손해로부터의 분리는 네트워크 방어를 충분히 인과관계의 사슬로부터 제거하여 그것이 직접 가담의 요건을 갖추지 못하게 할지도 모른다. 이러한 점에서 그것은 손해의 적절한 시발점에 대한 논의 기간 중에 있었던 국제적십자위원회의 프로젝트에 참여한 전문가들이 인용했던 해상 및 육상에서 사용되는 민간 소해정과 같은 예들과도 구별된다고 할 수 있다.[131] 이러한 시나리오의 각각의 예들과 같이, 민간인들의 행위에 대한 구체적인 상황이 고려될 필요가 있다. 이와 관련하여 방어적인 기능을 수행하기 위해 민간인들을 활용하는 것은 군 병력이 다른 전투 임무에 집중하여, 그것으로 인하여 적대행위에 더욱 기여할 수 있도록 해 준다는 마이클 슈미트의 논평에 주목하는 것은 유용하다.[132]

컴퓨터 네트워크 작전은 공격을 특정한 행위자에게 귀속시키는 데 있어서의 어려움과 관련하여 추가적인 문제를 제기한다.[133] 민간인들은 그러한 행동들이 적대행위에 대한 직접적인 가담을 구성하지 않고도 범죄자와 약탈자로부터 재산을 보호할 권리가 부여된다. 그러므로 민간 기술자들은 일반적인 해커들로부터 군사 네트워크를 방어할 권리가 부여된다. 군사 네트워크는 적국에게 주요한

업자와 해병 1명이 부상을 입었다.

130) 위의 제2장 참조.

131) ICRC, *DPH Report* 2005, 31 참조.

132) Schmitt, 'Humanitarian Law and Direct Participation', 538.

133) 위의 제3장 참조.

표적일 뿐만 아니라, 전시에도 민간인들로부터 지속적으로 공격을 받는다.[134] 인터넷의 익명성의 특성과 현재 공격의 원천을 추적하는 데 있어 컴퓨터 과학수사의 지체를 감안했을 때, 민간 기술자들이 과연 본인들이 적대행위에 직접적으로 가담하고 있는지에 대해 판단을 내릴 수 있는 것 같지는 않다. 그들은 누가 공격을 가하고 있는지 즉시 확인하지는 못할 것이며, 많은 경우 심지어 민간인이 그 공격의 배후에 있다는 것이 결정되는 상황에서도, 그 공격과 진행 중인 적대행위 사이에 충분한 연계가 있는지 확정하는 것은 불가능할 것이다.[135]

2.5. 용병

군을 위해 일하는 민간인 피고용자와 계약업자들의 수가 증가하는 것은 그들이 용병으로 분류될 가능성에 대해서도 문제를 제기한다. 위에서 서술되었듯이, 군대의 일부가 아닌 채로 그것에 수반되는 민간인들은 제네바 제3협약 제4조(4) 하에서 전쟁포로의 지위가 주어진다. 그러나 적대행위에 직접적으로 가담하는 사람들의 경우, 가령 계약업자들이 선제적 공세 컴퓨터 네트워크 공격에 참여하

---

134) 2008년 그루지야 정부와 다른 웹 사이트들에 대해 개시된 컴퓨터 네트워크 공격이 이것의 주요한 예이다. 컴퓨터 네트워크 공격은 또한 다른 사건들 중에서도, 아랍-이스라엘 분쟁과 멕시코의 사파타주의자들의 봉기 때에도 수반되었다. 흥미롭게도, 이라크에서도 마찬가지로 이러한 행동이 예상됨에도 불구하고, 많은 수의 웹 사이트들의 외관이 손상되었지만 여전히 침입의 횟수는 안정적인 상태로 있다. Peter Rojas, 'The Paranoia that Paid Off', *Guardian* (London), 24 April 2003, 27.

135) 명백히, 위의 사례에서 발생하였던 것처럼 공격이 웹 사이트 외관의 훼손에 동반되는 경우에는, 진행 중인 교전행위와의 연관성은 확증하기가 더 쉬울 것이다. 예컨대, Reuters, 'Cyber·War Rages over Iraq', ZDNet News, 31 March 2003; Izhar Lev, 'E·Intifada: Political Disputes Cast Shadows in Cyberspace' (2000) 12(12) *Jane's Intelligence Review* 16; Steve Mertl, 'Cyberspace Experts Await Full-Scale Attack', *Globe & Mail* (Canada), 27 December 2002 참조.

는 경우에는 용병으로 분류될 위험을 무릅써야 한다. 컴퓨터 네트워크 작전에 특화된 개인 해커들과 민간군사기업(PMCs)이 컴퓨터 네트워크 공격 가능성들을 제공하기 위해 국가와 함께 일해 왔다는 것은 명백하다.[136] 비록 전쟁에서 용병을 활용하는 것이 오래된 관습이긴 하지만, 식민지배 이후의 시대에는 용병들은 더 이상 선호되지 않았고 국제관계에서도 기피인물(personae non grata)이 되었다.

제네바협약 하에서는, 용병들은('다른 민병대들'과 함께) 제13조(2)에 기술된 조건들을 만족시키는 한 합법적인 전투원으로서의 자격이 있다.[137] 그러나 1977년의 추가의정서의 시행으로 인해 그러한 입장은 바뀌게 되었다. 아프리카에서 민족자결을 위한 식민지배 이후 거의 20년간의 투쟁에 뒤이어 채택된 제1추가의정서는 용병들은 전투원이 될 권리가 없으며 체포될 경우 전쟁포로로서 대우받을 수 있는 권리를 박탈한다고 규정한다.[138] 중요한 것은, 용병주의를 불법화하는 역사적인 맥락을 고려할 때, 비국제적 무력분쟁과 연관된 제2추가의정서는 용병과 관련된 어떠한 조항도 포함하고 있지 않다.[139]

---

136) 예컨대, PBS Frontline 'Interview with Hacker' Cyberwar! (PBS Airdate 24 April 2003). www.pbs.orgfwgbh/pages/frontline/shows/cyberwar/interviews/hacker.html (마지막 접속일자 2012년 1월 16일): Ruth Alvey, 'Russian Hackers for Hire: The Rise of the E-Mercenary' (2001) 13(7) *Jane's Intelligence Review* 52 참조.

137) 그 조건들은 위의 섹션 1에 기술되어 있다. 예컨대, 책임 있는 지휘, 고정되어 있고 구별되는 징표, 무기를 공개적으로 소지하는 것 및 전쟁법과 관습에 따라 작전을 수행하는 것 등이다. Dino Kritsiotis, 'Mercenaries and the Privatisation of Warfare' (1998) 22 Fletcher Forum of World Affairs 11, 16 참조.

138) 제1추가의정서 47조 1항. 용병들은 또한 1977 OAU Convention for the Elimination of Mercenaries in Africa 및 the 1989 International Convention against the Recruitment, Use Financing and Training of Mercenaries 하에서도 금지된다.

139) 용병 금지의 발전과정과 역사에 대한 심도 있는 분석에 대해서는 Leslie C. Green, 'The Status of Mercenaries in International Law' in L. C. Green (ed.), *Essays on the*

용병의 정의는 제1추가의정서 제47조(2)에 기술되어 있다.[140]

> 용병은 다음에 해당하는 자이다
>
> (a) 무력분쟁에서 싸우기 위해 그 지역에서 혹은 해외에서 특별히 모집된 자.
>
> (b) 실제로 적대행위가 직접 참가하는 자.
>
> (c) 본질적으로는 사적인 수익에 대한 열망으로 교전행위에 참가하도록 동기부여가 되며 실제로는, 분쟁의 당사국을 대신하여 혹은 당사국에 의해, 그 당사국의 군대 내에서 유사한 계급과 기능을 가진 전투원들에게 지불되거나 보장되는 수준을 훨씬 능가하는 물질적인 보상이 보장되는 자.
>
> (d) 분쟁당사국의 국민이 아니며 분쟁당사국에 의해 통제되는 영토의 거주민이 아닌 자.
>
> (e) 분쟁당사국 군대의 구성원이 아닌 자.
>
> (f) 군대의 구성원으로 공식적인 의무로서 분쟁당사국이 아닌 국가에 의해 파견되지 않은 자.

해당 조항의 조건들은 중첩적이라고 할 수 있으며, 만약 모든 조건들을 동시에 검토한다고 했을 때 현대에서 이야기하는 '용병'조차도 이 기준을 만족시키기가 거의 불가능할 것이라고 생각된다.[141] 이 여섯 부분으로 이루어진 정의를

Modem Law of War (Transnational Publishers. Dobbs Ferry. NY. 2000). 529; Todd S. Milliard. 'Overcoming Post-Colonial Myopia: A Call to Recognise and Regulate Private Military Companies' (2003) 176 *Mil. L. Rev.* 1 참조.

140) 똑같은 정의는 International Convention against the Recruitment. Use, Financing and Training of Mercenaries에서 찾을 수 있음, UN GAOR 44th Sess., Supp. No. 43. at. UN Doc. A/RES/44/34 (1989).

141) 예컨대, Peter W. Singer. 'War. Profits. and the Vacuum of Law: Privatized Military Firms and International Law' (2004) 42 *Col. J. Trans. L.* 521, 524; Milliard, 'Post-

현대의 민간군사기업들에 적용하기는 특별히 어렵다. 첫째, 민간군사기업의 기업구조는 그 기업체 자체에게 그리고 그것에 의해 고용된 계약업자들에게 보호를 제공한다. 제47조(2)의 정의는 오직 자연인들에게만 적용되며, 민간군사기업 그 자체는 책임이 없다. 게다가, 개인들은 분쟁당사국이 아니라, 그 기업에 의해 계약업자로서 고용되어 수당을 지불받는 것이기에 그들로 하여금 기업이라는 장막 뒤에 숨을 수 있도록 한다. 둘째, 계약업자들과 민간군사기업들은 특정한 분쟁의 측면에서라기보다는 복합적인 목적으로 인해 종종 고용된다. 마지막으로, 동 조항의 제약들을 회피하고자 하는 명백한 목적으로, 국적이 계약업자들에게 확장되어 질 수 있으며, 개별적인 계약업자들은 국가의 군대에 편입되거나 조사관과 같은 특별한 지위가 부여될 수 있다.[142] 이러한 모든 제약사항들은 고용 계약의 조건으로서 다루어질 수 있으며, 이것과 관련하여 한 논자는 '이러한 정의로부터 스스로를 배제시키지 못하는 어떠한 용병이라도 총에 맞을 만하다 – 그의 변호사도 함께!'라고 언급할 정도였다.[143] 그러나 현대의 분쟁에서, 증가하는 사설 계약업자들의 활용과 특정한 역할을 수행하기 위한 계약업자들의 고용이라는 국가정책과 현실에서의 그들의 활용간의 괴리는 비록 계약 조건을 통하여 용병 신분의 위험을 관리할 수 있는 능력에도 불구하고, 어떠한 계약업

Colonial Myopia', 42 참조.

142) 예컨대, Bougainville Island에서의 분리론자들의 반란 운동을 다루기 위해 군사적인 지원을 목적으로 산드린 인터내셔널(Sand line International, 민간 군사 기업)과 파푸아뉴기니 정부 사이에 체결된 조약은 산드린 인터내셔널 소속의 인력을 '특별 치안관'으로 등록할 것을 규정한다. http://coombs.anu.edu.au/SpecialProj/PNG/htmls/Sandline.html (마지막 접속일자 2011 7월 5일).

143) Geoffrey Best, *Humanity in Waifare: The Modem History of the International Law of Armed Conflicts* (Weidenfeld and Nicolson, London, 1980), 328.

자들은 그러한 위험에 노출될 수 있다는 것을 의미한다.[144] 상기한대로, 점차적으로 복잡해지고 전문화되는 시스템을 운영하기 위해 병력들을 훈련시키는 비용이 엄청난 첨단기술 중심의 국방시대에, 계약업자들은 시스템을 전달하고, 지원하며 어떠한 경우에는 운영하기 위해서 활용되고 있다. 이것은 적대행위에 대한 직접 가담과 특별히 무력분쟁을 목적으로 한 고용에 대한 기준의 범위 내에 그들을 위치시킨다. 그러므로 외국 시민인 개별 계약업자들이나 특정한 분쟁과 관련하여 그들의 특별한 컴퓨터 네트워크 공격 역량을 위해 고용된 자들은 이러한 범주에 속하게 될 위험이 있다. 마지막으로 한 가지 더 지적해야 할 것은, 사설 계약업자들은 군 내부에서 비슷한 업무를 수행하는 사람에게 주어진 봉급을 초과하여 정기적으로 수당을 지급받으며, 이러한 사실은 현재 복무중인 장병들 사이에 분노를 불러일으켰다. 그리고 계약 업무에 참여하는 개인들의 동기를 확정하는 것과 관련된 염려에도 불구하고, 이라크에서 업무를 수행하는 많은 계약업자들은 금전적인 수익을 위해 그 곳에 있다는 사실에 대해 공개적으로 이야기한다.[145]

제1추가의정서는 단지 용병으로부터 전투원 면책과 전쟁포로 지위에 대한 권리를 박탈할 뿐(그럼으로써 그들이 불법적인 전투원이 되게 한다)이라는 것을 주목해야 한다. 그것은 용병의 지위를 불법화하는 것이 아니며, 용병에 대한 고용, 훈

---

144) PBS Frontline 'Interview with Peter Singer' 참조.

145) 2005년 이라크에서는 민간 군사 기업에 소속되어 일하는 호위대들은 일반적으로 하루에 400-600 달러 정도 벌었고, 이것은 미 장병의 봉급에 대략 2배 정도 되는 수치였다. Blackwater(미국 민간 군사 기업, Coalition Provisional Authority의 이전 수장이었던 Paul Bremer 미 대사를 호위하는 임무를 맡음)에 의해 고용된 호위대들은 하루에 1,000 달러까지 지급받았음. Frontline *Private Warriors*, 2005. (PBS: USA, 21 June 2005).

련 및 재정 지원을 범죄로 만들지 않는다.[146] 그러한 행위는 OAU용병협약과 유엔용병협약에 의해 범죄화되며, 이러한 조항들을 위반한 어떠한 계약업자들이나 그들을 고용한 국가는 처벌될 수 있다.[147] 그러나 딘스타인이 지적하듯이, 유엔용병협약은 광범위하게 비준된 것은 아니다.[148] 위의 협약들을 비준하지 않은 국가에서 활동하는 용병들은 여타의 불법적인 전투원들과 같은 방식으로 그들의 행위에 대해 국내법 혹은 국제법 하에서 처벌될 수 있다.

3. 소년병

컴퓨터 네트워크 공격에 대한 문헌 연구는 개인적인 이유들로 십대 해커들이 중요한 기반시설을 손상시키거나,[149] 혹은 핵티비즘(hactivism) 활동에 가담하는 예들로 가득하다. 십대 해커 소년병들을 국가가 모집한다는 보고는 많은 국가들의 유명 언론에서 특집으로 다루어 졌고, 사실에 근거했다기보다는 주목을 끌기 위한 상상에 가까운 것이었지만, 2009년 국제 컴퓨터 공격 사건에 어린 해커들이 연루되었다는 것은 또 다른 반전이었다. 콘스탄틴 골로스코코브(Konstantin Goloskokov)는 러시아 정부로부터 지원을 받는 러시아 나쉬(Nashi) 청소년 운동

---

146) Milliard, 'Post-Colonial Myopia', 41.

147) *Ibid.*, 19; Arts 1(2) and 4 OAU Convention for the Elimination of Mercenaries in Africa, OAU Doc. CM/433/Rev.L Annex 1; Arts 2-4 International Convention against the Recruitment. Use. Financing and Training of Mercenaries.

148) Dinstei, *Conduct of Hostilities* (1st edn), 52.

149) 예컨대, 부록 1에 있는 Arizona State Dam, Port Authority in Houston, and Operation Solar Sunrise에 대한 침입 참조.

의 정치위원이었는데, 다른 몇몇 협조자들과 함께 2007년 에스토니아에 가해졌던 컴퓨터 네트워크 공격에 대해 책임을 인정하였다.[150] 에스토니아에 대한 공격이 무력분쟁을 구성한다는 것을 나타내는 증거는 없다. 그러나 그것은 무력분쟁에 개입했을 때 국가가 생각해야 할 가능성과 책임에 대해 강조한다. 만약 같은 일이 러시아/조지아 분쟁 기간 동안에 발생했다면,[151] 문제는 단순히 공격에 개입된 러시아 정부의 통제의 범위에 대한 것뿐만이 아니라(그 공격들이 국가에 귀속될 수 있을지 여부를 평가하기 위해 위에서 논의된 국가책임의 원칙 아래에서뿐만 아니라 공격자들이 '분쟁 당사국에 속하는'지와 관련된 전투원 지위의 관점에서), 잠재적인 소년병들의 사용에 대한 영향에 대해서도 문제가 발생할 수 있다. 나쉬는 17세와 25세 사이의 조직원들을 모집한다.

아동의 권리에 관한 협약 선택의정서는 국가가 18세 미만인 자들을 군대에 강제적으로 징집하지 않을 것과 그럼에도 불구하고 그들이 군대의 구성원이라면 적대행위에 직접적으로 가담하지 않을 것을 보장하기 위해 모든 실현 가능한 조치를 취할 것을 요구하고 있다.[152] 군대와는 별개인 무력집단은 어떠한 환경에

---

150) Clover, 'Kremlin-Backed Group Behind Estonia Cyber Blitz'.

151) 남오세티아(South Ossetia)에 대한 군사작전에 함께 수반되었던 사이버 공격은 그 귀속 여부가 책임 있게 지어지지 않았으며, 나쉬가 특정하게 개입했다는 보고도 없다. 그러나 많은 보고서들은 당국에 의해 지원을 받는 애국 민간 해커단체들과 러시아 비즈니스 네트워크의 다수가 개입했다는 것에 주목한다. 일반적으로 David Hollis, 'Cyberwar Case Study; Georgia 2OOS' (2011) 7(1) *Small Wars Journal*. http://smallwarsjournal.com/blog/journal/docs-temp/639-hollis.pdf (최종 접속일자 2011년 1월 6일); US Cyber Consequences Unit, Overview 참조.

152) 무력분쟁 상황에서 아동의 개입에 대한 아동의 권리에 관한 협약의 선택의정서(Optional Protocol to the Convention on the Rights of the Child)의 제 1조와 2조는 2002년 2월 12일에 발표되었다. 군대의 구성원이 18세 미만인 경우에 그들은 특별 보호에 대한 권리가 부여 된다. 제3조.

서도 적대행위 중에 18세 미만인 자를 고용하거나 사용해서는 안 될 것이며, 국가는 그러한 고용과 사용을 막기 위해 실행할 수 있는 모든 조치를 취할 것을 요구한다.[153] 제네바협약 제1, 2추가의정서 모두 낮은 나이 제한을 포함하고 있다. 선택의정서의 경우와 같이, 제1추가의정서는 국가가 15세 미만의 아동들이 적대행위에 직접적으로 가담하지 않도록 보장하기 위해 '모든 실행 가능한 조치들을 취할 것'을 요구하고 있다.[154] 제2추가의정서는 직접적이든 간접적이든 모든 적대행위에 그들의 참여를 금지하고 있다.[155]

시에라리온 특별법원(the Special Court for Sierra Leone)의 항소법원은 아동징집에 대한 금지가 1996년 무렵 국제관습법으로 확립되었고, 이것에 대한 위반은 개인의 형사적인 책임을 수반한다고 판결하였다.[156] 제1추가의정서에 대한 주석은 당사국들은 '실행 가능한'이라는 단어를 사용하기로 결의했는데, 의정서들의 다른 곳에서도 그것이 사용되었기 때문이며 따라서 그것은 '행해지거나, 성취되거나 혹은 수행되거나, 가능하거나 혹은 실행될 수 있는'을 의미하는 것

---

153) Ibid., 제 4조. 선택의정서를 기안하는 데 있어서 18세 미만인 자를 군대로 징집하는 것을 허용하는 국가들에 대해서는 더 많은 유연성을 제공하도록 타협이 이루어졌다. UN Economic and Social Council, *Report of the Working Group on a Draft Optional Protocol to the Convention on the Rights of the Child on Involvement of Children in Armed Conflicts in Its Sixth Session*, UN Doc. ICN.4/2000/74 (2000) paras 57-9 참조.

154) 제1추가의정서 제77조 2항.

155) 제2추가의정서 제4조 3항. 이 부분에 대해서 제2추가의정서에 대한 논평은 특별히 다음과 같은 예들을 열거한다. 정보 수집, 명령 송신, 탄약 및 식량 운반, 및 사보타주 행위 등.

156) *Prosecutor v. Norman (Decision on Preliminary Motion Based on Lack of Jurisdiction (Child Recruitment))* (2004) Case No. SCSL-04-14-AR72(E)-131. Special Court for Sierra Leone, para 53 (법관 Robertson 반대 의견).

으로 이해되어야만 한다.[157] 이것이 무장세력들이 적극적으로 미성년자들을 고용하지 못하게 할 것이라는 것은 확실하나, 여전히 어린 지원자들이 활용될 여지는 남아있다. 어린 해커들이(그들 중 다수는 12세와 16세 사이이다) 본인의 고유한 기술을 통해서든 다른 사람의 코딩을 활용해서든, 현재 공격을 개시하는 것이 상당히 용이하다는 점을 감안할 때, 미성년자들이 적국에 대해 공격을 개시하는 것을 통해 적대행위에 가담하지 못하도록 하기 위해 국가가 어떠한 조치들을 시행해야 할지에 대해 고려해야만 한다. 하폴드(Happold)가 지적했듯이, 어떠한 것이 실행 가능한지 아닌지는 그 순간의 특수한 환경 하에서, 그것을 하기 위해 요구되는 노력들이 그렇게 함으로써 얻어지는 결과들과 균형이 맞지 않는가의 여부를 가리키는 질문이다.[158] 미성년 해커들을 추적하고 방지하기 위한 어떠한 노력이라도, 특별히 전장의 외부에서 그들이 작전을 수행하고 있는 환경에서는, 그에 따른 결과와 상당히 균형이 맞지 않는 것처럼 보인다. 확실히 애국적인 해커들이 이라크 내의 분쟁에 '가담하는'것과 관련하여 미국이 발표한 일반 권고와 같은 입장은 각국들이 시행할 수 있는 쉽고도 실제적인 조치라고 할 수 있다.[159]

---

157) Pilloud. *et al.*, *Commentary*, 692, 900. 선택의정서에 대한 논평은 프랑스어 텍스트에 대한 비교가 선택의정서에서 실현 가능한 조건은 추가의정서에서보다 더 넓게 해석되어야 한다는 것을 암시한다고 주장한다. 그러나 그것과 관련된 정확한 해석은 불확실하며 어떠한 경우에라도, 특정한 사례의 문맥을 고려했을 때 그것은 논쟁적일 것이라는 것을 받아들인다. Tiny Vandewiele, *Commentary on the United Nations Convention on the Rights of the Child. 46 Optional Protocol: The Involvement of Children in Armed Conflicts* (Martinus Nijhoff, Leiden; Boston, 2005), 27.

158) Matthew Happold. 'Child Soldiers in International Law: The Legal Regulation of Children's Participation in Hostilities' (2000) 47 NIL Rev. 27, 34.

159) Gallagher, 'Hackers; Government Tells Vigilantes Their "Help" Isn't Necessary'.

4. 결언

문명의 빠른 증가 속도와 전쟁에서 첨단기술을 사용하는 것의 조합은 무력분쟁법과 관련하여 그리고 특히 전투원 지위의 결정에 대하여 몇몇 흥미로운 도전들을 제기해 왔다. 전장에서 물리적 시간 및 지리적 근접성과 전쟁의 성패와 관련된 상관도가 감소하는 것과 그리고 온라인 환경의 특성은 민간인과 전투원의 구별을 요구하는 법의 적절성 및 해석과 관련하여 문제를 발생시켜왔다. 비록 기술적인 해결책들이 사용 가능하지만, 그 자체로 문제가 없는 것은 아니다. 합법적인 전투의 다른 요구사항들은 단순히 디지털 시대에 맞는 재해석을 요구할 뿐이다.

불법적인 전투원의 주요한 부류 중의 하나인, 적대행위에 직접적으로 가담하는 민간인들의 경우는 군대의 변화에 따라 그 수가 증가해왔다. 선제적인 공세 컴퓨터 네트워크 공격에 가담하는 이들이 적대행위에 직접 가담하는 것으로 여겨질 것은 명백히 보이지만, 덜 직접적인 역할을 수행하는 사람들의 경우에는 상황이 더 복잡해진다. 상황에 따른 분석을 해야 할 필요와 그 어려움에 상관없이, 민간인들이 알지 못한 채로 보호에 대한 자신의 권리를 함부로 내어주지 않도록 하기 위해 적법한 지원과 직접적인 가담 사이의 구분에 대하여 넓은 차원에서 견해가 수렴되어야 한다는 것은 명백하다.

제6장

표적선정과
공격시 예방조치

컴퓨터 네트워크 작전은 상대방의 전력에 필수적인 특정 시스템에 대한 정밀한 표적선정이 가능하고 일상생활에 전반적인 혼란을 초래한다. 다른 군사작전들과 같이, 컴퓨터 네트워크 공격은 무력분쟁에 이용될 때, 공격의 대상으로 선정된 표적은 반드시 합법적인 군사목표물이어야 하며, 그 공격은 반드시 구별, 비례, 필요성의 원칙을 준수해야 한다. 하지만 컴퓨터 네트워크 공격은 공격에서의 표적선정 및 예방조치와 관련된 많은 구체적인 문제를 제기하기도 한다. 기술발전으로 인해 현대전에서의 구별원칙에 가해지는 압력은 심화되고 있다. 특히 컴퓨터 네트워크 작전의 효과를 제한할 수 있는 능력은 몇몇 논자들에게 현대전에도 동일한 기준이 적용되어야 하는가에 대해 의문을 갖게 했다. 모두는 아니더라도 대부분의 표적선정 제한은 공격의 개념에 기반하고 있으며, 모든 컴퓨터 네트워크 공격들이 해당 수준까지 이르지는 않을 것이다. 그러므로 컴퓨터 네트워크 공격이 언제 국제인도법이 적용되는 공격이 되는지, 그리고 그런 한계점에 도달하지 않는 컴퓨터 네트워크 공격과 관련해 어떤 제약이 작동하는지에 대한 의문이 제기된다. 또한 컴퓨터 네트워크 공격은 비례의 원칙에 의해 금지될 수도 있는 목표물의 표적선정을 허용함으로써 공격할 수 있는 기회를 증가시킨다. 무력분쟁으로 인한 민간인의 피해와 부수적인 부상을 최소화함으로써, 전통적인 재래식 무기에 의해서라면 무력화시키지 못했을 표적들까지도 이제는 단순히 전원을 차단함으로써 무력화시킬 수 있다. 더욱이, 네트워크 설계의 본질이 의미하는 바는 공격의 연쇄적 효과가 광범위할 수 있다. 따라서 네트워크 수색과 시스템의 연결성에 대한 이해 수준은 공격시 적절한 예방조치들을 실행하기 위해 재래식 공격에서 요구될 수 있는 바를 훨씬 넘어설 수 있다.

1. 구별원칙

제1추가의정서 제48조는 분쟁당사국은 민간물자와 군사목표물을 구별하여야 한다는 기본원칙을 규정하고 있다.

> 민간주민과 민간물자의 존중 및 보호를 보장하기 위하여 분쟁당사국은 항시 민간주민과 전투원, 민간물자와 군사목표물을 구별하며, 따라서 그들의 작전은 군사목표물에 대해서만 행하여지도록 한다.

이는 국제사법재판소가 무력분쟁법의 '기본원칙'이며 '국제관습법의 침해할 수 없는 원칙'의 하나로 주장한 구별원칙의 현대적 표현이다.[1] 동 원칙은 '민간물자, 즉 군사목표물이 아닌 물자에 대해 고의적으로 행해지는 공격'은 국제적

---

1) *Nuclear Weapons Case*, paras 78-9

무력분쟁에서 전쟁범죄를 구성한다고 밝히고 있는 국제형사법원(International Criminal Court)의 규정에 명시되어 있다.[2] 비록 공통3조도 제2추가의정서도 분쟁당사국에게 공격시 예방조치를 취해야 한다는 특정한 요건을 포함하고 있지 않음에도 불구하고,[3] 상소법원은 타딕 사건에서 동 원칙의 적용을 국제적 성질을 갖지 않는 분쟁에까지 확대하였다. 무력분쟁시 인권보호에 관한 총회 결의를 인용하면서 법원은 구별원칙을 '모든 종류의 분쟁'에 적용되는 국제관습법상의 원칙으로 간주하였다.[4] 1899년 및 1907년 헤이그규칙 또한 민간재산 및 무방수지역에 대한 특정 보호를 규정하고 있다.[5] 하지만, 동 규칙들은 방수지역에서의 민간인에 대한 폭격에 대한 어떠한 조약법상의 금지도 없다는 것을 명백하게 의미하고 있다.[6] 전투방법의 발전에 따라, 특히 공중전의 발전에 따라 헤이그 규칙에서의 방수 목표물과 무방수 목표물간의 구별을 강조하는 것은 쓸모없게 되었다. 상당수 국가들이 비준하지 않았음에도 1923년 헤이그 공전규칙안에 따라 '군사목표물'의 정의의 발전, 무차별 공격 개념의 고려 및 비례성 요건의 도입으

---

2) Art. 8(2)(b)(ii).

3) 제1추가의정서 제13조(1)는 '민간인구와 민간인들은 군사작전으로 인해 야기되는 위험에 맞서 일반적인 보호를 받을 권리가 있다'라는 일반적인 정의를 포함한다. 해설서에 따르면 이는 국제관습법의 정의를 성문화하는 것이며 이러한 보호의 실행은 공격과 방어 모두에서 예방책을 필요로 한다. Pilloud *et al., Commentary*, 1448, para 4772.

4) *Tadic (Interlocutory Appeal)*, paras 112, 127.

5) Art. 23(g)는 전쟁의 필요에 따라 강제적으로 요구된 행동이 아닌 이상 적 재산의 파괴와 압류를 허락하지 않는다. Art. 25에 따르면 보호되지 않은 촌락, 마을, 주거지역 혹은 건물에 대한 공격이나 폭격은 어떤 수단에 의해서든지 금지되어 있다. 제7장에서 논의된 Art. 27에 문화유산에 대한 구체적인 보호가 명시되어 있다.

6) Richard R. Baxter, 'The Duties of Combatants and the Conduct of Hostilities (the Law of the Hague)' in UNESCO (ed.), *International Dimensions of Humanitarian Law* (Martinus Nijhoff, Dordrecht, 1988) 98-134, 115.

로 대체되었다.[7]

현대전과 관련된 무력분쟁법의 영역에서 구별의 원칙의 우선성을 둘러싸고 긴장이 지속적으로 증가되고 있는 이 때에 컴퓨터 네트워크 공격 능력은 추가적인 표적화의 기회들을 제공해준다.

긴장은 무력분쟁의 종류에 있어서의 변화와 효과에 기반을 둔 작전이 고등 군대에서의 전쟁의 지배적 이론으로 등장함으로써 부분적으로 유발된다. 최근 두 개의 학파에서는 서로 다른 이유를 근거로 이전까지 금지된 민간인 시설들을 포함하기 위해 허용 가능한 표적의 범위를 확대하자고 주장했다. 첫 번째 접근법은 아래의 제2.2절에서 논의할 전쟁을 지속시킬 수 있는 시설들을 포함하는 '군사목표물'에 대한 미합중국의 확대된 정의에서 부분적으로 해설되고, 이는 찰스 던랩(Charles Dunlap)의 연구에서 가장 극단적으로 표현되어 있다.[8] 그는 다음과 같이 주장한다.[9]

우리는 악의적인 목적으로 사회를 상대로 무력을 사용하고자 할 때 새로운 패러다임이 필요하다. 우리는 침략행위를 지속하는 그들의 삶의 방식을 반드시 위험에 처하게 하여야 하며, 그들이 저항한다면 그들이 알고 있는 그들의 세상을 파괴할 것이라고 위협하여야 한다. 이는 무력분쟁법의 현 개념들이 제한을 가하는 소유물의 모든 새로운 범주들에 대항하여 대공무기가 사용되어야 한다

---

7) Judith G, Gardam, 'Proportionality and Force in International Law' (1993) 87(3) AJIL 391, 400.

8) Charles J. Dunlap, 'The End of Innocence: Rethinking Non-Combatancy in the Post-Kosovo Era' (2000) Summer *Strategic Review* 9. Jeanne M. Meyer, 'Tearing Down the Facade: A Critical Look at the Current Law on Targeting the Will of the Enemy and Air Force Doctrine' (2001) 51 *AFL Rev.* 143. 참조.

9) Dunlap, 'End of Innocence', 14.

는 점을 의미한다.

본 저서는 던랩의 논문에서 등장하는 주장들에 대한 본격적인 논의를 시도하지는 않을 것이며, 이러한 논의들은 이미 다른 곳에서 광범위하게 다루어졌다.[10] 하지만 이것은 구별원칙에 대한 특별한 도전의 부활을 예증하는 역할을 한다. 그 원칙이 대대적인 국가 간 전쟁이었던 오래된 세계관에 의존한다고 주장하면서, 반대편에서 이 원칙을 공격하는 사람들도 있다.[11] 그 예로 가브리엘 스위니(Gabriel Swiney)라는 한 작가는 비국제적 무력분쟁의 시대에 이 원칙에 대한 엄격한 지지가 동등한 법의 보호를 침해하며, 법의 규칙을 배제하고 마땅히 보호받아야 할 사람들의 삶을 위험에 처하게 만든다고 주장하였다.[12] 그에 따르면, 비국제적 무력분쟁에 있어서 비대칭성이 반란국을 약하게 하고, 이에 따라 그들로 하여금 무력분쟁법을 거부하도록 한다. 왜냐하면 다르게 한다는 것은 패배를 뜻하기 때문이다. 주요 세력들은 민간세력들을 계약자로써 활용하고, 자신들의 거주권을 실행하기 위해 민간인 거주자들을 사용하면서 자신들의 필요를 충족시키기 위해 구별원칙을 수정한다(Swiney는 이스라엘과 스리랑카를 예로써 인용한다).[13] 던랩과 스위니가 옹호하는 두 접근법 모두 서로 다른 이유에서이긴 하지

---

10) Schmitt, Oeter, Parks in Wolff Heintschel von Heinegg and Volker Epping, *International Humanitarian Law Facing New Challenges: Symposium in Honour of Knut Ipsen* (Springer, Berlin; New York, 2007); Michael N. Schmitt, 'The Principle of Discrimination in 21st Century Warfare' (1999) 2 *Yale Hum. Rts & Dev. L.J.* 143.

11) Gabriel Swiney, 'Saving Lives: The Principle of Distinction and the Realities of Modern War' (2005) 39 *International Lawyer* 733.

12) *Ibid.*, 733.

13) *Ibid.*, 750.

만 구별원칙을 손상시키고자 한다.

구별원칙은 과거 한 차례 위협을 받은 바 있다. 스테판 오이터(Stefan Oeter)가 지적하듯이, 구별원칙은 언제나 기본적인 규칙들의 구성에 속했는데, 이러한 규칙들은 사실상 그런 제약이 그들 전략에 해로운 것으로 지각되자마자 자신들의 무력사용을 제한하고 싶지 않은 교전당사국에 의해 의심을 받았다.[14] 하지만 현재 상황에서의 위협은 무력분쟁과 관련하여 일반적으로 일어나고 있는 다양한 변화들의 층위로부터 유래한다고 할 수 있다. 이러한 변화들은 군사기술 발전의 산물이거나 아니면 발전 과정에서 필수적인 역할을 담당해왔다. 그러나 위와 같은 정치사회적 수준이 아니라 또 다른 차원에서 일어나고 있는 변화는 자원의 확보와 영토를 둘러싸고 일어났던 갈등에서 일국의 의사결정에 영향을 미치기 위한 갈등의 양상으로 전개되었다.[15] 기저에 깔려 있는 전통적인 갈등의 양상이 상기와 같이 바뀌어져 나가면서 이것은 현대전의 목적에서 영향을 주게 되었다. 즉, 그것은 완전한 군사적 승리보다는 정치적 변화에 영향을 미치기 위한 것으로 탈바꿈 된 것이다. 코소보(Kosovo)를 두고 열린 NATO의 중재에서 이러한 '강압' 혹은 '강제'적인 군사행동의 최초의 예시가 등장하는데, 이 사례에서는 밀로세비치(Milosevic)로 하여금 그 지역에서 인종청소 정책을 버리도록 압력이 가해졌다.[16] 따라서 전략적 층위에는 서양에서 전쟁의 지배적 이론에서 전지구적인

---

14) Stefan Oeter, 'Comment: Is the Principle of Distinction Outdated?' in W. H. von Heinegg and V.Epping (eds.), *International Humanitarian Law Facing New Challenges* (Springer, Berlin; New York, 2007) 53-65, 55.

15) Smith, *Utility of Force*, 270; Gray, *Another Bloody Century*: 앞의 제1장. 이는 영구적인 동향을 대표하는 것이 아님에도 불구하고, 예측에 따르면 특히 물과 같은 자원들을 두고 일어나는 분쟁들은 지구 온난화에 따른 환경 변화가 증가할수록 증가할 것이다. 일반적으로 Klare, *Resource Wars*를 보라.

16) Schmitt, 'Asymmetrical Warfare', 36-8. Bor와 Smederevo에 있는 산업 시설들

소모전(消耗戰)에서부터 강제적인 군사행동을 위해 설계된 효과 기반 작전으로의 변화가 있다. 전지구적인 소모전은 전쟁을 수행할 수 있는 적의 물리적 능력을 파괴하기 위해 적의 군사력을 크게 약화시키고자 한다. 하지만 효과 기반 작전들은 상대편으로 하여금 세력의 연합 및 외교와 같은 비무력적인 수단을 동원하여 정치적 층위에서 변화를 유발하도록 압박한다.[17] 전략은 군지휘관으로 하여금 가능한 한 가장 효율적인 방법으로 작전의 목표를 달성할 수 있거나 전쟁을 종식시킬 수 있는 어떤 목표물이든 공격하도록 한다. 그 목표물은 대부분 민간 시설이다.[18] 또한 효과 기반 작전들은 네트워크 중심 전쟁의 작전화를 대표하는데, 이는 전통적인 플랫폼 중심 작전으로부터의 발전은 현대 군대에 속도와 효율성을 증가시켜서 상당한 이점을 안겨주었다.[19] 기술적인 수준에서, 무기기술의 발전은 기술적으로 정교해진 군대로 하여금 전장에서 선택하는 거의 모든 표적들을 타격할 수 있도록 하였다. 컴퓨터 네트워크 공격은 이렇게 예측 불가능한 기술변화의 흐름 위에서 이해되어야 한다. 컴퓨터 네트워크 공격은 부수적인 피해와 목표물 선택에 있어서 비례 평균을 줄임으로써 공격할 수 있는 목표물의 수를 늘렸을 뿐만 아니라, 물리적인 피해는 유발하지 않지만 그럼에도 불구하

에 대한 공격은 Milosevic 대통령으로 하여금 그의 군대를 철수시키도록 압박하기 위해 계획되었다. William M. Arkin and Robert Windrem, 'The Other Kosovo War', MSNBC News, 29 August 2001; Marc J. Romanych and Kenneth Krumm, 'Tactical Information Operations in Kosovo' (2004) September-October *Military Review* 56.

17) 효과에 기반한 작전들은 새로운 것이 아니다. 몇 백 년 전부터 이미 존재해왔으며 훌륭한 지휘관과 정치가들이 항상 시도해왔던 것들이다. 네트워크 중심의 사고와 기술과 함께 결합되면, 이러한 작전들은 네트워크의 위력을 전쟁과 평시 혹은 전시의 군사작전 및 전투에 투사하는 방법을 열어주는 것이다.

18) Schmitt, *High and Low-Tech Warfare*, 8.

19) Smith, *Effects Based Operations*, 1.

고 해당 구조나 시스템을 파괴하거나 단지 무용화하는 작전의 가능성도 허용한다. 이는 국가에게 있어서 아주 매력적인 선택지인데, 특히 적대행위가 끝난 후 전장 지역의 재건을 불가피하게 하는 분쟁에 처한 국가에 특히 그러하다. 전력발전소의 전원을 그저 차단할 수 있는 데도 그것을 폭파시키는 것은 비효율적이다.

2. 합법적 군사목표물

군사목표원칙은 해상에서 뿐만 아니라 육상 및 공중에서도 무력분쟁에 관한 국제관습법의 일부가 되었다.[20] 동 원칙은 1977년에 법전화되었으며, '군사목표물'의 정의는 제1추가의정서 제52조(2)에 포함되어 있다.[21]

공격의 대상은 엄격히 군사목표물에 한정된다. 물자에 관한 군사목표물은 그 성질·위치·목적·용도상 군사적 행동에 유효한 기여를 하고, 당시의 지배적 상황에 있어 그것들의 전부 또는 일부의 파괴, 포획 또는 무용화가 명백한 군사적 이익을 제공하는 물자에 한정된다.

---

20) Horace B. Robertson, 'The Principle of the Military Objective' (1997-1998) 8 *USAF* Acad. J. Legal Stud. 35, 46; See also Yoram Dinstein, 'Legitimate Military Objectives under the Current Jus in Bello' in A. E. Wall (ed.), *Legal and Ethical Lessons of NATO's Kosovo Campaign* (Naval War College, Newport, RI, 2002) 139-73, 140.

21) 군사목표물의 정의는 몇몇 법률 문서에서도 나타난다. Additional Protocols II and III, Annexed to the 1980 Conventional Weapons Convention, and the second protocol to the Cultural Property Convention. See Dinstein 'Legitimate Military Objectives', 141.

동 정의는 컴퓨터 네트워크 공격과 관련하여 흥미로운 문제를 제기하는 여러 요소를 포함하고 있다. 첫째는 비교적 쉽게 다루어질 수 있다. 즉, 그 정의는 국제적십자위원회 해설서에서 시각적이고 유형적인 무언가를 가리키는 시설과 관련이 있다.[22] 오직 물질적으로 실체가 있는 것이어야만 목표물이 될 수 있고, 그렇기 때문에 실체가 없는 많은 컴퓨터 네트워크 공격의 목표물들은 이러한 정의로부터 제외된다고 주장할 수 있다.[23] 하지만, 해설서 원문의 정의로부터 무형의 물자를 배제하기 위해서라기보다는, '사물'로서의 object와 '작전의 목표 혹은 목적'이라는 의미로 object가 사용되는 것을 구분하기 위해 이러한 정의적 주장을 하고 있다는 것이 명확하다. 따라서 실체가 있는 성분으로 이루어졌든지 순수하게 컴퓨터 부호로 존재하든 상관없이, 어떠한 컴퓨터 프로그램, 데이터베이스, 시스템 혹은 가상의 네트워크라도 위의 정의와 부합한다면 합법적인 목표물이 될 수 있다.

2.1 본질, 위치, 목적 또는 용도

제52조(2)는 군사목표물은 본질, 위치, 목적 또는 용도상 군사활동에 효과적으로 기여하여야 한다는 것을 요구하고 있다.[24] 성질상 군사활동에 기여하는 그

---

22) Pilloud, *et al.*, *Commentary*, paras 2008-10.

23) Marco Sassòli, 'Targeting: The Scope and Utility of the Concept of "Military Objectives" for the Protection of Civilians in Contemporary Armed Conflicts' in D. Wippman and M. Evangelista (eds.), *New Wars, New Laws? Applying the Laws of War in 21st Century Conflicts* (Transnational Publishers, Ardsley, NY, 2005) 181-210, 185.

24) 해당 공식은 국제사법연구소의 에딘버러 결의의 Art.2에서 발의된 바에 영향을 받았는데, 이는 군사목표물을 '본질 혹은 목적 혹은 용도가 군사적 행동에 효과적인 기여를 하거

러한 물자는 군대가 직접적으로 사용하는 모든 물자를 포함한다. 무기, 장비, 수송수단, 요새, 격납고, 군대가 점령한 건물, 참모본부 및 통신센터 등이 그것이다.[25] 이러한 기준을 충족하기 위하여 본질적인 특성, 군사활동에 기여한다는 고유한 속성을 가지고 있어야 한다.[26] 컴퓨터 네트워크 공격에 있어 예기되는 목표물과 관련해서 이는 모든 무기 및 감지 시스템, 전장 설비, 군사 네트워크와 데이터베이스, 디지털 통신 시스템, 그리고 군사 명세에 맞춰 구축된 다른 모든 디지털 장비와 시스템을 포함할 것이다.[27]

여기에서는 본질적으로 군사적 기능은 없지만 아군을 위해서든지 상대편이 사용하는 것을 저지하기 위해 그 위치에 의해 군사적 행동에 효과적인 기여를 하는 시설 또한 있을 수 있다.[28] 컴퓨터 네트워크 공격과 관련된 사례들은 네트워크에 내재된 본질을 고려할 때 쉽게 나타나지 않는다. 네트워크의 효율성과 안정성은 동일한 목적지로 가는 다양한 경로가 존재하는 것으로부터 오며, 인터넷과 같은 네트워크의 경우에는 개별적인 노드의 물리적인 위치는 가장 우선적인 중요성을 지니지는 않는다. 물론, 컴퓨터 네트워크 공격에서 노드의 물리적인 위치가 중요한 역할을 할 경우 적국이 시도하는 네트워크 및 여타 표적에 대한 접속을 차단하는 것이 가장 중요한 상황이 있을 수도 있다. 예컨대, 민간 무

나, 군사적 중요성을 띠어서 그것의 전부 혹은 부분적인 파괴가 그것을 파괴하는 위치에 있는 세력에게 상당하고 구체적이며 즉각적인 군사적 이점을 주는' 시설로서 규정하였다. Bothe, *et al.*, *New Rules*, 321.

25) Pilloud, *et al.*, *Commentary*, para 220.

26) Dinstein, *Conduct of Hostilities* (1st edn), 88.

27) 이는 구체적인 보호조치의 대상이 되는 의료기구나 데이터베이스 혹은 네트워크를 포함하지는 않는다는 점을 참고하라. 제7장 참조.

28) Pilloud, *et al.*, *Commentary*, para 2021.

선 네트워크가 특정 지역에 존재할 수 있는데, 이것은 그 지역에 위치한 적의 군대로 하여금 군사 네트워크가 불능인 경우에 군사통신을 함께 이용토록 하거나, 네트워크의 사용을 완전히 차단할 수도 있다.[29] 특정 노드의 네트워크 위치 또한 그 시설을 군사목표물로 만들 수도 있다. 국가의 내부 원거리통신 네트워크의 중요한 노드들은 그것을 인터넷 중추에 연결하면서 특정 국가의 연결도 수준에 따라 매력적인 목표물이 될 수도 있다.[30] 국가들은 이미 내부적 불안상태가 발생한 경우에 ISP로 하여금 그들의 라우터 통신을 차단하도록 명령함으로써 인터넷 접속을 차단하려는 의지를 이미 피력한 바 있다. 예컨대, 2011년에 이집트에서 시위가 일어났을 때 무바락(Mubarak) 정권은 시위를 진압하려는 노력의 일환

---

29) 예컨대, 토론토와 같은 지역은 무선 네트워크로 모든 도시들을 연결하기도 한다. 이는 선진 국에만 국한된 얘기는 아니다. 아프리카의 몇몇 지역에서도 무선 통신 기술은 통신 인프라의 하나로써 빠르게 성장 중이다. Mark Cieslak, 'Bridging an African Digital Divide' *BBC Click Online*, 7 September 2007, http://news.bbc.co.uk/1/hi/programmes/click_online/6983397.stm(최종접속일자 2012년 1월 16일) 참조. 헤이그 조례의 Art 53은 점령 지역의 군대로 하여금 '그것이 어떠한 단체나 민간인들의 소유더라도, 철도 공장, 전신, 전화, 증기기관 및 해상법에 의해 관리되는 경우를 제외한 다른 군함들, 군대의 병참부와 일반적으로 모든 전쟁 군수품들과 같이 군사작전에 이용될 수 있는 물품들을 소유하도록 허용하며, 이 때 이들은 평화의 목적으로 보관되어야 하며 원래의 소유권자들에게 적절한 배상이 이루어져야 한다.' 이는 점령 지역의 세력들로 하여금 모든 네트워크를 포함한 모든 통신선을 관리할 수 있는 자격을 부여한다.

30) 예컨대, 뉴질랜드는 3개의 해저 광섬유케이블을 연결하는 주요 노드를 통해 인터넷 중추에 연결한다(the Pacrim, Tasman 2 and Southern Cross cables). 이러한 노드를 불능하게 하는 것은 뉴질랜드로 하여금 위성 통신을 제외한 모든 통신 수단을 효과적으로 차단할 것이다. 많은 국가들은 인터넷 중추로 연결되는 비슷한 제한된 연결망들을 가지고 있다. 예컨대, 동부 아프리카 해저 케이블 시스템은 남아프리카, 수단, 모잠비크, 마다가스카, 탄자니아, 케냐, 그리고 지부티에 광섬유 케이블망을 제공한다. 국가 네트워크에 연결되는 각 노드들은 매력적인 목표물이 될 것이다. IRIN News Report, 'Africa: Getting Connected at', 24 January 2006, www.irinnews.org/report.aspx?reporti=57903 (최종 접속 날짜 2012년 1월 16일).

으로 처음에 5일간 인터넷 및 휴대전화 네트워크를 차단했다.[31] 이와 유사하게, 2005년의 네팔과 2007년의 미얀마 또한 국가 불안에 대한 반응으로 자국의 제한된 인터넷 연결을 차단했다.[32] 이러한 인터넷 연결 차단을 위해서는 수백 개의 ISP들 간의 협력이 필요한 미국에서는, 무선으로 인터넷 연결을 차단시킬 수 있는 무선 'kill 스위치'를 요구하는 논란이 되는 법안이 상원에 올라왔다.[33] 무력분쟁의 상황에서, 이러한 형태의 의사소통 방식을 차단하는 것은 비례성 원칙의 측면에서 분명한 이점을 가져다 줄 것이다.

제52조(2)에서 군사목표물의 '목적'과 '용도'의 기준은 서로 연관되어 있다. 즉, 목적은 시설의 의도된 미래 용도와 관련된 것이고, 용도는 시설의 현재 기능과 관련되어 있는 것이다.[34] 딘스타인(Dinstein)에 따르면, 목표의 목적은 미래 사용에 관한 교전당사국의 확증된 의도로부터 추론된다.[35] 또한 그는 이러한 과정에서 중요한 것은 '최악의 시나리오'를 가정하여 우발적인 계획에 따라 적의 의도를 해석하는 것이 아니라 실제 적국이 경험적으로 보여왔던 의도에 기반하여 이해하는 것이 중요하다고 경고한다.[36] 군사적 행동에 효과적으로 기여하는 방식으로 시설을 실제로 사용하는 것은 마찬가지로 시설을 군사목표물로써 만들 것이며, 이에 따라 공격에 노출되게 만들 것이다. 일반적으로 민간시설이 군사

---

31) 'Internet Blackouts: Reaching for the Kill Switch', *The Economist* 10 February 2011.

32) OpenNet Initiative, *Pulling the Plug.*

33) 'Internet Blackouts: Reaching for the Kill Switch'.

34) Pilloud, *et al.*, *Commentary*, para 2022.

35) Dinstein, *Conduct of Hostilities* (2nd edn), 89.

36) Dinstein, *Conduct of Hostilities* (1st edn), 90. Dinstein은 제 2차 세계대전에서의 몬테카지노에 대한 공격의 사례를 인용하면서 빈약한 정보에 근거한 추측을 경고한다.

적 행동에 효과적으로 기여하는 데 사용되는지 의심되는 경우에, 제52조(3)은 그렇지 않다는 가정을 제공한다. 컴퓨터 네트워크 공격이 민간 컴퓨터 시스템이나 네트워크에서 가동된다면, 그 네트워크는 합법적인 군사목표물이며 공격의 대상이 될 수 있다(그것의 파괴, 포획 혹은 무용화화가 공격하는 국가에 명확한 군사적 이점을 안겨준다고 가정한다면 그러하다).[37] 이는 미국과 같은 국가들에 있어 매우 중요한데, 이러한 국가들에서는 많은 비율의 군사통신이 민간 네트워크를 통해 전송되며,[38] 그것들은 컴퓨터 네트워크 공격의 잠재적인 목표물이 되기 때문이다.

2.2 군사활동에 대한 효과적인 기여

군사목표물 정의의 둘째 부분은 그것이 군사활동에 효과적으로 기여하여야 한다는 것을 요구하고 있다. 모든 당사국들이 이 규정을 국제관습법을 말하고 있는 것으로 받아들이고는 있지만, 군사활동에의 효과적인 기여의 범위에 대해서는 약간의 차이가 있다. 보드(Bothe) 등은 의정서에 대한 해설서에서 효과적인 기여라는 조건은 일반적인 군사활동과 관련이 있는 것이며, 적대행위에 적극적으로 가담하여 면제를 상실한 민간인과 같은 특수한 전투작전에의 '직접적인 관

---

37) 같은 방식으로, 1914년에 예비군들을 전방으로 수송하라는 파리의 국방부 장관의 명령에 따르던 민간인들은 군사목표물이 되었다.

38) 1995년에 미국 군사통신의 95퍼센트 이상이 민간 네트워크를 통해 전송되었다. 더욱 최신의 자료들은 아직 민간에 공개되지 않았다. Aldrich, 'International Legal Implications', 105, citing Science Applications International Corporation, 'Information Warfare: Legal, Regulatory, Policy and Organizational Considerations for Assurance', research report for the chief, Information Warfare Division (J6K), Command, Control, Communications and Computer Systems Directorate, Joint Staff, The Pentagon, Washington DC, 4 July 1995.

련'을 요구하는 것이 아니라는 것을 지적했다.[39] '직접적인 가담'보다 광의의 조건임에도 불구하고 요구되는 군사활동의 관련 수준에 대해서는 여전히 합의되지 못하고 있다.

군사목표물의 위치에 관해 미국은 의정서에서 사용된 '군사활동' 대신에 '전쟁수행능력 또는 전쟁지속능력'이라는 용어를 사용하고 있다.[40] '전쟁지속'까지를 포함하도록 해석을 확대함으로써 미국은 '적의 전쟁수행능력을 간접적이기는 하지만 효과적으로 지지 및 유지시키는 적의 경제적 물자 또한 공격할 수 있다'고 주장한다.[41] 국제관습법에 대한 국제적십자위원회의 연구를 위해 제공한 미국의 훈련에 대한 보고서에 따르면, 미국은 제52조(2)의 관습적인 본질은 인정하지만, 그것의 대안적인 공식은 이 정의가 토지, 다른 군사목표물 및 전쟁을 지원하는 경제 시설물들을 스크린하는 시설을 포함하는 넓은 정의라는 입장을 반영한다.[42] 그러나 다른 저자들은 이 의견에 동의하지 않는다. 예를 들어, 딘스타인은 상술한 '전쟁지속능력'에 대한 기존의 이해는 너무 확대되었다고 주장하

---

39) Bothe, *et al.*, *New Rules*, 324.

40) 미국에서 곧 최신으로 발간될 군사 지침서는 *US Commander's Handbook on the Law of Naval Warfare* NWP 1-14M이다. 이 지침서는 이 지역과 관련된 미국의 정책을 가장 최신의 관점에서 반영한다는 점에서 아주 유용하다. 전쟁지속능력과 관련된 참조문헌은 para 8.2.에 명시되어 있다. '전투'라는 용어는 거기에 관련된 전투 작전과 행동들을 의미한다. '전투 지원' 행위들은 전투 작전들을 간접적으로 지원하는 행위들을 일컬으며, 이러한 예로는 무기의 생산 등이 있다. '전투 지속'이라는 용어는 물건을 수출함으로써 수입을 증가시키는 방식 등으로 전력의 자금조달을 가능케 하는 행위들을 일컫는다. Schmitt, 'Deconstructing DPH', fn. 57.

41) Michael N. Schmitt, 'Fault Lines in the Law of Attack' in S. Breau and A. Jachec-Neale (eds.), *Testing the Boundaries of International Humanitarian Law* (British Institute of International and Comparative Law, London, 2006) 277-307.

42) Jean-Marie Henckaerts and Louise Doswald-Beck, *Customary International Humanitarian Law* (Cambridge University Press, 2005) Vol. 1, 31.

는데, 이 경우 모든 형태의 민간인 활동들이 간접적으로 전쟁을 지원하는 것이라고 해석될 수 있기 때문이다.[43] 본 저자는 이 의견에 동의한다. 논리적인 결론에 따르면, 미국의 입장은 국가의 경제를 지원하는 모든 재화 또는 용역(그리고 전쟁을 수행할 수 있는 정부의 능력)이 합법적 표적물이 된다는 것을 뜻한다. 오이터 스테판이 지적하듯이, 미국은 적의 직접적인 군사력을 억제하는 방식으로 적국의 전투유지 역량에 영향을 주는 것에서 적국의 지휘 및 통제 체계와 정치적 상황에로의 영향으로 군사작전의 목표가 옮겨 갔다고 할 수 있다. 이런 접근법은 표적물과 지속적인 군사작전 간의 밀접한 연결이라는 요건을 포기할 것이다.[44]

몇몇 논자들은 이러한 해석 차이를 학자들의 관심사로만 치부해 버렸지만,[45] 고도로 발달된 정보사회에서와 같이 컴퓨터 네트워크 공격에 대한 피해가 상당한 곳에서는 이와 관련된 인식은 특별히 더 관련성을 지닐 것이다. 예컨대, 기름 또는 광물과 같은 천연자원 수출에 의존하는 나라가 입을 피해를 고려해 보라. 그 나라의 직접 처리 공장을 파괴하는 것은 군사적 노력에 효과적으로 기여하는 것으로 정당화할 될 수 있다. 하지만 자원 파괴만으로도 그 나라의 장기적인 경제적 복지에 영향을 미칠 것이고, 군사행동과는 너무 동떨어져 있어서 그런 공격을 정당화하지 못할 것이다.[46] 타이완과 같이 정보에 기반한 경제의 상업 중심지를 겨냥한 공격으로 달성하게 될 경제적 폭락과 그것을 대조해 보라. 타이완

---

43) 미국의 입장과 딘스타인의 걱정을 보여주는 극적인 예는 던렙의 '순결의 끝'에 나와 있다. 던렙은 민간인에게 꼭 필요한 물건이 아닌 모든 물체는 정당한 표적이라고 주장한다.

44) Oeter, 'Comment: Is the Principle of Distinction Outdated?', 56

45) W. Haqys Parks, 'Asymmetries and the Identification of legitimate Military Objectives' in W. H. von Heinegg and V. Epping (eds.), *International Humanitarian Law Facing New Challenges* (Springer, Berlin, 2007) 65-116, 97.

46) Schmitt, 'Fault Lines', 281.

은 정보기술에 가장 많이 의존하는 국가 중 하나이다. 가장 큰 두려움 중 하나는 중국이 타이완의 정치와 경제 기관을 순식간에 차단할 컴퓨터 네트워크 공격을 행하는 것이다.[47] 미국의 해석에 따르면, 이러한 공격은 적군의 경제와 전투지속 능력에 영향을 미치기 때문에 허용 가능하다. 또한 4.1절에서 다루는 무엇이 공격이 되는지에 대한 질문도 있다. 하지만 전시에 국가의 경제적 화폐 및 신용카드를 불안정하게 하거나 가치를 떨어뜨릴 수 있는 제재조치[48]와 같은 합법적인 경제적 조치와 합법적인 군사목표물을 대상으로 하는 군사작전 사이에 균형을 맞추어야 한다. 이것은 특히 적국의 의사결정과정에 영향을 주기 위해 계획된 강제적인 군사작전들의 경우에 특별히 더 그러하다. 비록 비교적 작은 규모이긴 하지만, 2007년 4월과 5월에 에스토니아에 대한 사이버 공격에서 비슷한 효과를 목격했다.[49] 에스토니아는 유럽에서 유선을 가장 많이 사용하는 국가 중 하나로서, 투표에서부터 세금납부와 주차비 지불에 이르기까지 모든 곳에서 인터넷을 사용한다.[50] 한 달 이상 지속된 서비스 공격으로 장기간의 유통 차단은 에스토니아의 디지털 기반을 거의 차단시키고, 몇몇 정부 기관과 신문사들의 웹 사이트를 방해하고, 주요 은행의 영업까지 중단시켰다. 미국의 표적물 분석에 따르면, 이러한 조치들은 무력분쟁 중 발생한다면 합법적으로 정당화될 것이다.

---

47) 하지만 몇몇 평론가들은 대만의 발전된 컴퓨터 기술로 중국의 사이버 공격을 막을 수 있다고 말한다.

48) 예컨대, 1956년에 미국이 수에즈 운하에서 영국 화폐 지원을 거부하자, 영국은 통화위기를 겪었다. 그리하여 영국은 교전을 중단해야 했다.

49) 세부사항에 대해서는 제1장과 부록 1 참조.

50) Traynor, 'Russia Accused of Unleashing Cyberwar to Disable Estonia'; Mark Landler and John Markoff, 'Digital Fears Emerge after Data Seige in Estoina', New York Times, 29 May 2007, www.nytimes.com/2007/05/29/technology/29estonia.hml (최종접속일자 2011년 7월 15일).

2.3. 명확한 군사적 이익

제52조에 규정된 군사목표물의 정의는 해당 시설의 파괴, 포획 혹은 무용화가 '명확한 군사적 이익'을 제공해야 한다고 요구한다. '군사적 이익'이란 용어에 적용될 적절한 형용사에 관한 조항을 입안한 많은 논의가 실무차원에서 있었지만, 위원회에 보고 시 보고자는 '명확한'을 특별히 선택해서는 어떤 중요성을 이끌어낼 수 없다고 말했다. 보드(Bothe et al.) 등은 그 단어가 가설적이고 사변적이기보다는 이 문맥에서 구체적이고 지각 가능한 군사적 이익을 가리키는 한계가 있는 단어라고 결론지었다.[51]

이로 인해 얻게 되는 이익은 또한 본질상 반드시 군사적이어야 하며, 순수하게 정치적이어서는 안 된다.[52] 그러므로 딘스타인이 지적하듯이, 상대국의 협상 태도를 억지로 바꾸려는 것은 적절한 군사적 이익으로 간주될 수 없다. 그렇다고 해서 한 잠재적인 목표물이 군사목표물로서의 기준을 충족시키면, 경쟁하는 두 가지 표적물 사이에서 선택하는 것은 어떤 것이 호의적인 정치적 결과를 내놓을지에 의해 동기화될 수 없다. 분쟁이 진행됨에 따라서 코소보 군사행동에서 NATO(북대서양조약기구) 군의 표적물 선택은 밀로세비치에게 나토의 요구에 응하도록 강요하는 것을 목표로 한 정치지향적 표적선정의 좋은 사례이다.[53] 딘스타인은 이익의 범위가 순수하게 전술적이기보다는 더 광범위해야 한다고 지

---

51) Bothe, et al., New Rules, 326.

52) Dinstein, Conduct of Hostilities (1st edn), 86.

53) 비록 모든 표적들은 처음에 군사목표물이었으나, 교전 후반에 가자 공격은 밀로세비치의 지인들이 운영하는 산업들에 집중되었다.

적한다.[54] 호주, 캐나다, 뉴질랜드는 '군사적 이익'이라는 용어가 공격군의 안전을 포함한다고 주장한다.[55] 연합작전의 시대에, 획득한 군사적 이익은 동맹군이나 전체 동맹에 이익이 될 수도 있다.[56]

군사적 이익은 전체 공격에서 달성한 이익을 가리키는 것이지, 공격의 산발적이거나 특별한 부분에서 달성한 것을 가리키지 않는다. 이와 관련된 혼란은 제1추가의정서 제49조(1)에 명시되어 있는 상대적으로 구체적인 공격의 개념에 의해 발생된다. 오이터는 제1추가의정서가 '특정 부대의 단독적 지상 작전'이라는 '공격'의 개념에 의존한다고 지적하고, 그러한 접근법은 궁극적으로는 합동작전을 형성하는 통합적인 일련의 개별 조치들에 기초하는 현대전의 전략으로부터 초래되는 문제는 무시한다.[57] 네트워크 중심전의 시대에, 한 통합적 체계를 이루는 작은 부분들의 개별적 표적화는 그 시스템의 어느 한 부분을 무용화하는 것으로부터 반드시 초래되는 것이 아닌 군사적 이익에 기여할 것이다. 예컨대, 한 특정 통신 네트워크를 무력화시키는 것은 공격 세력에게 상당한 군사적 이익을 줄 수 있다. 하지만 원하는 결과를 얻기 위해서는 네트워크의 모든 부분을 무력화시켜야 할 필요가 있다. 각 부분은 별도로 공격되어야 하지만, 모든 부분들이 무력화되지 않고서는 이익을 달성하지 못할 것이다. 코소보 교전 동안 유고

---

54) Dinstein, *Conduct of Hostilities* (1st edn), 86.

55) Henckaerts and Doswald-Beck, *Customary International Humanitarian Law*, Vol. 1, 50.

56) H. Meyrowitz, 'Le Bombardement Strategique d'après le Protocole Additionnel I aux Conventions de Genève' (1981) 41 ZaöRV 1, 41, cited in Dinstein, *Conduct of Hostilities* (1st edn), 86.

57) Stefan Oeter, 'Methods and Means of Combat' in D. Fleck (ed.), *The Handbook of Humanitarian Law in Armed Conflicts* (2nd edn, Oxford University Press, 2008) 120-235, 185, 444.

슬라비아에 대한 공격의 한 부분으로서 베오그라드에 있는 Radio-Television Serbia(RTS) 방송국 공격은 이러한 접근법의 한 가지 사례이다.[58] 나토(NATO) 보고에 따르면, 유고슬라비아 사령부와 통제 네트워크는 한번의 타격으로 무력화될 수 없는 복잡한 웹이었다. 실제로 RTS는 3시간 이상 만에 방송을 재개했다.[59] ICTY 조사위원회는 다음과 같은 사실을 발견했다.[60]

이러한 공격의 전략적 목표물은 유고슬라비아 사령부와 통제 네트워크였다. 따라서 RTS 건물에 대한 공격은 유고슬라비아의 라디오 무선 중계국의 통신탑과 통제건물을 포함한 다수의 대상을 겨냥한 통합적 공격의 일부라고 볼 수 있다. 이것은 '코소보에서 자신의 군과 특별경찰력의 대표적인 활동을 지시하고 통제할 수 있는 밀로세비치의 능력에 있어 본질적인 것'(NATO 기자회견, 1999년 5월 1일자)이었고, '유고슬라비아의 대공 네트워크의 핵심 요소'((Ibid., 1999년 5월 1일자)를 구성하는 것이었다.

로저스(Rogers) 역시 이 논점을 다루고, 특정한 공격이 합동조치에서 보병, 탱크, 포병, 헬리콥터를 비롯한 다른 지원 항공기를 포함할 수 있지만, 전체와 마

---

58) TV 스튜디오 폭격은 C3네트워크를 분쇄시키고 망치려는 계획된 공격의 일부였다. 같은 날 밤, 라디오 통신 타워와 전자력 발전소들도 공격받았다. 유고슬라비아 사령부와 통제 네트워크는 한번의 타격으로 무너질 만큼 단순하지 않았다. NATO의 웨슬리 클라크 장군은 '세르비아의 TV를 장악할 다른 방법이 있을 거라 생각했다. 모든 것을 한 꺼 번에 끌 스위치는 없지만 공격을 실시하는 것은 좋은 선택이었다. 그리고 지휘부에서도 우리의 결정을 승인했다.'

59) Raising the issue of the importance of the military advantage gained by the attack vis-a-vis the civilian casualties. Ibid., para 78.

60) Ibid.

찬가지로 각각은 공격이 된다고 지적한다.[61] 몇몇 국가들은 공격으로부터 예상되는 군사적 이익이 전체 공격을 가리키는 것이지, 그 공격의 개별적이거나 특별한 부분으로부터 나오는 이익을 가리키지 않는다고 의정서 비준시에 주석을 달았다.[62] 이러한 의견은 제1추가의정서 제51조와 제57조 하에서 비례성 측면에서 제시된 것이었지만, 내적인 일관성을 이유로 표현된 개념은 제52조(2)에도 동일하게 적용된다. 상기의 조항에 대한 국제적십자위원회의 논평은 그러한 의견을 당연한 것으로 받아들인다. 다시 말해, '수많은 장소에서 일치된 방식으로 수행되는 공격이 전체적으로 판단될 수 있다는 것은 말할 필요도 없다'. 해설은 또한 '그러한 공격 동안 민간인의 심각한 손실이나 민간물자의 광범위한 파괴를 유발할 공격이 수행되어야 한다는 것을 뜻하지는 않는다'라고 말한다.[63]

한 가지 다른 논점을 언급할 가치가 있다. 즉, 군사적 이익은 시설이 차후에 결정되는 실제 효과라기보다는 군사목표물을 구성하는지의 여부를 결정하는 사령관의 의도를 가리킨다.[64] 국제적십자위원회 관습국제인도법연구가 암시하듯이, 수많은 국가들은 공격을 계획하고, 결정하고, 실행하는 책임자가 그 당시에 이용 가능한 모든 자료들로부터 정보에 대한 평가에 자신들의 결정을 기반해야 한다고 지적했다.[65] 컴퓨터 네트워크 공격을 하는 데 얼마나 많은 정보가 필요하고, 네트워크 지능이 얼마나 정교한지는 6절에서 다룬다.

---

61) Rogers, *Law on the Battlefield*, 29

62) 오스트레일리아, 벨기에, 캐나다, 프랑스, 독일, 이탈리아, 네덜란드, 뉴질랜드, 나이지리아, 스페인, 영국의 성명 참조

63) Pilloud, et a., Commentary, para 2218, cited in Rogers, *Law on the Battlefield*, 29.

64) Parks, 'Asymmetries', 90.

65) Henckaerts and Doswald-Beck, *Customary International Humanitarian Law*, Vol. 1, 50.

3. 이중용도 기술

이중용도(dual-use) 표적이라는 용어는 국제인도법상의 용어가 아니다. 그것은 다양한 분야에서 대중화되어 민간 용도와 군사적 용도를 동시에 갖는 시설을 가리키는 용어이다. 그런 시설을 공격하지 못하게 하는 정책상의 이유가 있을 수 있지만, 국제인도법의 관점에서 볼 때, 그 시설이 군사목표물의 정의를 만족시킨다면 공격할 수 있다. 따라서 그 시설이나 기술의 민간 양상이나 목적에 대한 논의는 구별의 논제라기보다는 얼마나 그 시설이 군사적인 용도로 활용되고 있는 가에 대한 비례적 논리(proportionality equation)의 일환으로 이해되어야 한다.

이중용도 표적을 논할 때 자주 인용되는 예는 1990~91년도의 걸프전에서의 이라크 전력망에 대한 연합 폭격이다. 요람 딘스타인(Yoram Dinstein)은 그 군사행동의 결과를 다음과 같이 효과적으로 개관한다.[66]

> 이라크의 전력망은 완전히 통합적이었기 때문에, 그것과 그 설비에 대한 공격은 엄청난 군사적 이익(전파탐지소와 군사 컴퓨터 등의 차단)을 유발했을 뿐만 아니라 민간인들에게도 심각한 손상을 입혔다. 즉, 병원은 운영을 중단했고, 양수시설은 정지되었다. 법적인 관점에서, 이라크 전력망의 이중용도는 군사목표물로서의 단일적이고 모호하지 않은 그 지위를 바꾸지 못했다. 군사목표물의 경우에 항상 그러하듯이, 민간인에 대한 부수적인 피해에 관한 비례의 질문이 제기된다. 하지만 민간인에 대한 광범위한 피해는 예상되는 군사적 이익과 비

---

66) Comment by Yoram Dinstein in 'Discussion' in A. E. Wall (ed.), *Legal and Ethical Lessons of NATO's Kosovo Campaign* (Naval War College, Newport, RI, 2002) 211-22, 219.

교해 과대하지 않았다.

이 문제는 컴퓨터 네트워크 공격과 관련해 적절한 논의점을 던져준다. 하드웨어든 소프트웨어든 간에 대부분의 컴퓨터 기술은 이제 이중용도가 되었다. 처음에 군사적 용도로 설계된 시스템들은 민간사회에 너무 통합적이어서 컴퓨터 네트워크 공격에 의한 어떠한 방해 및 혼란도 민간인들에게 심각한 영향을 미치게 되었다. 예컨대, GPS는 항공기 교통통제에서부터, 핸드폰과 노트북, 심지어 인터넷 그 자체에 이르기까지 많은 민간응용으로 통합된 미국 군사시스템이다.[67] 컴퓨터 네트워크 공격을 통해 신호를 방해, 차단 및 도용함으로써 서비스를 교란시키는 것은 막대한 붕괴를 유발하고 잠재적으로 민간인의 목숨을 위험에 빠뜨릴 것이다.[68] 다른 국가들은 유사한 취약성을 노정하는 전지구 위치 파악 시스템을 운영하고 있거나 이러한 시스템을 개발하는 과정 중에 있다.[69]

---

67) GPS는 두 종류의 신호를 사용한다. 군사적 신호(Y-code)는 더 정확하고 암호화되어 있다. 반면 비교적 덜 안전한 민간 신호(P-code)는 더 잘 잡힌다. 컴퓨터네트워크의 정확한 발송을 위해서는 GPS를 이용한 정확한 시간 측정이 필요하다.

68) 이 책에서는 신호를 막는 행위에 대한 내용은 설명하지 않는다. GPS신호를 속이는 행위는 GPS에게 가짜 신호를 보내 잘못된 시간 또는 위치를 수신자에게 전달한다. GPS신호를 속이는 것은 전자적으로(기존 GPS신호보다 더 강한 GPS신호를 보내는 등) 혹은 네트워크를 통해 할 수 있다. 군에서는 민간 P-code 신호에 더 안전한 Y-code를 암호화 하므로 군과 관련있는 수신자만이 이용할 수 있게 되어 있다. 2006년 이후의 모든 군용 GPS는 Selective Availability Anti-Spoofing Module이 설치되어있어 가짜 GPS신호를 차단할 수 있다. Symmetricon, *Why Convert to a SAASM Based Global Positioning System (GPS)?* (2006), www.symmetricom.com/resources/downloads/White-papers/GPS-Solutions/Why-Convert-to-a-SAASM-based-GlobalPositioning-System-GPS/ (last accessed 7 July 2011); Scott Pace. *et al.*, *The Global Positioning System: Assessing National Policies* (RAND, Santa Monica. 1995). 영국 Royal Academy of Engineering 2001년 보고서는 비GNSS 기반 백업이 거의 없거나 전혀 없는 생명 결정적 체계에 대해 이런 체계에 지나치게 의지하는 것에 대해 경고했다. *GNSS Report.*

69) 가령, 러시아 GLOSNASS 체계, 중국 Compass/Beidou 체계, 유럽의 Galileo 체계.

오늘날의 효과기반작전 시대에서는 이중용도 표적물들은 정확히 군사적·정치적 목표물과의 연결되기 때문에 특별히 매력적이라고 할 수 있다.[70] 이를 통해 공격자는 표적물의 군사적 가치를 파괴하거나 무력화시킴으로써 뿐만 아니라, 민간인들에게도 중첩적인 피해를 끼침으로써 소기의 목적을 달성한다.[71]

4. 민간물자의 보호

기본규칙을 규정하고 있는 제1추가의정서 제48조 외에도 제52조(1)은 "민간물자는 공격 또는 복구의 대상이 되어서는 안 된다"고 규정하고 있다. 핵무기에 관한 권고적 의견에서 국제사법재판소는 "국가들은 민간인을 공격목표가 되도록 해서는 안 된다"고 했다.[72] 로마규정은 민간주민, 민간인 또는 민간물자에 대한 고의적이고 직접적 공격을 전쟁범죄로 명시하고 있다.[73] 제5장에서 강조되었듯이 민간인은 제1추가의정서에서 제네바 제3협약 제4조(A)(1), (2), (3) 및 (6)과 제1추가의정서 제42조에서 언급된 범주의 어느 하나에도 해당되지 않는 자라고 소극적으로 규정되고 있다.[74] 민간주민은 제1추가의정서 제50조(2)에서 '민

---

70) Schmitt, 'Targeting', 64.

71) Ibid.

72) 이것은 정부에 영향을 끼치기 위해 민간인 또는 민간물자에 힘을 사용하는 행위가 현대군의 창작물이라는 뜻은 아니다. 세계 대 2차 대전에서의 폭격은 민간인들을 겨냥한 작전의 좋은 예이다.

73) 미국의 수에즈 운하에서의 간섭은 경제적 교전의 한 예이다. 2차 대전 이후의 선전행위, 수출 제재는 정치적 교전이다.

74) Pilloud, *et al.*, *Commentary*, 1936.

간인인 모든 사람'으로 구성된다고 규정되고 있다. 민간인의 정의에 포함되지 않는 자들이 민간주민 내에 존재하는 경우라도 그것은 민간적 성격을 박탈하지 아니한다.[75] 마찬가지로 민간물자도 군사목표물이 아닌 모든 물자라고 소극적으로 정의된다.[76] 어떤 사람 또는 물자의 민간적 성격이 의심스러울 경우에는 민간적 성격을 갖는 것으로 간주된다.[77]

일반적으로 재래식 공격이 금지되는 것과 동일한 방법으로 민간물자에 대한 직접적인 컴퓨터 네트워크 공격도 금지된다. 그래서 송유관, 민간항공 교통통제 또는 철도 네트워크, 긴급대응 네트워크, 금융기관 및 여타 민간물자에 대한 공격은 금지된다. 나토가 코소보에 대해 조치를 취하는 동안 미 행정부 내에서 세르비아의 컴퓨터 시스템에 바이러스를 주입하거나 밀로세비치 측근들에 의해 세르비아 회사에서 강탈한 자금을 포함하고 있는 것으로 여겨지는 은행 계좌를 해킹하는 등의 정보작전 수행에 관한 법적 관심이 표출되기도 했었다.[78] 하지만 컴퓨터 네트워크 공격의 성질은 오늘날의 군대에 흥미로운 딜레마를 야기한다. 앞에서 논의된 '전쟁의 지속'이라는 표현에 대한 미국의 해석에서 야기되는 문제 외에도 컴퓨터 네트워크 공격은 표적선정과 관련하여 2개의 특별한 문제를 제기한다. 첫째, 컴퓨터 네트워크 공격이 반드시 물리적 피해, 사망 또는 부상을 초래하는 것은 아니므로, 기존에는 물리적 공격에 수반되는 부수적 피해에 대한 염려 때문에 활용될 수 없었던 것과는 다른 방식으로 표적에 대한 공격 가능성을 열어놓는다. 둘째, 컴퓨터 네트워크 공격이 영구적 손상이나 파괴를 일으키

---

75) Arts 50(2) and (3) Additional Protocol 1.

76) Art. 52(1) Additional Protocol I.

77) Arts 50(1) and 52(3) Additional Protocol I.

78) Arkin and Wind rem. 'The Other Kosovo War'.

지 않고서도 공격자에게 특별한 표적을 무용화하거나 무능하게 하면서, 다양한 결과를 유발하도록 설계될 수 있다는 것이다. 그러한 컴퓨터 네트워크 작전들은 '공격'의 수준에는 이르지 않을 수도 있다.

4.1. 공격과 작전

물리적 피해 없이 표적시스템을 무용화하거나 파괴하기 위하여 공격할 수 있는 컴퓨터 네트워크 공격의 능력은 그러한 공격의 합법적인 표적선정과 관련하여 흥미로운 문제를 제기한다. 제1추가의정서 제48조에 규정된 구별에 관한 기본적 규칙은 성격상 일반적임에도 불구하고,[79] 민간인 또는 민간물자를 표적으로 하는 것을 금지하는 대다수 규정들이 공격의 금지라는 견지에서 표현되었다. 공격은 제1추가의정서 제49조에서 "공세나 수세를 불문하고 적대자에 대한 폭력행위"라고 규정되어 있다.[80] 보드(Bothe) 및 동료 학자들의 해설서는 제49조와 관련하여 '폭력행위'라는 용어는 물리력을 의미하는 것이며, 따라서 공격의 개념은 선전활동 유포, 선박억류 또는 여타 심리적·정치적·경제적 전투와 같은 비물리적 수단을 포함하지 않는다고 말하고 있다.[81] 하지만 폭력행위는 다음과 같은 조건을 충족하여야 한다는 것이 강조되어야 한다. 대규모 항공공습이나 포사격뿐만 아니라 저격수의 단발총 발사와 같은 소규모 공격.[82] 이것은 비폭력적인

---

79) 제48조는 다음과 같이 규정하고 있다: '민간인 및 민간물에 대한 보호와 존중을 보장하기 위해, 갈등의 당사국들은 항시 민간인과 전투원의 구분, 민간물과 군사물에 대한 구분을 준수해야 하며, 이러한 구분에 따라 오직 군사물에 대해서만 작전을 수행해야 한다.'

80) 이것이 육상에 있는 물자에만 적용된다는 것에 주목해 보라. 49(3)항.

81) Bothe. *et al.*, *New Rules*, 289.

82) Dinstein, *Conduct of Hostilities* (1st edn), 141.

컴퓨터 네트워크 공격을 민간을 대상으로 가하는 것의 적법성과 관련하여 학자들 사이의 논쟁을 불러 일으켰다. 오늘날 현대 군대에 유용한 기술 때문만이 아니라, 효과 기반 작전으로의 전쟁의 성격 변화와 영토 획득이나 자원통제보다는 의사결정 패턴에 영향을 미치기 위한 무력사용의 중요성이 증가하기 때문에도 현대 무력분쟁의 면에서 특히 적절하다.[83]

민간물자에 대한 물리적 피해, 민간인에 대한 사망 또는 부상을 초래하는 컴퓨터 네트워크 공격은 국제인도법상 공격으로 간주되며 따라서 금지된다는 것은 상식적인 주장이다. 하지만 그 정도로 유해한 효과를 초래하지 않는 민간물자에 행해진 컴퓨터 네트워크 공격의 지위는 논쟁의 여지가 있는 주제이다. 크눗 되르만(Knut Dörmann)은 물리적 피해는 공격의 조건이 아니라고 주장한다.[84] 그는 군사목표물의 정의는 공격으로부터 발생하는 가능한 결과로서 물자의 무용화를 가리킨다고 지적하고, 파괴하지 않은 채 전기배전망을 차단시키는 것과 같은 물자를 단순히 무용화하는 것 또한 공격으로 간주되어야 한다고 결론을 맺는다.[85] 하지만 그의 주장은 민간물자에 대한 공격을 다루는 절에서 '군사목표

---

83) 제1장과 Gray, *Another Bloody Century; Smith, Utility of Force* 참조. 이것은 결코 정부에게 영향을 미치기 위해 민간인이나 민간물자에 무력의 사용하는 것이 현대 군대의 창조물이라는 것을 암시하는 것은 결코 아니다. 2차 세계대전 폭격작전은 특히 민간의 사기를 목표로 하는 작전에 대한 주된 예이다.

84) Dörmann, 'Additional Protocols', 142-3.

85) 같은 책. 돌만(Dörmann)은 보드 외(Bothe, *et al.*)의 주석을 활용하고 있으며 주석에서는 다음과 같이 정의내리고 있다: '무력화(neutralization)라는 용어는, 적국이 본국의 표적에 접근할 때에 이것을 파괴하거나 차단하고자 하는 목적의 포격(bombardment) 공격을 일컫는다. 예를 들어, 지뢰를 특정한 지역에 매설함으로써 적국이 이 지역에 접근하는 것을 차단하는 것이다. 또한 본국이 계획된 작전을 안정적으로 수행하기 위해 적국의 포와 지대공 미사일에 사전적으로 대인 공격을 가함으로써 충분한 시간 동안 적국을 무력화 시킬 수 있다. 그러한 공격은 물론 의도된 표적을 파괴하지 못할 수도 있지만, 일정 시간 동안만큼은 표적을 무력화 시킬 수 있다.' Bothe. *et al.*, New Rules. 325.

물'의 정의에 의존하고 있다. 이는 두 가지 가지 이유에서 문제가 있다. 첫째, 무용화는 군사목표물과 관련하여서만 언급되며 민간인에 대한 공격의 금지와는 관계가 없다. 둘째, 위 주장은 제1추가의정서에서 '군사목표물'이라는 용어의 사용은 허용되는 공격목표를 다루는 조항에 한정되는 것이 아니라는 것을 알지 못하고 있다. 동 용어는 여러 곳에서 군사작전을 더욱 일반적으로 논하기 위하여 사용되었다.[86]

비록 기초위원회는 별다른 설명 없이 무용화라는 개념을 추가하였지만, 사망, 손상 또는 파괴를 일으키는 재래식 공격으로 물자가 무용화될 수 있다는 것은 명확하다. 그러므로 이 용어를 포함해도 그런 효과를 유발하지 않는 작전이 그런 정의를 충족시키는지 해명되지 않는다.

마이클 슈미트의 견해는 이와 다르다. 위에서 지적했듯이, 공격의 정의는 폭력행위를 말한다. 이로써 보드 외(Bothe et al.)는 선전활동, 수출금지령 또는 다른 형태의 심리적, 정치적 또는 경제적 교전은 공격의 개념에 포함되지 않는다고 결론내린다. 이러한 결론은 국가관행에 의해서도 지지된다.[87] 슈미트는 '군사작전'과 관련된 제48조와 모든 형태의 '공격'과 관련된 제52조(2) 및 주변 조항들 사이에서 발생하는 용어상의 차이를 인정한다. 하지만 그는 제48조의 해설은 '작전'이라는 단어가 그 절 전체의 문맥에서 이해되어야 한다는 것을 명시하고 있다고 주장한다. 즉, 그것은 폭력이 사용되는 군사작전을 말한다. 이런 해석에 비추어 손상, 사망, 피해, 파괴를 유발하기 위해 설계되지 않고, 가령 그렇게

---

86) 제48조는 군사물에 대하여 수행된 군사작전을 일컫는다. 제 51(7)항 또한 군사작전 맥락에서의 군사물을 일컫는다.

87) Bothe. et al., New Rules, 289. 예를 들어 수에즈(Suez)에 대한 미국의 간섭은 경제 전쟁의 한 예로 볼 수 있다. 세계2차대전 이후 지속된 정치 프로파간다와 상대국에 대한 제재는 정치 전쟁의 예라고 볼 수 있다.

하지 않은 컴퓨터 네트워크 작전이 비군사적 목표물로 향해질 수 있다고 결론내린다.[88] 만약 이런 경우가 발생한다면, 직접적인 공격의 대상은 아니지만 대상이 다른 방식으로 표적대상이 될 수 있는 다양한 가능성을 열어놓을 수 있다. 다시 말해, 컴퓨터 네트워크 공격 기술은 강압적인 군사작전의 효율성을 달성하기 위해 허용될 수 있는 표적들의 범위를 넓힌다고 할 수 있다.

하지만 이런 구별로 인하여 국가가 '공격'을 하지는 않으면서도 고의적으로 부상, 사망 등을 일으키지 않도록 계획된 방식으로 민간물자를 겨냥한다는 주장은 한층 더 검토되어야 한다.

본 저자는 군사작전과 공격 사이에 차이가 있다는 것에는 동의하나, 비폭력적인 컴퓨터 네트워크 공격이 민간물자를 상대로 할 수 있다는 것은 아니다. 기본 규칙을 입안하는 제48조는 공격이라기보다는 작전을 금지한다 그리고 작전이라는 용어는 (전쟁 노력을 지지하는 어떤 다른 활동과는 반대로) *군사*작전을 가리키며, '공격'과 같은 의미로 볼 수는 없다는 것에 동의한다. 제48조에 대한 국제적십자위원회 해설에 따르면 작전이라는 단어는 전체 단락의 문맥에 맞게 이해돼야 한다고 한다. 슈미트가 지적하듯이, 해설에서 '폭력이 사용되는 군사작전'을 말하지만, 이는 '이념적, 정치적 또는 종교적 군사행동'이라기보다는 군사적 본질을 가진 작전을 구분하기 위한 것이다. 이 정의의 더 폭넓은 본질은 그 해설의 다음 문장에서 확인되는데, 그것은 '무장세력이 착수한 모든 이동과 교전과 관련된 모든 행동을 가리킨다.'[89] 이런 해석은 보드 외(Bothe *et al.*)의 논평에서도

---

88) Schmitt, 'Wired Warfare', 194.

89) Pilloud, *et al.*, *Commentary*, para 1875. 이것은 또한 제51조(Protection of the Civilian Population)에서 반복된다.

반영되어 있다.[90]

제1추가의정서에서 사용되었듯이, 이 용어는 일반적으로 민간 사상자 또는 민간물자에 피해를 일으킬 가능성이 높은 군사작전들의 특성을 나타낸다. 일반적으로 군사작전의 공격과 다른 살상적인 면을 규정하는 이 단락의 규정은 군부대가 주요 지형, 통신수단과 진입수단을 확보할 때 혹은 통치 및 지배권을 행사할 때의 군사행동과 기동에 반드시 영향을 미치는 것은 아니다 … 이전의 문단에서 논의된 작전 중 저항 없이 점령 가능한 비보호 지역에 대한 점유 또한 '군사작전'이라는 용어와 똑같이 관련된다고 본다. 그럼에도 불구하고, 민간인 밀집지역에서 수행되는 작전들의 경우에는 상대방에 군사목표물을 제시하며 실행 가능하고 적절한 예방책을 강구토록 하는 제58조의 의무를 환기시킨다.

앞에서 논의한 바는 비보호 지역에 진입 및 점거하여, '그 어떠한 방법에 의한 공격'도 금지하는 조항을 위반하지 않는 선에서 이러한 지역에 대한 '지배와 통제'를 행사하는 것이 허용 가능한지에 대한 논의를 가리킨다. 따라서 그 해설에서는 민간인이 밀집된 지역에서 군사작전을 수행할 때는 공격을 함에 있어서 예방조치를 강구해야 필요성을 말하고 있다. 슈미트의 주장에 따르면, 국제 공동체에서 그가 범주상 '군사작전'으로 기술하는 작전인 심리전을 전쟁의 한 요소로 일반적으로 인정한다는 것은, 심리전 역시 종국적으로는 물리적 폭력을 수반할 수 있는 공격형태라는 것을 보여준다. 그러나 이러한 슈미트의 주장은 보드 외(Bothe et al.)의 논평에서 제시하는 것과 일치하지 않는 것처럼 보인다. 이동 및 기동과 같이 폭력을 가하는 것과 연상되는 행동이 반드시 그 자체의 폭력

---

90) · Bothe, *et al.*, *New Rules*, 286.

적인 결과를 초래하는 것은 아니라는 사실은 공격이 아닌 군사작전의 필수조건인, 민간인 밀집구역에서 발생할 때 공격시 예방조치를 강구해야 하는 의무로부터 면제되지 않는다.

슈미트의 주장과는 다르게, 민간주민의 보호를 다루는 제51조와 공격에서의 예방조치에 관한 제57조 모두 이런 해석을 뒷받침한다. 두 조항 모두 첫 번째 문단에서 군사작전과 관련된 전반적인 규정을 규정하고, 그 다음 문단에서 민간인이 피해를 입을 가능성이 가장 높은 방법인 공격과 특히 관련이 있다. 그러나 흥미롭게도 두 조항에 대한 해설 모두 '군사작전'의 확대된 정의를 강조한다. 제51조에서 그것은 '무장세력에 의해 행해진 교전과 관련된 모든 이동과 활동'으로 정의한다.[91] 마찬가지로 제57조에서 "군사작전"이라는 용어는 전투를 목적으로 하는 무장세력들이 행한 모든 이동, 기동 및 다른 활동을 의미하는 것으로 이해되어야 한다.'[92] 따라서 어떤 활동이 적대 세력과 함께 행해지는 곳에서는, 그것은 군사목표물로 제한되어야 한다. 그런 접근법은 단순히 부분이 아니라 전체 공격으로부터 얻을 수 있는 군사적 이점을 해석하는 유보나 선언이 첨부된 의정서에 대한 몇몇 국가의 입장과 일치하기도 한다.[93] 따라서 컴퓨터 네트워크 공격이 군사작전에 해당되기 위해서는 반드시 무력사용과는 관련되어야 하지만 그 자체가 폭력적인 결과로 이어져야 할 필요는 없다. 컴퓨터 네트워크 공격에

---

91) Pilloud. *et al.*, *Commentary*, 1936.

92) *Ibid.*, para 2191.

93) 몇몇의 주들은 목표물을 선택할 때 예상되는 군사적 이득을 공격의 부분이 아닌 전체로 간주한다는 입장을 내비추었다. 예로 호주, 캐나다, 프랑스, 독일, 이탈리아, 뉴질랜드, 스페인과 미국이 발표한 성명을 참조. 또한 공격 세력 또는 아군 세력의 증가된 보안도 예상되는 군사적 이득으로 생각하는 군사 매뉴얼도 있다. Henckaerts and Doswald-Beck, *Customary International Humanitarian Law*, Vol. 1, 31.

해당되기 위한 이러한 계산법은 엄밀성의 측면에서는 조금 못 미치지만 민간인의 적대행위에의 직접적인 참여를 결정하는 데 활용되는 방법과 비슷하다.[94] 그러한 경우에는 민간물자를 대상으로 컴퓨터 네트워크 공격을 해서는 안 된다.

이것은 민간 네트워크나 시스템이 표적이 되고, 합법적인 군사목표물인 네트워크 안에 들어가기 위한 출입구로 사용되는 공격에 대해 특별한 문제를 제기한다. 민간 네트워크가 멀웨어로 감염될 수 있지만, 표적이 되는 네트워크 시스템에 도달하기까지는 그 멀웨어는 작동하지 않을 수도 있다.[95] (비록 제거하기 성가신 바이러스나 다른 멀웨어로 감염될지라도) 본질적으로 민간 네트워크는 피해를 받지 않으며, 그것은 피해, 손상 또는 죽음을 유발하면서 폭발력이 실행되도록 표적이 된 시스템에 멀웨어로 전달된다. 이 때 발생하는 법적 난관은 군사목표물를 포격하는 중에 마을을 지나가는 탱크들과는 달리, 공격자가 군사작전의 일환으로 민간 네트워크를 고의적으로 겨냥했는지의 여부이다. 제48조와 달리 국가가 군사작전을 민간물자를 대상으로 했다고 주장하기에 충분한지 혹은 군사작전이 합법적인 최종의 군사목표물을 겨냥했고, 민간물자에 예상되는 최소한의 피해가 단지 고려되는가라는 질문이 남아 있다. 모든 컴퓨터 네트워크 작전과 마찬가지로, 특정 공격의 적법성은 그것이 무엇을 하도록 의도되었는지에 달려 있을 것이다. 더 나아가, 이것은 무력 타격을 달성하기 위해 컴퓨터 네트워크 공격이 민간물자를 목표로 했다면, 그것은 그 자체로 군사목표물이 될 만큼 충분히 군사행동에 기여하는 것인가라는 질문을 제기한다.

---

94) 컴퓨터 네트워크 공격의 측면에서라기보다는 일반적으로 군사작전과 적대행위 사이의 상관관계를 생각할 때를 일컫는다. Bothe, *et al.*, *New rules*, 324.

95) Stuxnet은 이 같은 공격의 예시다. Kim Zetter, 'Report: Stuxnet Hit 5 Gateway Targets on Its Way to Iranian Plant'. Wired, 11 February 2011, www.wired.com/threatlevel/2011/02/stuxnet-five-main-target/# (최종접속일자 2011년 3월 21일).

공격과 군사작전 사이의 이러한 차이는 관련 법령에서의 예외적인 상황에 해당하는 것으로 볼 수 있으며, 군 당국은 무력분쟁이 발생하기 전에 이미 군사 조치를 취하거나 실제 전투 중 동일한 군사 조치를 거부해야 하는 난처한 상황에 처하게 할 수도 있다. 일반 조항의 의미는 해당 공격과 연관되는 특정한 조항들로부터 도출되어야 한다는 슈미트의 분석은 상기의 상황을 해결하는 데 있어 도움이 되는 것처럼 보이지만, 현재로서는 법리의 부분도 제대로 세워져 있지 않고 조항 자체도 문제의 소지가 있을 수 있다. 민간물자를 목표물로 삼을 수 있는 능력이 허용될 경우, 그것은 '전쟁 중에 국가가 완수해야 할 유일한 합법적인 목적은 적군의 *군사 세력*을 약화시키는 것이다'라는 1868년 세인트피터즈버그선언의 근본적인 철학적 선을 넘는다. 물론 21세기의 전쟁의 성격이 바뀌어 민간과 군 사이의 확연한 구별이 더 이상 적절치 않다는 주장도 있지만,[96] 적법한 포럼에서 그것이 적합하다고 결정할 때까지, 군사작전의 일환으로써 민간물자를 목표로 삼는 것은 제57조에 의해 금지된다는 것이 본인의 견해이다. 이는 쿠프레스킥(Kupreškić) 사건에서 구유고국제형사법원(ICTY) 항소법원의 접근법과도 일치하는데, 동 법원은 마르텐스(Martens) 조항은 민간인을 보호하고 공격을 제한하는 것으로 제57조와 제58조를 해석하는 데 사용되어야 한다고 주장했다.[97] 이 논제는 어쨌든 그런 착수를 요구하는 전체적인 전략의 부분에 참여하는 민간 계약자(또는 정부 운영자)를 사용해서 피해질 수 있을 것이다.

---

96) 제1장의 제1절 참조.

97) *Prosecutor v. Kupreškić* (2000) Case No. IT-95-16-T, International Criminal Tribunal for the Former Yugoslavia, para 525.

4.2 무차별 공격

일반적으로 컴퓨터 네트워크 공격은 그 적용에 있어 최고도의 정확성을 제공하는 한편 일부 유해한 코드 형태가 컴퓨터에서 컴퓨터로 구별 없이 확산되도록 설계되어 있다. 무차별 공격의 금지는 국제관습법의 규칙이며 제1추가의정서 제51조(4)에 규정되어 있다.

> 무차별공격은 금지된다. 무차별공격이라 함은
>
> 가. 특정한 군사목표물을 표적으로 하지 아니하는 공격
>
> 나. 특정한 군사목표물을 표적으로 할 수 없는 전투의 방법 또는 수단을 사용하는 공격 또는
>
> 다. 그것의 영향이 본 의정서가 요구하는 바와 같이 제한될 수 없는 전투의 방법 또는 수단을 사용하는 공격을 말하며, 그 결과 개개의 경우에 있어서 군사목표물과 민간인 또는 민간물자를 무차별적으로 타격하는 성질을 갖는 것을 말한다.

딘스타인이 지적하듯이, '공격자가 민간주민에 실제로 피해를 입히려하지 않고', 민간 측의 부상은 '공격자에게 아무런 관심사도 아닌' 문제라는 점에서 무차별 공격은 민간인에 대한 직접적인 공격과는 다르다.[98]

바이러스와 웜은 컴퓨터 네트워크 공격의 두 가지 방법으로서, 그 효과는 그것을 만든 사람들에 의해 국한되지 않기 때문에 특히 이 범주에 속할 가능성이 높다.[99] 물론 바이러스 또는 웜이 폐쇄된 시스템에 주입되거나 감염 전에 네트

---

98) Dinstein, *Conduct of Hostilities* (2nd edn), 127.

99) 바이러스란 유저들을 통해 컴퓨터 사이로 퍼지는 악의적 코드로 구성된 프로그램 또는 비

워크나 시스템에 존재하는 특정 조건을 확인하도록 프로그램될 수 있지만, 많은 바이러스 프로그래머들은 무차별적으로 전파되도록 그 창조물을 설계한다. 이 두 가지 방식의 악의적인 코드들 모두 페이로드(payload)를 전달시키도록 설계될 수 있다. 그것은 그저 골칫거리 정도의 영향에서부터 (컴퓨터에 접근 및 통제하기 위해) 공격자를 위한 백도어를 남기거나 감염된 시스템에 코드를 다양한 정도까지 재작성함으로써 그 시스템을 손상시키는 것에 이르기까지 다양한 효과를 초래할 수 있다.[100] 페이로드가 공격으로 간주될 만큼 큰 효과를 초래하도록 설계되는 경우에, 두 가지 유형의 멀웨어는 모두 민간과 군 컴퓨터를 구분하지 않는 확산 방법이기 때문에 제51조(4)에 위반될 수 있다.[101] 흥미롭게도 스턱스넷(Stuxnet) 바이러스가 2010년에 발견되고 역설계 되었을 때, 연구자들은 바이러스가 네트워크 내에서 무차별적으로 확산되거나 퍼지도록 설계되었지만, 그것이 표적이 된 시스템에 있다는 것을 암시할 특정 조건이 충족되는 곳에서만 페이로드를 실행하도록 부호화되었다는 것을 발견했다[102] 따라서 교전방식이 무

트로써 주로 프로그램 또는 파일에 부착된다. 대체로 유저가 사용하거나 열지 않는 한 컴퓨터를 감염시킬 수 없다. 웜의 경우, 유사하게 설계되었으나, 자가 복제하며 이메일 또는 그 외의 시스템의 정보 전달 매체를 이용하여 도움 없이 이동이 가능하다. 예컨대, 웜은 스스로 복제를 하여 유저의 이메일 연락처 목록에 있는 모두에게 전송될 수 있다. 이같은 방법이 지난 몇 년간의 주목할 만한 이메일 웜들(Slammers/Sapphire, Mydoom과 Nimda) 대다수가 전파되었다.

100) 당연히 송유관 압력을 조절하는 시스템의 코드를 재작성하거나 원심분리기의 속도를 조정하는 것은 일반적으로 순환되는 '골칫거리' 바이러스와는 다르게 심각한 결과를 초래한다.

101) 기술적인 관점에서 본다면 특정 IP 주소 범위만을 다이얼하는 특정 다이얼링 프로토콜을 지닌 바이러스를 만드는 것은 가능하다. US와 군 그리고 정보기관의 IP 주소 범위는 인터넷에 자유롭게 공개되어 있다. 하지만 대부분의 바이러스 작성자들은 가능한 한 최대 적용 범위를 노리므로 Slammer 웜은 무작위 다이얼링 알고리즘을 사용하였다.

102) 그 같은 조건들이 충족되지 않은 경우에 바이러스는 목표물을 찾기 위해 다른 컴퓨터로 퍼져나갈 다른 방법을 찾는다. Falliere, OMurchu and Chien, *Stuxnet Dossier*;

차별적으로 보일지 몰라도, 공격으로 간주되는 영향들은 특정 시스템으로 한정된다.

제57조(5)는 무차별적 공격의 두 가지 예를 규정하고 있다. 표적지역 폭격과 과도한 부수적 피해를 유발하는 불균형 공격이 그 두 가지 예이다.[103] 표적지역 폭격에 상당하는 컴퓨터 네트워크 공격을 상상하는 것은 쉽지 않다. 이는 각 공격이 특정 시스템 또는 그 시스템의 노드를 상대로 진행되어야 하기 때문이다. 목표 시스템 또는 노드가 아무리 '고차원적'이라도, 또 그것의 파괴 혹은 무용화의 차후 효과가 어떤 것이든 간에, 각 노드는 군사목표물로서가 아니라 자격이 있는 그 자체의 장점으로 평가되어야 한다. 예컨대, 인터넷을 운영하는 DNS 루트 서버는 최근 몇 년간 두 차례의 공격을 받았다.[104] 이러한 사건에서 이용된 서비스 공격의 부인은 단순히 서버를 차단하는 것이었다(또는 그 속도를 늦춘다). 그러나 그 두 사건에서 표적이 된 개개의 서버들은 군사목표물(가령, 미 국방부가 운

Zetter, 'Gateway Targets'.

103) 제57조(5)에서 규정하기를 '많은 공격 가운데서도, 다음의 공격 방식들은 무차별적 공격으로 간주한다. (a) 그 방식 또는 수단과 상관없이 포격이 이용되는 공격이 분명히 분리되고 별개의 군사목표물들 다수도시, 시내, 마을 혹은 그 정도의 민간인 또는 민간물자가 분포된 지역에 위치한 다수의 군사목표물들이 분명히 분리된 별개의 것임에도 불구하고 이를 단 하나의 군사목표물로 취급하는 경우, 그리고 (b) 명확하고 직접적으로 예상되는 군사적 이득과 비교하여 민간인 사망, 부상, 민간시설의 피해 또는 이것들의 조합이 지나치다고 판단되는 공격.'

104) 2002년과 2007년의 공격 모두 DNS 루트 서버들을 상대로 가해졌다. 2002년에는 13여개의 루트 서버가 공격되었다. 반면에 2007년의 공격은 3개의 서버 공격으로 제한되었는데 그중에 US 국방부에 운영된 서버가 포함되었다. Ryan Naraine, *Massive DDos Attack Hit DNS Root Servers*, www.internetnews.com/bus-news/article.php/1486981 (2007.09.06. 마지막으로 접근); Roger A. Grimes,' Security Adviser: DNS Attack Puts Web Security in Perspective', *InfoWorld* 8, 19 February 2007, www.infoworld.com/article/07/02/16/08OPseadvise_1.html (2011.07.07. 마지막으로 접근).

영하는 루트 서버 G)이거나 민간물자였다. 만약 특정 노드(이 경우에는 서버)가 군 그리고 민간 자원을 위한 참조용인 경우에, 그것은 이른바 이중용도 목표물이다. 결국 공격 효과에 대한 질문이 결과적으로 더 중요하게 되는 것이다.[105]

인터넷의 상호 연결성이 불러일으킨 문제 중 하나는 컴퓨터 네트워크 공격의 연쇄 반응이 재래식 동적 공격보다 더 포괄적인 영향을 미칠 수 있다는 것이다. 예컨대, 이라크 은행 네트워크는 유럽에 위치한 금융 통신 네트워크와 연결되어 있기 때문에, 미국 정부가 이라크 금융 컴퓨터에 대한 계획된 사이버 공격을 개시하지 않았다고 보고된 적이 있다.[106] 이와 비슷하게, 이라크 송유관 통신 네트워크 또한 광섬유 Tiger Song 항공 방위 네트워크와 교차 연결되어 있다고 알려져 있다.[107] 이러한 밀접한 연계가 이라크의 군사목표물에만 제한될 수 있는 컴퓨터 네트워크 공격을 설계하려는 미군의 시도를 좌절시켰다고 보고되었다.[108] 물론 컴퓨터 네트워크 기술로 인하여 악화되었겠지만, 이런 문제는 확실히 컴퓨터 네트워크 공격에 특유한 것은 아니다. 위에서 지적했듯이, 1990~91 걸프전과 코소보와 관련한 NATO의 군사작전 모두 전력 공급망을 겨냥한 공격으로 취수 펌프장이 폐쇄되는 결과를 초래했을 때 비슷한 문제에 직면했다.[109]

---

105) 제3절 참조.

106) Clay Wilson, Information Operations, *Electronic Warfare, and Cyberwar: Capabilities and Related Policy Issues*, Congressional Research Service, RL31787 (2007) 5.

107) Charles R. smith, 'U.S. Information Warriors wrestle with New Weapons', News Max.com, 13 March 2003, www.newsmax.com/archives/articles/2003/3/12/134712.shtml (2011.07.07.에 마지막 접근).

108) *Ibid*.

109) 이라크 전력망 공격의 경우, 연쇄 반응으로 인하여 병원, 냉동은 물론 수력 공급에도 영향을 미쳤다. 'NATO Denies Targeting Water Supplies', *BBC News*, 24 May 1999.

5. 비례성

앞에서 논의한 무차별공격의 금지 및 의정서의 기타 규정들은 비례성 원칙에
의해 보충되고 있다. 동 원칙은 관습적 무력분쟁법의 일부로 간주되고 있긴 하
지만, 이의 법전화 및 정확한 범위를 두고 논쟁이 없었던 것이 아니다.[110] 동 원
칙은 무차별적인 것으로 금지되는 제51조(5)(b)에 명문화되었다.

> 우발적인 민간인 생명의 손실, 민간인에 대한 상해, 민간물자에 대한 손상 또는
> 그 복합적 결과를 야기할 우려가 있는 공격으로서 소기의 구체적이고 직접적
> 인 군사적 이익에 비하여 과도한 공격

비례성 규칙을 위반하는 무차별 행위는 제1추가의정서 제85조에 따라 '중대
한 위반행위'로 간주된다. 동일한 내용이 구체적이고 직접적인 소기의 군사적
이익과 비교하여 민간인에게 '과도한' 피해를 야기하는 공격의 개시를 결정하는
것을 피하여 공격을 계획할 것을 요구하는 제57조(2)(iii)에서 반복되고 있다.

루스 웨지우드(Ruth Wedgwood)는 컴퓨터 네트워크 공격에 대한 비례성 원칙
에 대해 논의 해 왔으며, 보안상의 위협을 제거하기 위해 복구가 가능한 선에서
민간물자에 대한 더 큰 피해는 허용 가능하다고 제안했다.[111] 이러한 견해는 공

---

110) *Nuclear weapons Case*, per Higgins J in her dissenting opinion (dissenting
　　 on other grounds); Henckaerts and Doswald-Beck, *Customary International
　　 Humanitarian Law*, Vol. 1, 46.

111) Ruth G. Wedgwood, 'Proportionality, Cyberwar, and the Law of War' in M. N.
　　 Schmitt and B. T. O'Donnell (eds.), *Computer Network Attack and International
　　 Law* (Naval War College, Newport, RI, 2002) 219-32, 228.

격이 파괴가 아니라 무용화를 유발시킨다는 생각에 근거하는 듯하다. 이런 견해
는 4.1절에서 약술한 크놋 되르만(Knut Dörmann)의 접근법과 일치하지만,[112] 의
정서에서 밝힌 '폭력행위'라는 공격에 대한 정의와 부합하지 않는다. 논리적 결
말을 내린다면, 웨지우드의 주장은 분쟁 이후에 복구가 가능한 피해는 허용 가
능하다고 추론하는 것으로 보인다.

마이클 슈미트(Michael Schmitt)는 표적선정 과정 중에 일어날 수 있는 부수적
피해와 부차적 부상을 평가하는 데 있어 어느 정도의 컴퓨터 전문 기술이 이용
가능한지에 대해서도 의문을 제기했다.[113] 그가 지적하듯이, 재래식 동적(kinetic)
공격에서, 정식 훈련을 받은 주류의 군 장교들은 일반적으로 관련 무기시스템
과 그것의 효과에 대한 지식에 기초해서 신뢰할 만한 부수적 피해를 예상할 수
있다. 그러나 컴퓨터 네트워크 공격에서는 매우 전문적인 지식이 필요할 것이
다.[114] 물론 이것이 틀림없는 사실임에는 분명하지만, 본 저자는 국가가 컴퓨터
네트워크 공격으로 계획된 정교한 네트워크전을 수행하고자 한다면, 목표물 분
석, 연결성과 가능한 부수적 피해에 대해서도 마찬가지로 더욱 정교해져야 한다
고 생각한다. 지휘관들은 적절한 시간에 이용 가능한 모든 정보를 근거로 결정
을 내려야 할 의무가 있다. 그들은 가장 신뢰할 수 있는 정보를 획득해야 할 의

---

112) Dörmann, 'Additional Protocols', 142-3.

113) Michael N. Schmitt, 'CNA and the Jus in Bello: An Introduction' (Paper presented at the International Expert Conference on Computer Network Attacks and the Applicability of International Humanitarian Law, Stockholm, 17-19 November 2004) 101-25, 117.

114) *Ibid.*

무가 있으며,[115] 상당한 주의와 선의로 행동하여야 한다.[116] 지휘관들이 필요한 지식을 갖고 있지 않은 경우에는 반드시 전문가로부터 그런 지식을 구해야 한다. 공격의 가능한 부수적 피해에 관한 정보수집 네트워크를 고안할 때, 실용적이며 논리적인 해결책이 네트워크 전문가를 표적선정 과정에 포함하는 것이라면 그렇게 해야 한다. 컴퓨터 네트워크 공격의 일반적인 특성과 신중한 결정을 내릴 시간이 충분한 상황에서는 즉각적인 전투 지역 밖에서 이러한 공격이 계획되고 개시될 가능성을 고려하면, 지휘관들로 하여금 네트워크 전문가의 의견을 구하여 관련된 정보를 모두 가졌는지 확인하는 것이 지나친 번거로움으로 보이지 않는다. 물론 이 같은 의무는 공격을 계획 및 결정하는 자에 있지만, 개인 사이버 전사가 공격이 수행되는 중 비례성 규칙이 위반되었음을 인식한다면, 공격을 중단 혹은 취소시킬 의무가 있다.

특히 컴퓨터 네트워크 공격에 관해 현대의 비례성 판단에 대한 두 가지 주요한 문제는 공격의 연쇄반응이 계산에 통합되어야 하는 정도와 점차적으로 이중용도 기술시스템이 그런 계산에 미치는 효과이다.

5.1. 연쇄반응

크리스토퍼 그린우드(Christopher Greenwood)가 지적했듯이, 1990~91년의 걸프전은 공격의 연쇄반응이 공격 자체의 직접적인 영향보다 시민들에게 더 커

---

115) Henckaerts and Doswald-Beck, *Customary International Humanitarian Law*, Vol. 1, 50, 54.

116) Michael Bothe, 'Legal Restraints on Targeting: Protection of Civilian Population and the Changing Faces of Modern Conflict' (2001) 31 *Israel Y. B. Hum. Rts* 35.

다란 피해를 입혔다는 사실을 강조했다.[117] 적어도 전략적인 수준에서, 오늘날 비례성 계산을 적용하기 위해서는 분명히 어려움이 따르겠지만 이런 종류의 직접적인 피해도 고려해야 한다.[118] 이러한 문제가 컴퓨터 네트워크 공격(1990~91년의 걸프전과 유고슬라비아에서의 NATO 활동 모두 전력망을 겨냥한 공격의 연쇄반응을 예증한다)에 한정된 것은 아니지만,[119] 그 문제는 컴퓨터 시스템의 특성과 군사 및 민간 시스템 사이의 연계로 인하여 악화된다. 공격자는 분명 표적과 연결된 보조 네트워크나 시스템을 확인하기 위해 해당 네트워크나 시스템의 전체적인 구조를 분석(mapping) 할 것이다. 이러한 컴퓨터 네트워크 공격을 입안하거나 시행하는 데 있어 어느 단계의 영향을 이들이 고려해야 하는지는 확실하지 않다.

마이클 슈미트의 주장에 따르면, 합리적으로 예견이 가능한 영향이라면 그것이 어떤 '층(tier)'에 있는 영향일지라도 비례성 계산에 넣어야 한다.[120] 이는 *예상된* 결과를 가리키는 조항과 일치한다. 아이러니하게도, 군 당국이 점점 시중에 유통되어 있는 컴퓨터 네트워크 기술과 시스템을 구입한다는 것은 공격자들로

---

117) Christopher Greenwood, 'The Law of Weaponry at the Start of the New Millennium' in M. N. Schmitt and L. C. Green (eds.), *The Law of Armed Conflict: Into the Next Millennium* (Naval War College, Newport, RIU, 1998), 185-231, 202.

118) *Ibid*.

119) 1990-91년의 걸프전에서, 다국적군은 이라크의 전력망을 탄소 섬유 탄환 같은 다양한 전술로 무력화시켰다. 이러한 공격들로 민간 인구에 제공되는 하수도와 수도 처리 시설의 전기를 끊긴 것과 같은 의도치 않은 (그리고 명백히 예상치 못한) 부작용을 낳았다. William M. Arkin, 'Cyber Warfare and the Environment' (2001) 25 *Vermont Law Review* 779, 781, citing Daniel T. Keuhl, 'Airpower Vs Electricity' (1995) 18 *Journal of Strategic Studies* 28. 비슷하게, NATO 세력들이 유고슬라비아의 전력 공급망을 공격했을 때 수도공급장이 영향 받았다. 'NATO Denies Targeting Water Supplies'.

120) Schmitt, 'Fault Lines', 296; Schmitt, *High and Low-Tech Warfare*, 10.

하여금 본인들이 시도하는 공격들의 특정한 효과를 정확히 예측할 수 있게 도와준다.

5.2. 이중용도 시스템

그렇다면 국가에서 고의적으로 민간 시스템과 군 시스템을 함께 통합한 것은 비례성 계산에 어느 정도까지 영향을 미치는가? 예컨대, 이라크 Tiger Song 항공 방위 네트워크는 이라크의 송유관 통신망과 연결되어 있다는 것을 어떻게 이해할 수 있을까?[121] 실제로 미국 군사통신의 대부분이 민간 네트워크를 통해 전송된다. 이는 분명히 네트워크를 군사목표물로 노출시키지만, 자발적인 인간방패의 경우와 마찬가지로,[122] 방어하는 측에서 군 시스템과 민간 시스템을 통합하여 민간 쪽에 영향을 끼치지 않고서는 군사 시스템을 공격할 수 없도록 해놓았다면 이때의 민간 영향은 비례성 계산에서 배제되어야 한다고 주장할 수 있는가? 그러나 보호가 민간물자가 아닌 민간인에 해당되는 것이므로 위의 물음에 대한 답변은 '그렇지 않다'이다. 이 뿐만 아니라 대개의 경우 민간인들은 이러한 시스템의 교차를 인지하지 못할 것이다. 따라서 표적을 분석할 때 반드시 참작해야 하는 비자발적인 인간방패에서도 유사성을 이끌어낼 수 있다. 더 나아가 슈미트가 지적하듯이, 적의 부정행위로 보호 시설물이 보호 상태를 잃을 수 있다. 중지하라는 경고를 묵살할 경우, 전투원들(전의를 상실한 것이 아닌)을 수용하고 있는 병원 또한 공격받을 수 있다.[123] 로저(Roger)에 따르면, 공격자에게 민간인

---

121) Smith, 'U.S. Information Warriors Wrestle with New Weapons'.

122) Schmitt, 'Fault Lines', 298.

123) Ibid., 300.

사상에 대한 형사상 책임을 묻는 재판소에서는 방어 측이 군과 민간물자를 분리할 의무를 위배했는지에 대해 고려할 권리가 있다.[124]

6. 공격시 예방조치

제1추가의정서 제57조로 인해 공격자들은 군사작전과 공격을 수행함에 있어서 예방조치를 취해야 한다. ICTY는 Kupreškić과 타딕 사건 두 경우 모두에서 이러한 예방조치들의 통례적 특성을 인지했다.[125] 특히 타딕 사건에서 열린 항소법원은 UN 총회 결의안 2675에 명시된 '피해 손실이나 민간주민의 피해를 피하기 위해 가능한 모든 예방조치를 강구해야 한다'는 것을 인정하였으며, 이 결의안이 '모든 종류의 무력분쟁'에서 국제관습법이라는 것을 인정했다.[126] 이러한 판단은 공통3조 또는 제2추가의정서에 정확한 규정이 존재하지 않음에도 불구하고 그 규칙이 비국제적인 무력분쟁에까지 확대된다는 것을 확인한 것이다. 오이터(Oeter)에 따르면, 동 규칙은 군사적 필요성의 일반적 원리에서 추론된 것이며, 비국제적 무력분쟁의 경우 제네바협약 공통3조에 최소한의 인도적 기준이 규명되어 있다.[127]

---

124) *Rogers, Law on the Battlefield*, 129. Roger는 이 같은 비례성 계산의 접근이 나쁜 쪽으로 기울여지지 않고 균형을 잡도록 할 것이라고 주장했다.

125) *Tadic (Interlocutory Appeal)*, paras 111-12; *Kupreškić*, para 524.

126) *Tadic (Interlocutory Appeal)*, paras 111-12, citing GA Res 2675 (XXV) 무력분쟁에서 민간 인구 보호에 대한 기본 원칙, UN GAOR, 25th Sess., Supp. No. 28, 76, UN Doc. A/8028 (1971) of 1 December 1970.

127) Oeter, 'Methods and Means of Combat', 208.

제57조(1)은 군사작전을 수행함에 있어서 민간인과 민간물자를 보호하기 위한 지속적인 주의가 필요하다고 규정한다.[128] 4.1절에서 논의했듯이, 군사작전은 공격보다 더 넓은 개념이고, 일반 규정은 공격으로 간주되는 작전의 부분과 관련된 특정 규정들보다는 더 넓게 적용된다. 보이빈(Boivin)은 공격을 계획하거나 결정할 자들이 따라야 할 방책들을 다음과 같이 유용하게 요약하였다.[129]

1. 공격의 표적물이 군사목표물인지 확인하기 위해 실행 가능한 모든 조치를 취한다.[130]
2. 전투수단과 방법을 선택함에 있어서 실행 가능한 모든 예방조치를 강구한다.[131]
3. 공격이 과도한 부수적 피해를 유발할 것으로 예상되는지를 평가하기 위해 실행 가능한 모든 조치를 취한다.[132]
4. 비례성 규칙에 명백히 위반되거나, 목표물이 군사목표물이 아닌 경우 또는 특정 보호에 해당되는 대상인 경우에는 공격을 취소 혹은 중단하기 위해 실행 가능한 모든 조치를 취한다.[133]

---

128) Art. 57(1). Additional Protocol I.

129) Alexandra Boivin, *The Legal Regime Applicable to Targeting Military Objectives in the Context of Contemporary Warfare*, University Centre for International Humanitarian Law, 2 (2006) 36, www.adh-geneva.ch/docs/publications/collection-research-projects/CTR_objectif_militaire.pdf (2011.07.07. 마지막 접근됨)

130) Art. 57(2)(a)(i), Additional Protocol I.

131) Art. 57(2)(a)(ii), Additional Protocol I.

132) Art. 57(2)(a)(iii), Additional Protocol I.

133) Art. 57(2)(b), Additional Protocol I.

5. 상황이 허락하는 한, 민간주민에 영향을 미칠 가능성이 높은 공격 이전에 효과적인 경고를 미리 한다.[134]

6. 몇몇 군사목표물중 선택이 가능한 경우에, 민간인의 목숨과 민간물자에 가장 적은 피해를 유발하는 것을 선택한다.[135]

컴퓨터 네트워크 공격은 공격시 예방조치를 강구토록 하는 필수조건에 있어 몇 가지 문제점을 제기한다. 하지만 이러한 우려를 다루기 이전에, 두 가지 일반적인 문제부터 먼저 다루어야 한다. 첫째, 제49조에 명시된 목표물에 관한 의무에서처럼 공격시의 예방조치와 관련된 대다수의 규정들은 '공격'을 가리킨다는 것에 주목해야 한다. 즉, 군사작전 동안 민간주민, 개별 민간인과 민간물자를 소중히 하기 위해 지속적으로 주의할 것을 요구하는 제57조(1)에 표현된 일반 규정 외에, 위에서 제시한 특정 의무들은 물리적 피해, 부상 혹은 사망을 유발하는 컴퓨터 네트워크 공격에만 적용될 것이다.[136]

둘째, 첫 네 가지 예방조치들은 '실행 가능성'을 가리키는데, 이는 많은 국가들과 논평에서 '인도적·군사적 요건들을 포함하는, 당시의 상황을 모두 고려하면서 실행할 수 있거나 실용적으로 가능한 예방조치들'로 해석되고 정의된 것들이다.[137] 이러한 표현은 재래식무기협약 제2, 3의정서 및 수정 제1의정서에서도 채택된 바 있다.

---

134) Art. 57(2)(c), Additional Protocol I.

135) Art. 57(3), Additional Protocol I.

136) 공격과 작전 사이의 차이에 대한 논의와 이것이 컴퓨터 네트워크 공격에 의미하는 바에 대해서는 para 4.1. 참조.

137) Christopher Hulse에 의해 스위스 정부로 전달된 1998년 2월 28일에 수정판 UK Declaration of Understanding를 예시로 참조.

6.1. 군사목표물의 확인

지휘관들은 목표물이 공격으로부터 보호되지 않고, 그것이 군사목표물임을 확증하기 위해 실행 가능한 모든 것을 해야 한다고 법으로 규정하고 있다.[138] (겨냥되지 않은 웜 또는 바이러스와 같은 무차별적인 공격과는 달리) 대부분의 표적화된 컴퓨터 네트워크 공격은 비교적 철저한 시스템 감시와 스캐닝을 통해 시스템의 침입 지점을 결정할 것을 요구하기 때문에, 이 같은 의무는 미리 선정된 목표물에는 어려운 것이 아닐 수도 있다. 하지만 목표물을 확증할 기회는 더욱 어려울 수도 있다.

공격은 공격과 방어 모두에서 폭력행위를 가리킨다. 적의 컴퓨터 네트워크 공격에 대응하고자 하는 지휘관은 첫째로 공격의 근원지를 찾아야 하며, 둘째로는 군사목표물이라는 것을 확증해야 한다. 제3장에서 논의했듯이, 컴퓨터 네트워크 공격의 공격자가 고의적으로 공격의 출처를 상대로부터 속이려는 경향때문에, 즉 공격의 근원에 대해 적을 고의적으로 잘못 유도하려는 경향 때문에, 그 공격의 정확한 귀속 문제는 더 어려워진다. 그러나 이때의 속임수가 적으로 하여금 민간인과 민간물자가 군사목표물이라는 잘못된 신념으로 공격하도록 유도할 의도인 허위 정보를 퍼트림으로써 제51조(7)의 위반으로 확장되어서는 안된다.[139]

목표물을 평가할 때 지휘관에게서 기대할 수 있는 지식 수준은 문제가 있는

---

138) Art. 57(2)(a)(i), Additional Protocol I.

139) Bothe, *et al.*, *New Rules*, 363, 2차 세계대전에서의 영국 정보부를 예로 들자면, 그들은 허위 정보 보고를 보내 Luftwaffe로 하여금 민간 지역을 전략적 군사목표물로 착각하여 포격하도록 유도했다.

것으로 입증될 수도 있고, 지휘관이 결정을 내려야 할 수준에 관해 제1추가의정서의 많은 당사국들은 우려를 갖고 있다. 위의 비례성과의 관계에서 논의했듯이, 마이클 슈미트(Michael Schmitt)는 또한 목표 설정 동안 가능한 부수적 피해와 부상을 판단하는 데 어느 정도의 전문 컴퓨터 지식이 필요한지에 대해 질문하면서 이 문제도 제기했다.[140] 그러나 군 지휘관이 공격하는 모든 목표물에 대한 개인적 지식을 가질 것으로는 예상되지 않으며, 재래식 공격에 관한 많은 정보를 갖기 위해서는 정보보고에 의지해야 한다. 군 지휘관은 당시에 그들에게 이용 가능한 모든 자료로부터 나온 정보에 기초해서 결정을 내려야 한다.[141] 다수의 군사 매뉴얼에서는 군 지휘관이 민간인 밀집 정도, 중요한 민간물자, 특정 보호의 대상, 그리고 군대물자의 자연 환경과 민간 환경을 포함한 가능한 한 가장 정확한 정보를 얻어야 한다고 강조한다.[142] 검찰관에 보낸 마지막 보고에서, 신유고 연방을 상대로 한 NATO 폭격 캠페인을 검토하도록 설립된 위원회에서는 의무를 다음과 같이 기술했다.[143]

군 지휘관은 잠재적 목표물과 관련된 정보를 수집하고 평가하기 위해 효과적인 정보수집시스템을 구축해야 한다. 또한 지휘관은 작전 도중에 목표물을 제대로 식별하기 위해 이용 가능한 전문 수단을 사용토록 병력에 지시해야 한다. 실제로 작전에 투입된 지휘관과 항공팀원 모두 이용 가능한 자원 중 어떤 것을

---

140) Schmitt, 'CNA and the Jus in Bello', 117.

141) Henckaerts and Doswald-Beck, *Customary International Humanitarian Law*, Vol. 1. 50, 54, 알제리, 호주, 오스트리아, 벨기에, 캐나다, 에콰도르, 이집트, 독일, 아일랜드, 이탈리아, 네덜란드, 뉴질랜드, 스페인, 영국 그리고 미국의 군사 매뉴얼을 인용.

142) *Ibid.*, 55.

143) ICTY, *Final Report to the Prosecutor*, para 29.

사용할 것이며 어떻게 사용할지에 대해서는 신중을 기해야 한다.

컴퓨터 네트워크 공격에서도 같은 정도의 정보 의존이 있어야 한다. 실용적인 용어로, 전투지역에 위치한 현장에서 컴퓨터 네트워크 공격이 조직될 가능성은 낮지만, 필요한 전문성이 이용 가능한 교전공간의 다른 곳에서 헌신적인 컴퓨터 전문가 팀의 과업이 될 것이다.

6.2. 무기 선택

역설적이게도, 공격자가 전투수단과 방법을 선택할 때 모든 실행 가능한 예방조치를 강구해야 한다는 필수조건은 컴퓨터 네트워크 공격을 감행할 수 있는 능력을 가진 국가에게 더많은 재래식 수단을 선호하는 그런 능력을 사용하도록 요구한다. 이와 비슷한 주장은 정밀 유도 미사일의 사용과 관련해서 제기되었고, 이는 특히 도심지역에서의 교전과 관련해 특히 그렇다고 할 수 있다.[144] 제1추가의정서의 제57조(2)(a)(ii)는 공격 결정자들에게 민간인 사상자와 민간인 부상, 그리고 민간물자에 대한 피해를 피하거나 최소화할 목적으로 전투수단과 방법의 선택에 각별히 유의하여 공격을 결정하도록 요구한다. 국제적십자위원회 연구에서 국가관행은 이것을 국제적 무력분쟁과 비국제적 무력분쟁 모두에

---

144) Stuart Walters Belt. 'Missiles over Kosovo: Emergence. Lex Lata, of a Customary Norm Requiring the Use of Precision Munitions in Urban Areas' (2000) 47 *Naval Law Review* 115을 일반적으로 보라. 또한 더욱 포괄적인 견해에 대해서는 Dinstein, Conduct of Hostilities (1st edn), 126에서 인용한 D. L. Infeld 'Precision guided Munitions' 참조.

게 적용될 수 있는 국제관습법 규범으로 확립하였다고 결론지었다.[145] 칼스호벤 (Kalshoven)이 지적하듯이, 이런 규정의 주된 의무는 민간주민에 대한 피해를 '회피하는' 것이다. 이런 피해를 '최소화시키는' 목적은 완전한 회피가 실행 가능하지 않을 때만 작용할 것이다.[146] 이러한 요인들은 민간물자에 대한 내재적인 위험이 없고, 반드시 파괴를 유발하는 것이 아닌 컴퓨터 네트워크 공격 방법의 사용을 촉진할 의도이다. 슈미트는 다음과 같이 지적한다.[147]

> 과거에는 물리적인 파괴가 적의 노력에 대한 목표물의 기여를 무력화시키는 데 필요할 수도 있었지만, 지금은 간단히 공격을 '차단해버리는' 것이 가능할 수도 있다. 예를 들면, 비행장을 폭격하는 것보다, 항공 통제력을 차단할 수 있다. 전력 생산과 분배 체계, 통신, 산업 공장 등에 마찬가지이다.

특정 컴퓨터 네트워크 공격 기술의 난제 중 하나는, 이것이 일단 처음 사용되고 나면, 대항방어체계에 가로막혀 다시 작동하지 않을 수 있다는 사실이다[148]. 이것은 그런 무기를 전투 배치시켜야 하는 사령관의 의무에 영향을 미치는가? 무기의 한정된 사용 가능성은 정밀유도무기들의 사용과 관련해 논의되었다. 따라서 딘스타인은 법적인 입장은 무척 간단하다고 주장한다. 무력분쟁법은 민간

---

145) Henckaerts and Doswald-Beck, *Customary International Humanitarian Law*, Vol. 1, 57.

146) Frits Kalshoven and Liesbeth Zegveld, Constraints on the Wagtng of War (ICRC, Geneva, 2001), 108.

147) Schmitt, 'Wired Warfare', 394.

148) 소프트웨어의 보안 결점과 같이 국내 애플리케이션은 패치되고, 포트를 닫고, 패치를 설치하고 안티바이러스 소프트웨어를 업데이트한다.

인에 대한 부수적인 피해를 피하거나 최소화하기 위해 필요한 조치는 무엇이든 취하도록 지시한다. '정밀유도화기의 이용 가능성은 다른 예방적 선택을 사전에 차단한다.'[149]

이런 무기들은 나중에 완전히 필요할 경우를 대비해 보유될 수 있을까? 1990~91년에 있었던 걸프전에 관해, 크리스토퍼 그린우드는 미국이 정밀유도화기를 부수적인 피해의 위험과 연결된 공격에 반드시 사용하지 않았다고 지적했는데, 이는 이런 무기공급이 제한되어 있었고, 이 무기들은 군사작전 중 나중에 있을 목표물을 공격하기 위해 아껴둬야 했었다는 것에 근거하였다. 그린우드는 이런 접근법이 '실행 가능한' 예방조치를 취하는 임무에 대한 (옹호할 수 없긴 하지만) 광범위한 해석을 수반한다고 말한다.[150] 확실히 결정적으로 완전히 계획된 공격에 대비해 무기를 유지하는 경우에, 그 입장은 더욱 강했다. 미 의회에 제출된 1990~91년 걸프전에 관한 미 국방부 최종보고서에서 미국은 항상 민간인에게 최소의 위험을 주는 전투수단이나 방법을 선택해야 하는 것이 아니라, 연합 비행요원들의 위험과 성공적으로 목표물을 파괴할 수 있는 가능성을 고려해야 할 권한이 부여되었다는 것을 명확히 하고 있다. 보고서에는 다음과 같이 명시하였다.[151]

항공기와 비행요원들에게 대한 허용 가능한 위험과 일치하고 가능한 정도까

---

149) Dinstein, *Conduct of Hostilities* (1st edn). 126-7.

150) Christopher Greenwood. 'Customary International Law and the First Geneva Protocol of 1977 in the Gulf Conflict' in P. J. Rowe (ed.). *The Gulf War* 1990-1991 *in International and English Law* (Routledge, London, 1993) 63-88, 85-6.

151) US Department of Defense. *Conduct of the Persian Gulf War: Final Report to Congress*, US Department of Defense (1992) 697-8.

지, 거주지역내의 목표물에 대한 공격이 가능한 한 가장 큰 정확성과 민간물자와 민간주민에 대한 최소한의 위험을 제공하도록 항공기와 화기들이 선택되었다. 필요 시, 공격기는 승무원들에게 부여된 임무로부터의 방심을 최소화하기 위해 지원 임무 항공기를 동행하였다.

그린우드는 이런 접근법이 의정서의 서명이나 비준에 관해 몇몇 국가가 제57조에 '실행 가능성'을 제시한 해석과 일치하고, 어떤 국가든 이런 요인들을 고려하지 못하는 것은 상상도 할 수 없다고 주장하였다.[152] '실행 가능성'이라는 단어를 '그 당시에 지배적인 상황에서 실행할 수 있는 모든 조치'를 뜻하는 것으로 해석하는 영국은 어떤 전투수단과 방법을 이용할지 선택할 때 고려해야 하는 한 가지 요인으로 사령관에게 주어진 다양한 선택 하에서 사령관의 부대에게 올 수 있는 위험을 열거한다.[153]

의사결정의 수준에 따라 전투원들이 사용 가능한 무기의 선택이 다양할 것이라는 것도 지적해야 한다. 군사령관은 전쟁터에 위치한 부대 책임자 또는 전투원 개개인보다 다양한 공격 방법들 중에서 선택할 수 있는 더 큰 능력을 갖고 있을 것이다. 칼스호벤이 언급했듯이, 골프 선수가 큰 골프 가방을 들고 다닐 수 없듯이, 전투원은 단순히 여러 상황을 대비해 다양한 무기를 보유하고 있을 수

---

152) Greenwood. 'Customary International Law in the Gulf', 85, 375. fn. 117.

153) 요소들은 다음과 같다. (1)대상의 중요성과 상황의 절박함, (2)제안한 대상의 정보-어디서 언제 쓰이는지, (3)대상의 특징. 예를 들면 위험한 힘을 소유하고 있는지, (4)어떤 무기가 가능한지. 그들의 거리, 정확도 효능 범위, (5)조준의 정확성에 미치는 조건. 예를 들면 지형, 기후, 시간대, (6)부차적인 손실 또는 피해를 끼치는 요인들. 예를 들면 민간인구 또는 민간물자가 목표물의 근접 범위에 있는지 또는 다른 보호 시설 또는 구역이 있는지. 거주지역인지, 또는 공격이 해로운 성분의 방출을 불러일으킬 수 있는지, (7)자신의 부대에 대한 위험 등의 다양한 옵션이 열려있다.

없다.[154] 흥미롭게도, 네트워크화된 군의 출현과 네트워크중심전의 개념으로 인해 실제로 지상에 있는 부대는 이전에 이용 가능했던 것보다 더 많은 기술에 대한 접근이 허용된다. 실시간 통신으로 인해 지상에 있는 병사는 공습을 요청하는 것이 가능해졌고, 목표물을 레이저 유도 미사일 또는 GPS 위치추적기를 위해 레이저로 '표시'하는데, 이 모든 것은 가방에 있는 내용물에 제한된 것이 아닌 그들에게 이용 가능한 선택을 증가시켜준다. 이러한 늘어난 선택은 전장의 사령관들에게 공격을 위해 적절한 방법을 평가하도록 할 것이다.

군사령관들보다 무장 군대의 무기를 결정하는 기관당국은 적절한 무기를 고를 수 있는 선택권이 있다. 칼스호벤이 군사적 효율성이라는 고려사항이 그 기관당국들의 의도에서 더 큰 비중을 지니는 경향이 있다고 지적했지만, 그는 '동시에 사람이 받는 고통을 최소화시킨다는 인도적인 요구조건을 놓친다면 그들은 임무에 실패한 것이다'라고 생각한다.[155] 하지만, 인도법에서는 민간을 더 많이 보호하는 군사적 능력을 획득할 의무에 대해서는 언급하고 있지 않다. 대신, 한 때 목록에 있던 능력을 사용할 수 있는 임무를 부과하는 것에 국한한다.[156]

6.3. 목표물 선택

제1추가의정서 제57조(3)은 만약 비슷한 군사목표물을 획득하기 위해 여러

---

154) Frits Kalshoven. 'The Soldier and His Golf Clubs' in C. Swinarski (ed.). *Studies and Essays on International Humanitarian Law and Red Cross Principles in Honour of Jean Pictet* (Martinus Nijhoff, The Hague; Boston, 1984) 369-85. 385.

155) *Ibid*.

156) Schmitt, *High and Low-Tech Warfare*, 11.

군사목표물들 중에서 선택을 해야 하는 경우에, 선택 방법은 민간주민과 민간물자에 가장 적은 위험을 초래하는 것이어야 한다고 규정하고 있다. 크리스토퍼 그린우드는 이 조항은 1977년에 명시된 관습법을 넘어서는 것일 수 있지만, 이는 확실히 1990~91년의 걸프전에 의해 국제관습법이 되었다는 사실에 주목한다.[157] 이 의무는 특히 컴퓨터 네트워크 공격들과 관련이 있는데, 왜냐하면 동일한 효과를 달성하기 위해 공격 형태가 다중 선택에 개방되어 있기 때문이다. 예를 들면, 시스템 전체를 공격하거나, 그 시스템이 위치한 네트워크를 공격하면서 그것이 기능할 수 없도록 시스템의 필수적인 구성을 고장 내거나, 목표 시스템의 전기 공급을 차단시킴으로써 시스템이 무력화될 수 있다. 모든 것은 목표 시스템을 적에게서부터 차단시키는 동일한 효과를 달성할 것이다. 이것은 어느 정도까지는 민간 피해를 줄이기 위한 전투수단과 방법을 선택하는 의무의 자연스러운 확장이다. 하지만 컴퓨터 네트워크 공격들이 목표 네트워크를 뚫고 그 시스템에 침투하는 능력이 증가할수록, 표적선정 분석은 더더욱 섬세해질 것이다. 따라서 여기서 우리의 의무는 '두 악마 중 덜 사악한' 쪽을 선택하는 것이다. 국제적십자위원회 해설에서 제시한 예시는 주로 도심 지역에 위치한 역보다는 철도를 폭파하는 것이다.[158] 물론 의무는 공격에서의 다른 예방조치들처럼 실행 가능한 조치를 채택하는 것이고, 따라서 질문은 네트워크에 접근할 수 있는 능력, 특정 요소를 무력화 시키는 효과를 결정하는 능력, 공격의 원하는 효과, 그리고 시스템이 작전의 목적을 위해 제시간에 손상될 수 있는지에 달려있다. 이 규정의 자세한 사항들은 위에서 논의한 공격에 해당하는 컴퓨터 네트워크 공격

---

157) Greenwood, 'Customary International Law in the Gulf'. 83.

158) Bothe, *et al.*, *New Rules*, paras 2227-8.

에만 적용될 것이지만, 제57조(1)의 일반 의무는 공격자들이 이런 요인들을 어떤 군사작전이든 그것의 부분으로 고려하도록 할 것이다.

얼핏보면 이중용도 목표물과 관련해서 목표물을 충분히 파악하지 못하는 것은 제51조(5)(a)에서 금지되어있는 목표지역의 폭격과의 가능한 유사성을 제기하는 것처럼 보인다.[159]

> 도시, 읍, 마을, 또는 비슷한 밀도의 민간주민과 민간시설을 포함하고 있는 다른 지역에 위치해 있는 명확히 구분되고 변별적인 많은 군사목표물을 하나의 군사목표물로 다루는 어떤 방법이나 수단에 의한 폭격을 이용한 공격.

만약 근처의 시스템 또는 네트워크가 공격의 대상이 되는 목표와 동일선상에 있으면, 그것은 목표물뿐만 아니라 주변 네트워크에 있는 다른 노드나 (모든 민간 시스템을 포함하여) 시스템 전체에 영향을 미치게 된다는 설명이 있다. 하지만 이러한 설명은 잘못된 것이다.

만약 노드나 시스템이 공격받는다면 그것은 그 자체로 하나의 군사 목표물 혹은 그것 자체의 위상을 가진 것으로 간주되어야지, (비례성 원칙에 포함된 모든 연쇄효과와 더불어) 기존 목표물에 포섭되는 목표물로서 이해해서는 안 되는 것이다.

---

159) 제1추가의정서 제51조(5)(a)는 다음을 제공한다. '민간주민 또는 민간주민 개개인의 존재 또는 이동은 특정 지점을 고르거나 지역들이 군사작전과 관련해 면역력을 띄게 이용할 수 없다. 특히 군사목표물을 공격으로부터 보호하거나 군사작전을 보호, 방해, 옹호 하여서는 안 된다. 충돌중인 세력들은 민간주민 또는 민간주민 개개인을 군사목표물을 공격으로부터 보호하거나 군사작전을 보호하기 위해 지시하면 안 된다.

7. 공격의 영향에 대한 예방조치

주민 또는 민간인 개개인과 관련해 방어자들에게 강조되는 주된 금지사항은 군사목표물을 위해 민간인을 인간방패로 사용하지 못하게 하는 제1추가의정서 제51조(7)에 규정되어 있다.[160] 하지만 이는 컴퓨터 네트워크 공격에 대한 대항 공격이 그와 같은 동일한 방법으로 행해지지 않을 수 있다는 것 외에 컴퓨터 네트워크 공격에 많은 문제를 제기하지 않으며, 군사 네트워크 침입을 방어하기 위해 민간업자를 이용한다고 해서 그들이 다른 수단에 의해 목표물이 되거나 공격받지 못하게 되는 것은 아니다. 흥미로운 것은 다음과 같이 규정하고 있는 제58조이다.

> 분쟁당사국은 가능한 한 최대한도로,
> (1) 제4협약 제49조를 침해함이 없이 자국의 지배하에 있는 민간주민, 민간인 및 민간물자를 군사목표물의 인근으로부터 이동시키도록 노력하여야 한다.
> (2) 군사목표물을 인구가 조밀한 지역 내에 또는 인근에 위치하게 하는 것을 피하여야 한다.
> (3) 자국의 지배하에 있는 민간주민, 민간인 및 민간물자를 군사작전으로부터 연유하는 위험으로부터 보호하기 위하여 기타 필요한 예방조치를 취하여야 한다.

이러한 규칙들은 국제관습법을 나타낸다.[161] 하지만 크리스토퍼 그린우드

---

160) Sassòli, 'Targeting', 206.

161) Henckaerts and Doswald-Beck, *Customary-International Humanitarian Law*, Vol.

(Christopher Greenwood)가 지적하듯이, 대부분의 분쟁에서 이런 규칙에 대해 입에 발린 말만 했던 것처럼 보인다.[162] 이 규정의 문장에서 확연하게 나타나듯이, 이 의무들은 공격자들의 것보다는 약하다.[163] 공격자의 의무와는 달리, 이 규정을 따르지 않는다고 해서 의정서에 큰 틈이 생기는 것은 아니다. 마찬가지로, 방어자들의 의무는 '실행 가능한 최대의 정도까지'만이고, 방어자는 민간주민에게 '피신을 권장'하고 군사목표물의 주변에 있는 것을 '피하라'고만 되어 있다.

이것은 컴퓨터 네트워크 공격에 있어 무엇을 의미하는가? 문단 (1)은 부대가 그들 통제 하에 있는 민간인들과 만간물자를 실행 가능한 최대로 군사목표물의 반경 안에서 멀어질 수 있도록 노력할 것을 요구하고 있다[164]. 이것은 부대가 (실행할 수 있는 경우에) 군사 시스템과 네트워크를 민간 시스템과 네트워크로부터 벗어나게 하고, 민간 네트워크를 군사적 통신으로 사용하는 것을 피하라고 요구한다. 하지만 이 책에서 내내 지적했듯이, 증가하고 있는 군의 민간화와 널리 퍼진 현대적 군대의 네트워킹은 이와는 정반대이다. 예로는 GPS의 민간사용과 민간 통신위성과 네트워크를 군사적으로 사용하는 것과 같은 민간기술과 군기술을

1, 67-76. Kupreškić의 재판부는 공격에서의 예방과 관련하여 제 57조 API와 제 58조 공히 현재의 국제 관습법의 일부라고 간주했다. 이는 관련 조항들이 단순히 기존의 규범들을 실체화 할 뿐만 아니라 해당 프로토콜을 비준하지 않은 국가들을 포함하여 어떠한 국가에 의해서도 이에 대해서는 이의가 제기되지 않은 것으로 보았기 때문이다. Kupreškić, para 524.

162) Greenwood, 'Customary International Law in the Gulf', 374, fn. 122.

163) Sassòli, 'Targeting', 207.

164) '가능한'이라는 단어와 통합되는 협약의 다른 조항들과 같이 여러 위원단이 가능한 이라는 단어가 실행할 수 있는 또는 현실 적으로 가능한 이라고 표시했으며 군사작전의 성공과 관련된 그 시대의 상황들을 감안하였다.

통합하는 것이다[165]. 이라크의 군 시스템과 민간 시스템을 구별하지 않음으로써, 미국이 2003년 이라크 전쟁에서 그들의 컴퓨터 네트워크 공격을 달성하는 데 어려움을 겪었다.[166] 군사 네트워크와 민간인 네트워크를 분리하는 것이 실행 가능하지 않다는 것을 고려하면, 각국은 민간주민과 민간물자를 보호할 수단을 채택해야 한다.

제1추가의정서 제58조(3)은 부대로 하여금 이들의 통제 하에 있는 주민, 민간인 개개인 그리고 민간물자를 군사작전으로 인한 위험으로부터 보호하기 위해 다른 필요한 예방조치를 취하도록 일반적인 의무를 부과한다. 이 의무가 컴퓨터 네트워크 공격의 시대에 얼마나 멀리까지 진행될지는 아직 확실하지 않다. 그 이유로는 우선, 대부분의 군사적 사용이나 근접을 통해 컴퓨터 네트워크 공격에 노출될 수 있는 가장 중요한 기반시설과 네트워크는 실제로 민간부문의 통제 하에 있다. 둘째, 전통적 위험과 관련해 국가가 취하는 조치는 방호 건설, 참호 파기, 교통 통제, 민간 자산 보호, 민방위 조직의 동원을 암시한다.[167] 디지털 재산과 관련된 이런 조치들은 전자적인 모든 공개 행정자신들이 적절히 백업되어 있고, 시스템 또는 정보의 손실이 있을 때 그것을 복구할 수 있도록 모든 시스템이 내장형 복합 보관수단을 갖고 있도록 하는 것이 있다. 비슷한 디지털 재해 계획 프로그램은 대이변적 전자 고장에 대한 예측이 있고 난 후에 2000년의 역전을 대비해서 대대적으로 시행되었다.

---

165) 최근 조사에서 약 98퍼센트의 미 정부 통신은 민간 소유 또는 활용중인 네트워크와 시스템을 통과한다.

166) Smith, 'U.S. Information Warriors Wrestle with New Weapons'.

167) Henckaerts and Doswald-Beck. *Customary International Humanitarian Law*, Vol. H. 419-29.

제7장

특별
보호조치

특별 보호조치는 무력분쟁법 하에서 특정 인원과 물자에 부여된다. 가장 발전한 정보사회도 아직 컴퓨터 네트워크 공격을 이용해 보호대상에게 직접적인 공격을 가능하게 할 기술을 활용하고 있지는 않지만, 일부 물자들은 컴퓨터 네트워크에 충분히 통합되어 컴퓨터 네트워크 공격에 취약해졌다. 환경, 문화재, 위험한 물리력을 수반하고 있는 시설(주로 댐, 둑, 그리고 원자력 발전소), 병원 그리고 기타 의료시설 모두 공격으로부터 특별 보호의 지위를 누리고 있으며, 이는 민간 기반시설에 부여된 일반 보호 그 이상이다. 선진국의 중요한 많은 기반 시설들이 지금은 컴퓨터 네트워크를 통해 조절되기 때문에, 이러한 특별 보호는 이런 물자에 대한 컴퓨터 네트워크 공격을 금지하도록 확장될 것이다. 댐, 발전소, 화학공장, 상하수도 시설, 가스 수송관과 송유관 등은 모두 감시제어데이터수집시스템(SCADA)이라는 네트워크 시스템에 의해 조종되고 있고, 따라서 컴퓨터 네트워크 공격에 취약하다.[1] 광대한 디지털화 프로젝트와 '디지털시대에 탄

---

1) SCADA 시스템은 다른 네트워크 또는 자동화 절차를 조종하는 조직적인 시스템이다.

생한' 문화재의 탄생은 이를 보존하고 더 많은 관중과 공유하도록 도와줄 뿐만 아니라, 컴퓨터 네트워크 공격을 통한 공격과 우발적 피해에 노출시킨다. 게다가, 정보사회는 이제 최신정보에 대한 빠르고 믿을만한 접근을 위해 디지털 정보와 네트워크에 의존한다. 이러한 성향은 의료기록과 다른 정보들을 저장하고 컴퓨터 네트워크를 이용해 전송하는 의료산업에서도 확인할 수 있으며, 따라서 컴퓨터 네트워크 공격에 취약하다. 이런 시설, 업무 그리고 자료들이 어떠한 전투방법 또는 수단을 채택했던 간에 그들의 지위에 의해 보호받고 있고, 새로운 문제들이 새로운 기술에 비추어 발생한다.

1. 환경

무력분쟁과 직접적이던 전쟁의 부산물이던 무력분쟁시 환경피해 발생은 과거 분쟁에서 필연적이었다. 포스터모던 시대의 전쟁에서도 예외는 아니다. 예컨대, 2006년 헤즈볼라와 이스라엘간의 무력분쟁에서, 이스라엘의 발전소 폭격이 막대한 기름 유출을 발생시켜 레바논 해안에 심각한 피해가 초래되었다.[2] 비슷한 사례로 1990~91년 걸프전의 결과로 기름 화재가 발생해 쿠웨이트와 이라크의 생태계에 막대한 피해를 입혔다[3]. 후자의 사례에서 이라크 군이 환경에 미

---

2) Mark Kinver, "Damage Is Done' to Lebanon Coast', BBC News, 8 August 2006, http://news.bbc.co.uk/l/hi/sci/tech/5255966.stm (최종접속일자 2011년 7월 15일).

3) 석유 유정 화재는 역사적으로 다른 화재를 다 합친 것보다 더 많이 일어났다. 기름 유출은 Exxon Valdez에 따르면 세계에서 가장 큰 기름 유출보다 2배에서 3배 정도 규모가 컸다. 이 엄청난 양의 노출된 기름은 유독 성분을 방출하였고, 금속과 탄화수소를 불균형적으로 발생시켰다.

친 의도적인 피해는 세계를 충격 속에 빠트렸고, 환경전에 관한 법에 규정된 보호의 수준에 대한 격렬한 법적 논의를 촉진시켰다.[4]

이 책을 집필하던 무렵, 컴퓨터 네트워크 공격으로 인한 전쟁의 환경피해에 관한 사건의 보고서는 공적 영역에서는 존재하지 않았다. 하지만 2000년 4월 관계당국을 수개월동안 따라다닌 난제를 해결하면서 이와 관련된 국내 사건이 호주 퀸스랜드에서 발생했고, 이 과정에서 이런 유형의 새로운 공격이 환경피해에 미치는 잠재력을 보여줬다.[5] 비텍 보덴(Vitek Boden)은 도난당한 컴퓨터와 라디오 송수신기를 통해 하수처리시스템에 접근할 수 있는 권한을 얻으려다가 체포되었다. 지난 2개월 동안 보덴은 그 시스템에 46번 접근하였고, 그 지역의 하수와 식수 시설에 대한 완전한 권한을 얻어, 2억 5천 톤의 부패한 오물들을 그 구역의 강과 공원에 흘려보내 야생동물과 자연을 파괴하였다. 보덴은 개인적인 이유로 이런 공격을 하였지만[6], 이 사건은 SCADA시스템을 이용하여 기반시설에의 침입과 통제확보의 잠재력을 보여 주었다. 이는 군사적 목적을 위해 쉽게 채택될 수 있는 전략이다. 1990~91년의 걸프전에서의 원유 유출로 인한 재해가 과연 컴퓨터 네트워크 공격으로 인해 반복될 수 있을까? 현재의 기술을 보면, 정답은 의심의 여지 없이 그렇다고 할 수 있을 것이다. 예컨대, 대략 영국 기름 소요의 약 30%는 매일 250만 갤런의 오일을 뽑아 올리는 북해의 한 개 송유관 시스템을 이용해 운반된다. 이 포티스 송유관은 SCADA 시스템에 의해 통제

---

4) Eric Talbot Jensen, 'The International Law of Environmental Warfare: Active and Passive Damage During Armed Conflict' (2005) 38 Vand. J. *Tansna'l L.* 145.

5) R v. *Boden*.

6) 보덴의 재판에서 나타난 증거는 그가 복수의 욕망 또는 그가 문제를 일으킨 시스템을 운영하는 회사에 재입사해서 문제를 고쳤다는 것이었다.

되고 있는데, 이는 보덴이 침투한 퀸스랜드의 상하수 처리 시설을 통제한 것과 유사한 것이다. 북해 포티스 송유관의 벨브를 초기화 한다면 송유관에 치명적인 영향을 입힐 수 있을 수 있다.[7] 그로 인한 송유관 파열은 (특히 과학적 관심 지역을 포함해) 그 지역 생태계에 심각한 피해를 주고 영국의 석유공급을 몇 주 동안 마비시킬 것이다.

무력분쟁에서 환경에 대한 특별보호는 월남전 이후 급격히 부상하였고, 1990~91년 걸프전 이후에 법적 주목을 받게 되었다. 하지만 이 책에서 다룬 모든 사항들과 마찬가지로 무력분쟁법의 일반원칙은 새로운 기술의 적용이 피해를 야기함에도 불구하고 계속 컴퓨터 네트워크 공격에 적용되고 있다. 또한 이러한 일반원칙은 특정한 환경적 금지가 적용하지 않는 곳에서도 간접적으로 환경을 보호한다.[8]

1.1. 제1추가의정서

제1추가의정서는 국제적 무력분쟁시 환경의 직접적인 보호조치를 포함하고 있는 2개의 혁신적인 조항을 두고 있다. 제35조(3) 및 제55조가 그것이다. 비국제적 무력분쟁에 관한 제2추가의정서에는 유사한 규정이 없다.[9] 비록 국제적십

---

7) 그런 크기의 폭발이 지배적인 해안 시스템에서 있음직하지 않긴 하지만 부록 1의 'Farewell Dossier' 사건에 대한 설명을 보라.

8) 예컨대, 민간물자에 부여된 일반 보호, 민간 인구의 생존에 꼭 필요한 시설의 보호 그리고 비율과 필요의 법칙이 환경의 많은 부분에 보호를 제공한다.

9) 제안은 외교적 회의에서 제2추가의정서와 유사한 제35(3)조와 제1추가의정서의 제55조가 소개되었지만 결론적으로 이 제안은 거절당했다. Antoine Bouvier, 'Protection of the Natural Environment in Time of Armed Conflict' (1991) 285 *IRRC* 567, www.icrc. org/web/engfsiteeng0.nsf/html/57JMAU (최종접속일자 19 September 2006).

자위원회 관습국제인도법연구는 이러한 규정들을 관습적인 것으로 특징짓기는 하지만, 이 조항들이 사실 그에 해당하는지에 대해 상당한 논쟁이 있었다.[10] 양 조항은 환경에 피해를 야기하도록 고안되거나 예상되는 전투수단 또는 방법에 대한 광범위한 금지를 포함하고 있다.[11] 그래서 요구되는 피해 기준을 충족하는 컴퓨터 네트워크 공격 또한 금지된다.

제35조(3) 및 제55조(1)는 환경에 대한 공격의 의도된 또는 예상 가능한 결과 면에서 '광범위하고 장기적이며 심각한' 피해에 한정한다.[12] 하지만 제35조(3)과 달리 제55조(1)은 주민의 보호, 즉 환경 그 자체의 보호 보다는 주민의 건강 또는 생존에 해로울 수 있는 환경적 피해를 가져올 수 있는 전투수단과 방법을 금지하고 있다.[13] 또한 제55조(1)은 광범위하고 장기적인 심각한 손상으로부터 자

---

10) Karen Hulme, 'Natural Environmen' in E. Wilmshurst and S. Breau (eds.), *Perspectives on the ICRC Study on Customary International Humanitarian Law* (Cambridge University Press, 2007) 204-37. 이 절에서 약술한 의무에 대한 더욱 심도 있는 논의를 위해서는 Karen Hulme, *War Tom Environment: Interpreting the Legal Threshold* (Martinus Nijhoff Publishers, Leiden, 2004); Michael N. Schmitt, 'Green War: An Assessment of the Environmental Law of International Armed Conflict' (1997) 22 *Yale J. Int'l L.* 1 (특히 이런 규정에 관한 미국의 입장을 참조해 보라)를 보라.

11) 제35(3)조에 의하면, '자연 환경에 광범위한 장기간, 극심한 피해를 주거나 줄 것 같은 정쟁 방법 또는 수단을 채택하는 것은 금지되어 있다.' 제55조에 의하면, '자연 환경의 광범위한 장기간, 극심한 피해를 주는 피해에 대해 보호하게끔 전쟁에서 조의하도록 한다. 이 보호는 자연 환경에 이러한 피해를 주는 목적 또는 예상의 전쟁을 금지하고 인구의 생존 또는 건강 의 침해도 금지한다.'

12) 제1추가의정서에서 전쟁의 수단이나 방법은 그것이 위법이기 위해 모든 세 가지 조건을 누 적적으로 달성하는 피해를 유발할 수 있다. 그 의정서 하에서 '널리 퍼져 있고, 장기적이며, 심각한'이라는 용어들의 의미에 대한 설명을 위해서는 Hulme, *War Torn Environment*, 91-100를 보라.

13) 선천적인 결함, 퇴화, 기형처럼 건강을 심각하게 손상시킬 수 있는 행동에도 관여한다는 것 을 암시하기 위해 '건강'이라는 단어도 포함시켰다. Pilloud, *et al.*, *Commentary*, 663-4. 환경과 인구 간의 초점 구분은 협상 당사자들의 분열을 반영한다. Schmitt, 'Green War'

연환경을 보호하기 위하여 주의할 일반적 위무를 포함하고 있다. 제1추가의정서 제55조(2)는 보복의 수단으로서의 자연환경에 대한 공격을 금지한다. 이는 보복의 경우 환경에 대한 어떠한 해도 없어야 한다는 절대적 기준으로 여겨진다.[14]

1.2. ENMOD 협약

제1추가의정서와 마찬가지로 '환경변경기술의 군사적 및 기타 적대적 이용의 금지에 관한 1977년 협약'(ENMOD)은 특정한 전투수단 및 방법에 한정되는 것은 아니다.[15] 협약 제1조는 당사국에게 타당사국에 대한 파괴, 손상 또는 위해의 수단으로서 광범위하거나 장기적이거나 또는 극심한 효과를 미치는 환경변경기술의 군사적 또는 기타 적대적 사용을 금지하고 있다.[16]

환경변경기술은 다음과 같이 광의로 정의되고 있다.[17]

를 보라.

14) Hulme, *War Tom Environment*, 73.

15) Convention on the Prohibition of Military or Any Other Hostile Use of Environmental Modification Techniques, 18 May 1977.

16) '광범위한 장기간, 극심한'이라는 용어는 제1추가의정서에 있는 용어를 반영하기 위해 고의적으로 사용되었다. 하지만 '그리고'라기보다는 '또는'의 사용은 ENMOD 협약을 더 넓은 의미로 활용할 수 있게 한다. 용어는 거의 비슷할지 모르겠지만 그 용어들은 같은 의미로 사용되지 않는다. 협약에서는 정의 되지 않은 반면, 이 용어들은 위원회와 동시에 처리되었고 협약에 첨부된 '이해관계'에 의해 정의되었다. '광범위한' 몇 백 킬로미터 제곱의 큰 지역을 가리킨다. '장기간': 대략 한 계절 동안의, 또는 몇 개월 동안 지속되는 극심한, 심각한 또는 확연한 방해 또는 피해를 인간, 자연 그리고 경제적 자원 또는 자산에 입히는 것.

17) Art. 2, ENMOD Convention.

'환경변경기술'이란 용어는 자연과정의 고의적 조작을 통하여 생물상 암석권, 수권 및 대기권을 포함한 지구의 또는 외기권의 역학, 구성 또는 구조를 변화시키는 모든 기술을 의미한다.

환경을 조작하기 위해 논의된 가능한 수단들로는 지진 유발, 쓰나미 형성, 산사태 유발, 요변성 지질 유체화, 화산 활성화, 물 저장소 파괴, 빙산 용해, 영구 동토층 균열, 구름을 형성해 비와 홍수 유발, 오존층에 구멍 만들기 그리고 가뭄 조성 등이 있다.[18] 위험한 물리력을 포함하고 있는 설비에 관한 다음 절에서 한층 더 다룰 주제인 물 저장시설에 침투하는 것 외에, 컴퓨터 네트워크 공격이 어떻게 직접적으로 환경을 조작할 수 있는지 보기란 어렵다. 하지만 컴퓨터 네트워크 공격이 이런 기능을 수행할 수 있는 경우에, ENMOD 협약의 규정은 이를 금지시킬 만큼 충분히 광의적이다.

오늘날의 기술 발달에 비춰볼 때, 가장 그럴듯한 시나리오로는 환경문제에 맞서기 위해 국가가 도입한 현존하는 평시 환경변경기술의 적대적 조작이 있다[19]. 그런 해결책은 SCADA 시스템 또는 다른 네트워크 컴퓨터 시스템에 의해 통제될 가능성이 높고, 따라서 악의적인 목적을 위해 착복되거나 조작될 수도 있다. 예컨대, 523미터짜리 런던의 템스강을 가로지르는 수문이 있는 템스 장벽은 평화적인 목적을 위해 쓰이는 환경적 변경기술의 예이다. 이 장벽은 런던과

---

18) Hallan C. Noltimier, 'Techniques for Manipulating the Geosphere' in A. H. Westing (ed.), *Environmental Waljare: A Technical, Legal and Policy Appraisal* (Taylor & Francis, London, 1984) 25-31; Ernö Mészáros, 'Techniques for Manipulating the Atmosphere' in A. H. Westing (ed.), *Environmental Warfare: A Technical, Legal and Policy Appraisal* (Taylor & Francis, London, 1984). 13.

19) 환경 조절 기술의 평화적 사용은 ENMOD 협약의 제3(1)조의 범위에서 특별히 열외 되었다.

템스 강 하구를 해수면과 조수의 상승에 의해 발생하는 홍수로부터 보호하기 위해 만들어졌다.[20] 하지만 이 거대한 장벽의 수력 수문은 궁극적으로 컴퓨터 시스템을 이용해 통제되고 있고, 그로 인해 이론적으로 컴퓨터 네트워크 공격의 조작에 취약하다. 예컨대, 조수의 급상승 도중 수문을 닫지 못하게 방해한다면 홍수의 자연적 흐름이 런던의 상당한 지역에 피해를 입힐 것이다. 그런 파도가 도시에 미치는 피해 효과를 증폭시키기 위해 그 장벽 자체를 사용하는 것도 가능할 것이다. 조수 상승 시 수문을 닫아놓고 조수가 최고조에 달했을 때 열게 되면 런던 중심지가 물에 잠기게 되어 막대한 인명 피해와 시설 파손을 초래할 것이다. 이러한 피해는 확실히 협약의 '심각한' 기준을 충족시킬 것이다.

ENMOD 협약은 국제적 무력분쟁에 한정되지 않는다. 하지만 비국제적 무력분쟁에의 적용은 피해가 타 당사국에 야기되어야 한다는 요건에 의해 제한된다. 그럼에도 동 협약은 환경변경기술이 국내적 적대자에 대해 고의적으로 사용되었지만 국경을 넘어 타 당사국에게 피해를 야기하는 상황에는 적용된다.[21]

1.3. 기타 보호

환경은 또한 민간물자의 보호, 비례성 및 군사적 필요성, 컴퓨터 네트워크 공격에도 동일하게 적용되는 일반규칙들에 의해서도 보호된다. 비례성과 필요성이라는 일반원칙의 환경보호와의 관련성은 *핵무기*에 대한 국제사법재판소의 권

---

20) The Environment Agency, *The Thames Barrier: Flood Defence for London*, www. environment-agency.gov.uk/regions/thames/323150/335688/341764/ (최종접속 일자 29 November 2006)를 보라.

21) Dinstein, *Conduct of Hostilities* (1st edn). 189.

고적 의견에서도 강조되었었다.[22]

> 국가는 합법적 군사목표의 필요성과 비례성 평가시 환경을 고려해야 한다. 환
> 경존중은 어떤 활동이 필요성과 비례성 원칙에 일치하는가를 평가하는 요소들
> 중의 하나이다.

게다가 유엔 총회도 환경파괴는 군사필요성에 의해 정당화되지 않으며 악의
적으로 행해질 경우 분명히 현 국제법에 반하는 것이라고 하였다.[23] 국제사법재
판소는 *Nuclear Weapons* 사건에서 총회 결의안 그 자체는 구속적이지 않음에
도 불구하고 '총회 결의안들은 규칙의 존재나 법적 확신의 출현에 대한 증거를
제공한다'고 밝히고 있다.[24] 이것은 몇몇 논자들이 환경보호가 국제 무력분쟁과
비국제 무력분쟁 모두에서 적용 가능한 관습적인 국제법 규범이라고 확증하도
록 했다.[25]

제1추가의정서를 초안할 당시 전시 환경보호를 통합한다는 것은 매우 혁신
적이었지만, 이 개념은 국제형사법원의 로마규정에의 환경적 전쟁범죄의 포함

---

22) *Nuclear Weapons Case*, para 30.

23) Protection of the Environment in Times of Armed Conflict, UN GAOR, 47th Sess., Agenda Item 136, UN Doc A/Res/47/37 (1992).

24) 법정에서 이런 말도 남겼다. '몇몇 장비가 모든 국가들에게 상관있지 않은 현실을 토대로, 이 결의에 대해 총회는 아직 그렇게 하지 않은 국가들이 국제 협약과 관련된 세력이 되는 것을 고려하기 위해 호소하였다.

25) 환경과 관한 관습적 위상에 관한 대안적 견해를 위해서는 Henckaerts and Doswald-Beck, *Customary International Humanitarian Law*, Vol. 1, 143; Dinstein, *Conduct of Hostilttes* (1st edn), 193. 하지만 Schmitt, 'Green War'를 보라.

은 논쟁의 여지가 없는 매우 중요한 문제였다.[26] 국제형사법원은 '그런 공격이 구체적이고 직접적인 예상되는 모든 군사적 이익과 비교해 자연환경에 부차적이고, 광범위하며, 장기적인 심각한 피해를 유발한다는 것을 알면서도 고의로 공격을 개시하는 것'을 구성하는 전쟁범죄와 관련된 관할권을 갖고 있다.[27]

환경보호는 (아래에서 논의할) 민간물자의 보호와 민간주민에게 필수불가결한 물자의 보호에 대한 규정에서 추론되기도 한다. 민간물자는 군사목표물이 아닌 모든 물자로 정의되고, 몇몇 경우 환경은 이용에 따라(가령, 군에 엄호물을 제공함으로써) 군사목표물이 될 수도 있지만, 일반적으로는 민간물자로 간주된다. 만약 의심될 경우, 그것이 군사목표물이 아니라는 가정은 우선적으로 준수되어야 한다.[28] 어떤 상황에서는 환경은 주민에게 필수불가결한 물자로 간주될 수 있으며 (예를 들면, 저수지), 그에 따라 제1추가의정서 제54조와 제2추가의정서 제14조에 의해 보호받는다. 제2추가의정서 제14조는 아마도 환경보호에 있어 더 중요한데, 이는 제1추가의정서와 달리 제2추가의정서는 일반적으로 민간물자는 보호하지 않기 때문이다.[29] 국제적십자위원회는 또한 군사교범 지침과 무력분쟁 시 환경을 보호하는 법 등을 발간하였다.[30] UN 총회에서 공식으로 승인되지는 않

---

26) Hulme, 'Natural Environment', 205.

27) Art. 8(2)(b)(iv) Rome Statute of the International Criminal Court 1998 (entered into force 1 July 2002). 이 실례에서 지식이 합리적인 예측 가능성이 아닌 실제 지식을 의미한다는 것에 주목해 보라(Art. 30(3) of the Rome Statute).

28) 제1추가의정서 제52조(3).

29) Pilloud, *et al.*, *Commentary*, para 4794.

30) ICRC, 'Guidelines for Military Manuals and Instructions on the Protection of the Environment in Times of Armed Conflict' (1996) 311 *IRRC* 230, www.icrc.orgjeng/resources/documents/misc/57jn38.htm (최종접속일자 2011년 7월 15일); annex to UN Doc.A/49/323 (1994).

았지만, 총회는 모든 국가에게 자국의 군사요원에게 강조해야 할 군사교범과 여타 문서들에 가이드라인을 통합할 가능성을 적절히 고려하도록 권고했다.[31] 다른 공격과 마찬가지로, 컴퓨터 네트워크 공격의 환경적 영향은 어떤 작전이든 계획단계에서 고려해야 할 요인이 되어야 한다.

2. 문화재

문화재의 파괴 및 약탈은 고의적이든 아니면 군사작전 수행의 우연한 결과이든 고래로부터 거의 모든 분쟁에서 발생되어 왔다. 전시 문화재 보호에 대한 관념은 점진적으로 발전되어 왔으며 많은 전쟁에서의 파괴를 통해 오늘날 문화재는 특수한 문화재협약 및 무력분쟁법의 일반체계에 의해 보호되고 있다.[32] 모든 경우 구별원칙이 적용되며 문화재는 민간물자인 이유로 보호되고 있다. 컴퓨터 네트워크가 스핑크스를 무너뜨리거나 렘브렌트 또는 메카의 대 모스크를 파괴할리는 없지만, 무력분쟁법하에서 불법성을 추론해 낼 수 없는 공격을 하기 위한 기술의 이용으로 현존하는 문화재에 물리적인 피해를 가하는 것은 가능하다.

---

31) GA Res 49/50. 9 December 1994.

32) 여기에서 가능한 것보다 무력분쟁 동안 문화재 보호와 관련된 법 개발에 대한 더욱 완벽한 역사적 배경을 위해서는 일반적으로 다음을 참조해 보라. Jiri Toman, *The Protection of Cultural Property in the Event of Armed Conflict* (Dartmouth: UNESCO. Aldershot; Brookfield. VT. 1996). 71; PatrickJ. Boylan, *Review of the Convention for the Protection of Cultural Property in the Event of Armed Conflict* (UNESCO, Paris, 1993). 28; Kevin Chamberlain, *War and Cultural Heritage: An Analysis of the 1954 Convention for the Protection of Cultural Property in the Event of Armed Conflict and Its Two Protocols* (Institute of Art and Law, Leicester, 2004).

하지만 오늘날 더욱더 많은 문화적 기념비, 도서관 그리고 과학적인 수집물들이 디지털화되어 정보시스템에 저장되고, 몇몇 경우에서는 사라진 예술이나 언어, 또는 문화의 유일한 남아있는 기록이 되기도 한다. 어떤 작품들은 전자적인 형태로만 남아있는 것들이 있으며 이들은 보통 '디지털화된 기록(born-digital)'[33]이라고 불린다. 이런 전자화 또는 창조가 발생하는 경우에, 최종적인 기록들과 수집물들은 컴퓨터 네트워크 공격의 영향에 취약해지게 되는데, 이는 파괴 또는 손상, 아니면 이러한 문화적 작품의 절취을 통해서 그렇게 된다. 컴퓨터 네트워크 공격은 문화재와 관련해 두 가지 흥미로운 문제를 제기한다. 첫째, 모든 복사본이 동일하고 백업될 수 있는 오늘날의 전자시대에 보호받을 수 있는 문화재는 무엇인가? 둘째, 전자 문화재에 대해 어떤 행위가 금지되는가?

2.1. 법적 구조

헤이그규칙은 비록 문화재에 대한 정의는 내리고 있지는 않지만 무력분쟁시 문화재 보호에 관한 최초의 조약이다. "종교, 예술, 학술 및 자선의 용도에 제공되는 건물, 역사적인 기념건조물, 병원과 병자 및 부상자의 수용소"를 모두 보호하는 규정의 첫 문단은 군사필요성의 명령에 의해 제한되며, 그 내용보다는 건조물에 한정된다.[34] 건물은 문화적 중요성 보다는 그 용도면에서 정의되고 있다

---

33) 전자적으로 탄생된 작품들은 디지털 형식으로 완성되고 보이는 미술품들, 전자 형식으로만 저장된 문서들과 기록들, 디지털 녹음 등을 포함한다. 이는 파일이 기록되고 저장된 물리적인 매체가 연관된 디지털 작품들을 통합하고 구성요소는 물리적인 매체에 저장되어 있지만 필요한 과제는 디지털 환경에서 재구성하는 작품들도 이 부류에 포함한다.

34) 제27조의 내용은 다음과 같다 '포위나 폭격상황에서는 군사목표물로 쓰이지 않는다는 가정 하에 종교, 예술, 과학, 자선 목적으로 쓰이는 건물, 역사 기념물, 병원, 부상자나 병자를 수용하는 건물들을 보호하기 위해 모든 필요한 절차를 밟아야 한다. 이런 건물이나 장소의

는 것 또한 강조되어야 한다.[35] 컴퓨터 네트워크 공격과 관련하여 헤이그규칙의 이 규정은 특별한 문제를 제기하지 않는다. 간단히 말해, 디지털 문화재를 담고 있는 서버 또는 여타 장치는 건조물이 아니다.[36] 동 규칙 제56조는 또한 "시, 군, 동, 읍, 면의 재산, 그리고 국가에 속하는 것일 지라도 종교, 자선, 교육, 예술 및 학술의 용도에 제공되는 건조물은 사유재산과 마찬가지로 이를 취급하여야 한다. 위와 같은 건조물, 역사적인 기념건조물, 예술 및 학술상의 작품을 고의로 압수, 파괴 또는 훼손하는 것은 일체 금지되며 또한 형사소추되어야 한다"고 규정하고 있다.[37]

제네바협약은 특별히 문화재의 보호에 대해 언급하고 있지 않다. 하지만 문화재를 민간재산으로 간주함으로서 약간의 보호를 규정하고 있다. 민간물자의 일반적 보호 외에도 제1추가의정서 제53조 또한 문화재에 대한 특별보호를 포함하고 있다.

무력분쟁의 경우에 있어서 문화재의 보호를 위한 1954년 5월 14일자 헤이그 협약의 제 규정 및 기타 관련 국제협약의 제 규정을 침해함이 없이 다음 사항은

존재를 분명하고 식별가능 한 표시로 적국에게 미리 알리는 것은 포위당한 국가의 의무이다.'

35) Chamberlain, *War and Cultural Heritage*, 28.

36) 비유를 사용하여도, 수많은 어려움이 있다. 종교의식 장소나 다른 보호받는 기관이 어떤 한 특정 웹사이트에 위치해 있을 때, 이 사이트들은 일반적으로 다른 사이트를 포함하는 ISP를 호스트로 삼는다. 이런 경우 개별 사이트는 보호대상이 될 수 있지만, 서버는 해당되지 않는다.

37) Art. 56. Hague Regulations. 해당 정의는 문서 보관에까지는 적용되지 않은 것을 주목할 것. 그러므로 점령국이 문서 보관과 군사 계획과 관련된 문서를 탈취할 권리를 가지고 있었다는 것으로 결론내려졌음. Toman, *Protection of Cultural Property*, 47.

금지된다.

　가. 국민의 문화적 또는 정신적 유산을 형성하는 역사적 기념물, 예술작품 또는
　　　예배장소를 목표로 모든 적대행위를 범하는 것

　나. 이를 군사적 노력을 지원하기 위하여 사용하는 것

　다. 이를 보복의 대상으로 하는 것

　제2추가의정서 제16조도 거의 동일한 규정을 두고 있다.[38] 의정서 해설서 및 국제적십자위원회 관습국제인도법연구는 제53조는 매우 중요한 문화재에 한정하여 다루는 것으로 이해되어야 한다는 것이 강조되어야 한다.[39]

2.1.1. 1954년 문화재협약 및 의정서

　전시 문화재 보호에 관한 주요협약은 1954년 무력분쟁시 문화재 보호에 관한 헤이그협약(문화재협약)이다.[40] 뒤따른 1999년의 제2의정서와 제네바협약 제1, 2추가의정서는 용어에 대한 '편견 없이' 작성되었다.[41] 문화재협약은 문화재

---

38) 제2추가의정서 제16조의 내용은 다음과 같다. '1954년 5월 14일에 체결된 문화제 관련 헤이그협약의 내용을 침해하지 않도록, 민족의 정신적 또는 문화를 계승하는 역사 기념물, 예술 작품이나 종교적 장소에 대한 어떤 적대적 행위나 군사적 활동지원을 위해 사용하는 것을 금지한다.'

39) Dinstein, *Conduct of Hostilities* (2nd edn), 179-80; Roger O'Keefe, *The Protection of Cultural Property in Armed Conflict* (Cambridge University Press, Cambridge; New York, 2006), 209-14.

40) Convention for the Protection of Cultural Property in the Event of Armed Conflict, 14 May 1954, 249 UNTS 240.

41) Art. 53, Additional Protocol I; Art. 16, Additional Protocol II; Roger O'Keefe, 'The Meaning of "Cultural Property" under the 1954 Hague Convention' (1999) 46 *NIL Rev*. 26, 31.

를 (기원과 소유권에 관계없이) '모든 사람들의 문화적 유산에 매우 중요한 동산이나 부동산'으로 정의했다.[42] 동 정의는 '종교적이든 비종교적이든 불문하고 건축, 예술, 역사적 기념물, 고고학적 유적, 전체적으로 역사적 또는 예술적 중요성을 갖는 건물들의 집단, 예술 작품, 예술적·역사적·고고학적 중요성을 갖는 원고, 서적 및 기타 물품들, 과학적 소장품 및 중요한 도서 또는 기록물, 또는 위에서 언급된 재산들의 복제본'을 포함한다. 이 정의는 또한 '위에서 정의된 동산 문화재를 보존 또는 전시하는 것을 주된 실제 목적으로 하는 건물'과,[43] '다량의 문화재가 집중되어 있는 구역'도 포함한다.[44] 이 정의는 문화재협약 의정서 및 제네바협약의 제1, 2추가의정서 모두에서 사용되었다.

컴퓨터 네트워크 공격으로 위험에 처해질 수 있는 디지털 문화재는 2가지 주요한 형태가 있다. 원래 존재하던 문화재를 디지털로 복원한 작품들과 "디지털화된 기록" 다시 말해, 원래부터 디지털 형식으로만 존재하는 작품들이 그것이다.[45] 현 디지털 유산 중 상당부분이 원래 존재하던 작품을 디지털로 복원한 작품들로 구성되어 있다.[46] 원작들은 위의 협약에서 문화재로 취급되지만, 원작들을 디지털화 한 것은 복제본으로 간주되어야 하며, 이것들은 중요한 수집품인 경우 문화재협약에 의해 보호될 수 있을 것이다. 문화재협약을 채택한 총회에서 문화재 복제본의 보호에 대해 논의할 때, 프랑스와 스위스 대표는 원본의 소실

---

42) Art. 1(a), Cultural Property Convention.

43) 무력분쟁 시의 박물관, 대형 도서관, 기록물 보관소 및 무력분쟁시 문화재를 대피시키기 위한 보호시설 등. Art. 1(b) *ibid*.

44) Art. 1(c), *ibid*.

45) Rodes, Piejut and Plas, *Memory of the Information Society*, 39.

46) *Ibid.*, 37.

시에 복제본이 더욱 중요해진다는 것을 지적하면서 복제본 보호의 중요성을 강조했다.[47] 하지만, 모든 복제본들이 위 협약에 의해 보호되는 것은 결코 아니다. 아무도 매년 플로렌스에서 판매되는 수백만 점의 다비드상 기념품 복제본들을 협약에 따라 보호되어야 한다고 하지 않는다. 또 다른 문제는 모든 디지털 복제본이 수집품을 보존할 목적으로 복제된 것은 아니지만, 그럼에도 불구하고 보호되고 매우 손상되기 쉬운 문화적 물자의 중요한 복제본이다.[48]

컴퓨터 네트워크 공격에 특히 취약한 두 번째 종류의 디지털 문화재는 디지털 사회의 문화재를 특징짓는다. 디지털화된 기록은 첫 생산부터 모든 디지털 과정의 결과물이고, 그 작품은 창조되는 순간에 디지털로 암호화된다. 지구를 촬영한 디지털 사진들이 그 예이다.[49]

이런 작품으로는 디지털 포맷으로 완성되고 전시되는 예술 작품들,[50] 전자포맷으로만 저장된 문서나 기록, 디지털 녹음물 등이 있다. 그것은 파일을 기록하거나 저장하는 물리적 매체와 관련된 디지털 작품뿐만 아니라, 구성부분이 물리적 매체에 저장되지만 해당 작품이 디지털 환경에서만 재구성될 수 있는 작품도

---

47) Intergovernmental Conference on the Protection of Cultural Property in the Event of Armed Conflict, *Records of the Conference Convened by the United Nations Educatinoal, Scientific and Cultural Organisation and Held at the Hague from 21 April to 14 May 1954*

48) 예컨대, 어떤 기관이 특정 문화재에 관련된 특정 프로젝트를 위해 디지털 복원작을 만들 수 있다. 예: 스펑크스 맵핑 프로젝트

49) Rodes, Piejut and Plas, *Memory of the Information Society*, 39.

50) 유네스코 디지털 아트어워드에 공모된 예술 작품 참조. http://portal.unesco.org/culture/en/ev.php-URL_ID=29021&URL_DO=DO_TOPIC&URL_SECTION=201.html (최종접속일자 2011년 7월 7일)

포함한다.[51] 이제 미술관들은 디지털화된 가상매체를 전공하는 예술가들이 만든 새로운 디지털 예술작품들을 전시하고 있고,[52] 많은 영화 제작자들이 요즘은 디지털 매체로만 촬영을 한다.

문화재협약에 따르면 체약국은 자국의 영역 내에 소재하는 문화재를 무력분쟁시의 예측되는 영향으로부터 보전에 적당하다고 인정되는 조치를 평시에 취하여야 한다.[53] 디지털 문화재와 관련하여 보호해야 할 작품의 충분한 백업 및 포맷을 방지하는 이러한 의무를 충족하는 것으로 볼 수 있다. 게다가 동 협약은 동산 문화재를 보호하기 위한 피난시설, 문화재 집중지구 및 기타 대단히 중요한 부동산 문화재에는 특별보호를 허용하고 있다.[54] 이 피난시설의 보호는 디지털 문화재를 저장하기 위해 만들어진 시설들에도 동일하게 적용되며, 무력분쟁이 일어나기 전에 건립되고 기능할 수 있는 이점이 있다.

공격국과 방어국은 무력분쟁의 경우에 재산을 파괴나 손상에 노출시킬 수 있는 방식으로 재산과 환경을 사용하는 것을 억제해야 한다.[55] 이와 마찬가지로, 국가는 그러한 재산에 대한 '적대행위'를 자제해야 한다. 문화재협약에 대한 2개 의정서(1954년 및 1999년에 각각 채택) 및 전미연합(Pan American Union)이 채택한 Roerich협약을 포함한 여타 레짐 또한 무력분쟁시 문화재에 대한 보호를 제

---

51) Rodes, Piejut and Plas, *Memory of the Information Society*, 39.

52) Guy Pessach, *Digital Art Museums - Legal Perspectives* (2006) http://islandia.law.
yale.e여/isp/writing%20paper/digital_art.htm (최종접속일자 9 June 2006).

53) Art. 3, Cultural Property Convention.

54) Arts 8 and 9. *ibid*. 특별한 보호하의 문화재는 해당 자산을 특별 보호하의 문화재 국제등록부(International Register of Cultural Property under Special Protection)에 등록함으로서 지정되는 것이며, 이 이후로 해당 자산은 공격대상으로부터의 면제와 군사적 목적을 위한 활용으로부터 제외된다.

55) Art. 4(1). *ibid*.

공하고 있다. 다음에서는 컴퓨터 네트워크 공격이 디지털 문화재에 미칠 것으로 예상할 수 있는 2가지 문제에 대해 논의하고자 한다. 디지털 작품에 대한 공격 및 그로 인한 피해, 절도 또는 절취.[56]

2.2. 디지털 작품에 대한 공격과 피해

국제인도법은 긴급한 군사적 필요의 경우를 제외하고는 문화재에 대한 공격과 손상을 금지한다.[57] 이 금지사항은 디지털 환경으로 바뀌어도 똑같이 적용될 것이다. 하지만 디지털 작품들이 문화재로 간주될 수는 있지만, 디지털 환경은 물리적 환경과는 다르게 작동한다. 법규 위반으로 간주되기 위해 요구되는 공격의 정도와 공격의 필수적인 결과는 재분석될 필요가 있다. 디지털 기록의 보전은 현실에 있는 작품들보다 더 손상되기 쉬워서, 손상될 위험과 그에 따른 피해가 더 크다. 디지털 환경은 기록들이 바뀌었다는 흔적 없이 백업으로부터 원형으로 복원될 수 있는 기회를 제공한다. 이것이 디지털미디어의 큰 강점 중 하나지만, 가장 큰 위험이기도 하다. 왜냐하면 이것은 디지털 기록물이 수정된 흔적을 남기지 않고 수정되어, 역사가 오웰적으로 (Orwellian) 되쓰여질 수 있는 가능성을 남긴다.[58] 지난 십년간의 외교적인 마찰 동안 웹 사이트 공격 빈도는 점점

---

56) 협약 1은 점령지의 재산의 보호를 주로 다룬다. 로어리치 협약은 아메리카 대륙의 10개국에서 유효하다. 위 국가들에게 헤이그협약은 로어리치 협약에 추가적인 것이고, '역사기념물, 박물관, 과학, 예술, 교육, 문화 관련 기관'의 보호를 위해 식별가능 한 깃발을 만들었다.

57) Art. 51, Hague Regulations; Art. 51, Additional Protocol I; Art. 4, Cultural Property Convention.

58) 조지오웰의 디스토피아 소설 '1984'에서는 현 정부의 정책과 맞지 않는 역사의 재구성을 담당하는 한 정부기관이 나온다. 정권의 슬로건은 '과거를 지배하는 자가 미래를 지배한다'

늘어났다. 이런 행동들이 공격이라고 말하기에는 충분하지 않지만, 무력분쟁 중에 모나리자의 디지털 사본에 콧수염을 그리는 것이 문화재협약의 위반으로 간주할 수 있을까? 작품을 수정하는 것이 손상으로 간주될 것인가? 디지털 문화재가 영구적으로 손상되지 않고 백업을 사용해 원형으로 손쉽게 돌아갈 수 있다고 해도 그것은 위반인가? 제6장에서 보았듯이, 해당 작품이나 웹 사이트가 보호되지 않았다고 주장하는 것은 방어가 아니다.

관련 협약에 들어 있는 어법은 매우 폭넓다. 헤이그규칙 제56조는 종교, 자선, 교육 예술 및 과학기관에 속하는 문화재는 개인재산으로 보호되고, 이런 기관들과 역사기념물, 예술작품과 과학 작품에 대한 '몰수, 파괴, 의도적인 훼손'은 금지된다.[59] 이 보호는 국제관습법에 따른 것이고, 위 기관들의 디지털 자산과 디지털 기념물, 디지털 예술작품과 과학 작품부터 유형적 작품들까지 확대되는 것으로 추정된다.

문화재협약 제4조(1)과 제1추가의정서 제53조 및 제2추가의정서 제16조는 체약국에게 문화재에 대하여 '어떠한 적대행위'도 삼갈 것을 요구하고 있다. 문화재협약에 따르면 이러한 의무는 진정으로 부득이한 군사상의 필요가 있는 경우에만 면제된다.[60] 추가의정서에 담긴 폭넓은 언어는 추가의정서에 대한 국제적십자위원회 해설에서 거론되었고, 요키치(Jokic)의 항소법원에서 '역사적 기념물과 예술 작품, 사람들의 문화적 혹은 정신적인 유산을 구성하는 종교적 장소'를 목표로 한 직접적인 공격은 실제로 피해를 입혔는지의 여부를 떠나서 금지하

<hr />

'현재를 지배하는 자가 과거를 지배한다'이다.

59) Art. 56, Hague Regulations.

60) Art. 4(2), Cultural Property Convention.

는 것으로 확정되었다.[61] 그러나 연이어 열린 *Kordic*과 *Cerzec* 항소법원에서 제1추가의정서 제51조와 제52조를 위반하는 공격은 심각한 피해를 입히지 않더라도 위법행위라는 것을 인정하면서도,[62] 위 조항들의 애매한 표현은 개별적인 범죄책임을 문화재의 훼손이나 파괴로 이어지는 경우에만 국한시킴으로써 완화되었다.[63]

> … 역사적 기념물, 예술작품, 종교적 장소 같은 민간물자에 대한 의도적인 공격은 광범위한 파괴로 이어지는 경우에 한해서만 추가의정서에 대한 심각한 위반으로 간주된다.

디지털 작품에 대한 공격은 문화재협약이나 동 협약 의정서에 대한 위반으로 간주되지만, 심각한 피해를 초래하지 않고서는 중대한 위반이 되지는 않는다(그러므로 개인의 범죄책임은 묻지 않는다.) 하지만 디지털 작품의 결정적 특성 중 하나는 사본, 가령 백업 사본이 원본과 동일해야 한다는 것인데, 이는 많은 경우에 디지털 작품이 지속적인 피해 없이 복원이 가능하다는 것을 뜻한다. 디지털 작품에 대한 피해가 꼭 복구 불가한 것이어야 하는가는 두고 보아야 하겠지만, 백업 사본으로부터 완전하고 동일하게 복원될 수 있는 디지털 작품에 대한 훼손은 심각

---

61) ICRC Commentary to Additional Protocol I, paras 2067, 2069-72; *Prosecutor v. Miodrag Jokic (sentencing Judgment)* (2004) Case No. IT-01-42/10s, International Criminal Tribunal for the Former Yugoslavia - Trial Chamber I, para 50.

62) *Prosecutor v. Dario Kordic and Mario Cerkez (Appeal)* (2004) Case No. IT-95-14/2-A. International Criminal Tribunal for the Former Yugoslavia, Appeals Chamber, para 65.

63) *Ibid.*, *para* 65.; Art. 85(4)(d), Additional Protocol I; Art. 3(d), Statute of the International Criminal Tribunal for the Former Yugoslavia.

한 위반사항으로 간주되지 않는다는 *Kordic*과 *Cerzec*의 항소법원에서 나온 논리와 일치하는 것처럼 보인다.[64] 이런 백업들을 유지하는 것은 피해국의 문화재를 보호하려는 의무 하에서 피해국이 취하는 조치에 속할 것이다.[65] 이런 조치들을 피해국이 취했는지 여부는 공격국의 예측 가능한 피해 분석에 속하는 것이다. 최근 국내에서 발생한 해킹 사례들에서는 예상되는 형량의 강도를 감형 받고자 손상된 시스템의 안전조치 미비를 문제삼고자 하였다.[66] 그러나 이러한 변명은 문화재의 경우 역효과를 내게 된다. 제1추가의정서 제85조는 무방호지역을 공격대상으로 하는 것을 협약의 중대한 위반행위로 규정했다.

2.3 디지털 작품의 절도, 약탈 및 절취

1954년의 문화재협약과 그 의정서는 '문화재에 대한 어떠한 형태의 절도, 약탈, 절취'에 대한 절대적인 금지조항을 포함하고 있다.[67] 이 금지조항은 군사적 필요성에 따라 좌지우지되지 않는다. 더 나아가, 헤이그규칙은 문화기관에 속하는 모든 재산을 사유재산으로 규정하고, 이런 기관, 역사 기념물, 혹은 미술, 과학 작품들의 압수를 금한다. 약탈은 절대적으로 금지된다.[68]

제8장에서 논의하겠지만, 디지털 작품의 무형적 본질은 국제법에서 별 문제

---

64) *Ibid*.

65) Art. 3, Cultural Property Convention.

66) 'UK Hacker "Should Be Extradited"', *BBC News*, 10 May 2006, Technology.

67) Art. 4(3), Cultural Property Convention; Art. 15, Second Cultural Property Protocol.

68) Arts 47 and 56, Hague Regulations.

가 되지 않는다. 법원과 재판소에서 주식이나 저작권 같은 무형 자산에 대한 약탈을 다루는 것을 쉽게 볼 수 있다.[69] 따라서 한 국가가 문화재를 구성하는 문화재의 디지털 복사본이나 디지털포맷 작품을 가지고 있는 경우, 이 작품들 역시 절도, 약탈 및 절취를 금지하는 대상에 포함된다.

2.3.1. 작품의 무단 복제

디지털 포맷으로 저장되면, 문화재로 간주되는 작품들이 위에서 말한 컴퓨터 네트워크 공격 위험에 노출될 뿐만 아니라, 공격국의 의도대로 복제되어 사용될 수 있다. '타이탄 레인'('Titan Rain') 사건들이 보여주는 것처럼,[70] 엄청난 양의 이런 복제가 몇 분 만에 일어날 수 있다. 디지털로 저장된 정보의 결정적 특성 중 하나는 대량의 복사본도 아주 적은 비용으로 원본을 훼손하지 않으면서 만들 수 있다는 것이다.[71] 이러한 특성은 디지털 문화재의 무단 복제를 절도나 절취의 가장 손쉬운 대상으로 만들며, 이는 디지털 작품들에도 막대한 악영향을 미친다. 이제는 네페르타리의 무덤이 완벽히 복제되어 다른 곳에 있는 박물관에 전시되는 것도 가능할 뿐만 아니라, 이런 디지털 작품의 더 일상적인 사용도 가능하다.

---

69) Trial of carl Krauch and Twenty-Two Others (I.G. Farben Trial) (1948) X Law Reports of Trials of War Criminals 1, United States Military Tribunal, Nuremburg; Trial of Alfied Felix Alwyn Krupp von Bohlen und Halbach and Eleven Others (Krupp Trial) (1948) X Law Reports of Trials of War Criminals 69, United States Military Tribunal, Nuremburg.

70) 부록 1 참조.

71) 실제로, 디지털 문화재의 가장 큰 모순 중 하나가 문화재의 보존이 다수의 복사본을 만드는 것에 의존한다는 것이다. 컴퓨터는 이 분명한 문제의 방향을 바꾼다. 문서의 생존은 그것을 보관하는 매체가 얼마나 버티냐에 달린 것이 아니라, 문서가 한 매체에서 다른 매체로 얼마나 자주 옮길 수 있는지에 달린 것이다. Rodes, Piejut and Plas, Memory of the Informaation Society, 35.

다음과 같은 가상의 예를 보자. 아카디아는 루리타니아와 전쟁 중이고, 그 후에 루리타니아의 영토의 일부를 점령했다. 점령 중, 기획력 있는 군인들이 루리타니아의 국립미술관 수집목록에서 디지털 작품을 복제하여 카펫에 인쇄하여 아카디아에서 팔았다. 복제된 작품들 몇몇은 루리타니아의 국민들에게 매우 신성하고 문화적으로 중요한 작품이고, 만들어진 카펫은 점령된 지역의 정신적 전통을 '적'이 말 그대로 밟고 다니는 것이기 때문에 엄청난 모욕을 주게 된다.[72]

디지털 복원작으로 남아있는 저작권의 문제는 제쳐두고,[73] 디지털 '거장'을 훼손하거나 변경하지 않고서 원본이든 사본이든 간에 디지털 작품을 복제하는 것이 절도, 약탈 또는 절취로로 간주되는가라는 질문이 제기되어야 한다. 이해할 수 있듯이, 그 협약을 입안한 위원회는 절도, 약탈, 절취라는 단어의 뜻을 고려하지 않았다. 모든 것은 그 자체로 설명 가능한 것으로 간주되었다.[74] 불법 복제가 절도, 약탈, 절취에 해당하는 지를 결정하려면 두 가지 질문에 대답해야 한다. 첫째, 그 작품의 소유자가 그 작품을 완전히 빼앗겨야 하는가, 아니면 소유자가 작품을 사용할 수 있는 저작권을 침해당한 그 자체로 충분한가? 그리도 둘째로, 약탈된 작품이 위협이나 폭력 행사로 인하여 얻어져야만 하는가? 절취는 굉장히 넓은 용어이기 때문에, 이 두 번째 질문은 일반적인 약탈과 관련해 제8

---

72) 이 예는 오스트레일리아의 *Milpurrurru v. Indofurn Pty Ltd* (1994) 54 FCR 240 저작권 사례의 사실들을 변형한 것으로, Indofurn이 원주민의 성스러운 디자인을 도용하여 베트남에서 카펫으로 생산한 사건이다.

73) 디지털 작품은 관련된 지적 재산 법규에 따라 보호받을 가능성이 높다. 작품의 허가되지 않은 복제는 저작권의 침해로 분류되며 관련국의 국내 판결에 따라 판결된다. 그러나 이 장에서는 디지털 작품의 문화재로써의 관련성만을 다룬다.

74) 횡령이라는 단어는 참가국의 재산을 요구하지 않을 의무에 관련되어 '재산의 제거'라는 용어를 대체하기 위하여 추가되었다. 그러나 기본적인 의미는 거론되지 않았다. Toman, *Protection of Cultural Property*, 71.

장에서 검토할 것이다.

구유고국제형사법원(ICTY)은 세레비치(Celevici) 사건에서 '정당화되지 않는 적국의 공공 및 사유재산의 착복은 일반적으로 금지되며, 이 사항은 병사 개개 인이 사적 이득을 위하여 행하는 약탈과 점령지를 경제적으로 착취하려는 체재 안에서 조직적으로 이루어진 재산의 몰수도 포함된다'라고 판결했다.[75] 헤이그 규칙을 적용한 뉴렌베르그 재판에서 문화재 범죄를 약탈이라는 일반적인 범주 안에 포함시키는 경향이 있었고 몇몇 경우에는, 어떤 범죄가 그러한 기소의 요 건을 충족시키는지 확립하는 것은 매우 어려운 일이 될 수 있다.[76] 하지만, 문화 재협약에서 사용된 '기타 절취'라는 표현은 헤이그규칙 제46조, 즉 사유재산 보 호의 위반행위를 판단했던 군사 법원들에서 유사하게 다루었던 범죄들을 포함 하는 넓은 범위의 기소항목이라고 할 수 있다.

프레드릭 플릭(Friedrich Flick)에게 유죄를 선고한 플릭 재판은 아마 디지털 작 품의 무단복제와 가장 비슷한 사례일 것이다. 플릭의 위반행위는 점령지의 공 장을 소유자의 허락 없이 운영한 것이었다.[77] 흥미로운 점은 법원이 그의 행위

---

75) *Prosecutor v. Zejnil Delalic et al. (Celebici)* (1998) Case No. IT-96-21-T, International Criminal Tribunal for the Former Yugoslavia, para 590.

76) 예컨대, 플릭이 사유재산에 대해 어떤 위반행위에 대해 유죄 판결을 받았는지 분명하지는 않다. 문제된 행위는 점령된 프랑스의 롬바크 공장의 몰수와 가동이고, 그러나 판결소는 어떤 피고도 '통상적으로 이해되는 약탈의 행위의 책임이 있지 않다 … 플릭의 행위는 사 유재산은 존중되어야 한다는 헤이그협약 제46조를 위반하는 데 기여했고, 이 사항에 대해 선 여지가 없다. 그러나 그의 행동이 히틀러 정권의 체계적인 약탈을 실행하려는 의도 안 에 있다고 볼 수 없다.'라고 판결했다. 이 분석은 따라서 플릭이 횡령이나 특정한 종류의 약 탈 외의 다른 혐의로 유죄 판결을 받았다고 결론짓는다. '플릭의 위법행위는 횡령이나 약탈 이 아닌 점령지의 재산에 대한 위법으로 간주되어야 할 것이다.' *Trial of Friedrich Flick and Five Others (Flick Trial)* (1947) IX *Law Reports of Trials of War Criminals* 1, United States Military Tribunal, Nuremburg, 40.

77) *Ibid.*

를 다음과 같은 사실에도 불구하고 위법행위로 보았다는 것이다. a) 첫 몰수는 불법적이지 않았다. b) 플릭은 소유자의 추방과 아무 관련이 없다. c) 그 재산이 '몰수될 당시보다 더 좋은 상태에 있었다. d) 자신의 사익을 채우거나 괴링의 목표를 채우려는 착취행위가 없었다. 공장에서 생산된 물품들이 전쟁 전에 보내졌던 국가 외에 다른 곳으로 보내졌다는 증거는 없었다.[78] 위의 가정된 상황에서, 재산이 침략자의 개인적 이익을 위해 착취되었다면, 법원은 아무 어려움 없이 이 행위가 절취라는 것을 알아낼 수 있을 것이다. 실제로 *Krupp* 재판의 해설에는 헤이그규칙 제46조(사유재산에 대한 존중)를 위반하였기 때문에 처벌이 정당하다고 규정되어 있다.[79]

> 몰수 상태에 도달할 필요가 없다. 문제가 되지 않는 점유와 사용을 향유하는 정상적인 어떠한 사례에 대한 방해는 금지된다. 이런 사례는 특히 개인 소유에 대한 권리, 재산이 사용되는 목적을 통제할 권리, 재산의 이동, 재산으로부터 나오는 수입을 향유할 권리를 포함한다.

결국, 2003년 유네스코는 디지털 유산이 '영속하는 가치와 중요성이 있으므로 현세대와 다음 세대를 위해 보호되고 보존되어야 하는' 재원으로 이루어져 있다는 것을 인정하며 디지털 유산 보존에 대한 헌장을 채택했다.[80] 헌장에서는 무력분쟁시의 디지털 유산의 보호에 대해서는 논하지 않는다. 하지만 디지털 유

---

78) *Ibid.*

79) *Krupp Trial*, 16, fn. 5.

80) Art.1, Charter on the Preservation of the Digital Heritage, Adopted at the 32nd session of the General Conference Paris, Frnace, 17 October 2003.

산에 대한 보호 및 보존 방안을 제시하고 소실의 위험과 유산을 보호하는 조치의 필요성을 강조한다.[81] 주의할 점은 문화적 유산은 문화재보다 더 넓은 개념이라는 것이고, 보호의 대상인 어떤 디지털 재산도 위에서 명시한 문화재의 정의를 만족해야 한다는 것이다.[82]

3. 위험한 물리력을 포함하고 있는 시설물

2002년까지는 전쟁행위로서 일국에 대한 컴퓨터 네트워크 공격은 현실과 너무 동떨어진, 그리고 공포 분위기를 조성하기 위한 용도로만 평가되었다.[83] 미국의 정보기관들이 미국 정보시스템에 위협이 되는 중국, 러시아 및 다른 국가들을 감시하고 있었지만, 비국가적 행위자의 위협은 과소평가되었다.[84] 그러나 2002년에 아프가니스탄의 토라보라 지역의 동굴조직망을 정리하던 부대가 컴퓨터 네트워크 공격에 대한 큰 관심을 보여주는 알카에다의 노트북 컴퓨터를 발견했다. 컴퓨터 검사 결과 이 노트북 컴퓨터로 생산시설 파괴, SCADA 시스템

---

81) Arts 3-9, Charter on the Preservation of the Digital Heritage.

82) Manlio Frigo, 'Cultural Property v. Cultural Heritage: A "Battle of Concepts" In International Law?' (2004) 86(854) *IRRC* 367. 참조. 문화재 협약은 '민간에 속하는 문화재의 손괴는 전 인류의 문화유산의 손괴를 의미한다.'라고 서술한다. 따라서 문화재는 문화유산의 부분 집합이다.

83) PBS Frontline, *Interview with John Hamre: Cyberwar!* 24 April 2003, www.pbs.org/wgbh/pages/frontline/shows/cyberwar/interviews/hamre.html (최종접속일자 2012년 1월 16일); PBS Frontline, *Interview with James Lewis: Cyberwar!* 24 April 2003, www.pbs.org/wgbh/pages/frontline/shows/cyberwar/interviews/lewis.html (최종접속일자 2012년 1월 16일);

84) Gellman, 'Cyber-Attacks by Al Qaeda Feared'.

과 관련된 소프트웨어와 프로그래밍 설명과 다른 '크래킹' 툴을 제공하는 웹 사이트에 여러 번 접속한 것을 알아냈다.

1년 전에 발견된 '마운틴 뷰' 감시 프로그램에 이은 발견에, 관계자들은 알카에다의 컴퓨터 네트워크 공격능력에 점점 더 우려되기 시작했다.[85] 2002년 1월에 또 다른 컴퓨터가 아프가니스탄 카불에 있는 알카에다 사무실에서 압수되었다. 컴퓨터에는 구조 건축과 공학 소프트웨어를 사용해 만들어진 댐의 모델이 들어있었고, 댐이 파괴될 경우 피해지역을 모의 분석한 지질학적 토양 분석 소프트웨어도 있었다.[86] 권위자들이 이 약도가 어느 댐을 목표로 제작된 것인지 얘기하기를 거부했지만, 사이버공간으로 댐에 침투하는 것은 처음 있는 일이 아니다. 1998년 12살짜리 해커가 장난삼아 미국 애리조나의 루즈벨트 댐을 통제하는 컴퓨터 시스템에 침입했다.[87] 그는 몰랐지만, 정부 관계자들은 그가 댐의 거대한 수문과 4890억 갤런의 물을 통제하는 SCADA 시스템을 완전히 손아귀에 넣었었다고 주장한다. 만약 공격당했다면, 댐에 있던 물은 솔트강을 따라 하류의 범람원을 (백만 명의 추정 인구가 살고 있는) 덮친 후 애리조나 주의 수도인 피닉스시까지 이르렀을 것이다.

댐만이 인터넷을 통해 약화될 수 있는 유일한 위험시설물은 아니다. 2003년 1월, 미국 오하이오에 있는 데이비스-베스 원자력 발전소가 슬래머 웜 바이러

---

85) 2001sus 캘리포니아 마운틴 뷰에서 경찰이 실리콘 밸리 컴퓨터들에 대한 수상한 감시 패턴을 조사하기 시작했다. 방문자들은 비상 전화 시스템, 전기 생산과 수송, 수돗물 보관과 분배, 원자력발전소와 가스시설을 연구하고 있었다. 몇몇 조사는 재래식 공격을 준비하고 있었다는 것을 암시했지만, 다른 조사결과는 중요 시설을 운영하는 디지털 장비들을 노리고 있었다. *Ibid.*

86) *Ibid.*

87) *Ibid.*

스에 공격당해 안전시스템이 거의 5시간가량 무력화되었고 프로세스 컴퓨터는 약 6시간가량 마비되었다.[88] 다행히도 발전소는 공격당할 당시 오프라인 상태였다. 그러나 이 사건은 이런 시설들의 취약성을 냉혹하게 일깨워주며 안전의정서를 즉각적으로 검토하게 했다. 1999년 6월 영국에서는 브레드웰 원자로가 비슷한 방식으로 민감한 정보를 수정하려던 경비원에 의해 한 시스템의 기록이 삭제되었다.[89] 데이비스-베스 사건과 같이, 브레드웰 사건 또한 신속한 보안과 관련 절차의 재검토로 이어졌다.

제네바협약 제1추가의정서는 댐, 제방 및 핵발전소와 같은 위험한 물리력을 포함하고 있는 시설물에 대한 특별보호를 부여하고 있다. 제56조(1)은 다음과 같이 규정하고 있다.

> 위험한 물리력을 포함하고 있는 시설물, 즉 댐·제방·원자력발전소는 비록 군사목표물인 경우라도 그러한 공격이 위험한 물리력을 방출하고 그것으로 인하여 민간주민에 대해 극심한 손상을 야기하게 되는 경우에는 공격의 대상이 되지 아니한다. 이러한 시설물 내에 위치하거나 또는 그에 인접하여 위치한 기타 군사목표물도 그러한 공격이 시설물로부터 위험한 물리력을 방출하고 그것으로 민간주민에 대하여 극심한 손상을 야기하게 되는 경우에는 공격의 대상이 되지 아니한다.

---

88) Kevin Poulsen, 'Slammer Worm Crashed Ohio Nuke Plant Network', *Security Focus*, 19 August 2003, www.securityfocus.com/news/6767 (최종접속일자 2011년 7월 7일).

89) Kevin Maguire, 'Guard Tried Sabotage at Nuclear Reactor: Security Checks Tightened after High-Level Alert', *Guardian* (London). 9 January 2001, 2.

동 조의 첫째 문장은 비국제적 무력분쟁에 관한 제2추가의정서 제15조에서 반복되고 있다. 이러한 규정들은 무력분쟁법에서의 혁신을 나타내는 것이며 허용되는 부수적 피해의 정도를 제한하고자 하는 시도의 반영이다.[90] 2010년에 벌어졌던 이란 핵 농축프로그램을 목표로 했다고 주장되는 스턱스넷 웜바이러스에 비추어 볼 때, 시설들의 목록은 단지 예시적인 것이 아니란 것에 주의해야 한다. 조항에 대한 해설에는 특별보호가 댐, 제방, 원자력 발전소에 국한된 이후 일반적으로 수용 가능한 내용의 틀을 잡을 수 있었다.[91] 이 조항에 따르면, 스턱스넷 웜 바이러스의 분명한 공격대상이었던 나탄츠 핵 농축시설은 여지없이 무력분쟁 시의 특별 보호 대상에서 제외된다. 이 바이러스는 또한 부셔(Bushehr) 원자로를 표면적으로 감염시켰는데,[92] 부셔 원자로는 이 조항에서 특별보호 대상에 포함되지만, 바이러스가 원자로의 통제시스템에 영향을 주지 않았기 때문에 위험한 물리력의 방출은 없었다.

컴퓨터 네트워크 공격과 관련하여 위험시설물이나 그 주변에 위치한 군사목표물의 개념이 네트워크 주변 및 물리적 근접성까지도 연장될 것인지 흥미로운 질문이 생긴다. 앞 장에서 설명하였듯이, 정보화시대의 전쟁에서는 물리적 거리는 더 이상 입을 수 있는 피해의 유용한 척도가 아니다. 제56조(1)을 자세히 읽어보면 목표물의 물리적 위치만이 유일한 필요 전제조건으로 명시되어 있고, '공격이 위험한 물리력을 방출시켜 민간인에게 심각한 피해를 끼친다면'이라는

---

90) Oeter, 'Methods and Means of Combat'. 194.

91) Pilloud, *et al.*, *Commentary*, para 2147.

92) Gregg Keizer, 'Iran Admits Stuxnet Worm Infected Pcs at Nuclear Reactor', *Computerworld*, 27 September 2010, www.computerworld.com/s/article/9188147/Iran_admits_Stuxnet_worm_infected_PCs_at_nuclear_reactor (최종접속일자 2011년 4월 10일).

공격금지의 효력을 발생하게 하는 부분을 보았을 때, 이 조항이 인터넷 시대에도 활용되려면 그 개념이 네트워크 근접성에도 연장되어야 할 것처럼 보인다. 요람 딘스틴이 짚어냈듯이, 고려해야 할 방향은 민간인을 부수적 피해로부터 보호하는 것이다.[93] 컴퓨터 네트워크 공격이 댐, 제방, 핵융합시설 등의 시스템이나 네트워크를 무력화시켜 그 시설들의 에너지를 방출하는 것을 목표로 하므로, 그 시스템이나 네트워크가 시설의 주위에 있지 않다고 해서 문제가 되지는 않는다. 기본적인 네트워크 정찰기술을 사용하면 목표 시스템이 시설에 연결되어있고, 시스템을 공격목표로 삼으면 시설에도 영향을 미칠 것이라는 것은 충분히 예상 가능하다.[94] 이런 공격에 대한 알맞은 예방조치의 필요성은 위 제6장에서 더 자세하게 다뤘다. 관련 문장이 제2추가의정서 제15조에서는 생략되어 있기 때문에, 이 문제는 국제적 무력분쟁에만 적용된다는 사실에 주의해야 한다.

컴퓨터 네트워크 공격의 출현으로 몇몇 군사목표물을 위험한 에너지를 포함하고 있는 시설 등에 인접한 네트워크 접근성을 이유로 허용되는 목표물에서 제외될 수 있지만, 또 다른 새로운 목표물이 포함될 수도 있다. 제56조에 대한 해설은 댐과 붙어있거나 인접한 수력발전소를 댐에 대한 접근성을 이유로 공격할 수 없는 목표물의 예로 들었다.[95] 컴퓨터 네트워크 공격은 발전소를 댐에서 분리시켜 생산되는 전기 댐을 파괴하는 위험을 감수하지 않고서도 정지시킬 수 있

---

93) Dinstein, *Conduct of Hostilities* (2nd edn), 194. 또한 Oeter, 'Methods and Means of Combat', 195 참조.

94) 예컨대, 1991년의 미국의 이라크 전기시설 파괴에 따른 민간 수도 공급, 정수, 배수 시설들의 피해를 보자. 미국의 정보와 정찰 능력을 보았을 때, 이런 피해는 충분히 예상 가능했다. 그러나 이 결과를 예상하지 못한 것으로 나타났다. Arkin, 'Cyber Warfare and the Environment', 781, citing Kuehl, 'Airpower Vs Electricity'.

95) Pilloud, *et al*., *Commentary*, para 2156.

다. 이런 공격은 전력의 주원이 수력발전인 국가들에게는 심각한 결과를 가져올 수 있다.[96]

주의할 점은 댐, 제방, 원자력발전소 같은 시설과 같이 있거나 인접한 군사목표물은 군사작전에 정기적, 중요한 그리고 직접적인 지원을 주고 목표에 대한 공격이 그런 지원을 끊을 수 있는 유일하게 가능한 방법일 때만 (군사작전에 효과적인 지원보다 더 높은 기준) 특별보호를 잃는다는 것이다.[97] 협약의 참가국들은 또한 군사목표물을 그런 시설의 주위에 위치시키는 것을 피하려는 노력을 할 의무가 있다.[98]

4. 민간주민의 생존에 불가결한 물자

민간주민의 생존에 불가결한 시스템 및 네트워크에 대한 컴퓨터 네트워크 공격은 그러한 물자에 대한 재래식 공격이 금지되는 것과 마찬가지로 제1, 2 추가의정서 하에서 금지된다. 제1추가의정서 제54조(2)는 다음과 같이 규정하고 있다.

> 민간주민 또는 적대국에 대하여 식료품·식료품 생산을 위한 농경지역·농작물·가축·음료수 시설과 그 공급 및 관개시설과 같은 민간주민의 생존에 필요 불가결한 물건들의 생계적 가치를 부정하려는 특수한 목적을 위하여 이들을 공격·

---

96) 예컨대, 노르웨이는 거의 대부분의 전기를 수력자원에서 얻고, 아이스랜드 (83%), 오스트리아, 캐나다는 (각각 70% 이상) 수력자원이 거부되면 크게 영향을 받을 것이다. 참고로 중국은 세계에서 수력발전 에너지를 가장 많이 생산한다.

97) Art. 56(2), Additional Protocol I.

98) Art. 56(5), Additional Protocol I.

파괴·이동 또는 무용화하는 것은 그 동기의 여하를 불문하고, 즉 민간인을 굶주리게 하거나 그들을 퇴거하게 하거나 또는 기타 여하한 동기에서이든 불문하고 금지된다.

제2추가의정서 제14조도 유사한 내용을 규정하고 있다. 목표물들의 목록은 단지 예시적이며, 규정에 대한 해설은 '기후나 다른 환경 때문에 주거지나 의복이 필수적이 되는 경우도 배제되어선 안 된다'라고 강조한다.[99] 호주의 비텍 보든(Vitek Boden) 사건[100]에서 볼 수 있듯이, 식수 관련 시설들은 유난히 컴퓨터 네트워크 공격에 취약하다. 비슷한 이유로 관개 시설 또한 국내 사례[101]에서 다뤄졌으며, SCADA 시스템으로 주로 통제되는 다른 시설들도 위험에 노출되어 있다.

일반적인 민간물자와 다르게, 마이클 슈미트의 공격 기준을 충족시키지 않는 정도의 컴퓨터 네트워크 공격은 허용되어야 한다는 주장은 민간인에게 필수불가결한 물품에는 적용되지 않는다.[102] 초안회의에서의 긴 토론 끝에, '제거되다'와 '무력화되다'라는 용어가 '공격하다'와 '파괴하다'라는 용어에 이어 모든 가능성을 포함하기 위해 제54조(2)와 제14조에 추가되었다.[103] 하지만, 민간인에게 필수적인 목표물에 대한 이런 모든 행위는 '목표물이 민간인에게 제공하는

---

99) Pilloud, *et al.*, *Commentary*, para 2103.

100) *R v. Boden.* 1절과 부록 1 참조.

101) Dan Goodin, 'Electrical Supe Charged with Damaging California Canal System', *The Register*, 30 November 2007, www.theregister.co.uk/2007/11/30/canal_system_hack/ (최종접속일자 2011년 7월 7일).

102) 제6장과 4.1절 참조.

103) Pilloud, *et al.*, *Commentary*, paras 2100-1.

가치를 없애려는 특정한 목적'으로 이루어졌을 때만 금지된다.[104] 마찬가지로 로마규정도 민간인의 생존에 필수적인 물품을 박탈하는 것이 전투수단으로서 의도적인 기아를 발생시킬 경우 전쟁범죄로 규정하고 있다.[105]

5. 병원 및 기타 의료시설

병원, 의료부대 및 의료수송수단(병원선 및 의료항공기 포함)은 모두 국제인도법 하에서 특별보호를 받는다. 사실 그것들은 무력분쟁법 기원의 기초를 형성하며, 관습 및 관련된 법률의 보호를 받는다. 대부분의 경우 이러한 보호는 컴퓨터 네트워크 공격의 경우에 추가적인 문제를 야기하지 않는다. 그러한 보호는 공격의 방법과는 관계없다. 하지만 두 가지 문제, 즉 의료 데이터베이스의 위치 및 그것에의 접근 및 병원선과의 통신암호는 정보시대에 약간의 사고를 요구한다.

5.1 의료 데이터베이스의 위치 및 접근

민간과 군 생활에서의 네트워크 서비스에 대한 추세와 더불어, 의료지원시설 같은 군에 운용지원 서비스 공급은 증가된 네트워크의 연결성에서 혜택을 누렸다. 예컨대, 미군은 의료정보에 전자적 접근을 가능하게 하고 복무중인 군인의 의료정보를 전자적으로 열람하고 수정할 수 있는 정보시스템을 갖추고 있다.[106]

---

104) Ibid.

105) Art. 8(2)(b)(xxv), Rome Statute.

106) 시스템과 구성 어플리케이션에 대한 설명은 Sandra Basu, 'Military Electronic Medical

이 시스템은 현장에 있는 의무병과 전투지원 병원을 통해 환자의 상태 진행에 맞춘 통합적 환자 관리를 전투현장에서 떨어져 있는 의료센터에 제공한다.[107] 시스템을 구성하는 소형 기기, 노트북 컴퓨터와 데이터베이스는 의심의 여지없이 의료 시설의 물자와 공급품의 일부이며 따라서 제네바협약,[108] 추가의정서와 국제관습법에 의해 보호받는다.[109] 그러나 보호는 시스템이 부상자나 병자의 치료 또는 질병의 예방을 위해서만 쓰일 때만 유효하다.[110] 환자들의 관리가 필요하기 때문에 의료 데이터베이스와 관련 정보 시스템은 다른 목적으로 사용되어서는 안 된다. 예컨대, 일반적으로 치료를 위한 의료기록에 접근하는 것 외에도, 지휘관들은 이 시스템을 의료상황에 대한 의식제고를 위해 (예컨대, 백신의 필요 여부를 진단하기 위해 병의 발발 정보에 접근하는 경우) 사용하는데, 질병예방을 위한 목적이기 때문에 보호받을 수 있다. 그러나 다른 목적으로 이런 광범위한 데이터베이스를 사용하는 것은 협약에 의해서 보호받을 수 없다. 예컨대, 데이터베이스를 무기

Records Support Quality Treatment Abroad', *US Medicine* (Washington DC), February 2006 참조.

107) 현장 의무병들은 소형 장비로 수술실에 있는 부상자에 대한 의료 정보를 수집할 수 있다. 그 다음 이 장비는 랩탑 컴퓨터에 연결되어 중앙 데이터베이스에 정보를 보낸다. 이 데이터베이스는 치료 기관들이 세계 어디서든 접근 가능하며, 의사들이 어떤 치료가 제공되었고 어떤 것이 더 필요한지 정확하게 파악할 수 있다.

108) 제네바협약 제19조는 고정되거나 유동적인 의무 부대에 대한 존중과 보호를 요구한다. 33조는 의무 부대가 제 기능을 발휘하기 위해 꼭 필요한 장비와 보급품에 대한 특정 보호를 제공한다. 이들은 의도적으로 공격당해선 안 된다.

109) Art. 12, Additional Protocol I; Art. 11, Additional Protocol II.

110) 제네바협약 제21조는 "의료 서비스의 고정되거나 유동적인 의무 부대에 대한 보호는 그들이 적에게 해를 끼치거나 그들의 인도주의적인 의무에서 벗어난 행동을 하지 않는 이상 유지되어야 한다. 그러나 이 보호는 사전 경고가 주어진 후 멈출 수 있고 충분한 시간이 경고 이후 주어져야 한다.' 라고 서술한다. 의료선과 관련된 제네바 제2협약 제32조도 비슷한 내용을 담고 있고, 민간 병원에 대해 제네바 제4협약 제119조도 그러하다.

발달 연구의 일반적인 부분[111]인 새로운 무기 체계의 효과 조사를 위해 사용하는 것은 시스템에 대한 보호를 중지시킬 위험이 있고 데이터베이스를 컴퓨터 네트워크 공격의 목표가 되도록 노출시킬 수 있다.

게다가, 제네바 제1협약 제19조의 두 번째 문단에는 당사국들에게 의료 시설이 군사목표물에서 떨어진 곳에 위치하도록 요구하는 의무조항이 있다. 군사적 네트워크가 컴퓨터 네트워크 공격의 목표가 되었다는 것을 명심하며, 의료 데이터베이스와 관련 정보시스템은 정당한 목표물로 간주되는 시스템들로부터 분리될 필요가 있다.[112] 이런 시스템들을 의료시스템으로 표기하고 적에게 그 시스템들의 존재를 알리는 것도 요구된다. 식별기술을 현대 전쟁방식에 적용하는 문제는 새로운 것이 아니다. 이 문제는 추가의정서에서 의료비행기에 대한 초안을 만들 때 이미 거론되었었다. 비행기에 전자표기를 하는 방식이 건의되었고, (자동으로 할당된 식별코드를 전송하도록) 2차 응답 레이더 시스템이 도입되었다.[113] 이 시스템은 컴퓨터 환경에 쉽게 적용될 것으로 보인다. 인터넷을 통한 통신기준은 TCP/IP 의정서를 중심으로 돌아간다. 이 시스템 하에서 인터넷을 통해 통신되는 모든 패킷은 발생한 네트워크와 도착하는 네트워크에 대한 정보 및 패킷 자체에 대한 여러 겹의 정보를 담고 있다.[114] 의료에 관련된 데이터의 성질을 고려

---

111) 신무기의 효과에 대한 데이터가 소위 솔페리노 사이클의 일부로 사용되고 있다. 솔페리노 사이클은 무기의 효과를 무기 개발자들과 국제 인도주의 변호사들에게 관찰결과를 제공한다. Robin M. Coupland, 'The Effects of Weapons Caused by Weapons' (1999) 319(7214) *BMJ* 864. 참조.

112) 제네바 제1협약 제39조는 이 엠블렘이 의료 서비스에 사용 되는 모든 장비에 부착되도록 요구한다.

113) Pilloud, *et al.*, *Commentary*, paras 4203-5.

114) 추가 설명을 보려면 'TCP/IP'와 'Communication Protocol' in J. Ashley Roach, 'The Law of Naval Warfare at the Turn of Two Centuries' (2000) 94 *AJIL* 64.

했을 때 정보를 통합하는 것은 어렵지 않다. 제5장에서 논의된 또 다른 대안책은 특정 IP 주소를 군사 네트워크로 지정하는 것이다. 물론 논의된 바와 같이, 이 제안은 네트워크를 목표로 지정할 수 있기 때문에 어려움이 없지 않다.[115] 그러나 이 아이디어는 의료 네트워크처럼 특정하게 보호받는 네트워크에 더 쉽게 적용될 수 있다. 이런 해결책의 성공여부는 네트워크가 고정 IP주소를 갖는 것에 달려있다. 다만 현대 전투작전에서는 기술적으로 실용적이지 않은 상황이다.

5.2. 병원선

제네바 제2협약 제34조(2)는 병원선은 무선전신 또는 기타의 통신수단을 위하여 암호를 보유하거나 사용할 수 없다고 규정하고 있다. 딘스타인은 이러한 암호 금지는 (병원선에게 공개적으로 모든 메시지를 보내고, 특히 받게 하는) 심각한 실질적 문제를 갖고 있다고 지적한다.[116] 애슬리 로흐(J. Ashley Roach)가 말했듯이, 1949년 이래 기술은 변화되어 왔다. 분류되지 않은 메시지를 포함하여 군함과 주고받는 모든 메시지는 오늘날 암호기능을 갖춘 통신장비에 의해 송신시 자동적으로 암호화되며 수신시 해독된다.[117] 이는 해군 항공기와의 모든 네트워크 통신에서도 적용되며, 따라서 병원선이 함대의 동향에 대한 정보(특히 의료선이 필요할 수 있는 군사작전에 대한 사전통보)로부터 배제되게 하거나,[118] 제네바 제2협약상의

---

115) 제5장과 1.1절 참조.

116) Dinstein, *Conduct of HOstilities* (2nd edn), 192.

117) Roach, 'The Law of Naval Warfare at the Turn of Two Centuries', 75.

118) Louise Doswald-Beck, 'Vessels Aircraft and Persons Entitled to Protection During Armed Conflicts at Sea' (1994) 65 BYBIL 211, 251; cited in Dinstein, *Conduct of Hostilities* (2nd edn), 192.

의무를 위반하게 하는 한다. 산레모 매뉴얼(SanRemo Manual)은 현재 병원선의 암호장비 사용을 허용하되 기밀정보의 전송을 금지하는 방향으로 나아가고 있다.[119] 이런 암호와 없이는 병원선은 연결된 다른 네트워크에 적이 접근할 수 있게 하는 군사 네트워크의 위험한 구멍이 될 수 있다.

6. 무방수지역 및 비무장지대

제1추가의정서 제59조는 어떠한 방법에 의해서든지 무방수지역을 공격하는 것을 금지한다. 제60조는 분쟁당사국들이 합의에 의하여 비무장지대의 지위를 부여한 지대로 그들의 군사작전을 확장할 경우 그러한 확장이 동 합의의 조건에 반하는 경우 금지한다. 이러한 규정들이 물리적 지역에 대한 컴퓨터 네트워크 공격에도 의심의 여지없이 적용되긴 하지만, 무방수지역 또는 비무장지대의 정의는 컴퓨터 시대에 흥미로운 문제를 제기한다. 컴퓨터 시스템 및 네트워크가 무방수지역으로 간주될 수 있거나 또는 비무장지대로 지정될 수 있는가?

6.1 무방수지역

제59조는 국제관습법을 법전화한 것으로 헤이그규칙 제25조를 전적으로 반복하고 있다.[120] 제59조는 무방수지역의 개념을 군대가 접전하고 있는 지대에

---

119) Dinstein, *Conduct of Hostilities* (2nd edn), 192.

120) Pilloud, *et al.*, *Commentary*, para 2263; Art. 25. Hague Regulations에서 '방어되지 않는 소도시, 마을, 거주지, 혹은 건물에 대한 어떤 방식의 공격이나 폭격도 금지된다'라

인접하여 있거나 또는 그 안에 있는 어떠한 거주지역이라도 적대국에 의한 점령을 위하여 개방되어 있는 지역이라고 정의한다. 마찬가지로 헤이그규칙은 '소도시, 마을, 주택, 빌딩', 컴퓨터 시스템으로는 쉽게 파악 될 수 없는 모든 인간 거주지를 언급한다. 전통적으로, 국제관습법에서는 공개된 소도시와 방어되지 않는 지역을 나타내며,[121] 컴퓨터 네트워크에 대해서는 해석의 여지가 남아있다. 이 정의의 애매모호함 때문에 참가국들은 특정한 컴퓨터 시스템이나 네트워크가 지역성을 구성하는가와 어떤 존재하는 네트워크 보호가 방어되지 않는 상태에서도 남아 있을 수 있는지에 대해 서로 합의하는 것이 현명하다. 국제관습법의 방어되지 않는 지역에 대한 공격의 금지조항은 비국제적 무력분쟁에도 적용 가능하다.[122]

6.2 비무장지대

컴퓨터 시대의 분쟁에 있어서 가장 흥미로운 것은 특정 지대에 비무장지대라는 지위를 허용하는 것을 합의할 수 있는 당사국의 능력이다.[123] 합의의 대상은 당사국들이 명시적으로 동의한 어느 지대이다. 비록 제추가의정서에 대한 해설은 동 지대의 본질적인 특성이 인도주의적이며 비정치적이긴 하지만, 그러한 지

고 서술함.

121) Henckaerts and Doswald-Beck, *Customary International Humanitarian Law*, Vol. I, 124.

122) 예를 들어, 구유고슬라비아국제형사재판소 조약 제3조는 전쟁법 및 관습법과 관련된 형사적 소추의 범위를 '보호되고 있지 않은 동네, 마을, 주거지 또는 건물들에 대해 행해지는 모든 형태의 수단을 통한 공격, 포격을 포함하는 것으로 규정한다.

123) Art. 60. Additional Protocol I.

대들은 공격으로부터 그곳에 살고 있는 주민들을 특별히 보호하고자 고안된 것이라고 밝히고 있다.[124] 물론 이와 관련된 기본적인 개념은 물리적인 위치를 염두에 두고 설계되었지만, 왜 당사국들이 특정한 네트워크나 시스템을 비무장지대로 지정하는 것에 동의할 수 없었는지에 대한 이유는 명확하지 않다.[125] 일단 비군사화지대로 지정되고 나면, 제1추가의정서 제60조(1)은 분쟁당사국에게 합의에 의하여 비무장지대의 지위를 부여한 지대로 그들의 군사작전을 확장할 경우 그러한 확장이 동 합의의 조건에 반하는 경우에는 금지하고 있다. 이는 오로지 무방수지역에 대한 공격을 금지하는 제59조보다 광의의 규정이다. 제추가의정서 해설서는 '군사작전'이라는 표현은 군대에 의해 수행되는 적대행위와 관련된 모든 이동 및 활동들로 이해되어야 한다고 규정하고 있다.[126] 그래서 적대행위에 관련되는 어떤 활동에 모든 특정 시스템을 사용하는 것은 금지된다.

---

124) Pilloud, *et al.*, *Commentary*, para 2303.

125) 제60조(3)은 그러한 협약의 용어들에 대한 일반적인 개요를 제시해주고 있다. 그러나 '일반적으로'라는 용어를 포함시킨 것에서 나타나듯이, 그것은 특정한 상황에 맞게 변형되어 적용될 여지도 있다. 제60조(3)항은 다음과 같이 규정한다. '그러한 조약의 대상은 일반적으로 다음의 조건들을 만족시키는 어떠한 영역이라도 될 수 있다: (a) 이동식 무기와 군사 장비를 포함하여 모든 전투원들이 소개(疏開)된 경우 (b) 고정된 군사 시설물들과 관련 해 어떠한 적대적 사용도 행해지지 않을 것 (c) 당국이나 거주민들에 의해 어떠한 적대적인 행위도 취해지지 않을 것 (d) 군사적 시도와 연관된 어떠한 활동도 중단될 것.'

126) Pilloud, *et al.*, *Commentary*, para 2304.

제8장

전투수단과
방법

컴퓨터 네트워크는 주로 공격의 수단으로 여겨졌지만, 공격이 실제 실행되는 지의 여부에 따라서 전투수단과 방법 모두 될 수 있다. 추가의정서에 대한 국제 적십자위원회의 해설에 의하면, 'means of combat'이라는 용어나 'means of warfare'는 주로 사용되는 무기를 말하는 것이고, 'method of warfare'란 표현은 그 무기들이 어떻게 사용되는지에 관한 것이다.[1] 예컨대, 웜 바이러스 자체는 공격의 방법이다. 그것은 악성코드를 퍼뜨리거나 압도적으로 많은 정보 패킷을 전송함으로써 네트워크 서비스 거부를 일으키는 방법으로 일반화된 피해를 입히는 수단으로 고안된 것이다. 예컨대, 슬래머/사파이어 웜 바이러스는 스스로를 복제하고 무작위로 주소를 생성해내어 스스로를 빠르게 퍼뜨릴 수 있는 알고리즘을 가지고 있다.[2] 다른 공격 형태는 컴퓨터, 시스템이나 네트워크에 직접

---

1) Pilloud, *et al.*, *Commentary*, para 1957. 참고로, 방식과 전쟁 수단은 넓은 의미의 무기들과 이것이 사용되는 방법을 포함한다.

2) 2003년 1월에 인터넷을 강타한 슬래머/사파이어 웜바이러스는 현재까지 발견된 웜바이러

적으로 피해를 주도록 고안된 특정한 악성코드를 가지고 있다. 하드드라이브나 정보를 파괴하도록 특별히 만들어진 트로이 바이러스가 그 예이다. 더 간접적인 예는 캐나다 파이프라인 소프트웨어에 침입하여 소련의 시베리아 횡단 가스 파이프라인을 폭발시킨 '페어웰 도시어' 사건을 일으킨 코드이다.[3] 이런 악성코드는 공격의 방법보다는 무기의 정의에 훨씬 더 적합하다.

더 최근의 공격들은 악성 코드를 웜 바이러스 같은 확산 수단과 같이 사용하여 혼합된 공격을 시도하고 있다. 예컨대 2007년 1월 인터넷 안에서 발견된 스톰 웜 바이러스는 여러 요소가 혼합되어 있었다. 이메일 주소를 훔치고 스스로를 퍼뜨릴 수 있는 요소, 공격한 컴퓨터에 접근을 가능케 하는 백도어 트로이 바이러스, 기계를 스톰 봇넷에 합병시키는 봇 검색기, 사용자간 네트워크를 통해 공격당한 기계를 원격조종할 수 있게 만드는 코드 (발각을 피하기 위해 수 분마다 변한다), 그리고 루트킷 페이로드 안에 들어있는 서비스 거부 공격 도구.[4] 그리고 2010년에 발견된 스턱스넷 웜 바이러스는 현재까지 발견된 말웨어 중 가장 복잡하며 시스템의 4가지 다른 취약점을 공략하고 수많은 구성요소를 사용해 성공률을 극대화 시켰다.[5]

스 중 가장 빠르게 퍼진다. 이것은 공격에 노출된 호스트의 (최소 75,000개) 90%를 10분만에 감염시켰다.

3) 부록 1 참조.

4) Storm worm에 대한 추가 세부사항을 위해서는 다음을 참조해 보라. *Storm Worm DDoS Attack*. Secure Works (1997). www.secureworks.com/research/threats/storm-worm (최종접속일자 2011년 7월 7일). Thorsten Holz. *et al.* 'Measurements and Mitigation of Peerto-Peer-Based Botnets: A Case Study on Stormworm' (Paper presented at the First USENIX Workshop on Large-Scale Exploits and Emergent Threats (LEET '08). San Francisco. http://honeyblog.org/junkyard/paper/storm-leet08.pdf(최종접속일자 2011년 7월 7일).

5) 이것은 zero-day exploits, 윈도우즈 루트킷, 최초의 PLC 루트킷, 안티바이러스 회피 기술,

1. 무기에 관한 법

헤이그규칙 제22조는 '교전자는 해적수단의 선택에 관하여 무제한의 권리를 갖는 것이 아니다'라는 기본원칙을 규정하고 있다.[6] 제1추가의정서 제35조 (1) 및 재래식무기협약 서문에서 반복되고 있는 이러한 제한전 개념은 전투수단과 방법에 대한 법적 규제에 관한 기본을 형성하고 있다.[7] 다른 무력분쟁법과 마찬가지로 무기에 관한 법은 군사활동을 충분히 행할 것이 요구되는 군사필요성 원칙과 인도적 요구간의 균형을 나타내고 있다. 1868년 세인터 피터스버그선언 서문은 '전쟁필요의 원칙이 인도주의 원칙에 의해 양보되어야 할 기술적인 한계점'을 말하고 있다. 무기 관련법은 무차별 무기나 불필요한 피해를 금지하는 원칙과 특정 무기나 전쟁 방법을 금지시키거나 제한하는 몇몇 규정 같은 일반적 원칙으로 구성되어 있다.[8] 크리스토퍼 그린우드가 말했듯이, 일반적인 원칙은 무기의 사용이나 전투방법으로 생기는 영향을 지칭하며, 세부조항은 사용되는 수단에 집중되어 있다.[9] 비록 적은 수의 세부조항만이 컴퓨터 네트워크 공격과 관련 있지만, 동일한 일반적 원칙들이 사용되는 무기의 종류와 관계없이 적용된다. 국제사법재판소의 핵무기의 합법성에 대한 검토에서 볼 수 있듯이, 이러한 원칙들은 지난 세기에 확립되었지만 다음 세기에도 적용될 수 있으며, 당시에는

복합 프로세스 주입 및 후킹 코드, 네트워크 감염 경로, 사용자간 업데이트, 명령 및 통제 인터페이스를 포함한다.

6) Art. 22. Hague Regulations.

7) Oeter, 'Methods and Means of Combat', 126.

8) Greenwood, 'Law of Weaponry', 192.

9) Ibid.

꿈도 꾸지 못했던 전투방법에도 적용 될 수 있을 것이다.[10]

1.1 일반원칙

'제한전'의 원칙에서 출발하여 몇 가지 하위 원칙들이 역사적으로 발전해왔고, 이는 군사적 필요 규정에 구체적인 윤곽을 부여했다.[11] 하지만 이 모든 것이 컴퓨터 네트워크 공격에 구체적으로 관련되지는 않는다. 그렇지만 이 중 몇 가지는 현대전에서의 해석 때문에 추가적인 검토를 필요로 한다. 특히 불필요한 피해와 무차별적 무기의 사용 금지에 대한 원칙이 그러하다. 다른 무기 관련법을 구성하는 일반적 원칙들은 이 책의 관련 부분에서 다루어진다. 예컨대 환경보호에 대한 문제는 제7장에서 다루어졌고 배신행위는 아래 제2절에서 다룰 것이다.

1.1.1 과도한 상해 및 불필요한 고통

국제사법재판소는 과도한 상해나 불필요한 고통을 초래하는 전투수단과 전투방법의 금지는 국제인도법의 주요한 항목이라는 것을 확인했다.[12] 제1추가의정서 제35조는 가장 최근의 금지 사례를 보여준다.[13]

---

10) Ibid., 186.

11) Deter, 'Methods and Means of Combat', 127.

12) Nuclear Weapons Case, para 238.

13) Art. 35(2) Additional Protocol I; 그 용어는 재래식무기협약(Conventional Weapons Treaty)의 서문에서도 반복된다.

과도한 상해 및 불필요한 고통을 야기하는 성질의 무기, 투사물 및 물자 그리고 전투방법을 사용하는 것은 금지된다.

1868년 세인트피츠버그선언과 헤이그규칙 제23조(e)에서도 유사한 내용을 확인할 수 있다.[14] 과도한 상해 및 불필요한 고통에 관련된 전투수단의 금지조항은 제1추가의정서에서 처음 소개되었다. 그러나 해설에서는 이 용어의 변화가 국제관습법을 대표하는 원칙을 바꾸지는 못한다고 설명한다.[15] ICTY의 항소법원은 이 원칙이 국제적 성격을 갖지 않는 분쟁에도 적용 가능하다며 '국제전에서 금지되는 비인간적인 행위는 내전에서도 비인간적이고 허용불가하다'라고 판결했다.[16]

핵무기 사례에서의 권고적 의견에서 국제사법재판소는 불필요한 고통을 '합법적인 군사 목적을 달성하기 위해 불가피한 정도보다 더 큰 피해'로 정의한다.[17] 설비파괴용 무기 또한 어쩔 수 없이 목표물 주위에 있는 병사들에게 필요 이상의 부상을 초래하여 전투불능상태로 만들 수 있는 점을 고려했을 때, 이 실험은 대인 목적으로만 고안된 무기들에게만 유효하다.[18] 또한, 그린우드는 시설 파괴용도의 무기의 특성과 효과는 주로 사람에게 사용되는 무기와는 다르다는

---

14) '초래하는 성질을 가진'이라는 표현은 예전 조항의 영어 번역본에서 분명해지며, 이 번역본에서는 '계산되어'라는 표현이 불필요한 피해가 의도적인 것으로 증명되어야 한다는 의미로 종종 사용되었다.

15) Bothe. *et al. New Rules*, 194. Pilloud, *et al.*, *Commentary*, para 1417 참조.

16) *Tadk (Interlocutory Appeal)*, para 119. 또한 Henckaerts and Doswald-Beck, *Customary International Humanitarian Law*, Vol. 1. 237 참조.

17) *Nuclear Weapons Case*, para 238.

18) Bothe, *et al.*, *New Rules*, 196; Dinstein. *Conduct of Hostiltties* (1st edn), 60. 대물 무기가 의도적으로 사람들에게 사용되었을 때 이 원칙에 위배될 수 있다.

일반적인 동의가 있긴 하지만, 이러한 무기들이 제공하는 이익(가령, 시설파괴로 얻는 이익)은 이런 무기들에서 발생하는 추가적인 고통은 불필요한 것으로 분류하지 않기 때문에 '불필요한 고통금지' 원칙을 위반하지 않는다고 주장한다.[19] 이런 관점에서, 컴퓨터 네트워크 공격을 무기로 보았을 때 이것은 자연적으로 시설파괴용 무기이며 악성코드는 (현재 기술수준에선) 개인을 직접적으로 공격할 수 없고 그 개인이 위치한 물리적, 기술적 환경에만 가능하다. 위에서 설명했듯이, 컴퓨터 네트워크 공격은 사용에 따라 전투수단과 방법 둘 다 될 수 있다. 하지만 불필요한 고통의 금지는 둘 모두에게 적용되며, 따라서 전투방법으로서의 컴퓨터 네트워크 공격의 사용 또한 평가되어야만 한다.[20]

그러나 대인(對人) 외의 목적으로 고안된 무기들에 대해서도, 불필요한 고통의 적용금지원칙과 관련하여 몇 가지 균형점을 생각 해 보아야 한다. 부스비(Boothby)가 지적했듯이 '불필요한'과 '과도한'이라는 표현은 절대적이지 않고 상대적인 개념이다. 그러나 어떠한 비교기준에 근거하여 이러한 판단을 내릴 것인가에 대해서는 여전히 이견이 있다.[21] 몇몇 국가와 논자들은 정확한 비교는 특정 무기사용으로 발생하는 (무기가 정상적이고 의도된 목적으로 사용될 때) 군사적 효

---

19) Greenwood, 'Law of Weaponry', 196. 이 관점에서, 그린우드는 가연성 총알의 항공기에 대한 사용이 항공기 승무원들에 대해 미칠 수 있는 영향에도 불구하고 인정되지만, 대인 사용은 변함없이 위법행위라는 것을 강조했다.

20) 예를 들어, 아브람스(Abrams) 탱크에 탑재된 불도저와 쟁기가 '실제 상황에서' 어떻게 사용되었는지 보면 이들은 전쟁 중의 참호나 벙커를 파괴시켜 이 속에 잠복 해 있던 이라크 군인들을 산 채로 매장하는 데 활용되었다.: Françoise J. Hampson. 'Means and Methods of Warfare in the Conflict in the Gulf' in P. J. Rowe (ed.), *The Guif War of 1990-1991 In International and English Law* (Routledge, London, 1993) 89-110, 92-3.

21) William H. Boothby, *Weapons and the Law of Armed Conflict* (Oxford University Press, Oxford; New York, 2009), 62.

과성이나 군사적 이익, 무기 사용으로 발생하는 부상과 피해의 정도 사이에 있다고 주장한다.[22] 그린우드는 이 방식에 덧붙여 어떤 무기가 불필요한 고통금지 원칙을 위반하는지에 대한 판단은 미래에 사용 시 주로 발생할 수 있는 군사적 이익과 인간의 피해를 모두 고려하고 다른 대체 무기의 사용 시의 결과와 비교해야 한다고 주장한다.[23]

이러한 방식은 다른 논자들에게서 비난을 받았는데, 그 중 딘스타인은 군사적 이익의 문제는 민간인과 민간물자와 관련된 비례의 원칙과 불가분의 관계이고 전투원들의 상해나 고통과는 관련이 없다고 주장했다.[24] 오히려 그는 '과도한 상해나 불필요한 고통'에 대한 판단 기준은 부상이나 고통을 피할 수 있는지 여부에 따라 결정된다고 주장한다.[25] 여기서 그는 그린우드의 비교실험의 두 번째 부분에 동의하는데, 이 두 번째 부분이란 문제가 되고 있는 무기와 충분한 군사적 효율성을 지니고 있는 다른 선택지들과의 비교를 뜻한다. 모든 것을 감안할 때, 저자는 그린우드의 접근법이 올바른 관점이라고 본다. 전투원들에게 야기된 고통이 불가피한가라는 문제는 반드시 군사적 효율성과 무기를 사용했을 때의 장점과 비교되어야 하며, 그 후 적절한 대체 수단들에 의해 야기된 군사적 효율성과 이익이 비교되어야 한다. 각 컴퓨터 네트워크 공격이 그것의 용도와 실행에 따라 달라질 수 있기 때문에, 균형이 유지되었다는 점을 확인하기 위해서라도 각 공격은 개별적으로 평가되어야 할 것이다.

---

22) Greenwood, 'Law of Weaponry', 195; Boothby, Weapons, 62-3; Bothe, *et al.*, *New Rules*, 200.

23) Greenwood, 'Law of Weaponry', 199.

24) Dinstein, *Conduct of Hostilities* (2nd edn), 65

25) *Ibid.*

동일하거나 유사한 군사적 이익을 제공하는 다른 무기들보다 특별히 더 많은 상해와 고통을 야기하는 무기의 사용이 금지되어 있기 때문에, 분류는 필연적으로 다른 무기 시스템들과의 비교를 포함한다.[26] 이는 어쩌면 컴퓨터 네트워크 공격과 관련하여 무기에 관한 법의 가장 흥미로운 측면 중 하나일 수 있는데, 그 이유는 이러한 기술들에 대한 접근이 다른 무기들을 선택하는 당사국들의 합법성에 영향을 미치기 때문이다. 컴퓨터 네트워크 공격의 장점들 중 하나는 그것이 목표물의 무용화와 파괴를 최소한의 사상자와 물리적 파괴로써 가능하게 한다는 것이며, 특히 많은 경우 재래식 무기들보다 정확성이 더욱 높다는 점이다. 예컨대, 필요한 시간 이내에 해당 송전선망의 전원을 차단할 수만 있다면 굳이 그 송전선망을 폭파시킬 필요는 없다. 이러한 능력은 전쟁의 다른 재래식 수단들을 비합법적으로 만드는 효과가 있는데, 이는 그러한 수단들에 의한 피해가 '불필요'한 것이 되어버리기 때문이다. 하지만 그린우드가 지적하듯이 두 종류 무기(혹은 전투방법)의 즉각적인 효과를 단순히 비교하는 것은 적절치 않은데,[27] 이는 두 종류 무기의 실현 가능성(비용을 포함하는), 무기 및 군수품이 활용되는 장소와 관련된 병참 업무 및 그것들을 사용하는 부대에 대한 보안이 모두 고려되어야 하는 사항들이기 때문이다. 컴퓨터 네트워크 공격과 같은 수단들을 이용하면 이러한 문제들은 해결되겠지만, 주어진 상황에서 이러한 기술들을 사용하는 것에 반대하는 주장을 할 수도 있을 것이다. 위의 제6장에서 공격에 대한 예방조치와 관련하여 논의되었듯이, 어떤 컴퓨터 네트워크 공격 수단은 오직 효과적인 대항이 이루어지기 이전에 단 한번 사용될 수 있다는 점을 감안할 때, 이러한

---

26) Blix, 'Means and Methods of Combat', 138-9.

27) Greenwood, 'Law of Weaponry', 198.

공격에 예상되는 미래의 필요사항은 지휘관들로 하여금 고려되어야 할 것이며 해당 공격의 연쇄적인 효과들을 확인하는 어려움 또한 고려되어야 할 것이다.

1.1.2. 무차별 무기

국제사법재판소는 핵무기의 위협 또는 사용에 관한 권고적 의견에서 구별원칙은 국제인도법의 주요원칙이라고 주장했으며, 각 국들은 '따라서 민간목표와 군사목표물을 구별하지 못하는 무기를 사용해서는 결코 안된다'고 하였다.[28] 여기서 핵심은 위 제6장에서 논의된 특정 무기의 무차별적 사용보다는 오히려 군사목표물과 민간물자를 본질적으로 구별할 수 없는 무기들 간의 구별이다. 제1추가의정서 제51조(4)는 무차별 공격을 금지한다. 동 항 (b)는 특정 군사목표물을 표적으로 할 수 없는 전투수단과 방법을 금지한다. 고전적 사례로는 특정 목표물을 정확하게 표적으로 할 수 없는 장거리 유도체계미사일이 있다.[29] 비록 컴퓨터 네트워크 공격이 공격하고자 하는 특정 네트워크나 체계를 매우 정확하게 표적으로 하더라도 오늘날 거의 모든 바이러스는 무차별적으로 확산되게 코딩되어 있다.[30] 민간 및 군사네트워크와 체계를 구별하지 못하는 컴퓨터 네트워크 공격은 본질적으로 무차별적인 것이다. 그러므로 컴퓨터 네트워크 공격이 무력분쟁법상 공격에 해당할 정도로 충분한 피해를 야기하는 경우 이는 무기에 관한 법에 있어 불법적인 것이 된다.

---

28) *Nuclear Weapons Case*, para 78.

29) ICRC 해설서는 제2차 세계대전 말미에 독일군에 의해 사용되었던 V2로켓을 사례로써 언급한다. Pilloud, *et al.*, *Commentary*, para 1958.

30) 예컨대, 스톰웜은 주소와 무작위 다이얼 알고리즘으로 이루어진 코드로써 컴퓨터에서 컴퓨터로 확산한다.

제1추가의정서 제51조(4)(c)는 그것의 영향이 본 의정서가 요구하는 바와 같이 제한될 수 없거나 개개의 경우에 있어서 군사목표물과 민간인 또는 민간물자를 무차별적으로 타격하는 전투수단과 방법의 사용을 금지한다.[31] 이는 그것들이 사용되는 상황에 따라 사용이 제한되거나 그것들을 사용하는 자들의 통제로부터 완전히 벗어날 수 있는 수단과 방법들과는 구분되는 것이다.[32] 스턱스넷 웜(Stuxnet worm)은 이러한 컴퓨터 네트워크 공격의 특정 종류가 해당 범주에 속하지 않는다는 개념의 증거가 되었다. 복잡은 멀웨어 형태가 보여준 것은 코드프로그래머들이 멀웨어의 효과를 능률적으로 제한할 수 있는 구조적 이점을 누릴 수 있게 되었다는 것이다. 웜은 무차별적으로 확산되는 반면에 그것은 시스템 안에서 올바른 구성 속에 자기 자신을 찾기 이전에는 탑재된 구성요소를 전개시키지 않는다. 이 구성요소의 전개가 컴퓨터 네트워크 공격의 효과의 등급을 무력분쟁법 하에서 공격의 수준까지 올려준다는 것은 주목할 만한 점이다. 따라서 웜의 무차별적의 확산에도 불구하고, 의정서에 따를 때 웜은 무차별적 공격으로 여겨지지 않는다. 스턱스넷 웜 바이러스의 한 변종과 관련된 경우, 코드 프로그래머는 공격 목표가 되는 고유한 군사 시스템과 소프트웨어를 제대로 공격하기 위해 바이러스가 언제 활동하는지에 대한 조건을 쉽게 설정할 수 있었다.

　분명한 것은, 특정한 군사 목표물에 정조준 될 수 있는 컴퓨터 네트워크 공격 및 이러한 공격의 효과를 최소화할 수 있음에도 불구하고 무차별적으로 컴퓨터

---

31) 해설서에서 주어진 사례들은 식수에 독극물을 타거나 생화학 무기의 확산과 관련된다. 하지만 해설서에서는 위의 두 가지 수단들은 다른 규정들에 의해 금지되어 있다는 점을 분명히 한다.

32) *Ibid.*

악성코드를 사용하는 것은 명백히 금지된다는 것이다.[33] 이러한 조건들이 무기의 사용과 관련된 법에 적용되는 과정에서도 역시 차별의 원칙에 위배되어서는 안 된다.

1.1.3 마르텐스 조항(Martens Clause)

마르텐스 조항은 1899년 헤이그협약 서문에서 처음으로 규정되었다. 현대적 규정으로는 제1추가의정서 제1조(2)가 있다.

> 본 의정서 또는 다른 국제협약의 적용을 받지 아니하는 경우에는 민간인 및 전투원은 확립된 관습, 인도원칙 및 공공양심의 명령으로부터 연원하는 국제법 원칙의 보호와 권한 하에 놓인다.

핵무기 사건에서 국제사법재판소가 언급했듯이 동 조항은 군사기술의 급속한 발전에 대처하는 효과적인 수단임이 증명되었다.[34] 그래서 비록 컴퓨터 네트워크 공격의 이용을 현재 명시적으로 금지하거나 제한하는 국제인도법상의 규칙 또는 합의가 없음에도 불구하고, 특정형태의 컴퓨터 네트워크 공격 그 자체가 인도주의적 원칙 또는 공공양심의 명령을 위반한 결과인 한, 이는 마르텐스 조항을 위반한 것이다.[35] 그린우드(Greenwood)는 동 조항의 유효성의 하나는 특

---

33) 무차별적 공격에 관해서 논의하는 위의 챕터 6의 섹션 4.2를 참고하라.

34) *Nuclear Weapons Case*, para 78.

35) Isabelle Daoust, Robin Coupland and Rikke Ishoey, 'New Wars, New Weapons? THe Obligation of States to Assess the Legality of Means and Methods of Warfare' (2002) 87(846) IRRC 345, 351; ICRC, *A Guide to the Legal Review of New Weapons, Means and Methods of Warfare: Measures to Implement Article 36 of Additional Protocol I of 1977* (2006) 17.

정 무기를 불법적이라고 하는 조약 규정이 없다고 해서 그 무기가 합법적이라는 것을 의미하는 것은 아니라는 것이다. 동 조항은 관습법으로 구체화된 일반원칙은 여전히 적용되며, 이러한 원칙들에 반하는 무기의 사용은 불법이이라는 것을 명확하게 한다.[36]

1.2. 무기의 명시적 금지

핵무기 사건에서 국제사법재판소는 특정한 무기들의 위법성이 금지의 차원에서 법제화되었지 허가의 부재 차원에서 법제화된 것은 아니라고 주장하였다.[37] 위에서 명시되었듯이, 현재 국제인도법에는 명백하게 컴퓨터 네트워크 공격을 금지하거나 제한하는 규정이나 동의가 없는 실정이다.[38] 하지만, 컴퓨터 네트워크 공격이 다양한 효과를 유발할 수 있기 때문에, 어떠한 공격 기술들은 다른 금지된 재래식 무기와 같은 정의에 속할 수 있다. 특정한 무기의 금지 뒤에 있는 기본적인 원칙들을 잘못 이해하지 않도록 반드시 주의가 요구된다.[39] 무기에 관한 법의 목적은 핵심적인 인도적 가치들을 지키는 것에 있는데, 이것은 또한 컴퓨터 네트워크 공격과 직접적으로 관련이 없는 군비축소 목적 그리고 아래

---

36) Greenwood, 'Law of Weaonry', 206.

37) *Nuclear Weapons Case*, para 52.

38) 1998년과 이후로 매년, 러시아 정부는 이러한 문제들을 다루기 위해 통신 기술과 정보 보안에 연구를 위한 결의안 초안을 작성해왔다. 지금까지 이는 적용된 바가 없다. See, for example, draft resoltuion A/C.1/55/L. 6 introduced by the Russian Federation, 18th mtg, 19 October 1998.

39) 예컨대, Brown은 논리폭탄과 같은 특정한 공격들이 일반적인 군사지뢰와 유사하며 그렇기 때문에 금지되어야 한다고 주장했다. Brown, 'Proposal for an International Convention', 197.

의 제2절에서 논의할 공정 거래의 측면에 영향을 미치기 위하여 사용된다.[40]

재래식무기협약 제2의정서 및 수정 제2의정서는 몇몇 방식의 컴퓨터 네트워크 공격 사용을 제한한다. 부비트랩의 정의는 '죽이거나 부상을 입히기 위해 설계되고, 구성되고 차용된' 컴퓨터 네트워크 공격을 망라할 정도로 넓고 포괄적이다.[41] 또한 파일, 장치 혹은 시스템은 시스템을 날리거나 어떠한 형태로든 피해를 입힐 수 있는 악의적인 코드가 접근할 수 있도록 조작될 수 있다. 예컨대, 전류급증 보호장치로 하여금 낙뢰가 있었다고 착각하게 하여 전원을 차단하게 하는 것. 재가동 시 추가적인 전류 급증으로 배전망의 한계 용량을 초과하여 컴퓨터 모니터가 폭발하도록 유발할 수 있다.[42] 하지만 여기서 의정서는 오직 살해하거나 부상을 입히기 위해 설계된 부비트랩에만 적용되는 것이므로 국내의 컴퓨터 범죄에서는 상당히 일반적인 정보를 파괴하거나 정보에 대한 허가되지 않은 접근을 방비하거나 시스템을 무력화시키기 위한 부비트랩의 사용은 재래식무기협약에서 다루어지지 않았다. 죽이거나 부상을 입히기 위해 설계되거나 구성되거나 차용된 장치는 사실의 문제로써 그 합법성이나 불합법성은 동원 가능한 모든 정보를 기반으로 평가되어야 할 것이다.[43]

부비트랩은 그것의 본질이나 사용에 있어서 그 사용이 합법적인 보호를 받는

---

40) 무기법의 목표물에 대한 논의를 보기 위해선 참고하라, Greenwood, 'Law of Weaponry', 189.

41) 두 의정서의 Art.2 모두 부비트랩을 '명백하게 위험하지 않은 물건을 방해하거나 접근했을 때 예상치 못하게 작동하는, 죽이거나 부상을 입히기 위해 설계되고, 건설되고 사용된 모든 장치'라고 정의한다.

42) 실제로 컴퓨터가 폭발하거나 부상을 초래할지는 변수의 숫자들에 달려있는데, 예컨대 모니터에 사용된 시스템의 종류 (플라즈마 스크린은 폭발하기보다는 녹을 것이다)나 비상 발전기의 존재 유무 등에 따라 결과가 달라질 수 있다.

43) Boothby, *Weapons*, 158-9.

사람이나 시설을 침해할 경우 국제법의 관습적 규칙에 의해 금지된다.[44] 그러므로 예를 들어 국제적십자위원회로부터 발송된 이메일이라고 기만하는 악성코드의 경우 상기한 조건들에 따르면 자동적으로 금지 되어야 하는 것이다.[45] 마찬가지로, 이미 존재하는 무해한 휴대 시설을 부비트랩으로 전환하는 것은 금지되지 않지만 반대로 부비트랩을 무해한 시설처럼 제작하거나 설계하는 행위는 금지되어 있다.[46] 비록 부비트랩에 대한 일반적인 제한사항들이 특별히 위해를 가하도록 설계된 컴퓨터 네트워크 공격을 포괄 할 정도로 충분히 광범위 하지만, 무해하고 이동이 가능한 표적과 관련된 특정한 조항들은 폭발물질을 포함하고 있는 대상을 지시하고 있는 것이 명백하다. 그러므로 이러한 경우는 악성코드에 해당하지는 않을 것이다. 그러나 유추를 통해 그 원칙이 적용된 경우, 루트킷 멀웨어(현존하는 코드에 자기 자신을 입력하는)는 유효한 공격의 형태가 되며, 이와 반대로 무해한 이메일 첨부파일과 같은 것으로 속이는 구분된 파일은 유효한 공격의 형태가 되지 않는다. 이는 전자편지폭탄에 적용되는 금지조항과 같은 것이다.[47] 이러한 금지조항들은 배신행위금지의 원칙과 공정 거래의 측면에서 더 잘 다루어질 수 있을 것이며 이와 관련된 논의는 아래의 '2. 배신행위'에서 다루도록 한다.[48]

---

44) Henckaerts and Doswald-Beck, *Customary International Humanitarian Law*, Vol. Ⅰ, 278.

45) 이는 의심의 여지가 없이 모든 상황에서 배신의 행위를 포함할 것이며, 보호된 상징의 오용은 배신에 관한 섹션 2에서 더욱 자세하게 다루어져 있다.

46) Art. 6(1) Protocol Ⅱ, Art. 7(2) Amended Protocol Ⅱ.

47) Dinstein, *Conduct of Hostilities* (1st edn), 65.

48) 무기법의 목적에 관한 논의를 위해서는 일반적으로 Greenwood, 'Law of Weaponry', 189 참조.

1.3. 제36조의 의무

제1추가의정서 제36조는 체약국들에게 새로운 무기, 전투수단과 방법에 대한 법적 검토를 수행할 의무를 부과하고 있다.

신무기, 전투수단 또는 방법의 연구·개발·획득 및 채택에 있어서 체약당사국은 동 무기 및 전투수단의 사용이 본 의정서 및 체약당사국에 적용가능 한 국제법의 다른 규칙에 의하여 금지되는지의 여부를 결정할 의무가 있다.

국제인도법의 새로운 의무임에도 불구하고, 위에 명시된 의무는 1868년의 세인트피터스버그선언의 발자취를 따르는 것이며,[49] 헤이그규칙 제23조(e)와 제1추가의정서 제35조(2)에 따른 '명백하고 필수적인 필연적인 결과'이다.[50] 추가의정서에 대한 국제적십자위원회의 해설에 따르면, '수단과 방법'이라는 용어는 넓은 의미에서 무기를 포함하며, 마찬가지로 무기가 사용되는 방법 또한 포함하는 것이다.[51] 더욱이, '어떤 혹은 모든 상황'이라는 구문의 의미는 일반적 혹은 예정된 무기의 사용이 어떤 혹은 모든 상황 아래 금지되는 것인지를 결정하기 위해서 사용된 것이지, 무기의 가능한 모든 오용을 예견하거나 분석하기 위해서 쓰인 것은 아니다.[52]

---

49) 이러한 방법으로 당사국들은 그들이 설립한 정의를 유지하고 '인도주의 법을 이용하여 전쟁의 필요성을 무마시키기 위해' 무기의 발전에 대한 이해에 근접할 수 있었다. St Petersburg Declaration.

50) Bothe, *et al.*, *New Rules*, 199.

51) Pilloud, *et al.*, *Commentary*, para 1402.

52) Bothe, *et al.*, *New Rules*, 200.

국제적십자위원회에 따르면 국제법 의무의 믿음직스럽고 책임감 있는 적용은 국가로 하여금 새로운 무기와 수단 및 방법이 이러한 의무들을 침해하지 않을 것이라는 점에 대한 보장을 필요로 한다.[53] 이 의무는 의심의 여지없이 새로운 컴퓨터 네트워크 공격 기술에 적용되며 국가들은 공격이 개발되는 대로 각 공격 종류의 합법성을 평가하도록 요구한다. 기존 무기들의 개발 및 평가와 같이, 이 조건에서의 컴퓨터 네트워크 공격의 평가는 신뢰의 문제이다. 앞에서 언급되었듯이 컴퓨터 네트워크 공격은 대응책이 개발되고 설치되기 전에만 유효하다. 그러므로 기술의 국제적 감시는 컴퓨터 네트워크 공격이 사용되기도 전에 무용하게 되는 것이다.

2. 배신행위 및 기계

네트워크 기술의 발전은 당사국에게 적을 속이고 오인하게 하는 수많은 기회를 제공한다. 기계는 무력분쟁법에서 전적으로 허용되는 반면, 배신행위는 금지된다.

2.1 기계

헤이그규칙 및 제1추가의정서는 기계는 금지되지 않는다는 것을 확인하고 있다.[54] 제1추가의정서 제37조(2)는 다음과 같다.

---

53) ICRC, *Legal Review of New Weapons*, 4.

54) Art. 24 Hague Regulations; Art. 37(2). Additional Protocol I.

기계는 금지되지 아니한다. 그러한 기계는 적을 오도하거나 무모하게 행동하도록 의도되었으나 전시에 적용되는 국제법 규칙에 위반되지 아니하며 또한 법에 의한 보호와 관련하여 적의 신뢰를 유발하지 아니하기 때문에 배신행위가 아닌 행위들을 말한다. 다음은 그러한 위계의 예이다. 위장, 유인. 양동작전, 오보의 이용.

컴퓨터 네트워크 기술 발전으로 인한 공격 시나리오의 진전에 따라 기계 또한 진화되었다. 오늘날 군대가 이용할 수 있는 많은 선택들인 기계는 대부분 전자전 항목에 해당된다.[55] 하지만, 적군을 현혹시키고 속이기 위해 군에서는 컴퓨터 네트워크 공격을 이용해 더욱더 정교한 기술을 사용하고 있다. 예컨대, 레이더 신호 방해는 전자전 공격이다. 하지만 최근 이스라엘이 시리아 북부 공습에서 사용한 공수 네트워크 공격을 보면, 전자공격 말고도 다른 공격이 가능하다. 미 항공우주 산업 관계자들과 전역한 미국 장교들은 이스라엘 군이 미국의 '수터(Suter)' 체계와 같은 스텔스기능을 사용한다고 말한다.[56] 미국의 수터 체계는 적군 통신 네트워크에 침투해 적이 보는 것을 보고 아군의 위치가 탐지되지 않게 시스템을 조종할 수 있다.[57] 적군 컴퓨터에 가짜 정보를 잠입시키거나 입력하는 것은 허용 가능한 기계의 예이다.[58]

---

55) 예컨대, 전자신호 막기, EMP, 고주파 무기는 전자전의 예이다. 이 책에서 이러한 예들을 다루지 않는다. 전자전 기술은 윌슨의 *Information Operations, Electronic Warfare, and Cyberwar*에 자세히 기재되어있다.

56) Fulghum and Barrie, 'Israel Used Electronic Attack in Air Strike against Syrian Mystery Target'.

57) *Ibid*. 슈터 체계의 발달의 세부사항에 관해서는 부록 1 참조.

58) 예컨대, 코소보에서의 연합군 작전에서 표적이 된 데이터들은 극비의 컴퓨터 시스템에 저장되어 있었다. 그 시스템에는 시설에 대한 설명과 기능들, 파괴되었을 시 세계에 끼칠 영

여러 국가에서부터 다수의 호스트 컴퓨터를 이용해 공격의 원점을 숨기는 방식은 군사적 이용 이외에도 일반적으로 사용되는 컴퓨터 네트워크 공격이다. 호스트 컴퓨터의 이용(라우터, 서버, 개인 컴퓨터 등)은 공격의 전달자 역할을 하며, 정보를 효과적으로 '세탁'하고 공격의 원점과 추적을 어렵게 만든다. 이러한 작전의 목적은 공격의 출처를 혼란시키는 것이므로 민간 네트워크 또는 중립국의 네트워크를 사용하는 것은 공격대상이 공격의 수단으로 사용한 네트워크에 반격당할 위험이 있다. 마이클 슈미트가 지적했듯이 이러한 보복은 특성상 유동적이다.[59] 문제는 민간 네트워크를 사용하는 것은 군 물품을 민간 차량이나 항공기로 운반하는 것이나, 민간 상태로 가장하는 것과 차이가 없으며, 이것은 불법행위이다.[60] 또한 적군에게 본부에서 온 것 같은 가짜 전보를 발송하는 것은 허락된다. 하지만 이러한 전보가 조난신호여서는 안 되고, 민간인 또는 민간물자를 공격하게 하는 원인을 제공해서도 안 된다.[61] 이러한 술책들은 배신행위가 되지 않는다.

2.2 배신행위

배신행위의 금지는 국제관습법을 반영하고 있으며 헤이그규칙 제23조(b)에 규정되고, 제1추가의정서 제37조(1)에서 확대되었다.[62]

향, 부차적 손해에 대한 염려, 그리고 역사적 정보를 저장하고 있었다.

59) Schmitt, 'Wired Warfare', 206.

60) 이 예는 육상에서의 전쟁법만을 반영한다. 해군의 배는 어떤 경우 적군의 배로 위장할 수 있으며 이 행위는 배신으로 취급받지 않는다.

61) Dinstein, *Conduct of Hostilities* (2nd edn), 240.

62) 헤이그 규약 23(b)항은 '적국 혹은 적군에 속하는 개인들을 무자비하게 죽이거나 부상을

배신행위는 추가의정서에서 다음과 같이 정의되고 있다.

적으로 하여금 그가 무력분쟁시 적용 가능한 국제법 규칙하의 보호를 부여받을 권리가 있다거나 의무가 있다고 믿게 할 적의 신념을 유발하는 행위로서 그러한 신념을 배신할 목적의 행위

국내적 무력분쟁에서 배신행위의 금지의 적용은 타딕 사건에서 확인되었다.[63] 배신행위 금지는 2가지 목적을 갖는다. 첫째, 남용될 경우 향후 사건에서 면제에 대한 존중을 훼손하게 될 것이라는 가정에서 그러한 지위의 남용을 금지함으로써 진정으로 항복을 원하는 자, 피보호 지위를 갖는 자 또는 부상자를 보호하기 위함이다. 또한 배신행위는 반드시 누군가의 생명을 위태롭게 하지 않더라도, 전투원들 사이에 최소한의 공정함을 강요하기 위해 금지된다.[64] 그러므로 적군이 공격하는 것이 아니라 항복한다는 정보를 조작하거나 전투 차량이 의료 차량 또는 중립 차량이라고 조작하는 것은 배신행위이다.[65] 이와 마찬가지로 적군의 데이터베이스를 침투하여 군의 사단 본부를 병원으로 가장하는 행위 또한 금지되어 있다.[66] 유엔 표식 또는 적십자 표상 등과 같은 보호표식을 사용하는 것은 금지되는 배신행위일 뿐만 아니라 제1추가의정서 제38조에 따라 표식의

입혀서는 아니 된다고' 규정하고 있다.

[63] Tadk (Interlocutory Appeal), para 125. citing the Supreme Court of Nigeria in Plus Nwaoga v. The State (1972) 52 ILR 494. 496-7 (Nig. S. Ct.).

[64] Greenwood, 'Law of Weaponry', 190.

[65] Greenberg, Goodman and Hoo. Information Warfare and International Law, 13.

[66] Ibid.

남용이 된다.[67]

민간인, 비전투원으로의 가장은 제37조(1)에서 들고 있는 배신행위의 사례들이다. 몇몇 논자들은 표적 컴퓨터를 파괴시키기 위해 마이크로소프트사로 가장하여 바이러스를 보내는 행위가 배신행위라고 착각한다.[68] 이것은 추가의정서에 명시되어있는 금지된 사항들을 이해하지 못했다는 증거이다. 배반은 적을 살해하거나, 부상시키거나 포획하는 결과를 가져왔을 때만 금지된다. 비록 이 제한은 많은 비판을 받았으나,[69] 현재 국제법상 이 정의를 위반하지 않는 한 생산 방해를 하든 시설물을 파괴하든 그 행위는 불법이 아니다.[70] 보드와 다른 학자들은 제37조를 적용하기 위해서는 배반과 살해, 부상 또는 포획이 직접적인 인과관계에 있어야 한다고 말한다.[71]

또 하나의 문제는 전자우편의 신빙성을 어떤 기준으로 국가가 판단하느냐는 것이다. 통신은 방해되어도 괜찮다는 오래된 관점과, 정보시스템은 군복과는 다르게 전쟁법상 요구되지 않으며 전투에 도움을 주는 도구로 간주되기 때문에, 통신방해 전략은 병사들이 자신들을 적과 민간인으로부터 구분짓기 위해 군복

---

67) 보호용 심볼의 오용에 관한 제 38조 및 39조의 위반사항에 대해서는 아래를 참조할 것. 또한 국제연합이 전투에 직접 관여되지 않은 경우 유엔심볼을 사용하는 것은 불성실 행위 (perfidy)로 간주된다는 것을 주목할 것.

68) Shulman, 'Discrimination in the Laws of Information Warfare', 959. Dörmann, 'Additional Protocols', 152 참조.

69) Oeter, 'Methods and Means of Combat', 228-9; Knut Ipsen, 'Perfidy' in R. Bernhardt (ed.), *Encylopedia of Public International Law* (Max Planck Institute, Amsterdam; New York, 1997) 978-81.

70) Oeter, 'Methods and Means of Combat', 229.

71) 보드와 다른 연구자들은 방해 활동가들이 포로가 되지는 않으나, 제1추가의정의 제44조 (3)로 인해 민간인들과 자기 자신을 구별하지 않은 죄가 있다고 말한다.

을 입어야 한다는 규칙을 이용하는 것보다 덜 위험해 보인다.[72]

2.3 보호표식 및 표장의 남용

제1추가의정서 제38조는 적십자·적신월·적사자태양 등 식별표장, 제협약 및 본 의정서에 의하여 부여된 다른 표장, 부호, 신호의 부당한 사용을 금지하고, 무력분쟁에 있어서 정전기를 포함하여 국제적으로 승인된 보호표장, 부호 및 신호와 문화재 또는 유엔에 의해 승인된 것을 제외한 유엔의 보호표장을 고의적으로 남용하는 것 역시 금지하고 있다.[73] 국내적 무력분쟁에 대한 제2추가의정서 제12조에 적십자·적신월·적사자태양의 표장에 관한 유사한 규정을 두고 있다. 이는 살해, 상해 또는 포획과의 관련을 요하지 않는 절대적 금지이다. 그러므로 위와 같이 스팸메일이 UN 대표 또는 적십자라 속이고 보호된 표상을 사용하는 것은 금지되어있다. 가짜 전자우편 주소를 사용하는 것(joe.bloggs@icrc.org 같은) 또한 보호된 상징물 또는 표상을 사용하는 것에 해당되지는 않지만 금지되어 있다.

3. 자산의 파괴 및 몰수

무력분쟁 시 적군 자산의 취급을 규정하고 있는 법은 네트워크 사회 및 지식

---

72) · Greenberg, Goodman and Hoo, *Information Warfare and International Law*, 13.
73) · 국제연합의 기장(emblem)은 유엔이 전투의 당사자가 아닌경우에만 보호된다는 것을 주목할 것.

사회에 대한 흥미로운 문제를 제기한다. 기본원칙은 개인 자산은 존중되어야 하고 몰수할 수 없다고 규정하고 있는 헤이그규칙 제46조에 규명되어 있다. 게다가 제23조(g)는 전쟁의 필요에 의해 긴급하게 요구되는 경우가 아니라면 적군의 자산을 파괴하거나 몰수하는 것은 금지한다고 명시한다.[74] 로마규정 제8조(2)(b)(xiii)은 파괴 또는 몰수를 전쟁범죄로 규정한다.[75] 강탈 또한 헤이그규칙, 제네바 제4협약과 제2추가의정서에서 금지되어있고 로마규정에서 전쟁범죄로 되어있다.[76] 하지만 자산의 보호에는 통신네트워크와 디지털 자산과 같이 몇몇 예외가 있다.

예외에 대해 말하기 전에 두 기본적인 문제에 대해 먼저 논해야 한다. 먼저, 제7장에 나타나있듯이, 무형 자산 또한 유형 자산과 비슷한 취급을 받아야 한다. 뉴렌베르그 전범재판소는 크루프(Krupp)와 이겐파르벤(I.G. Farben) 재판에서 헤이그규정에 명시되어 있는 자산 관련 범죄는 많은 수단을 통한 무형 자산의 획득을 포함할 정도로 충분히 포괄적이라는 것을 의심하지 않았다.[77]

현 국제법에서 인정된 자산 관련 범죄는 물질적인 유형 자산 또는 구식 표현으

---

74) Art. 23(g). Hague Regulations.

75) 로마규정의 제8조(2)(e)(xii)에는 교전에 대해서 다루는 거의 동일한 규정이 존재한다.

76) Arts 28 and 47, Hague Regulations; Art. 33(2), Geneva Convention IV; Art. 4(2)(g), Additional Protocol II; Art. 8(2)(b)(xvi), 국제 무력분쟁에 대한 로마 규정(Rome Statute)과 국제적 성격이 아닌 무력분쟁에 해당하는 8(2)(e)(v)항. 이는 또한 ICTR 규정의 4(f)항, ICTY 규정 3(e)항(비록 프랑스 문서는 여전히 약탈(pillage)을 지칭하지만), SCSL 규정 3(f)항 하에서도 위반행위에 해당한다.

77) *Krupp Trial*, 129; *I.G. Farben Trial*, 46. United Nations War Crimes Commission, *Law Reports of Trials of War Criminals* (HMSO for the United Nations War Crimes Commission, London, 1949), Vol. XV, 129, Citing the *Krupp Trial* 이것은 부분적으로는 주식의 양도, 기업 재산의 양도, 재산권의 계약상 양도와 같은 것을 다루었다.

로는 약탈인 공개적인 강탈에만 적용되는 것은 아니다. 자산 범죄는 무형 자산의 습득 및 소유권의 보장, 공개적 폭력 이 외의 다양안 방법에 의한 모든 종류의 자산의 사용 또는 통제를 포함한다.

이겐파르벤 재판에서 법정은 다음과 같은 입장을 취했다. '헤이그규칙이 명시하는 자산 범죄는 어법이 애매하고 "약탈"을 물리적 자산의 습득이라는 제한된 개념으로써 구분짓지 않는다 … 물자 소유권 습득, 혹은 다른 수단을 통한 무형 자산의 습득으로 인한 약탈 혹은 손상 …[78] 2차 대전 이후 연합군은 기술적·과학적 정보 및 특허와 문서와 같은 무형의 군사기술을 전리품과 '지적 배상'이란 명목으로 쉽게 획득했다.'[79]

두 번째 문제는 몰수의 개념에 관한 것이다. 컴퓨터 체계, 네트워크 및 그 내부에 저장된 정보에서 '자산의 파괴'라는 개념은 매우 명확하지만,[80] 무엇이 컴퓨터상의 몰수인지 분류하기 애매하다. 이 문제를 두고 현재 두 가지 견해가 있다. 첫 번째는 물질적 성분은 제자리에 두고 시스템 또는 네트워크를 원격으로 정보를 획득하는 것이고, 두 번째는 네트워크 또는 시스템에 있는 정보를 복사하는 것이다. 이 문제는 전쟁터에서 그 자산을 전리품으로 획득하든 상대 영토에서 획득하든 몰수 문제와는 큰 연관이 있다. 하지만 위의 경우, 둘 다 전투 공간에서 일어났다는 것을 감안해야 한다.[81] 시스템 또는 네트워크의 유형적 측면

---

78) *I.G. Farben Trial*, 46.

79) John Farquharson, 'Governed or Exploited? The British Acquisition of German Technology, 19475-48' (1997) 32(1) *Journal of Contemporary History* 23 참조.

80) 정보는 백업을 통해 복구 또는 재건되므로, 정보의 파괴가 설립되느냐에 관해서는 많은 논란이 있다.

81) 5장의 사보타주 관련 공격의 장소(location of offences)와 관련된 위의 논의를 참조할 것

은 물리적으로 몰수할 수 있지만,[82] 그렇게 하지 않고도 이 네트워크를 조종할 수 있다. 몰수의 어떤 공식적인 정의도 국제기구 또는 국제 법정의 결정에 나타나지 않는다. 하지만 Krupp 재판에서 군사법정은 확실한 소유권의 이동이 증명되지 않았음에도 몰수 혐의가 적용되었는데, 이렇게 기록되어 있다.[83]

하지만, 예를 들면 공장이 정당한 주인이 사용하지 못하게 하고 그의 특권을 법적으로 쓰지 못하게 빼앗는 형태는 그의 자산이 제46조에 따라 존중된다고 말할 수 없을 것이다.

윌리엄 다우니(William Downey)는 유효한 몰수는 자산이 실질적인 보호아래 있고 포획국의 '확고한 소유' 아래 있어야 한다고 주장한다.[84] 이 문제에 대해 확고한 소유로 자산을 줄이는 데 무엇이 필요한지 상반되는 판례법이 있지만, 다우니는 독일 군사정부 법률 상담가(OMGUS)의 의견을 선호하였다. OMGUS 의견은 다음과 같다.[85]

'확고한 소유권'은 자산을 몰수 및 보유하고자 하는 의도가 표현되고 확고한 행

---

82) 광섬유 네트워크의 전선 요소가 포획 또는 전리품의 목적을 위해 '동적인' 자산으로 분류되는지 의문이 들 수 있다. 하지만 실질적인 기동성이라는 조건보다는 개인적인 자산 또는 소지품으로 관련시키는 것이 차이점이라고 할 수 있다.

83) 그 재판은 전쟁의 법과 관습은 확실한 권리의 전환이 달성되지 않는 한 교전세력의 점유 영토 내에서의 포획과 개척을 금지하지 않는다는 피고 측의 주장에 응답하였다.

84) Downey, 'Captured Enemy Property', 492.

85) 2차 세계 대전 도중 알캔사 주의 강바닥에서 발견된 남부 측 포에 대한 미국 남북전쟁 건에서 다우니가 인용한 다른 의견. 이 포가 있었던 곳이 북부 연합군에게 함락당하고 나서 이 포는 1947년에 미국의 자산이 되었다. 즉, 포획과 영토의 점유는 권리를 전환하기에 충분했다.

동 또는 소유권 선언 또는 자산에 관한 관리 권한 주장이 필요한 것으로 보인다. 확고한 소유권을 이루는 이 두 요소를 만족시키는 상황은 당연히 사건마다 다르다. 하지만 교전국의 일반적인 지역 점유는 확고한 소유에 관한 정의의 두 요소를 만족시키지 않는다는 것이 우리의 결론이다.

1985년 이스라엘 대법원은 알 나와르 v. 국방부장관 사건(Al Nawar vs *Minister of Defence et al.*)에서 이러한 접근법을 확실히 하였다. 하지만 대법원은 모든 자산을 한번에 몰수하는 것이 실질적으로 불가능하다는 것을 강조하였으며, 몰수를 유효하게 하기 위해서는 자산이 위치한 지역에 일반적인 보호 또는 순찰이 있어야 된다고 했다.[86]

이런 논리를 따르면서, 네트워크 또는 다른 시스템을 원격으로 몰수하기 위해서는 원래의 소유자가 접근해 시스템 또는 네트워크를 조종하는 것을 방지하기 위해 시스템 또는 네트워크에 접근해 접근 코드를 바꾸는 것이 필요하다. 이는 몇몇 악의적 소프트웨어와 봇넷에게 얽힌 컴퓨터에 이미 일어나고 있는 일이다.[87] 바이러스에 감염된 컴퓨터를 불법적으로 활용하는 경우, 봇넷의 조종자는 원래 소유자의 접근과 통제에 아무런 영향을 주지 않으면서 조종할 수 있다. 하지만 조종자가 시스템 또는 네트워크에 관리자 형태로 접근한다면 접근 권한을 바꿔 원래의 사용자의 접근 권한을 모두 없애고 접근 세력의 유일한 통제 하에 둘 수 있다. 이는 원래의 소유자가 네트워크 또는 시스템의 조종을 확보하고자 하는 조종자의 의도를 선언하는 것을 배제시키는 행위로서 위에서 다룬 확고

---

86) *Al Nawarv, Minister of Defence et al.* (1985) 39(3) Piskei Din 449, Israel Supreme Court Excerpted in English in F. Domb. 'Judgments of the Supreme Court of Israel' (1986) 16 *Israel Y.B. Hum. Rts* 321, 326.

87) 가령, 2007년 1월 17일에 야생에서 처음으로 탐지된 Storm Worm 참조.

한 소유의 조건을 만족시킨다. 네트워크 또는 시스템을 보호하는 것은 비밀번호를 변경하고 최신 바이러스 보호 소프트웨어를 실행시키고 모든 프로그램이 업데이트되었으며 패치가 설치된 것을 확인하는 것처럼 간단할 수 있다.

단순한 자료 복사와 시스템에 정보를 입력하는 것은 조금 더 어려운 분석을 필요로 한다.[88] 디지털 정보의 특징은 복사가 포획한 세력이 원조와 일치하는 복사이며 어떤 목적으로든 쓰일 수 있는 것이며 따라서 몰수와 보유에 대한 조건이 이 항목에도 충족될 것이다. 일반적으로 말하길, 자산은 무력분쟁 중에 이 두 가지 목적 중 한 가지 때문에 몰수된다. 적군이 사용하지 못하게 하도록, 또는 몰수한 세력의 이득으로 만들기 위해서이다.[89] 복사된 정보가 후자의 목적을 달성했을지라도, 이는 적군의 사용을 억제하지는 못한다. 이 '복사를 이용한 몰수'는 새로운 현상이 아니다. 2차 세계대전에서 독일의 침략에 뒤이어 상당한 기록 보관 프로그램이 동맹군들에게 시행되었다. 엄청난 양의 기술적인 정보, 연구 시설 그리고 실험연구들은 노획물로써 미국과 영국 당국에게 몰수되었고, 많은 양의 기록들은 상당한 마이크로필름 프로젝트에 의해 획득되어 원조 문서들은 그대로 보존되었다.[90] 역사학자 존 파커슨은 1947년 중반까지 미국의 기업 또는 교육 기관의 마이크로필름이 5천만 페이지까지 기록되었었다고 했다. 이 페이지들은 온전히 영국의 고위층의 문서들, 증명서 등으로만 구성되어 있다.[91] 하지만 이런 방식의 몰수가 주는 어려움 중의 하나는 한편으로는 전리품 및 군사

---

88) 적합한 자산 권리에 관한 현재의 국내 사법권에 대해 지적 자산 권리가 아닌 정보에 관해 어느 정도의 반대도 있다는 걸 참고해야 한다.

89) Lauterpacht, *Oppenheim's International Law*, 152.

90) 기록 프로그램과 관련해 사기업의 대규모 취득물을 포함한 회수한 정보에 대한 논쟁이 있다. 하지만 대부분이 순전히 군사적 사용과 전리품으로 취급되었다.

91) *Ibid.*, 23.

필요성에 관한 법에 따라 몰수된 자산과 실제적으로 점령지역에서 몰수된 자산의 처리가 달라진다는 것이다. 헤이그 규칙 제23조(g)와 제53조 모두 몰수된 자산을 언급하지만, 그에 대한 취급은 매우 다르다. 제53조에 의거하면 소유권 권리는 점유세력에게 양도되지 않는다. 자산은 몰수될 수 있지만 평화가 회복되면 반환되어야 하고 배상해야 한다. 하지만 군사작전을 위해 또는 전리품에 관한 법에 의해 몰수된 자산은 몰수측의 자산이 된다. 전리품 목적의 유용한 몰수는 모든 권리를 양도받고 전 소유자는 자산에 관한 모든 권리를 박탈당한다.[92] 논리적으로, 이러한 조건 아래의 몰수로 보아, 확고한 행동 또는 선언은 '배제할 수 있는 권리' 또는 원래의 소유자의 정보에 대한 권리를 박탈하는 방법을 동반해야 한다. 따라서 단순한 복사는 몰수국을 상대로 원래의 소유자의 권리를 박탈시킬 수 있기 때문에 유효한 몰수를 구성하는 것이 아니다. 이것은 국가관행과 일치하지 않기 때문에 포획이 전리품에 대해 소유와는 다른 의미를 가지고 있는 것처럼 보일 수 있고, 원래의 소유자에게 계속해서 권리를 부여하며 자산의 권리에 대해 불일치한 행동을 하는 세력을 동반한다면 이러한 자산에 대한 어떠한 행동도 금지된다.

3.1. 전리품

국제관습법에 따라서, 전쟁터에서 포획된 자산 중 움직이는 모든 것은 문화

---

92) Yoram Dinstein, 'Booty in Land Warfare' in R. Bernhardt (ed.), *Encyclopedia of Public International Law* (Max Planck Institute; North Holland, Amsterdam, 1992) 432-4. 432.

재만을 제외하고,[93] 전부 전쟁 전리품에 해당할 수 있다. 포획한 자산은 포획한 개인 병사 또는 부대가 아닌 국가 자산이 되며 포획과 동시에 권리가 양도된다.[94] 자산에 대한 권리는 이를 포획한 군대가 속한 교전국에게 자동적으로 획득하는 것이며, 이는 자산의 군사적 성격과는 관계가 없다(무기와 화기뿐만 아니라 돈, 음식, 그리고 가게들도 포함된다).[95] 이것은 의심의 여지없이 정부 소유의 시스템과 네트워크에게도 적용될 것이다. 왜냐하면 컴퓨터, 서버, 그리고 라우터 같은 것들은 모두 동적인 자산이라는 범주 안에 들어가기 때문이다. 국제법에서 이 문제들이 정식적으로 언급되지는 않았지만 컴퓨터, 네트워크, 그리고 다른 장치들에 속해 있는 모든 정보들은 제2차 세계 대전 후에 동맹세력들이 가져간 정보 기술 문서, 인증서, 그리고 다른 지적 자산과 유사하게 법적으로 양도될 수 있다.[96]

알 나와르 대 국방부장관 사건에서 이스라엘 대법원은 헤이그규칙 제23조(g)는 적대적인 목적으로 사용된 자산은 보호하지 않는다고 강조했다. 이러한 자산은 자의적인 파괴로부터 보호를 받지만, 여전히 적국은 전리품으로 가져갈 수 있는 권리를 가지고 있다.[97] 사유재산은 일반적으로 전쟁터에서 포획으로부

---

93) 문화재는 1954년에 제정된 문화재 협약(Cultural Property Convention) 제14조에 의해 면해된다.

94) Downey, 'Captured Enemy Property', 500; Dinstein, *Conduct of Hostilities* (2nd edn), 247-8; Dinstein, 'Booty in Land Warfare', 432.

95) Dinstein, *Conduct of Hostilities* (2nd edn). 247.

96) 몰수할 수 있는 자산의 종류와 한계에 대해서 상당한 토론이 있었지만, 단 하나 의 토론에서도 지적성향의 자산에 초점을 맞추지 않았다. 1946년 3월 후에, 다국적군에 의해 전리품의 좁은 정의가 채택되었고 이는 전리품을 '총기, 화기, 전쟁 물자, 그리고 연구와 개발 시설(문서, 재료, 훈련 장치를 포함한다)'로 제한하였다.

97) 제23(g)조는 파괴 또는 포획이 전쟁의 필수요소여서 어쩔 수 없이 요구되지 않는 한, 적

터 면제되지만, 악의적으로 사용된 사유재산은 교전국이 양도 받을 수 있다.[98] 대법원은 또한 국가 자산과 사유재산의 구별은 문제가 된 자산의 성격을 그것의 실제적인 사용에 따라 결정한 1921년 Cession of Vessels and Tugs for Navigation on the Danube Case의 중재 판결에서 적용된 기능 테스트에 기초해야 한다고 했다.[99] 이런 추론을 따라 반대 세력에 의해 군사목표물로 활용되는 어떠한 상업적 네트워크, 시스템, 또는 컴퓨터도 적국에게 포획될 수 있고, 이는 높은 비율의 군사통신이 민간 네트워크를 이용한다는 점을 감안하면 큰 고민거리이다.[100]

더욱이, 어떤 무기, 화기, 군사 장비, 군사 문서와 여타 군사목표물로 쓰이는지를 막론한 자산들 또한 사적 자산이라 할지라도 포획이 가능하다.[101] 컴퓨터 네트워크 공격의 시대에 이것은 매우 폭넓은 예외로 밝혀질 수 있다. 멀리 보면, 사실상 전쟁에서 운영되는 모든 네트워크와 컴퓨터 네트워크 공격에 사용될 수 있는 어떤 시스템이던 전리품으로 포획될 수 있다. 인터넷에 연결되어 있는 평범한 가정집 컴퓨터 또는 노트북 또한 이러한 성능이 있고 (소유자의 동의 또는 인식과 상관없이) 이미 봇넷의 일부분으로 간주되어 있을 수 있다. 이것으로 보아 헤이그규칙 제23조(g)의 규정에도 불구하고 어떤 컴퓨터든지 무장세력에 의해 군사

자산의 파괴 또는 포획을 금지한다.

98) AI Nawar excerpted in English in Domb. 'Judgments of the Supreme Court of Israel'. 324.

99) Domb, 'Judgments of the Supreme Court of Israel'. 325, citing *Cession of Vessels and Tugs for Navigation on the Danube Case* (1921) 1 RIAA 97.

100) 2010년 국가정보국의 전 국장 마이클 맥코넬 제독은 기밀 통신을 포함한 98퍼센트의 미정부 통신은 민간 소유와 운영 네트워크와 시스템을 이용해 송, 수신한다.

101) Downey, 'Captured Enemy Property', 494.

적 장비가 될 수 있는 것으로 보인다. 이와 같이 네트워크 또는 컴퓨터에 저장되어 있는 정보도 군사기록 또는 군사장비로 간주되어 포획될 수 있다. 이러한 예외는 지나치게 많을 수 있다. 원래는 본질적으로 군사적 성향이 없었으나, 컴퓨터 네트워크 공격을 위한 사용이 이러한 특정 장비, 시스템, 또는 네트워크를 무기 또는 군사 장비로 만드는 것이다.

'전장'라는 용어는 전쟁에서 전리품에 관한 법에 따라 자산이 포획될 당시의 장소를 묘사할 때 주로 쓰인다. 하지만 딘스타인이 말한 것처럼, 이 용어는 너무 포괄적인 의미를 가지고 있으며 아마 '전투' 또는 '무력분쟁'같은 단어들이 더 이해에 도움 될 것이다.[102] 알 나와르 사건에서 이스라엘 대법정은 육상전에서 작전 전구 전체가 전리품에 관한 법의 목적을 위한 전쟁터로 간주 되고 있다.[103] 이것은 컴퓨터 네트워크 공격에 대해 흥미로운 질문을 유발하는데, 이는 기존의 관찰된 전쟁지역보다 훨씬 더 넓기 때문이다. 이론적으로 보자면, 이는 군사작전에 활용되는 네트워크, 컴퓨터, 라우터, 서버 또는 이동식 인공위성 기지를 전리품으로 획득할 수 있으며,[104] 또한 이러한 장비에 들어있는 정보 또한(문화재가 아닌 이상) 획득할 수 있다는 것을 의미한다. 이러한 네트워크를 원격으로 포획할 수 있는 능력으로 보아, 교전당사자가 적진의 시스템 또는 네트워크를 적국에

---

102) Dinstein, 'Booty in Land Warfare', 433; Dinstein, *Conduct of Hostilities* (2nd edn). 247.

103) *Al Nawar* excerpted in English in Domb. 'Judgments of the Supreme Court of Israel', 324.

104) 인공위성의 우주 설계가 포획을 목적으로 '유동' 자산으로 분류되는지에 대해 흥미로운 사안이 제기되고 있다. 인공위성의 궤도와 추진력의 조종을 획득하고 접근할 수 있는 것으로 보아, 이론적으로 이동할 수 있다고 간주된다. 전통적인 전쟁터를 현재 우주전쟁터로 생각하면 교전 세력들의 충돌에 사용되는 인공위성은 반드시 우주 전쟁터를 형성하는 하나의 부분이 된다. 하지만 점유된 영토의 권리에 대한 예외는 참고한다.

있는 물리적인 존재의 규모 또는 사실에 상관없이 획득할 수 있을 것이다. 예컨대 미국 내의 미국 군사기지에서 이라크를 상대로 가한 모든 공격들은 미국 네트워크가 이라크에게 전리품으로 포획될 가능성이 있다는 것을 의미한다.

3.2. 점령지역

점령지역에 대해 적 자산의 파괴 또는 포획을 금지하는 것에 대한 예외도 존재하며 특히 이는 컴퓨터 네트워크와 더욱 관련이 있다. 헤이그규칙 제53조는 체약국에게 점령지역에서의 통신장비 보유를 허용하고 있다.

> 점령군의 국가의 소유에 속하는 현금, 기금 및 징발가능 한 재산, 비축무기, 운송수단, 재고품 및 식량과 군사작전에 사용될 수 있는 모든 국유동산을 몰수할 수 있다. 해사법에 규정된 경우를 제외한 육상, 해상 또는 공중에 설치되어 뉴스 전송 혹은 여객 또는 화물운송에 사용되는 모든 설비, 비축무기 및 모든 일반적인 군수품은 사인에게 속한 경우라도 몰수될 수 있으나 다만 이 경우에는 평화가 회복되면 본래대로 회복되어야 하며 배상금이 지불되어야 한다.

컴퓨터 네트워크와 그 외의 IT 시스템들도 분명히 이 규정에 해당된다. 그러나 이러한 통신수단이 해저 케이블 또는 위성의 형태를 취하게 되면 특정 법들이 적용된다. 또한 점령지역과 중립지역 사이를 연결하는 해저 케이블(광섬유 케이블 포함)을 몰수 또는 파괴하는 경우는 오로지 절대적인 필요성에 의해서만 행해져야 하며 평화를 되찾은 이후에는 반드시 복구와 배상청구가 이루어져야 한다.[105] 더 나아가 위성 통신 시스템의 우주 건조물들은 제53조의 예외사항에 해당되지 않는다. 대기권 밖의 경우, 비록 점유는 가능할지라도 어떠한 국가도 독점적으로 소유할 수 없기 때문에,[106] 점령지역의 재산 몰수를 규정하는 법이 적용되지 않는다. 그러나 이것이 지상 통제 센터에 대한 몰수를 막을 수는 없기에 이에 대해 논의할 여지는 남아있다. 그러나 인공위성의 물리적인 측면의 간섭을 금지하는(예로, 위성 자체의 궤도 경사각과 반동추진엔진을 제어하는 고도와 궤도 관리 서브시스템), 위성을 통하는 정보의 통제는 가능할 것이다.

제네바 제4협약 제53조에 점령 지역 내의 민간인 보호에 관한 부분은 군사작전상 반드시 필요하지 않는 한 국유 및 사유재산의 파괴를 금지한다.[107] 그러나 위 조항은 소유물의 파괴에 적용되는 것이지 몰수를 포함하지는 않는다는 점에 주의해야 한다. 점령 당국세력들은 특정 상황 아래에서 점령 지역 내의 소유물을 임의로 처분할 권리가 인정된다. 예를 들어 사유재산을 요구할 권리, 군사작전에 사용될 수 있는 이동 가능한 국가 소유물을 압수할 권리와 점령된 국가의

---

105) 헤이그 조약, 제54조. Cuba Submarine Telegraph Co. (1923) 6 RIAA 118; *Eastern Extension, Australasia and China Telegraph Co. Claim* (1923) 6 RIAA 112 cited in Leslie C. Green, *The Contemporary Law of Armed Conflict* (2nd edn, Manchester University Press, 2000), 152 참조.

106) Art. 2, Treaty on Principles Governing the Activities of States in the Exploration and Use of Outer Space, including the Moon and Other Celestial Bodies 1967, Vol. 610 No. 8843. 헤이그 조약은 우주-기반의 분쟁이 아닌 지상전과 관련된 규정임에 주의해야 한다. 이들의 적용은 관습적인 국제법의 현 상태를 기반으로 한 것이다. 국제사법재판소는 여러 번에 걸쳐 헤이그 조약에 포함된 원칙을 '국제관습법의 위반되어서는 안 되는 원칙'으로 규정한다. *Nuclear Weapons Case*, para 79 참조.

107) 제네바 제4협약의 제53조에 명시된 '점령 세력에 의해 개인, 국가, 공기관 또는 사회 및 협동 조직이 개별적 또는 공동으로 소유하고 있는 실소유물 또는 사유재산에 대한 파괴는 금지된다. 단 예외적으로, 군사작전상 반드시 필요한 경우에 이 같은 파괴는 허용된다.'

실소유물을 사용할 권리 등이 이에 해당된다.[108] 광범위한 파괴는 협약의 중대한 위반사항이며, 로마규정의 제8조(2)(a)(iv)에 따라 전쟁범죄로 기소될 수 있다.[109]

3.3. 약탈과 수탈

약탈에 대한 금지는 국제관습법과 조약법에 깊게 뿌리박혀 있다.[110] 일반적으로 약탈이란 개인적인 목적을 위해 적의 (공적 또는 개인적) 자산을 훔치거나 강탈하는 행위이며,[111] 그러한 자산을 점유함에 있어 폭력적인 요소가 포함된다.[112] 그러나 최근 결정에 따라 이와 관련된 몇몇의 요소들에 문제가 제기되고 있다. ICTY의 판결에 따르면 법규에서 금지하는 바는 전체 지역에 걸쳐 일어난 약탈을 금지한다는 것이다.[113] 디지털 자산의 약탈과 관련해서 두 가지 물음이 제기

---

108) ICRC 'Article 53' Commentary to Geneva Convention IV, 301; Pictet, *Commentary*.

109) Art. 147, Geneva Convention IV; 8(2)(a)(iv) Rome Statute.

110) 'Celebici' Judgment, para 315. Arts 28, 47(점령 지역과 관련하여), Hague Regulations 1907; Art. 33(2), Geneva Convention IV; Art. 4(2) of Additional Protocol II; Art. 8(2)(b)(xvi) and Art. 8(2)(e)(v), Rome Statute, '강습하여 점령한 마을 또는 장소에 대한 약탈'을 전쟁 범죄로 본다. ICTR과 SCSL Statutes 모두 약탈죄를 포함하는 데 ICTY Statute는 수탈을 금지한다. 흥미롭게도 ICTR과 ICTY Statues의 정식 프랑스판 모두 'le pillage'라는 용어를 사용한다.

111) Dinstein, *Conduct of Hostilities* (1st edn), 214; Armin A. Steinkamm, 'Pillage' in R. Bernhardt (ed.), *Encyclopedia of International Law* (Max Planck Institute; North Holland, Amsterdam, 1982) 1029-30, 1029.

112) Trial of Alois and Anna Bommer and Their Daughters (1947) IX *Law Reports of Trials of War Criminals* 62, Permanent Military Court at Metz.

113) *Prosecutor v. Mladen Naletilic and Vinko Martinovic* (2003) Case No. IT-98-34-T, 구유고국제형사법원(ICTY), para 615, 제네바 제4협약에 의하면 약탈의 금지는 점령 지역 내에서 이루어진 행위에 한정되지 않는다.

된다. 첫째로, 소유권자의 자산에 대한 소유권을 완전히 박탈당해야 하는 것인지, 또는 주인의 소유권의 일부, 주로 자산의 용도와 그로부터 얻은 이익을 독점적으로 사용할 권리와 통제할 권리가 침해돼야 하는가? 둘째로 약탈에 있어서, 위협을 통해 자산을 획득해야 하는지 혹은 폭력이 사용되어야 하는가이다.

플릭 재판에서 플릭은 특히 독일에 의해 점령된 국가와 지역에서 공공물과 사유재산의 수탈과 약탈을 이유로 전쟁범죄로 유죄판결을 받았다. 하지만 법원은 '증거에 입각해 볼 때, 피고측 중 그 누구도 일반적으로 통용되는 의미의 약탈행위에 책임이 있다는 증거가 없다'[114]고 했다. 판결에서 이 같은 결과가 폭력이 사용되지 않아서인지 혹은 점유되기 이전보다 더 나은 상태로 소유권자에게 자산이 반환되었기 때문인지에 대해서는 분명히 제시되지 않았다. 다른 법정에서는 위와 같이 위법행위를 분리한 적이 없었다.

시에라레온(Sierra Leone) 특별법원 심리부는 *Fofana and Kondewa* 사건에서 약탈에 포함되기 위해서는 개인적 또는 사적인 목적이 있어야 한다는 조건은 약탈죄를 적용함에 있어서 불필요한 제한이라는 관점을 제시하였다.[115] 그러나 이 같은 주장은 '약탈', '수탈', '강탈' 같은 용어를 함께 사용하는 것에서 비롯되며, 구 유고슬라비아와 관련된 국제형사법재판소 규정에서는 약탈이 아닌 수탈에 대한 내용을 담고 있기 때문이다.

자산을 몰수하도록 설계된 컴퓨터 네트워크 공격은 주로 비폭력적인 특성을 지닌다. 전통적 의미에서 약탈의 개념은 폭력적인 요소를 함축하고 있다는 사실

---

114) *Flick Trial*, 21.

115) *Prosecutor v. Moinina Fofana and Allieu Kondewa (Decision on Preliminary Motion Based on Lack of Jurisdiction (Child Recruitment))* (2004) Case No. SCSL-04-14-T, Special Court for Sierra Leone, 49.

을 강조하면서,[116] *Celebici* 재판에서 법정은 약탈과 수탈이 유사한 것인지에 대해 결정을 내리길 거부하면서, 수탈이 포함하는 바는 '개인범죄 책임이 국제법상에 속하는 무력분쟁 중에 일어나는 모든 형태의 소유물에 대한 점유로써 일반적인 의미의 '수탈' 행위도 포함한다'고 하였다.[117] 그러나 법정에서는 폭력이 사용되지 않았음에도 적군에 의해 몰수된 재산 또한 약탈로 간주하였는데, 점령지역 내의 소유권자가 포기한 채권과 증권의 몰수가 그 예이다.[118]

3.4. 교전지역 내의 적소유 자산

교전지역 내에 있는 적의 공공 자산은 몰수의 대상이 되는데, 그러나 외교시설의 경우 보호를 받게 된다.[119] 따라서 국가들 사이에서 무력분쟁이 일어날 경우, 적국에서 운영되는 국유 웹 사이트 또는 기타 디지털 자산들은 몰수당할 수 있다. 예컨대, 동티모르(현재 티모르-레스테)의 정부 사이트는 독립 이전에는 아일랜드 연방국에서 운영되고 있었는데, 만일 두 나라가 무력분쟁을 할 경우 이러한 사이트들은 몰수 또는 동결의 대상이 될 수 있다. 마찬가지로 교전국으로 아웃소싱된 업무 또한 몰수의 대상이 될 수 있다. 정부 하청을 담당하는 민간인과 상업 분야에서도 해외 아웃소싱이 증가하는 현대에는 실제 작업이 수행되는 위치에 대한 지식과 감독이 중요한 고려사항이 될 것이다. 교전국의 서버를 잠시

---

116) 약탈의 조건인 폭력에 대한 의문은 Bommer 사건에서 제기되었다.

117) '*Celebici*' *Judgment*, 591, citing *Law Reports*, Vol. IX, 64.

118) Re Otto Wallemar [1948] ADIL 619 (점령 중의 재산의 제거), *Mazzoni v. Ministry of Finance* [1927-1928] AD Case No. 384 (점령 지역 내의 소유권자가 포기한 채권과 증권의 몰수).

119) Green, *The Contemporary Law of Armed Conflicts*, 155.

스쳐가는 정보 또한 교전국의 영토 내에 있는 것으로 인정되어 몰수의 대상이 될 수 있다는 주장이 가능하나, 이 같은 방식으로 접근되는 정보는 정보수집 활동의 일환으로 몰수당할 수 있는데, 이는 헤이그규칙 제24조에서 명백히 인정되고 있다.

사유자산과 관련한 상황은 조금 더 복잡하다. 헤이그규칙 제23조(g)에 명시된 민간재산에 대한 보호는 양 교전당사자의 영토에서 동일하게 적용된다. 제네바 제4협약 제38조는 '피보호자의 상황은 원칙적으로 평시 외국인에게 적용되는 조항에 의해 계속 규율되어야 한다'면서 억류조치, 지정된 거주지 또는 전쟁이 요하는 통제와 보안을 위한 예외적 조치를 인정한다.[120] 이러한 원칙들은 에리트레아 에티오피아 손해배상 사정 위원회의 *에리트레아 민간 손해배상 청구* 및 *에티오피아 내의 재산상* 손해에 대한 민간 배상 청구에 대한 일부 판결에서 논의가 되었다.[121] *에리트레아 민간 손해배상 청구*와 관련된 일부 판결에서 위원회는 교전국은 '적국 국민들의 재산을 동결하거나 차별적인 조치를 취할 수 있는 상당한 정도의 재량권을 가지고 있으며 평시에 국제법 하에서 요구되는 것과는 반대되는 방식으로 행동할 재량권이 있음'에 주목하였다.[122] 한편 위원회는 이러한 통제적인 조치들이 적국이 수행하는 전쟁에 잠재적으로 활용될 가능성이 있는 본국의 경제적 자원에 대한 접근을 차단하기 위해서 필요하다고 인정

---

120) Art. 27, Geneva Convention IV

121) *Partial Award, Loss of Property in Ethiopia Owned by Non-Residents, Eritrea's Claim 24 between the State of Eritrea and the Federal Democratic Republic of Ethiopia* (2005), Eritrea Ethiopia Claims Commission; *Partial Award, Civilians Claims, Eritrea's Claims 15, 16, 23 & 27-32 between the State of Eritrea and the Federal Democratic Republic of Ethiopia* (2004), Eritrea Ethiopia Claims Commission.

122) *Partial Award in Eritrea's Civilians Claims*, para 124.

한 반면, 지금까지의 국가 관행을 보았을 때 국가들은 이 부분에서 일관되지 못하였음을 지적하였다. 또한 적국 국민들의 자산을 국가가 나서서 돌려준 경우에도, 이는 제한된 조건하에서만 그리하였고 특히 이것이 상위의 국익과 직결되는 경우에만 그리하였다고 적시하였다.[123] 위원회는 더 나아가 다음과 같은 의견을 밝혔다.[124]

교전국은 가능한 한 보호 대상자와 적국의 자산이 약탈당하거나 훼손되지 않도록 보장할 의무가 있다. 만약 적국민의 사유자산이 전쟁 중에 동결 또는 손상되기 위해서는 국가에 의해 수행되어야 하며 자산의 안전이 보장되며 결과적으로 주인에게 반환 또는 전후 협약을 통해 처분될 수 있는 상태여야 한다.

위원회는 재산의 귀속에 대한 이러한 규제는 다양한 논자들에 의해 강조되었음을 일깨웠다.[125] 교전국의 영토 내에 존재하는 디지털 재산 또는 자산은 일반적인 기금이 동결되는 것과 동일한 방식으로 동결될 수 있으며, 디지털 자산의 보호를 보장하기 위하여 그리고 국가이익을 위하여 동일한 조건에 따라야 한다는 것이다.

---

123) *Ibid.*, paras 127-8.

124) *Ibid.*, para 151.

125) *Ibid.*, para 128, citing Lauterpacht, *Oppenheim's International Law*, 326-31; Ian Brownlie, *Principles of Public International Law* (6th den, Oxford University Press, 2003), 514.

4. 결언

현대 무력분쟁에 적용되는 모든 원칙들 중, 전투수단 및 방법과 관련된 원칙들이야말로 컴퓨터 네트워크 공격에 가장 조응되기 힘든 내용이라고 할 수 있다. 그러나 한 가지 확실한 점은 무기에 관한 법의 일반원칙은 계속해서 적용될 것이나, 구체적인 적용은 각각의 컴퓨터 네트워크 공격의 세부사항을 통해 분명해질 것이라는 점이다. 제36조의 적용으로 개별적 공격 기술을 분석할 의무가 이같은 문제들을 일정부분 완화시킬 것이다.

익명성이 일반적으로 보장되는 온라인 환경에서 가장 해석하기 힘든 것은 바로 배신행위의 개념이다. 그러나 이는 적의 사망, 부상 또는 생포로 이어져야만 적용된다는 점에 주의해야 한다. 공격의 출처를 감추는 것이 컴퓨터 네트워크 공격의 일반적인 관례이므로, 각국은 이러한 속임수가 배신행위로 간주되지 않도록 각별히 조심해야 한다.

소유물의 개념이 지속적으로 변화하고 지적 자산과 무형 자산에 대한 경제적 의존이 증가하면서 무력분쟁 중의 자산 보호에 대한 규정에 심각한 문제가 제기되고 있다. 몇몇의 문제점들은 현행 구조에 적절치 않다. 다른 문제들은 사이버 범죄에 전반적으로 적용되는 국제형사법과 관련하여 발생한다. 약탈이나 강탈과 같은 개념들은 그것의 원래 소유주가 영구히 그 재산을 박탈당해야 한다는 전제조건이 있는데 이는 몇 가지 개념상의 혼선을 불러일으킨다. 예를 들어 컴퓨터 원본파일을 타인이 단순히 복사하는 것은(심지어 백업 파일이 존재하는 상황에서 원본 파일을 삭제하는 것도) 그 책임이 면해질수도 있다는 것을 의미한다. 그러나 국제 재판소에서 이러한 사건들을 재산권 침해의 경우로 빈번히 다루고 있는 것을 볼 때 이제는 관행상으로도 면책이 불가능함을 반증해 주고 있다.

맺음말

컴퓨터 네트워크 공격의 도래는 무력을 규율하는 국제법과 국제인도법에 있어서 새로운 과제이다. 컴퓨터 네트워크 공격은 근본적으로 다른 전투수단을 대표할 뿐만 아니라 무력분쟁법이 민간인 참전, 증가하는 비대칭 화력과 기술 발전이라는 큰 도전과제에 직면해 분투중일 때 나타났다. 하지만 이러한 과제에도 불구하고, 저자는 무력분쟁법의 기본구조와 일반원칙들은 컴퓨터 네트워크 공격을 포함한 분쟁에 적용 가능하다고 본다. 시간이 흐름에 따라 법이 바뀌듯 일부 개정에 대한 내용은 세부적으로 요구될 것이다. 하지만 무력분쟁법의 기본적인 원칙들은 여전히 바뀌지 않는 전쟁의 근본적인 성격에 맞춰져 있다. 법의 정확한 내용과 구성은 이를 둘러싼 사회의 지배적인 원칙들에 의해 결정될 것이다.

현재로서 국제법상의 컴퓨터 네트워크 공격의 적법성 판단은 매우 복잡한 문제이다. 전쟁의 정당성(*jus ad bellum*)의 측면에서 보자면, 물리적인 효과, 즉 살상, 부상 또는 물리적인 자산의 파괴는 간접적으로 이루어지더라도 그 효과가 일정하게 유지되는 것으로 나타난다. 오히려 공격자의 의도된 목적이 공격이 대상이 되는 당국의 대처에 큰 영향을 미칠 것이다. 물론 컴퓨터 네트워크 공격이 국제법에 의해 자위권을 발동시킬 수 있는 무력공격이 되기 위해서는 공격이 상당한 범위와 효과를 불러일으켜야 한다. 전쟁의 정당성 측면에서 컴퓨터 네트워크 공격에 대해 제한적인 접근은 자위를 위해 통상적인 군사력에 호소하고자 하는 교전국의 권리를 제한하는 역할도 할 것이다.

컴퓨터 네트워크 공격과 관련해 전쟁의 합법성(*jus in bello*)은 컴퓨터 네트워크 공격에 관한 무력분쟁법의 기본원칙과 특수한 적용 간의 복잡성을 확실히 보여준다. 전투원과 민간인의 구별, 공격 행위 시의 비례성 원칙, 불필요한 고통유발 금지와 같은 근본적인 원칙들은 전쟁에서 활용되는 컴퓨터 네트워크 기술의 유형과는 상관없이 보편적으로 지켜져야 할 핵심 원칙들이다. 법의 특수한 적용에는 기술의 효과와 정보혁명이 가져온 가변적 가치와 개념이 반영되어 있다. 가장 중요한 것은 정보사회가 무형 자산과 정보에 가져다준 가치의 향상이다. 이는 대상 분석, 문화 자산의 보호와 일반적인 자산 공격과 관련한 적대행위를 규율하는 법의 적용에 영향을 미칠 것이다.

포괄적인 접근법을 채택하려는 시도에도 불구하고, 항상 그래왔듯이, 많은 연구가 필요한 분야가 있다. 서론에 서술한 바와 같이 본 저서는 중립법을 검토하지 않았으며, (비교를 위한 간단한 언급은 있었지만) 컴퓨터 네트워크 공격이 해전법규에 미친 효과에 대해서도 살펴보지 않았다. 본 저서를 집필하는 과정에서 여러 문제들이 제기되었으며, 이에 대해서는 장차 추가 연구를 해 나갈 것이다. 그러한 문제들 중 일부는 디지털 자산의 고유한 특성 및 이로 인해 발생하는 보관의 방법으로 인해 제기된 문제들이다. 예를 들어, 문화재의 완벽한 디지털 복제가 가능하다고 했을 때, 해당 문화재의 여러 복사본 파일들 중 어떠한 것이 디지털 복제본으로서 보관할 만한 가치가 있는 자료인지를 결정할 때 무슨 기준을 적용해야 하는가와 같은 문제들이다.

참고문헌

Alberts, David S., Garstka, John and Stein, Frederick, P., *Network Centric Warfare: Developing and Leveraging Information Superiority* (2nd edn, National Defense University Press, Washington DC. 1999).

Alexandrov, Stanimir A., *Self-Defense against the Use of Force in International Law* (Kluwer Law International, The Hague; London. 1996).

Arkin, William M., *Code Names: Deciphering US Military Plans, Programs, and Operations in the 9/11 World* (Steerforth Press, Hanover, NH. 2005).

Arquilla, John, Ronfeldt. David F. and United States Department of Defense, Office of the Secretary of Defense, *Networks and Netwars: The Future of Terror, Crime, and Militancy* (RAND. Santa Monica. 2001).

Best, Geoffrey, *Humanity in Warfare: The Modern History of the International Law of Armed Conflicts* (Weidenfeld and Nicolson, London, 1980).

Black, Jeremy, *War in the New Century* (Continuum, London, 2001).

Boothby, William H,. *Weapons and the Law of Armed Conflict* (Oxford University Press, Oxford; New York. 2009).

Bothe, Michael, *et al,. New Rules for Victims of Armed Conflicts* (Martinus Nijhoff Publishers. Leiden. 1982).

Bowett, D. W., *Self-Defence in International Law* (University of Manchester Press. 1958).

Boylan, Patrick J., *Review of the Convention for the Protection of Cultural Property in the Event of Armed Conflict* (UNESCO, Paris, 1993).

Brownlie, Ian, *International Law and the Use of Force by States* (Oxford University Press, 1963).

Brownlie, Ian, *International Law and the Use of Force by States: Revisited* (Europaeum, Oxford, 2001).

Brownlie, Ian, *Principles of Public International Law* (6th edn. Oxford University Press, 2003).

Cassese, Antonio, *International Criminal Law* (Oxford University Press, 2003).

Castren, Erik, *The Present Law of War and Neutrality* (Suomalaisen Tiedeakatemian Toimituksia, Helsinki, 1954).

Chamberlain, Kevin, *War and Cultural Heritage: An Analysis of the 1954 Convention for the Protection of Cultural Property in the Event of Armed Conflict and Its Two Protocols* (Institute of Art & Law, Leicester, 2004).

Clausewitz, Carl von, Graham, j. J. and Maude, F. N., *On War* (new and rev. edn, Kegan Pau,. Trench, Trubner & Co., London, 1940).

De Wet, Erika, *The Chapter VII Powers of the United Nations Security Council* (Hart, Oxford, 2004).

Deibert, Ronald J., *Parchment, Printing, and Hypermedia: Communication in World Order Transformation* (Columbia University Press, New York, 1995).

Dinstein, Yoram, *The Conduct of Hostilities under the Law of International Armed Conflict* (Cambridge University Press, 2004).

Dinstein, Yoram, *The Conduct of Hostilities under the Law of International Armed Conflict* (2nd edn, Cambridge University Press, 2010).

Dinstein, Yoram, *War, Aggression. and Self-Defense* (3rd edn, Cambridge University Press, New York, 2001).

Dunnigan, james F., *The Next War Zone: Confronting the Global Threat of Cyber Terrorism* (Citadel Press Books, New York, 2003).

Franck, Thomas M., *Recourse to Force: State Action against Threats and Armed Attacks* (Cambridge University Press, 2002)

Gimbel, John, Science, *Technology, and Reparations: Exploitation and Plunder in Postwar Germany* (Stanford University Press, 1990).

Gray, Christine D., *International Law and the Use of Force* (2nd edn, Oxford University Press, 2004).

Gray, Christine D., *International Law and the Use of Force* (3rd edn, Oxford University Press, 2008).

Gray, Colin S., *Another Bloody Century: Future Warfare* (Weidenfeld & Nicolson, London, 2005).

Green, Leslie C., *The Contemporary Law of Armed Conflict* (2nd edn, Manchester University Press, 2000).

Harris, D. J., *Cases and Materials on International Law* (6th edn, Sweet & Maxwell, London, 2004).

Heintschel von Heinegg, Wolff and Epping, Volker, *International Humanitarian Law Facing New Challenges: Symposium in Honour of Knut Ipsen* (Springer, Berlin; New York, 2007).

Henckaerts, Jean-Marie and Doswald-Beck, Louise, *Customary International Humanitarian Law*, Vols. I and II (Cambridge University Press, 2005).

Higgins, Rosalyn, *Problems and Process: International Law and How We Use It* (Clarendon Press, Oxford, 1993).

Hulme, Karen, *War Torn Environment: Interpreting the Legal Threshold* (Martinus Nijhoff Publishers, Leiden, 2004).

Jennings, Robert Y. and Watts, C. Arthur H. (eds.), *Oppenheim's International Law* (9th edn, Longman, Harlow, 1992).

Kalshoven, Frits and Zegveld, Liesbeth, *Constraints on the Waging of War* (ICRC, Geneva, 2001).

Kidder, Tracy, *The Soul of a New Machine* (Little, Brown, Boston, 1981).

Klare, Michael T., *Resource Wars: The New Landscape of Global Conflict* (Metropolitan Books, New York, 2001).

Lauterpacht. Hersch (ed.). *Oppenheim's International Law* (7th edn, Longmans, Green & Co., London, 1952).

Lessig, Lawrence, *Code and Other Laws of Cyberspace* (Basic Books, New York, 1999).

Libicki, Martin C., *What Is Information Warfare?* (Center for Advanced Concepts and Technology, Institute for National Strategic Studies. Washington DC, 1995).

Lloyd, Ian J., *Information Technology Law* (4th edn, Oxford University Press, 2004).

McDougal, Myres Smith and Feliciano, Florentino P., *Law and Minimum World Public Order: The Legal Regulation of International Coercion* (Yale University Press, New Haven, 1961).

McLuhan, Marshall, *Understanding Media: The Extensions of Man* (MCGraw-Hill, New York, 1964).

Melzer, Nils, *Targeted Killing in International Law* (Oxford University Press, 2008).

Moir, Lindsay, *The Law of Internal Armed Conflict* (Cambridge University Press, New York, 2002).

Moir, Lindsay, *Reappraising the Resort to Force: International Law, Jus Ad Bellum and the War on Terror* (Hart, Oxford, 2010).

Murray. Andrew. I~on Technology Law: The Law and Society (Oxford University Press, Oxford; New York, 2010).

Nye, Joseph S., Jr, *The Paradox of American Power: Why the World's Only Superpower Can't Go It Alone* (Oxford University Press, 2002).

O'Keefe, Roger, *The Protection of Cultural Property in Armed Conflict* (Cambridge University Press, Cambridge; New York, 2006).

Pictet, Jean S., *The Geneva Conventions of 12 August 1949: Commentary* (International Committee of the Red Cross, Geneva, 1952).

Pilloud, Claude, et a1., *Commentary on the Additional Protocols of 8 June 1977* (Martinus Nijhoff, Geneva, 1987).

Reed, Thomas C., *At the Abyss: An Insider's History of the Cold War* (Presidio, New York, 2004).

Roberts, Adam and Guelff, Richard, *Documents on the Laws of War* (3rd edn, Oxford University Press, 1999).

Rodes, Jean-Michel, Piejut, Genevieve and Plas, Emmanuele, *Memory of the Information Society* (UNESCO, Paris, 2003).

Rogers. A. P. V., *Law on the Battlefield* (2nd edn, Manchester University Press, 2004).

Saxby, Stephen, *The Age of Information: The Past Development and Future Significance of Computing and Communications* (Macmillan, London, 1990).

Sharp, Walter G., *Cyberspace and the Use of Force* (Aegis Research Corp., Falls Church, VA, 1999)

Singer, P. W., *Corporate Warriors: The Rise of the Privatized Military Industry* (Cornell University Press, Ithaca, 2003).

Smith, Edward A., *Effects Based Operations: Applying Network Centric Warfare to Peace, Crisis, and War* (DOD-CCRP, Washington DC, 2002).

Smith, Rupert, *The Utility of Force: The Art of War in the Modern World* (Penguin, London, 2005).

Solis, Gary D., *The Law of Armed Conflict: International Humanitarian Law in War* (Cambridge University Press, 2010).

Toffler, Alvin and Toffler, Heidi. *War and Anti-War: Survival at the Dawn of the 21st Century* (Warner Books, London, 1994).

Toman, Jiri, *The Protection of Cultural Property in the Event of Armed Conflict*

(Dartmouth; UNESCO, Aldershot; Brookfield, VT, 1996).

UK Ministry of Defence, The Manual qfthe Law of Armed Conflict (Oxford University Press, Oxford; New York, 2004).

United Nations, International Law Commission and Crawford, James, *The International Law Commission's Articles on State Responsibility: Introduction, Text, and Commentaries* (Cambridge University Press, Cambridge; New York, 2002).

US Department of Defense, *Dictionary of Military and Associated Terms (as Amended through 20 March 2006)* (Washington DC. 2001).

US Department of Defense, *Dictionary of Military and Associated Terms, 8 November 2010 (as Amended through 31 January 2011)* (Washington DC. 2010).

Vandewiele, Tiny, *Commentary on the United Nations Convention on the Rights of the Child, 46 Optional Protocol: The Involvement of Chadren in Armed Conflicts* (Martinus Nijhoff Publishers, Leiden: Boston, 2005).

Wall, Andru E., *Legal and Ethical Lessons of NATO's Kosovo Campaign* (Naval War College, Newport, RI, 2002)

Weisburd, A. Mark, *Use of Force: The Practice of States Since World War II* (Pennsylvania State University Press, 1997)

Wingfield, Thomas C., *The Law ofIriformation Conflict: National Security Law in Cyberspace* (Aegis Research Corp., Falls Church, VA, 2000).

CHAPTERS

'Discussion' in Wall, A. E. (ed.), *Legal and Ethical Lessons of Nato's Kosovo Campaign* (Naval War College, Newport, RI, 2002) 211-22.

Abi-Saab, Georges, 'The Specificities of Humanitarian Law' in Swinarski, C. (ed.), *Studies and Essays on International Humanitarian Law and Red Cross Principles in Honour of Jean Pictet* (Martinus Nijhoff Publishers, Geneva, The Hague, 1984) 265-80.

Arquilla, John and Ronfeldt, David, 'The Advent of Netwar (Revisited)', in Arquilla. J. and Ronfeldt. D. (eds.), *Networks and Netwars* (RAND, Santa Monica, 2001) 1-24. 'Information. Power and Grand Strategy: In Athena's Camp- Section l' in Arquilla, J. and Ronfeldt, D. (eds.), *In Athena's Camp: Preparing for Conflict in the Information Age* (RAND, Santa Monica, 1997) 141-71.

Baxter, Richard R., 'The Duties of Combatants and the Conduct of Hostilities (the Law of the Hague)' in UNESCO (ed.), *International Dimensions of Humanitarian Law* (Martinus Nijhoff, Dordrecht, 1988) 93-134.

Blix, Hans, 'Means and Methods of Combat' in UNESCO (ed.), *International Dimensions of Humanitarian Law* (Martinus Nijhoff, Dordrecht, 1998) 135-51.

Combacau. Jean, 'The Exception of Self Defence in U.N Practice' in Cassese, A. (ed.), *The Current Legal Regulation of the Use of Force* (Martinus Nijhoff, Dordrecht, 1986) 9-38.

Denning, Dorothy E., 'Cyber-Security as an Emergent Infrastructure' in Latham, R. (ed.), *Bombs and Bandwidth: The Emerging Relationship between Information Technology and Security* (Manas Publications, New Delhi, 2004) 25.

Dinstein, Yoram, 'Booty in Land Warfare' in Bernhardt, R. (ed.). *Encyclopedia of Public International Law* (Max Planck Institute; North Holland, Amsterdam, 1992) 432-4.

Dinstein, Yoram, 'Computer Network Attacks and Self-Defense' in Schmitt. M. N. and O'Donnell. B. T. (eds.), *Computer Network Attack and International Law* (Naval War College, Newport, RI, 1999) 99-119.

Dinstein, Yoram, 'Legitimate Military Objectives under the Current Jus in Bello' in Wall, A. E. (ed.), *Legal and Ethical Lessons of NATO's Kosovo* Campaign (Naval War College, Newport, RI, 2002) 139-73.

Dinstein, Yoram, 'Unlawful Combatancy' in Borch, F. and Wilson, P. (eds.), *International Law and the War on Terror* (Naval War College, Newport, RI, 2003) 151-74.

Doswald-Beck, Louise, 'Some Thoughts on Computer Network Attack and the International Law of Armed Conflict' in Schmitt, M. N. and O'Donnell, B. T. (eds.), *Computer Network Attack and International Law* (Naval War College, Newport, RI, 2002) 163-86.

Farer, Tom, 'Political and Economic Aggression in Contemporary International Law' in Cassese, A. (ed.). *The Current Legal Regulation of the Use of Force* (Martinus Nijhoff, Dordrecht, 1986) 121-32.

Fleck, Dieter, 'The Law of Non-International Armed Conflicts' in Fleck, D. (ed.). *The Handbook of International Humanitarian Law* (2nd edn, Oxford University Press, 2008) 605-33.

Frowein, Jochen, 'Article 39' in Simma, B. (ed.), *The Charter of the United Nations: A Commentary* (2nd edn, Oxford University Press, 2002) 717.

Green, Leslie C., 'The Status of Mercenaries in International Law' in Green, L. C. (ed.), *Essays on the Modem Law of War* (Transnational Publishers, Dobbs Ferry, NY, 2000).

Greenwood, Christopher, 'Customary International Law and the First Geneva Protocol of 1977 in the Gulf Conflict' in Rowe, P. J. (ed.), *The Gulf War 1990-1991 in International and English Law* (Routledge, London, 1993) 63-88.

Greenwood, Christopher, 'The Law of War (International Humanitarian Law)' in Evans. M. D. (ed.), *International Law* (Oxford University Press, 2003) 789-821.

Greenwood, Christopher, 'The Law of Weaponry at the Start of the New Millennium' in Schmitt, M. N. and Green, L. C. (eds.), *The Law of Armed Conflict: Into the Next Millennium* (Naval War College, Newport, RI, 1998) 185-231.

Greenwood, Christopher, 'Scope of Application of Humanitarian Law' in Fleck, D. (ed.), *The Handbook of Humanitarian Law in Armed Conflict* (2nd edn, Oxford University Press, 2008) 45-78.

Hampson, Francoise J., 'Means and Methods of Warfare in the Conflict in the Gulf' in Rowe, P. J. (ed.), *The Gulf War of 1990-1991 in International and English Law* (Routledge, London, 1993) 89-110.

Held, David and McGrew, Anthony, 'Introduction' in Held, D. and McGrew, A. (eds.), *Governing Globalisation: Power, Authority and Global Governance* (Polity Press, Cambridge, 2002) 1-21.

Hulme, Karen, 'Natural Environment' in Wilmshurst, E. and Breau, S. (eds.), *Perspectives on the ICRC Study on Customary International Humanitarian Law* (Cambridge University Press, 2007) 204-37.

Ipsen, Knut, 'Combatants and Non-Combatants' in Fleck, D. (ed.), *The Handbook of Humanitarian Law in Armed Conflicts* (Oxford University Press, 1999) 65-104.

Ipsen, Knut, 'Perfidy' in Bernhardt, R. (ed.), *Encylopedia of Public International Law* (Max Planck Institute, Amsterdam; New York, 1997) 978-81.

Kalshoven, Frits, 'The Soldier and His Golf Clubs' in Swinarski, C. (ed.), *Studies and Essays on International Humanitarian Law and Red Cross Principles in Honour of Jean Pictet* (Martinus Nijhoff, The Hague; Boston, 1984) 369-85.

Meszaros, Erno, 'Techniques for Manipulating the Atmosphere' in Westing, A. H. (ed.), *Environmental Warfare: A Technical, Legal and Policy Appraisal* (Taylor & Francis, London, 1984).

Montgomery, Tony, 'Legal Perspective from the EUCOM Targeting Cell' in Wall, A. E.

(ed.), *Legal and Ethical Lessons of NATO's Kosovo Campaign* (Naval War College, Newport, RI, 2002) 189.

Nichiporuk, Brian and Builder, Carl H., 'Societal Implications' in Arquilla, J. and Ronfeldt, D. (eds.), *In Athena's Camp* (RAND, Santa Monica, 1997) 295.

Noltimier, Hallan C., 'Techniques for Manipulating the Geosphere' in Westing, A. H. (ed.), *Environmental Warfare: A Technical, Legal and Policy Appraisal* (Taylor & Francis, London, 1984) 25-31.

Oeter, Stefan, 'Comment: Is the Principle of Distinction Outdated?' in Heinegg, W. H. von and Epping, V. (eds.), *International Humanitarian Law Facing New Challenges* (Springer, Berlin; New York, 2007) 53-65.

Oeter, Stefan, 'Methods and Means of Combat' in Fleck, D. (ed.), *The Handbook of Humanitarian Law in Armed Conflicts* (2nd edn, Oxford University Press, 2008) 120-235.

Parks, W. Hays, 'Asymmetries and the Identification of Legitimate Military Objectives' in Heinegg, W. H. von and Epping, V. (eds.), *Interntional Humanitarian Law Facing New Challenges* (Springer, Berlin, 2007) 65-116.

Randelzhofer, Albrecht, 'Article 2(4)' in Simma, B. (ed.), *The Charter of the United Nations: A Commentary* (2nd edn, Oxford University Press, 2002).

Randelzhofer, Albrecht, 'Article 51' in Simma, B. (ed.), *The Charter of the United Nations: A Commentary* (2nd edn, Oxford University Press, 2002) 788.

Robertson, Horace B., 'Self-Defense against Computer Network Attack under International Law' in Schmitt, M. N. and O'Donnell, B. T. (eds.), *Computer Network Attack and International Law* (Naval War College, Newport, RI, 2002) 122-45.

Sassoli, Marco. 'Targeting: The Scope and Utility of the Concept Of "Military Objectives" for the Protection of Civilians in Contemporary Armed Conflicts' in Wippman, D. and Evangelista, M. (eds.), *New Wars, New Laws? Applytng the Laws of War in 21st Century Conflicts* (Transnational Publishers, Ardsley, NY, 2005) 181-210.

Schmitt, Michael N., 'Asymmetrical Warfare and International Humanitarian Law, in Heintschel von Heinegg, W. and Epping, V. (eds.), *International Humanitarian Law Fadng New Challenges: Symposium in Honour of Knut Ipsen* (Springer, Berlin; New York, 2007) 11-48.

Schmitt, Michael N., 'Direct Participation in Hostilities and 21st Century Armed

Conflict' in Fischer, H. *et al.* (eds.), *Crisis Management and Humanitarian Protection* (Berliner Wissenschafts Verlag, Berlin, 2004) 505-29.

Schmitt, Michael N., 'Fault Lines in the Law of Attack' in Breau, S. and Jachec-Neale, A. (eds.), *Testing the Boundaries of International Humanitarian Law* (British Institute of International and Comparative Law, London, 2006) 277-307.

Schmitt, Michael N., 'Wired Warfare: Computer Network Attack and the Jus in Bello' in Schmitt, M. N. and O'Donnell, B. T. (eds.), *Computer Network Attack and International Law* (US Naval War College, Newport, RI, 2002) 187-218.

Steinkamm, Armin A., 'Pillage' in Bernhardt. R. (ed.), *Encyclopedia of International Law* (Max Planck Institute; North Holland, Amsterdam, 1982) 1029-30.

Toffler, Alvin and Toffler, Heidi, 'Foreword: The New Intangibles' in Arquilla, J. *et al.* (eds.), *In Athena's Camp: Preparing for Conflict in the Information Age* (RAND, Santa Monica, 1997) xiii-xxiv.

Wedgwood, Ruth G., 'Proportionality, Cyberwar, and the Law of War' in Schmitt, M. N. and O'Donnell, B. T. (eds.), *Computer Network Attack and International Law* (Naval War College, Newport, RI, 2002) 219-32.

Zanardi, Pierluigi L., 'Indirect Military Aggression' in Cassese. A. (ed.), *The Current Legal Regulation on the Use of Force* (Martinus Nijhoff, Dordrecht, 1986) 111-19.

JOURNAL ARTICLES

Ago, Roberto, 'Addendum to the Eighth Report on State Responsibilty' (1980) II *UN Y.B. Int'l L. Comm'n* 13.

Ago, Roberto, 'State Responsibility' (1980) Vol. 1 *UN Y.B. Int'l L. Comm'n* 18826.

Aldrich, Richard W., 'How Do You Know You Are at War in the Information Age?' (2000) 22 *Hous. J. Int'l L.* 223.

Aldrich, Richard W., 'The International Legal Implications of Information Warfare' (1996) *Airpower* 99.

Alvey, Ruth, 'Russian Hackers for Hire: The Rise of the E-Mercenary' (2001) 13(7) *Jane's Intelligence Review* 52.

American Society of International Law, 'The Jurisprudence of the Court in the Nicaragua Decision' (1987) 81 *ASIL Proc.* 258.

Arkin, William M., 'Cyber Warfare and the Environment' (2001) 25 *Vermont Law*

Review 779.

Barkham, jason, 'Information Warfare and International Law on the Use of Force' (2001) 34 *New York University Journal of International Law* 57.

Basu, Sandra, 'Military Electronic Medical Records Support Quality Treatment Abroad', *US Medidne* (Washington DC).

Baxter, Richard R., 'So-Called "Unprivileged Belligerency": Spies, Guerrillas, and Saboteurs' (1951) 28 *BYBIL* 323.

Belknap, Margaret R., 'The CNN Effect: Strategic Enabler or Operational Risk?' (2002) *Fall Parameters* 100.

Belt. Stuart Walters, 'Missiles over Kosovo: Emergence, Lex Lata, of a Customary Norm Requiring the Use of Precision Munitions in Urban Areas' (2000) 47 *Naval Law Review* 115.

Bothe, Michael, 'Legal Restraints on Targeting: Protection of Civilian Population and the Changing Faces of Modern Conflict' (2001) 31 *Israel Y.B. Hum. Rts* 35.

Bothe, Michael, 'Terrorism and the Legality of Pre-Emptive Force' (2003) 14(2) *EJIL* 227.

Bourbonniere, Michel, 'Law of Armed Conflict (LOAC) and the Neutralisation of Satellites or Jus in Bello Satellitis' (2004) 9 *JC&SL* 43.

Bouvier, Antoine, 'Protection of the Natural Environment in Time of Armed Conflict' (1991) 285 *IRRC* 567 www.icrc.org/web/eng/siteeng0.nsf/html/57JMAU (최종접속일자 19 September 2006).

Brown, Davis, 'A Proposal for an International Convention to Regulate the Use of Information Systems in Armed Conflict' (2006) 47 *Harv. Int'l L. J.* 179.

Brownlie, Ian, 'International Law and the Activities of Armed Bands' (1958) 7 *International and Comparative Law Quarterly* 712.

Cassese, Antonio, 'The Status of Rebels under the 1977 Geneva Protocol on Non-International Armed Conflicts' (1981) 30 *International and Comparative Law Quarterly* 416.

Corten, Olivier, 'The Controversies over the Customary Prohibition on the Use of Force: A Methodological Debate' (2005) 16 *EJIL* 803.

Coupland, Robin M. 'The Effects of Weapons and the Solferino Cycle: Where Disciplines Meet to Prevent or Limit the Damage Caused by Weapons' (1999) 319(7214) *BMJ* 864.

Damrosch, Lori Fisler, 'Politics across Borders: Nonintervention and Nonforcible

Influence over Domestic Affairs' (1989) 83 *AJIL* 1.

Daoust, Isabelle, Coupland, Robin and Ishoey, Rikke, 'New Wars, New Weapons? The Obligation of States to Assess the Legality of Means and Methods of Warfare' (2002) 84(846) *IRRC* 345.

Domb, F., 'judgments of the Supreme Court of Israel' (1986) 16 *Israel Y.B. Hum. Rts* 321.

Doswald-Beck, Louise, 'Vessels, Aircraft and Persons Entitled to Protection During Armed Conflicts at Sea' (1994) 65 *BYBIL* 211.

Downey, William Gerald, jr, 'Captured Enemy Property: Booty of War and Seized Enemy Property' (1950) 44 *AJIL* 488.

Dunlap, Charles J, 'The End of Innocence: Rethinking Non-Combatancy in the Post-Kosovo Era' (2000) *Summer Strategic Review* 9.

Evron, Gadi, 'Battling Botnets and Online Mobs' (2008) 9(1) *GJIA* 121.

Farquharson, John, 'Governed or Exploited? The British Acquisition of German Technology, 1945-48' (1997) 32(1) *Journal of Contemporary History* 23.

Farquharson, John, 'Ruses of War and Prohibition of Perfidy' (1974) 13 *Revue de Droit Penal Milftare et de Droit de la Guerre* 269.

Frigo, Manlio, 'Cultural Property v. Cultural Heritage: A "Battle of Concepts" in International Law?' (2004) 86(854) *IRRC* 367.

Gardam, judith G., 'Proportionality and Force in International Law' (1993) 87(3) *AJIL* 391.

Gordon, Edward, 'Article 2(4) in Historical Context' (1985) 10 *Yale J. Int'l L.* 271.

Gray, Christine D., 'The Bush Doctrine Revisited: The 2006 National Security Strategy of the USA' (2006) 5(3) *Chi. J. Int' L.* 555.

Greenwood, Christopher, 'International Law and the Pre-Emptive Use of Force: Mganistan, AI-Q.aida. and Iraq' (2003) 4 *San Diego Int'l L. J.* 7.

Greenwood, Christopher, 'International Law and the War against Terrorism' (2002) 78 *International Affairs* 301.

Guillory. Michael E., 'Civilianising the Force: Is the United States Crossing the Rubicon?' (2001) 51 *AFL Rev.* 111.

Hanseman, Robert G., 'The Realities and Legalities of Information Warfare' (1997) 42 *AFL Rev.* 173.

Happold, Matthew, 'Child Soldiers in International Law: The Legal Regulation of Children's Participation in Hostilities' (2000) 47 *NIL Rev.* 27.

Haroom, Lotta and Wallensteen, Peter, 'Armed Conflict. 1989-2006' (2007) 44(5) *Journal of Peace Research* 623.

Hargrove, john, 'The Nicaragua judgment and the Future of the Law of Force and Se~Defense' (1987) 81 *AJIL* 135.

Haslam, Emily, 'Information Warfare: Technological Changes and International Law' (2000) 5(2) *JC&SL* 157.

Henderson, Christian, 'The 2010 United States National Security Strategy and the Obama Doctrine of "Necessary Force"' (2010) 15 *JC&SL* 403.

Henderson, Christian M., 'The 2006 National Security Strategy of the United States: The Pre-Emptive Use of Force and the Persistent Advocate' (2007) 15 *Tulsa. Compo & Int'l L.* 1.

Hollis, David, 'Cyberwar Case Study: Georgia 2008' (2011) 7(1) *Small Wars Journal* http://smallwarsjoumal.com/blog/journal/docs-temp/639-hollis. pdf (최종접속일자 6 january 2011).

Hollis, Duncan B., 'Why States Need an International Law for Information Operations' (2007) 11(4) *Lewis & Clark L. Rev.* 1023.

ICRC, 'External Activities: September-October 1987' (1987) 27(261) *IRRC* 650.

Intoccia, Gregory F. and Moore, Joe Wesley, 'Communications Technology, Warfare, and the Law: Is the Network a Weapons System?' (2006) 28 *Hous. J. Int'l L.* 467.

jacobsen, Walter L., 'A juridical Examination of the Israeli Attack on the USS Liberty' (1986) 36 (Winter) *Naval Law Review* 69.

Jacobson, Mark, 'War in the Information Age: International Law, Self Defence and the Problem of "Non-Armed" Attacks' (1998) 21(3) *Journal of Strategic studies* 1.

Jensen, Eric Talbot, 'Computer Attacks on Critical National Infrastructure: A Use of Force Invoking the Right of Self-Defense' (2002) 38 *Stan. J. Int'l L.* 207.

Jensen, Eric Talbot, 'Cyber Warfare and Precautions against the Effects of Attacks' (2010) 88 *Tex. L. Rev.* 1533.

Jensen, Eric Talbot, 'The International Law of Environmental Warfare: Active and Passive Damage During Armed Conflict' (2005) 38 *Vand. J. Transnat'l L.* 145.

Kanuck, Sean P., 'Information Warfare: New Challenges for Public International Law' (1996) 37 *Harv. Int'l L. J.* 272.

Kritsiotis, Dino, 'Mercenaries and the Privatisation of Warfare' (1998) 22 Fletcher *Forum of World Affairs* 11.

Ku, Raymond, 'Foreword: A Brave New Cyberworld' (2000) 22 *T. Jefferson L. Rev.* 125.

Kuehl, Daniel T., 'Airpower Vs Electricity' (1995) 18 *Journal of strategic Studies* 28.

LaRae-Perez, Cassandra, 'Economic Sanctions as a Use of Force: Re-Evaluating the Legality of Sanctions from an Effects-Based Perspective'(2002) 20 *BU Int'l L. J.* 161.

Lev, Izhar, 'E-Intifada: Political Disputes Cast Shadows in Cyberspace' (2000) 12(12) *Jane's Intelligence Review* 16.

Lynn, William F., III, 'Defending a New Domain - the Pentagon's Cyberstrategy' (2010) 89(5) *Foreign Affairs* 97.

Megret, Frederic, '"War"? Legal Semantics and the Move to Violence' (2002) 13(2) *BJIL* 361.

Melzer, Nils, 'Keeping the Balance between Military Necessity and Humanity: A Response to Four Critiques of the ICRC's Interpretive Guidance on the Notion of Direct Participation in Hostilities' (2010) 42 *NYU J. Int'l L. & Pol.* 831.

Meyer, Jeanne M., 'Tearing Down the Facade: A Critical Look at the Current Law on Targeting the Will of the Enemy and Air Force Doctrine' (2001) 51 *AFL Rev.* 143.

Milliard, Todd S., 'Overcoming Post-Colonial Myopia: A Call to Recognise and Regulate Private Military Companies' (2003) 176 *Mil. L. Rev.* 1.

Morth, Todd A., 'Considering Our Position: Viewing Information Warfare as a Use of Force Prohibited by Article 2(4) of the UN. Charter' (1998) 30 *Case W. Res. J. Int'l L.* 567.

Murphy, Sean D., 'Self-Defense and the Israeli Wall Advisory Opinion: An Ipse Dixit from the Court?' (2005) 99 *AJIL* 62.

O'Keefe, Roger, 'The Meaning of "Cultural Property" under the 1954 Hague Convention' (1999) 46 *NIL Rev.* 26.

Parks, W. Hays, 'Air War and the Law of War' (1990) 32 *AFL Rev.* 1.

Reisman, W. Michael, 'Criteria for the Use of Force in International Law' (1985) 10 *Yale J. Int'l L.* 279.

Roach, J. Ashley, 'The Law of Naval Warfare at the Turn of Two Centuries' (2000) 94 *AJIL* 64.

Robbat, Michael J., 'Resolving the Legal Issues Concerning the Use of Information Warfare in the International Forum: The Reach of the Existing Legal Framework, and the Creation of a New Paradigm' (2000) 6 *BU J. Set. & Tech. L.* 10.

Robertson, Horace B., 'The Principle of the Military Objective' (1997-1998) 8 *USAF Acad. J. Legal Stud.* 35.

Romanych, Marc J. and Krumm, Kenneth, 'Tactical Information Operations in Kosovo'

(2004) September-October *Military Review* 56.

Schmitt, Michael N., 'Bellum Americanum Revisited: US Security Strategy and the Jus Ad Bellum, Transcript of Sixteeth Waldemar A. Solf Lecture in International Law to the Judge Advocate General School, US Army, Charlottesville, Virginia, 28 February 2003' (2003) 176 *Mil. L. Rev.* 364.

Schmitt, Michael N., 'Computer Network Attack and the Use of Force in International Law: Thoughts on a Normative Framework' (1999) 37 *Col. J. Trans. L.* 885.

Schmitt, Michael N., 'Deconstructing Direct Participation in Hostilities: The Constitutive Elements' (2010) 42 *NYU J. Int'l L. & Pol.* 697.

Green War: An Assessment of the Environmental Law of International Armed Conflict' (1997) 22 *Yale J. Int'l L.* 1.

Schmitt, Michael N., 'Humanitarian Law and Direct Participation by Private Contractors or Civilian Employees' (2004) 5(2) *Chi. J. Int'l L.* 511.

Schmitt, Michael N., 'International Law and Military Operations in Space' (2006) 10 *Max Planck UNYB* 89.

Schmitt, Michael N., 'The Interpretive Guidance on the Notion of Direct Participation in Hostilities: A Critical Analysis' (2010) 1 *Harvard National Security Journal* 55.

Schmitt, Michael N., 'The Principle of Discrimination in 21st Century Warfare' (1999) 2 *Yale Hum. Rts & Dev. L. J.* 143.

Schmitt, Michael N., 'The Resort to Force in International Law: Reflections on Positivist and Contextualist Approaches' (1994) 37 *AFL Rev.* 105.

Schmitt, Michael N., 'Targeting and Humanitarian Law: Current Issues' (2004) 34 *Israel Y.B. Hum. Rts* 59.

Scott, Roger D., 'Legal Aspects ofInformation Warfare: Military Disruption of Telecommunications' (1998) 45 *Naval Law Review* 57.

Shulman, Mark R., 'Discrimination in the Laws of Information Warfare' (1999) 37 *Col. J. Trans. L.* 939.

Simma, Bruno and Paulus, Andreas L., 'The Responsibility of Individuals for Human Rights Abuses in Internal Conflicts: A Positivist View' (1999) 93 *AJIL* 302.

Singer, Peter W., 'Outsourcing War' (2005) 84(2) *Foreign Affairs* 119.

Singer, Peter W., 'War, Profits, and the Vacuum of Law: Privatized Military Firms and International Law' (2004) 42 *Col. J. Tans. L.* 521.

Solf, Waldemar A., 'Comment: Non-International Armed Conflicts' (1981-1982) 31 *Am. U. L. Rev.* 927.

Swiney, Gabriel, 'Saving Lives: The Principle of Distinction and the Realities of Modem War' (2005) 39 *International Lawyer* 733.

Terry, James P., 'The Lawfulness of Attacking Computer Networks in Armed Conflict and in Self-Defense in Periods Short of Armed Conflict: What Are the Targeting Constraints' (2001) 169 *Mil. L. Rev.* 70.

Thomas, Timothy L., 'Russian Views on Information Based Warfare' (1996) special edn *Airpower* 25.

Watts, Sean, 'Combatant Status and Computer Network Attack' (2010) 50(2) Vtrginia JournaJ of International Law 391.

Weiss, Gus W., 'The Farewell Dossier: Duping the Soviets' (1996) 35(5) Studies in Intelligence 121 https://www.cia.gov/library/ center-for-the- study-of-intelligence/csi-publications/csi-studies/studies/96unclass/ farewell.htm (최종접속 일자 2011년 4월 12일).

Wingfield, Thomas C., 'Legal Aspects of Offensive Information Operations in Space' (1998) 9 J. *Legal Stud.* 121.

Zamparelli, Steven J., 'What Have We Signed up FoI? Competitive Sourcing and Privatization - Contractors on the Battlefield' (1999) 23(3) *AFJ Log.* 9.

DECLARATIONS AND TREATIES

Charter of the Organisation of American States, 30 April 1948, 119 UNTS 3.

Convention for the Protection of Cultural Property in the Event of Armed Conflict, 14 May 1954, 249 UNTS 240.

Convention on the Prohibition of Maitary or Any Other Hostile Use of Environmental Modification Techniques, 18 May 1977.

Convention Respecting the Laws and Customs of War on Land and Its Annex: Regulations Concerning the Laws and Customs of War on Land, 18 October 1907.

Declaration on Principles of International Law Concerning Friendly Relations and Cooperation Among States in Accordance with the Charter of the United Nations, 24 October 1970.

Declaration Renouncing the Use, in TIme of War, of Explosive Projectiles under 400 Grammmes Weight (St Petersburg Deciamtion), 29 November/ll December 1868.

North Atlantic Treaty, 4 April 1949. 34 UNTS 243.

OAU Convention for the Elimination of Mercenaries in Africa, OAU Doc. CM/433/Rev. L Annex 1.

보고서와 연구논문

Albright, David, Brannan, Paul and Walrond, Christina, *Did Stuxnet Take out 1,000 CentrijUges at the Natanz Enrichment Plant?*, Institute for Science and International Security (2010).

Albright, David, Brannan, Paul and Walrond, Christina, *Stuxnet Malware and Natanz: Update of ISIS December 22, 2010 Report,* Institute for Science and International Security (2011).

Bank for International Settlements, *Trienniel Central Bank Survey: Foreign Exchange and Derivitaves Market Activity in 2007*, Bank for International Settlements (2007) www.bis.org/publ/rpfxf07t.pdf(최종접속일자 2011년 4월 12일).

Boivin, Alexandra, *The Legal Regime Applicable to Targeting Mflttary Objectives in the Context of Contemporary Warfare*, University Centre for International Humanitarian Law, 2 (2006) www.cudih.org/recherche/objectiCmilitaire_recherche.pdf(최종접속일자 2011년 7월 7일).

Bond, James, *Peacetime Foreign Data Manipulation as One Aspect of Offensive Information Warfare: Questions of Legality under the United Nations Charter Article 2(4)* (unpublished thesis) Naval War College (1996) http://handle.dtic.mil/l00.2/ADA310926 (최종접속일자 2011년 7월 5일).

Brookings Institution, Iraq Index, Brookings Institute (2006) www.brookings.edu/iraqindex (최종접속일자 2011년 7월 5일).

Center for Strategic and International Studies, *Significant Cyber Incidents since 2006* (2011) http://csis.org/files/publication/ll0309_SignificanCCyber_ Incidents_Since_2006.pdf(최종접속일자 2011년 4월 12일).

Dorman, Andrew M., *Transforming to Effects-Based Operations: Lessons from the United Kingdom Experience*, Strategic Studies Institute (2008).

Donnann, Knut, 'Applicability of the Additional Protocols to Computer Network Attacks' (Paper presented at the International Expert Conference on Computer Network Attacks and the Applicability of International Humanitarian Law, Stockholm, 17-19 November 2004) 139-54.

Falliere, Nicolas, OMurchu, Liam and Chien, Eric, *W32.Stuxnet Dossier*, Symantec (2011) www.symantec.com/content/en/us/enterprise/media/ security_response/ whitepapers/w32_stuxnecdossier.pdf (최종접속일자 2011년 2월 12일).

Gerhard, William D. and Millington, Henry W., *Attack on a Sigint Collector, the U.S.S. Liberty* (National Security Agency. 1981).

Greenberg. Lawrence T., Goodman. Seymour E. and Hoo, Kevin J. Soo. *Information Warfare and International Law* (CCRP. Washington DC. 1998).

Heise Security. *Estonian DDoS - a Final Analysis* http://h-online.com/-732971 (최종접속일자 2011년 4월 12일).

Holz, Thorsten, *et al.*, 'Measurements and Mitigation of Peer-to-Peer-Based Botnets: A Case Study on Storm Worm' (Paper presented at the First USENIX Workshop on Large-Scale Exploits and Emergent Threats (LEET '08). San Francisco. http:// honeyblog.org/junkyard/paper/ storm- leet08.pdf) (최종접속일자 2011년 7월 7일).

Hosmer, Stephen T., *The Conflict over Kosovo: Why Milosevic Decided to Settle When He Did* (RAND. Santa Monica. 2001).

Hundley, Richard O., *et al.*, *The Global Course of the Information Revolution: Recurring Themes and Regional Variations* (National Defense Research Institute. RAND. Santa Monica. 2003).

ICRC, *A Guide to the Legal Review of New Weapons. Means and Methods of Warfare: Measures to Implement Article 36 of Additional Protocol I of 1977*, ICRC (2006).

ICRC, 'Guidelines for Military Manuals and Instructions on the Protection of the Environment in Times of Armed Conflict' (1996) 311 *IRRC* 230 www.icrc. orgJengJresources/documents/misc/57jn38.htm (최종접속일자 2011년 7월 15일).

ICRC, *ICRC Clarification Process on the Notion of Direct Participation in Hostilities under International Humanitarian Law (Proceedings)* www.icrc.org/engjresources/ documents/article/other/direct-participation-article-020709.htm (최종접속일자 2011년 2월 26일).

ICRC, *Interpretive Guidance on the Notion of Direct Participation in Hostilities* (ICRC, Geneva, 2009).

ICRC, *Third Expert Meeting on the Notion of Direct Participation in Hostilities - Summary Report* (ICRC, Geneva, 2005).

ICTY, *Final Report to the Prosecutor of the Committee Established to Review the NATO Bombing Campaign against the Federal Republic of Yugoslavia*, ICTY (2000) www.icty.orgfx/file/About/OTP/otp_report_nato_bombing_en.pdf(최종접속일자

2011년 7월 15일).

Information Warfare Monitor, *Tracking Ghostnet: Investigating a Cyber Espionage Network*, Information Warfare Monitor (2009) www.infowar-monitor.net/ (최종접속일자 2010년 4월 12일).

Intergovernmental Conference on the Protection of Cultural Property in the Event of Armed Conflict, *Records of the Conference Convened by the United Nations Educational, Scientific and Cultural Organisation and Held at the Hague from 21 April to 14 May 1954* (Government of the Netherlands, The Hague Staatsdrukkerij en Uitgeverijbedrijf, 1961).

Krekal, Bryan, *et al.*, *Capability of the People's Republic of China to Conduct Cyber Warfare and Computer Network Exploitation Prepared for the US-China Economic and Security Review Commission*, Northrop Grumman (2009).

Lambeth, Benjamin S., *US Air Force and Project Air Force, NATO's Air War for Kosovo: A Strategic and Operational Assessment* (RAND. Santa Monica, 2001).

Livingston, Steven, *Clarifying the CNN Effect: An Examination of Media Effects According to Type of Military Intervention*, The Joan Shorenstein Center on the Press. Politics and Public Policy, John F. Kennedy School of Government. Harvard University, R-18 (1997) www.hks.harvard.edu/presspol/publications/papers/research_papers/r18_livingston.pdf (최종접속일자 2011년 7월 15일).

Lyman, Peter and Varian, Hal R., *How Much Infonnation?*, University of California at Berkley (2003) www.sims.berkeley.edu/research/ projects/how-much-info-2003/ (최종접속일자 2011년 7월 5일).

Malhotra, Yogesh, 'Measuring the Knowledge Assets of a Nation: Knowledge Systems for Development' (Paper presented at the United Nations Advisory Meeting of the Department of Economic and Social Affairs, Division for Public Administration and Development Management, Ad hoc Group of Experts Meeting - Knowledge Systems for Development, United Nations Headquarters, New York, 4-5 September 2003).

McAfee, *Virtual Criminology Report*, McAfee Inc. (2007).

Office of General Counsel, *An Assessment on International Legal Issues in Information Operations*, United States Department of Defense (1999) www.au.af.mil/aujawc/awcgate/dod-io-Iegal/dod-io-Iegal.pdf(최종접속일자 2011년 7월 5일).

OpenNet Initiative, *Pullfng the Plug: A Technical Review o/the Internet Shutdown in Burma*, OpenNet Initiative, (2007) http://opennet.net/sites/opennet.net/ files/

ONCBulletin_Burma_2007.pdf (최종접속일자 2011년 4월 12일).

Pace, Scott, *et al.*, *The Global Positioning System: Assessing National Policies* (RAND, Santa Monica. 1995).

Project Grey Goose, *Phase I Report: Russia/Georgia Cyber War - Findings and Analysis* (2008).

Quéguiner, Jean-Françis, Direct Participation in Hostilities under International Humanitarian Law. Program on Humanitarian Policy and Conflict Research at Harvard University (2003) http://ihl.ihlresearch.orgLdata/n_0002/resources/ live/ briefing3297.pdf (최종접속일자 2011년 7월 5일).

Royal Academy of Engineering, *Global Navigation Space Systems: Reliance and Vulnerabilities*, Royal Academy of Engineering (2011) www.raeng.org.uk/gnss (최종접속일자 2011년 3월 8일).

Schmitt, Michael N., 'CNA and the jus in Bello: An Introduction' (Paper presented at the International Expert Conference on Computer Network Attacks and the Applicability of International Humanitarian Law, Stockholm, 17-19 November 2004) 101-25.

Schmitt, Michael N., *The Impact of High and Low-Tech Warfare on the Principle of Distinction*, Program on Humanitarian Policy and Conflict Research at Harvard University (2003) http://ihl.ihlresearch.org/_data/n_0002/resources/ live/ briefing3296. pdf (최종접속일자 2011년 7월 5일).

Schwartz, Moshe and Swain, joyprada, *Department of Defense Contractors in AJghanistan and Iraq: Background and Analysis*, Congressional Research Service (2011) www.fas.org/sgp/crs/natsec/R40764.pdf(최종접속일자 2011년 4월 12일).

Shawhan, Karl J., 'Vital Interests, Virtual Threats: Reconciling International Law with Information Warfare and United States Security' (2001) (unpublished thesis) School of Advanced Airpower Studies, Air University, Maxwell Air Force Base, Alabama, www.dtic.mil/cgi-bin/GetTRDoc?AD=ADA391632 (최종접속일자 2011년 7월 8일).

Shulman, Mark R., *Legal Constraints on Information Warfare*, Center for StIategy and Technology, Air War Center, Occasional Paper No.7 (1999).

Stewart, Joe, *Storm Worm DDoS Attack. Secure Works* (1997) www.secureworks. comfresearch/threats/storm-worm (최종접속일자 2011년 7월 7일).

Streltsov, Anatolij. 'Threat Analysis in the Post Cold-War Order' (Paper presented at the International Expert Conference on Computer Network Attacks and the Applicability of International Humanitarian Law. Stockholm. 17-19 November

2004) 21-7.

Symantec, *Symantec Global Internet Security Threat Report*. Symantec. Vol. 13 (2008).

Symmetricon, *Why Convert to a SAASM Based Global Positioning System* (GPS)?, (2006) www.symmetricom.comfresources/downloads/white-papers/ GPS-Solutions/Why-Convert-to-a-SAASM-based-Global-Positioning-System-GPS/(최종접속일자 2011년 7월 7일).

Tikk, Eneken, Kaska, Kadri and Vihul, Liis, *International Cyber Incidents: Legal Considerations*, Cooperative Cyber Defence Centre of Excellence (2010).

Tsymbal, V. I., 'Kontseptsiya "Informatsionnoy Voyny"', (Concept of Information Warfare) (Paper presented at the Evolving post Cold War National Security Issues, Moscow, 12-14 September 1995) 7.

UK Cabinet Office, *The National Security Strategy of the United Kingdom: Security in an Interdependent World*, UK Cabinet Office, Cm 7291 (2008).

UK Cabinet Office, *A Strong Britian in an Age of Uncertainty: The National Security Strategy* (Cm 7935 edn. The Stationery Office. London. 2010).

UN Economic and Social Council, *Report of the Working Group on a Draft Optional Protocol to the Convention on the Rights of the Child on Involvement of Children in Armed Conflicts in Its Sixth Session*, UN Doc.EfCNA/2000/74 (2000).

UN Secretary General, In *Larger Freedom: Towards Development, Security and Human Rights for All*, United Nations. UN Doc. A/59/2005 (2005).

US Cyber Consequences Unit, *Overview by the US-CCU of the Cyber Campaign against Georgia in August of 2008*, US Cyber Consequences Unit (2009) www. registan.net/wp-content/uploads/2009/08/US-CCU- Georgia-CyberCampaign-Overview.pdf(최종접속일자 2011년 2월 25일).

US Department of Defense, *Conduct of the Persian Gulf War: Final Report to Congress*, US Department of Defense (1992).

Information Operations, Joint Chiefs of Staff. Joint Publication 3-13 (2006).

US Department of Defense, *Strategy for Operating in Cyberspace*, July 2011. US Department of Defense (2011) www.defense.gov/news/d20110714cyber.pdf(최종접속일자 2012년 1월 18일).

US Department of Homeland Security, *National Irifrastructure Protection Plan*, US Department of Homeland Security (2006) www.dhs.gov/xlibrary/ assets/NIPP_ Plan.pdf (최종접속일자 2011년 7월 4일).

US Joint Chiefs of Staff. *Information Warfare: A Strategy for Peace ... The Decisive*

Edge in War (1996) http://handle.dtic.mil/l00.2/ADA318379 (최종접속일자 2011년 7월 5일).

United Nations. *A More Secure World: Our Shared Responsibility Report of the Secretary-General's High-Level Panel on Threats Challenges and Change*, United Nations. UN Doc. A/59/565 (2004).

Watkin, Kenneth, Combatants, *Unprivileged Belligerents and Conflicts in the 21st Century* (HPCR. Cambridge, MA, 2003).

White House, *National Security Strategy of the United States of America* (White House. 2010). www.whitehouse.gov/sites/default/files/rss_viewer/ national_security_strategy.pdf (최종접속일자 2011년 7월 15일).

White House, *National Security Strategy of the United States of America* (White House. 2002).

White House, *National Security Strategy of the United States of America* (White House. 2006).

Wilson, Clay, 'Information Operations and Computer Network Attack Capabilities of Today' (Paper presented at the International Expert Conference on Computer Network Attacks and the Applicability of International Humanitarian Law, Stockholm, 17-19 November 2004) 28-79.

Wilson, Clay, *Information Operations, Electronic Warfare, and Cyberwar: Capabilities and Related Policy Issues*, Congressional Research Service, RL31787 (2007).

World Bank. *World Development Report: Knowledge for Development. World Bank* (1998).

뉴스 보도 및 잡지

'British Hackers Attack MOD Satellite'. Telegraph (London). 4 March 1999.

'China Denies Hacking Dalai Lama Computer', *CNN*, 25 September 2002, http://europe.cnn.com/2002{fECH/internet/09/25/dalailama.hacking.ap/(최종접속일자 2002년 9월 28일).

'The Cyber Raiders Hitting Estonia'. *BBC News*. 17 May 2007. http://news.bbc.co.uk/l/hi/world/europe/6665195.stm (최종접속일자 2011년 7월 15일).

'Hackers Attack Heart of the Net', *BBC News*, 7 February 2007, http://news.bbc.co.uk/l/hi/technology/6338261.stm (최종접속일자 2011년 7월 15일).

'Hezbollah Takes over West Beirut', *BBC News*, 9 May 2008, http://news.bbc.co.uk/ l/
hi/World/middle_east/7391600.stm (최종접속일자 2011년 7월 15일).

'Indonesia. Ireland in Info War?', *Wired News*, 27 january 1999, www.wired. com/
politics/law/news/1999/01/17562 (최종접속일자 2011년 7월 15일).

'Information', A Dictionary of Computing (Oxford University Press, 2004).

'Internet Access Is "a Fundamental Right"', *BBC News*, 8 March 2010, http://news.bbc.
co.uk/l/hi/technology/8548190.stm (최종접속일자 2011년 4월 12일).

'Internet Blackouts: Reaching for the Kill Switch', *The Economist*, 10 February 2011,
www.economist.com/node/18112043 (최종접속일자 2011년 3월 16일).

'Iran Says Cyber Foes Caused Centrifuge Problems', *Reuters*, 29 November 2010.

'Iran Says Nuclear Programme Was Hit by Sabotage', *BBC News*, 29 November 2010.
www.bbc.co.uk/news/world-middle-east-11868596 (최종접속일자 2011년 4월 10
일).

'Iran to Take Pre-Emptive Action against Cyber Terrorism: General', Tehran Times, 27
February 2011, www.tehrantimes.com/Index_view.asp?code=236455 (최종접속일자
2011년 4월 12일).

'Military Eyes Electronic Warfare', Associated Press, South China Morning Post, 28
September 2002, http://china.scmp.com/chimain/ ZZZH3UK2F6D. html (최종접속
일자 30 September 2002).

'Mydoom Cripples US Firm's Website'. *BBC News*, 1 February 2004. http://news.bbc.
co.uk/l/hi/technology/3449931.stm (최종접속일자 2011년 7월 15일).

'Mydoom Mutants Launch New Attacks', *BBC News*, 10 February 2004, http://news.
bbc.co.uk/l/hiJtechnology/3475235.stm (최종접속일자 2011년 7월 15일).

'NATO Denies Targeting Water Supplies', *BBC News*, 24 May 1999, http://news.bbc.
co.uk/l/hi/world/europe/351780.stm (최종접속일자 2011년 7월 15일).

'President's News Conference on Foreign and Domestic Issues', *New York Times*, 21
December 1983, Al2.

Private Warriors, 2005, Frontline, PBS, Airdate: 21 june 2005.

'Rice Condemns Ongoing Cyber-Attacks as Estonian Embassy Siege Ends', earthtimes.
org, 4 May 2007.

'Solar Sunrise', GlobalSecurity.org. www.globalsecurity.org/military/ops/solar- sunrise.
htm (최종접속일자 2011년 7월 8일).

'Taiwan Plays Cyber War Games', *BBC News*, 7 August 2000, http://news. bbc.co.uk/l/
hiJworld/asia-pacific/870386.stm (최종접속일자 2011년 7월 15일).

'U.S. Gov IP Addresses You Should Not Scan', Hellbound Hackers 21 june 2007, www. hellboundhackers.orgJarticles/721-US-GOV-IP-ADDRESSES-YOUSHOULD-NOT-SCAN.html (최종접속일자 2011년 7월 5일).

'UK Hacker "Should Be Extradited"', *BBC News*, 10 May 2006, http://news. bbc.co.uk/ l/hi/technology/4757375.stm (최종접속일자 2011년 7월 15일).

Webopedia: Online Dtctionary of Computing and Internet, www.webopedia.com (최종 접속일자 2011년 7월 15일).

AFP, 'Cyber Attacks on Estonia Are Security Issue: NATO Chief', *Age* (Melbourne), 26 May 2007.

Allison, Rebecca, 'Hacker Attack Left Port in Chaos: Busiest US Port Hit after Dorset Teenager Allegedly Launched Electronic Sabotage against Chatroom User', *Guardian* (London), 7 October 2003, 7.

'Youth aeared of Crashing American Port's Computer', *Guardian* (London), 18 October 2007, 7.

Arkin, William M., 'The Cyber Bomb in Yugoslavia', *Washington Post* (Washington DC), 25 October 1999, www.washingtonpost.comJwp-srv/ nationalJdotmil/arkin. htm (최종접속일자 2011년 7월 15일).

Arkin, William M. and Windrem, Robert, 'The Other Kosovo War', *MSNBC News*, 29 August 2001.

Arnott, Sarah, 'How Cyber Crime Went Professional', *Independent* (London), 13 August 2008, www.independent.co.uk/news/business/analysis-andfeatures/ how-cyber-crime-went-professional-892882.html (최종접속일자 2011년 7월 15일).

Arquilla, john, 'The Great Cyberwar of 2002', *Wired* 6.02, February 1998, www.wired. comJwired/archive/6.02/cyberwar.html (최종접속일자 2011년 4월 12일).

Arthur, Charles, 'The Day East Timor Was Deleted', *Independent* (London), 28 February 1999, 8.

Beaumont, Peter, 'The Truth About Twitter, Facebook and the Uprisings in the Arab World', *Guardian* (London), 2011년 2월 25일, www.guardian.co.uk/ worldJ2011/ feb/25Jtwitter-facebook-uprisings-arab-libya (최종접속일자 2011년 4월 12일).

Bond, David, 'The Dog That Didn't Bark', *Aviation Week & Space Technology* 19, 8 May 2006, 19.

Boyes, Roger, 'China Accused of Hacking into Heart of Merkel Administration', *The Times* (London), 27 August 2007, www.timesonline.co.uk/tol/news!world/ europe/ article2332130.ece (최종접속일자 2011년 7월 15일).

Broad, William J. and Sanger, David E., 'Worm Was Perfect for Sabotaging Centrifuges', *New York Times*, 18 November 2010, AI.

Cieslak, Mark, 'Bridging an African Digital Divide' *BBC Click Online*, 7 September 2007 http://news.bbc.co.uk/l/hi/programmes/click_online/6983397.stm (최종접속일자 2012년 1월 16일).

Clover, Charles, 'Kremlin-Backed Group Behind Estonia Cyber Blitz', *Financial Times* (London), 11 March 2009, 8, www.ft.com/techblog (최종접속일자 27 October 2010).

Cody, Edward, 'Chinese Official Accuses Nations of Hacking', *Washington Post* (Washington DC), 13 September 2007, A16.

Cowie, James, 'What Libya Learned from Egypt', Renesys Blog, 5 March 2011, www.renesys.com/blog/2011/03/What-libya-Iearned-from-egypt. shtml (최종접속일자 2011년 4월 12일).

Davis, Joshua, 'If We Run out of Batteries, This War Is Screwed', *Wired* 6, June 2003, www.wired.com/Wired/archive/ll.06/battlefield.html (최종접속일자 2011년 4월 12일).

French, Matthew, 'Tech Sabotage During the Cold War', *Federal Computer Week*, 26 April 2004, http://fcw.com/articles/2004/04/26/tech- sabotageduring-the-cold-war.aspx.

FriedInan, Thomas L., 'Global Is Good', Guardian (London), 21 April 2005, G2.

'Syria Says Airman Seized in US Raid Will Not Be Freed', *New York Times*, 6 December 1983, AI.

'Widened Cabinet Sought in Beirut', *New York Times*, 8 December 1983, A18.

Friel, Brian, 'DoD Launches Internet Counterattack', *Government Executive*, 18 September 1998, http://govexec.com/dailyfed/0998/ 091898bl.htm (최종접속일자 2011년 4월 12일).

Fulghum, David A., 'Data Link, Ew Problems Pinpointed by Pentagon', *Aviation Week & Space Technology* 10, 6 September 1999, 87.

Fulghum, David A., 'Frustrations and Backlogs', *Aviation Week & Space Technology* 10, 10 March 2003,33.

Fulghum, David A., 'Sneak Attack', *Aviation Week & Space Technology* 28 June 2004, 34.

Fulghum, David A., 'Yugoslavia Successfully Attacked by Computers', *Aviation Week & Space Technology* 8, 23 August 1999, 31.

Fulghum, David A. and Barrie, Douglas, 'Israel Used Electronic Attack in Air Strike against Syrian Mystery Target', *Aviation Week & Space Technology* 8 October 2007, www.aviationweek.com/aw/generic/story3- channel.jsp?channel=defense &id=news/awl00807p2.xml (최종접속일자 2011년 4월 12일).

Fulghum, David A., Wall, Robert and Butler, Amy, 'Cyber-Combat's First Shot: Attack on Syria Shows Israel Is Master of the High-Tech Battle' (2007) 167(21) *Aviation Week & Space Technology* 28, 26 November 2007.

Fulghum, David A., Wall, Robert and Butler, Amy, 'Israel Shows Electronic Prowess', *Aviation Week & Space Technology* 25 November 2007, www.aviationweek. comJaw/genericJstory_channel.jsp? channel=defense&id=news/awl12607p2. xml&headline=Israel%20Shows%20Electronic%20Prowess (최종접속일자 2011년 4월 12일).

Fusco, Coco, 'Performance Art in a Digital Age: A Conversation with Ricardo Dominguez', Unpublished interview, The Institute of Visual Arts, London, 25 November 1999.

Gallagher, David F., 'Hackers; Government Tells Vigilantes Their "Help" Isn't Necessary', *New York Times*, 20 February 2003, 5.

Gellman, Barton, 'Cyber-Attacks by Al Q.aeda Feared', *Washington Post* (Washington DC), 27 June 2002, A01.

Goodin, Dan, 'Electrical Supe Charged with Damaging California Canal System', *The Register*, 30 November 2007, www.theregister.co.uk/ 2007/11/30/canal_system_ hack/ (최종접속일자 2011년 7월 15일).

Gorman, Siobhan, 'Georgia States Computers Hit by Cyberattack', *Wall Street Journal* (New York), 12 August 2008, A9.

Gorman, Siobhan, 'Hackers Stole IDs for Attacks', *Wall Street Journal*, 17 August 2009, A5 2011년 2월 25일.

Graham, Bradley, 'Bush Orders Guidelines for Cyber-Warfare', *Washington Post* (Washington DC), 7 February 2003, Al.

Graham, Bradley, 'Hackers Attack Via Chinese Web Sites', *Washington Post* (Washington DC), 25 August 2005, Al.

Grimes, Roger A., 'Security Adviser: DNS Attack Puts Web Security in Perspective', *InfoWorld* 8, 19 February 2007, www.infoworld.com/ article/07/02/16/080Psecad vise_l.html (최종접속일자 2011년 7월 15일).

Halpin, Tony, 'Putin Accused of Launching Cyber War', *The Times* (London), 18 May 2007, 46.

Hart, Kim, 'Longtime Battle Lines Are Recast in Russia and Georgia's Cyberwar', *Washington Post* (Washington DC), 14 August 2008, D0l.

Heickero, Roland, 'Electronic Warriors Use Mail Order Equipment', *Framsyn Magazine*, April 2005, www.foi.se/FOI/templates/Page- 4554.aspx# (최종접속일자 2011년 4월 12일).

Hoagland, Jim, 'U.S., Iraq to Confer on Air War', *Washington Post* (Washington DC), 25 May 1987, 1.

Holland, Jesse J., 'Bush Advisor Warns Cyberterrorists', *Washington Post* (Washington DC), 13 February 2002, www.washingtonpost.com/wp-dyn/ articles/ A6846-2oo2Feb13.htm (최종접속일자 30 September 2002).

Hulme, George V., 'Taiwan Accuses China of Launching Cyberattack', Information Week, 16 June 20M, www.informationweek.com/news/ 22100221 (최종접속일자 3 January 2012).

IRIN News Report, 'Africa: Getting Connected at ' 24 January 2006, www.irinnews.org/ report.aspx?reportid=57903 (최종접속일자 2012년 1월 16일).

Keizer, Gregg, 'Iran Admits Stuxnet Worm Infected PCs at Nuclear Reactor', *Computerworld*, 27 September 2010, www.computerworld.com/s/article/ 9188147/Iran_admits_Stuxnecworm_infected]Cs_acnuclear_reactor (최종접속일자 2011년 4월 10일).

Kinver, Mark, '"Damage Is Done" to Lebanon Coast', *BBC News*, 8 August 2006, http:// news.bbc.co.uk/l/hi/sci/tech/5255966.stm (최종접속일자 2011년 7월 15일).

Krulak, Charles C., 'The Strategic Corporal: Leadership in the Three Block War', *Marines Magazine* 1, January 1999, 28-34.

Lague, David, 'Chinese See Military Dependence on Computers as Weakness', *International Herald Tribune* (Paris), 29 August 2007, www.iht.com/articles/2007/ 08/29/news/cyber.php (최종접속일자 2011년 7월 15일).

Landler, Mark and Markoff, John, 'Digital Fears Emerge after Data Seige in Estonia', New York Times, 29 May 2007, www.nytimes.com/2007/05/ 29/ technology/2gestonia.html (최종접속일자 2011년 7월 15일).

Leyden, John, 'France Blames China for Hack Attacks', *The Register* (London), 12 September 2007, www.theregister.co.uk/2007/09/12/french_cyberattacks/ (최종접속일자 2011년 7월 15일).

Linzer, Dafna and Witte, Griff, 'U.S. Airstrike Targets Al Qaeda's Zawahiri', *Washington Post* (Washington DC), 14 January 2006, A09 www.washingtonpost. com/wp-dyn/

content/article/2006/01/13/AR2006011302260_pf.html (최종접속일자 2011년 7월 15일).

Lopez, C. Todd, 'Military Students Get Lesson in Cyberwarfare', *Air Force Print News*. 3 May 2006. http://searchsecurity.techtarget.com/ originalContent/O,289142,sid14_ gcil186049,OO.html(최종접속일자 2011년 7월 15일).

Maguire, Kevin, 'Guard Tried Sabotage at Nuclear Reactor: Security Checks Tightened after High-Level Alert', *Guardian* (London), 9 January 2001, 2.

Markoff, john, 'Before the Gunfire, Cyberattacks', *New York Times*, 13 August 2008, www.nytimes.com/2008/08/13/technology/13cyber.html(최종접속일자 2011년 7월 15일).

McChrystal, Stanley A., 'It Takes a Network' (2011) 185 *Foreign Policy* 66-70.

McCue, Andy, '"Revenge" Hack Downed U.S. Port Systems', *ZDNet News*, 7 October 2003, http://news.zdnet.co.uk/security/ 0,1000000189, 39116978,00.htm (최종접속 일자 2011년 7월 15일).

Medetsky, Anatoly. 'KGB Veteran Denies CIA Caused '82 B', *Moscow Times*, 18 March 2004, 4.

Mertl, Steve, 'Cyberspace Experts Await Full-Scale Attack', *Globe & Mail* (Canada), 27 December 2002, All.

Meserve, jeanne, 'Staged Cyber Attack Reveals Vulnerability in Power Grid', CNN.com, 22007년 9월 6일, http://edition.cnn.com/2007/ US/09/26/power.at.risk/index. html (최종접속일자 2011년 7월 15일).

Moore, David, *et al.*, *The Spread of the Sapphire/Slammer Worm* (2003) www.caida. org/publications/papers/2003/sapphire/sapphire.html (최종접속일자 2011년 7월 7 일).

Morozov, Evgeny, 'An Army of Ones and Zeroes: How I Became a Soldier in the Georgia-Russia Cyberwar', *Slate*, 14 August 2008, www.slate.com/id/2197514/ (최 종접속일자 2011년 4월 12일).

Myrli, Sverre, *NATO and Cyber Defence*, 173 DSCFC 09 E bis (2009), www.nato-pa.int/ default.asp?SHORTCUT=1782 (최종접속일자 2011년 4월 12일).

Nagashima, Ellen, 'U.S. Eyes Pre-emptive Cyber-Defense Strategy', *Washington Post* (Washington DC), 29 August 2010, A05.

Naraine, Ryan, *Massive DDoS Attack Hit DNS Root Servers*, www.internetnews. com/ bus-news/article.php/1486981 (최종접속일자 2007년 9월 6일).

National Archives, *Dambusters: The Legacy*, www.nationalarchives.gov.uk/

dambusters/legacy.htm (최종접속일자 2011년 7월 15일).

Nuttall, Chris, 'Virtual Country "Nuked" on Net', *BBC News*, 26 January 1999, http://news.bbc.co.uk/1/hi/sci/tech/263169.stm (최종접속일자 2011년 12월 14일).

PBS Frontline, *Cyberwar! The Warnings*, www.pbs.orgJwgbh/pages/frontline/ shows/cyberwarJwamings/ (최종접속일자 2011년 7월 5일).

PBS Frontline, *Interview with Hacker-Cyberwar!* 24 April 2003, www.pbs.orgJwgbhf pages/frontline/shows/cyberwar/interviews/hacker.html(최종접속일자 2012년 1월 16일).

PBS Frontline, *Interview with James Lewis-Cyberwar!* 24 April 2003, www.pbs.orgJwgbh/ pages/frontline/shows/cyberwar/interviews/lewis.html (최종접속일자 2012년 1월 16일).

PBS Frontline, *Interview with John Hamre-Cyberwar!* 24 April 2003, www.pbs.orgJwgbhJpages/ frontlinefshowsJcyberwarfinterviewsfhamre.html (최종접속일자 2011년 7월 15일

PBS Frontline, *Interview with Peter Singer-Private Warriors*, www.pbs.orgJwgbhJpages/frontline/shows/warriors/interviews/singer.html (최종접속일자 2011년 7월 5일).

PBS Frontline, *Interview with Richard Clarke-Cyberwar!*, www.pbs.orgJwgbh/pages/frontline/shows/cyberwar/interviews/c1arke.html (최종접속일자 2012년 1월 16일). *Interview with Stephen Schooner-Private Warriors*, www.pbs.orgJwgbhJpages/frontline/shows/warriors/interviews/schooner.html (최종접속일자 2011년 7월 5일).

Pessach. Guy. *Digital Art Museums*-Legal Perspectives (2006), http://islandia. law.yale.edu/isp/writing%20paper/digital-art.htm (최종접속일자 9 June 2006).

Poulsen, Kevin, 'Slammer Worm Crashed Ohio Nuke Plant Network', *Security Focus*, 19 August 2003, www.securityfocus.com/news/6767 (최종접속일자 2011년 7월 7일).

Priest, Dana, 'Private Guards Repel Attack on US Headquarters', *Washington Post*, 6 April 2004, A01.

Reuters, 'Cyber-War Rages over Iraq', *ZDNet News*, 31 March 2003, www.zdnet.com/newstech/security/stoty/0,2000024985,20273268,00.htm (최종접속일자 2003년 3월 31일).

Robertson, Jordan, 'The Day Part of the Internet Died: Egypt Goes Dark', *Washington Times*, 28 January 2011, www.washingtontimes.com/news/ 2011/jan/28/day-part-internet-died-egypt-goes-darkJ (최종접속일자 2011년 4월 12일).

Rojas, Peter, 'The Paranoia That Paid Off', *Guardian* (London). 24 April 2003, 27.

Schouten, Hank, 'China Denies Role in NZ Cyber Attack', *Dominion Post* (New

Zealand). 12 September 2007. B4.

Seffers, George I., 'Legalities Cloud Pentagon's Cyber Defence', *Defence News*, 25 january 1999. 3.

Serabian. john A. jr, 'Cyber Threats and the US Economy: Statement for the Record before the joint Economic Committee on Cyber Threats and the US Economy' (23 February 2000). https:/lwww.cia.gov/news-information/ speeches-testimony/ 2000/cyberthreats_022300.html (최종접속일자 2011년 7월 8일).

Shachtman, Noah, 'Insiders Doubt 2008 Pentagon Hack Was Foreign Spy Attack (Updated)', *Wired*, 25 August 2010. www.wired.com/dangerroom/ 2010/08/inside rs-doubt-2008-pentagon-hack-was-foreign-spyattack/ #more-29819 (최종접속일자 2011년 4월 12일).

Shachtman, Noah, 'Under Worm Assault. Military Bans Disks. USB Drives', *Wired*, 19 November 2008, www.wired.cqm/dangerroom/2008/11/army-bans- usb-d/(최종접속일자 2011년 4월 12일).

Smith, Charles R., 'U.S. Information Warriors Wrestle with New Weapons', NewsMax. com. 13 March 2003. www.newsmax.com/archives/articles/ 2003/3/12/134712. shtml (최종접속일자 2011년 7월 7일).

The Environment Agency. *The Thames Barrier: Flood Defence for London*, www. environment-agency.gov.uk/regions/thames/323150/335688/341764/ (최종접속일자 2006년 11월 29일).

Thornburgh, Nathan, *et al.*, 'The Invasion ofthe Chinese Cyberspies (and the Man Who Tried to Stop Them)', (2005) 166(10) *Time* 34.

Todd, Bennett, Distributed Denial of Service Attacks. (2000) www.linuxsecurity. com/ resource_files/intrusion_detection/ddos-faq.html (최종접속일자 2011년 4월 12일).

Traynor, Ian, 'Russia Accused of Unleashing Cyberwar to Disable Estonia', *Guardian* (London). 17 May 2007.1.

Traynor, Ian, 'Web Attackers Used a Million Computers. Says Estonia', *Guardian* (London). 18 May 2007. 30.

United Nations War Crimes Commission, *Law Reports of Trials of War Criminals* (HMSO for the United Nations War Crimes Commission. London. 1949).

University of Southern California, 'How Much Information Is There in the World?' *SienceDaily*, 11 February 2011. www.sciencedaily.com/releases/ 2011/02/1102 10141219.htm (최종접속일자 2011년 4월 12일).

Verton, Dan, 'Navy Opens Some IT Ops to Vendors' (2000) *Federal Computer week*, www.fcw.com/fcw/articles/2000/0821/ pol-navy -08-21-00.asp (최종접속일자 2000년 8월 21일).

Verton, Dan, 'The Prospect of Iraq Conflict Raises New Cyber Attack Fears', *Computerworld*, 30 September 2002. www.computerworld.com/ s/article/ 74688/ Prospect_of_Iraq_conflict_raises_new_cyberattack_fears (최종접속일자 2011년 7월 5일).

Williams, Christopher, 'Israeli Security Chief Celebrates Stuxnet Cyber Attack', *Daily Telegraph* (London), 16 February 2011, www.telegraph.co.uk/ technology/ news/8326274/Israeli-security-chief-celebrates-Stuxnet- cyberattack.html# (최종 접속일자 2011년 4월 10일).

ZDNet, 'Cyberterrorism: The Real Risks', *ZDNet News*, 27 August 2002, http://news. zdnet.co.uk/internet/0,1000000097,2121358,00.htm (최종접속일자 2011년 7월 8일).

Zetter, Kim, 'Did a u.s. Government Lab Help Israel Develop Stuxnet?', *Wired*, 17 January 2011, www.wired.com/threatlevel/2011/01/ inl-and-stuxnet/(최종접속일자 2011년 4월 10일).

Zetter, Kim, 'Report Strengthens Suspicions that Stuxnet Sabotaged Iran's Nuclear Plant', *Wired*, 27 December 2010, www.wired.com/threatlevel/2010/12/isis -report-on-stuxnet/# (최종접속일자 2011년 2월 13일).

Zetter, Kim, 'Report: Stuxnet Hit 5 Gateway Targets on Its Way to Iranian Plant', *Wired*, 11 February 2011, www.wired.com/threatlevel/2011/02/stuxnet-five- main-target/# (최종접속일자 2011년 3월 21일).

Zetter, Kim, 'Surveillance Footage and Code Clues Indicate Stuxnet Hit Iran', *Wired*, 16 February 2011, Threat Level, www.wired.com/threatlevel/2011/ 02/isisreport- stuxnet/# (최종접속일자 2011년 4월 10일).

지은이

Heather Harrison Dinniss(헤더 해리슨 디니스)는 현재 스웨덴 국방대학교의 안보, 전략, 리더십학과(Department of Security, Strategy and Leadership) 의 국제법센터에서 국제법을 강의하고 있다. 2009년 영국 정경대학교에서 "The Status and Use of Computer Network Attacks in International Humanitarian Law"으로 박사학위를 받았으며, 이후 정경대학교, 런던대학교, 웰링턴 빅토리아 대학교 등에서 강의를 했다. 디니스 박사의 주요 관심사는 국제인도법의 발전과 변화에 미치는 현대전의 영향, 특히 사이버전, 자동화 무기 시스템과 고도로 발달된 컴퓨터 네트워크 기술이 무력분쟁 및 관련 규범의 형성에 가져다주는 국제인권법적 이슈들이다. International Law Studies와 International Humanitarian Law and the Changing Technology of War 등의 저널에 다수의 논문을 게재하였다.

옮긴이

이민효(Lee Minhyo)는 해군사관학교 40기로 임관한 뒤 서울대학교에서 법학사를 취득하고, 성균관대학교에서 법학 박사학위를 받았으며, 현재 해군사관학교 국제법 교수로 재직 중이다. 『해군과 국제법』(문화체육관광부 우수학술도서) 『무력분쟁과 국제법』(문화체육관광부 우수학술도서)과 『해양에서의 군사활동과 국제해양법』을 저술했으며, 『해상무력분쟁법에 관한 산레모 매뉴얼』 『공전 및 미사일전에 관한 하버드 국제법 메뉴얼』 『국제인도법』 등을 번역하였다.

이원동(Lee Wondong)은 한동대학교에서 국제법과 정치학을 전공하고, (Summa Cum Laude) 캐나다 Medicine Hat College에서 TESOL 과정을 수료하였다. 해군사관학교에서 영어학 교수사관으로 복무 후 현재는 서울대학교 정치학과 대학원에서 비교정치와 거버넌스를 공부하고 있다. 주요 관심주제는 법, 제도적 규범 형성과정에서의 정치적 동학이다. 공저로는 『동네 안의 시민 경제』(푸른길, 2016)가 있으며, 참여한 연구로는 "젠트리피케이션 대응을 위한 지역 토지자산 공유방안 연구"(국토연구원, 2017)가 있다.

김동환(Kim Donghwan)은 경북대학교에서 영어학 박사학위를 받았고, 현재 해군사관학교 영어과 교수로 재직 중이다. 『개념적 혼성 이론』(대한민국학술원 우수학술도서) 『인지언어학과 의미』(문화체육관광부 우수학술도서) 『인지언어학과 개념적 혼성 이론』을 저술했으며, 『인지언어학 개론』(문화체육관광부 우수학술도서) 『우리는 어떻게 생각하는가』(대한민국학술원 우수학술도서) 『과학과 인문학: 몸과 문화의 통합』 등을 번역하였다.

사이버전과 전쟁법

발행일 2017년 1월 5일
지은이 Heather Harrison Dinniss
옮긴이 이민효·이원동·김동환
펴낸이 이정수
책임 편집 최민서·신지항
펴낸곳 연경문화사
등록 1-995호
주소 서울시 강서구 양천로 551-24 한화비즈메트로 2차 807호
대표전화 02-332-3923
팩시밀리 02-332-3928
이메일 ykmedia@naver.com
값 30,000원
ISBN 978-89-8298-183-8 (93360)

본서의 무단 복제 행위를 금하며, 잘못된 책은 바꾸어 드립니다.

이 도서의 국립중앙도서관 출판예정도서목록(CIP)은 서지정보유통지원시스템 홈페이지
(http://seoji.nl.go.kr)와 국가자료공동목록시스템(http://www.nl.go.kr/kolisnet)에서 이용하실
수 있습니다.(CIP제어번호: CIP2016031156)